Zu diesem Buch

Ein fesselnder historischer Roman über das Leben des merkwürdigen Genies George Forster. Schon als Knabe ging er mit seinem Vater auf weite Reisen bis nach Indien und begleitete den legendären Kapitän Cook auf einer Fahrt in die Antarktis. Eine Seereise von Zoppot nach St. Petersburg, die Flußfahrt in Rußland, Aufenthalte in den Metropolen London und Paris ziehen in prachtvoller Weise an dem Leser vorüber. Als Forscher, Schriftsteller und Abgeordneter führte Forster ein rastloses Leben, heiratete die kokette und von ihm sehr geliebte Therese, die ihm drei Kinder schenkte, ihn dann aber verließ. Früh vollendet, einsam und gescheitert starb der erst Vierzigjährige 1794. Außer in das Leben dieses ungewöhnlichen Mannes gibt der Roman auch höchst interessante Einblicke in die Welt des 18. Jahrhunderts in Deutschland, in das betuliche und nicht selten engstirnige Dasein des von den Ideen der Französischen Revolution noch unberührten Bürgertums und in die bigotte Atmosphäre im deutschen Landadel, zu der die neuen Gedanken Goethes, Kants, Lichtenbergs und der Brüder Humboldt einen aufreizenden Kontrast bildeten.

Ina Seidel, neben Ricarda Huch, Gertrud von le Fort und Elisabeth Langgässer eine der großen Frauen der zeitgenössischen deutschen Epik, wurde am 15. September 1885 als Enkelin des durch seine Ägypten-Romane populären Georg Ebers und als Nichte des «Leberecht Hühnchen»-Dichters Heinrich Seidel in Halle/Saale geboren. Über die frühen Jahre, die die Dichterin in Braunschweig, Marburg und München an der Seite ihres Bruders, des Dichters Willy Seidel, verbrachte, berichtet ihr autobiographisches Werk «Meine Kindheit und Jugend» (1935). 1907 heiratete die Zweiundzwanzigjährige ihren Vetter, den Pfarrer und Schriftsteller Heinrich Wolfgang Seidel. Mit ihm lebte sie in Berlin und Eberswalde bis 1923, später am Starnberger See. Ihre ersten Veröffentlichungen sind zwei 1914 und 1915 erschienene Gedichtbände, die später unter dem bezeichnenden Titel «Weltinnigkeit» (1918) zusammengefaßt wurden; die Kritik rückte sie in die Nähe der Verse der Droste-Hülshoff. Weitere Gedichtbände folgten 1926, 1934, 1937 und zuletzt 1950. Ihre im schönsten Sinne protestantisch-konservative Prosa fand ersten Ausdruck in den frühen Novellen- und Erzählungsbänden «Hochwasser» (1921), «Die Fürstin reitet» (1926), «Renée und Rainer» (1928) sowie «Der vergrabene Schatz» (1929). Sie wurde jedoch erst mit ihren Romanen «Das Labyrinth» (1922), dem «Wunschkind» (1930) und dem folgenden «Lennacker» (1938) weithin bekannt. Ihre großen Alterswerke sind «Das unverwesliche Erbe» (1954) und «Michaela» (1959). Ina Seidel ist auch als Essayistin mit Kurzbiographien hervorgetreten. Aus dem Nachlaß ihres Bruders Willy Seidel, dem sie in ihrer an Novalis gemahnenden Erzählung «Unser Freund Peregrin» (1940) ein Requiem schrieb, veröffentlichte sie 1936 die Dichtung «Der Tod des Achilleus». Die Dichterin des Mythisch-Mütterlichen übersetzte auch Thomas Wolfes «Briefe an die Mutter». Der Jüngste aus der Poetenfamilie der Seidel, die vielfältig die deutsche Literatur bereicherte, ist der Sohn der Dichterin, Georg Seidel, der unter dem Pseudonym Simon Glas mit den Romanen «Das Netz» und «Die schwachen Punkte» hervortrat. Ina Seidel starb am 3. Oktober 1974 in Ebenhausen bei München.

Ina Seidel

Das Labyrinth

Roman

rororo

Rowohlt

Umschlagentwurf Werner Rebhuhn (Archiv für Kunst und Geschichte)

Veröffentlicht im Rowohlt Taschenbuch Verlag GmbH,
Reinbek bei Hamburg, Januar 1978

Satz Garamond (Linotron 505 C)
Gesamtherstellung Clausen & Bosse, Leck/Schleswig
Printed in Germany
780-ISBN 3 499 14150 7

Meiner Mutter
und dem Andenken meines Vaters
gewidmet

Erster Teil

König Minos

1

Hinterher dachte George freilich, es wäre besser gewesen, den Mund zu halten und die neu erworbene Kunstfertigkeit entweder schnell zu vergessen oder sie nur auszuüben, wenn «Er» ferne war, etwa wie das Schaukeln auf dem Wiesengatter, das George liebte und das «Er» des Quietschens wegen streng verboten hatte. Aber wie hätte der kleine George hier an üble Folgen denken sollen? Unbefangen führte er sein neues Können der Mutter vor, und Frau Justine mußte sich doch zu jemand aussprechen, der das Ereignis besser in seiner ganzen Erstaunlichkeit zu würdigen wußte als der Wunderknabe selbst; dieser war nämlich in der Stunde der Offenbarung seiner selbsterworbenen Fähigkeit genauso rundäugig, gelassen und freundlich wie vorher. Er hatte nun den Sinn der sonderbaren Bilder auf den breiten Rücken der dicken Schweinslederschwarten in Vaters Kabinett ergründet – Bilder, die eigentlich keine Bilder waren, indem sie einzig und nur sich selber glichen. Er kannte sie, seit er begonnen hatte, auf dem Fußboden herumzurutschen, er war ihren eigensinnigen Gestalten mit dem Fingerchen gefolgt und hatte Gemeinschaft mit ihnen gehabt; denn sie gefielen ihm, und er war angenehm davon berührt, ihnen stets von neuem zu begegnen, wie sie sich gesellig zusammen anfanden, immer die gleichen, aber nach geheimen Gesetzen der Anziehung jedesmal anders gemischt. Etliche waren wie Tiere mit festgestemmten Beinen und steilgereckten Schwänzen; andere dickköpfig und menschlich; viele waren nur wie eine freundliche, erstaunte oder einladende Gebärde. Eins war wie eine brennende Kerze und zwei von liebenswürdiger Brezelgestalt. Gewissen Lieblingen hatte er bald eigene zärtliche Namen verliehen, so gab es ein «Pilzchen» und ein «Tönnchen», ein «Kugelrund» und einen «Butterkringel» unter ihnen. In manchen Fällen bildeten sie Familien mit einem Vater oder einer Mutter an der Spitze und einer Schar angereihter kleiner Kinder im Gefolge, die dann alle einzeln benannt werden mußten. Einen liebte er gar nicht, einen bösen Zickzack, der ihn anzuzischen und ihm ins Gesicht zu springen schien, der hieß «Zetermordio» – wie konnte er anders heißen? Dies war das Wort voll Angst. Allen aber wohnte eine seltsame Gewalt inne, der das weiche Gehirn des Knaben willig erlag, der Wucht nicht widerstrebend, mit der sie sich ihm einstampften. Dann kam er dahinter, daß auch die großen Leute Beziehungen zu diesen Gestalten hatten, die da in Schwarz oder Gold so regungslos verharrten und doch bedeutungsvoller schienen als die blanken Nägelköpfe an Vaters Lehnstuhl, oder die Tressen an seinem eigenen Sonntagsröckchen, oder die Mundtasse der Mutter: denn auch diese Dinge, wie alles in der Welt, hatten ihr eigenes Gesicht. Ja, der Vater wußte ebenfalls Namen für Pilzchen und Tönnchen, er redete Pilzchen mit T an, und Tönnchen mit U, zu Kugelrund sagte er O, und B zu Butterkringel. So ging es fort und war des Aufmerkens wert, wie alles, was die große Stimme dieses Vaters über den kleinen Kopf des Sohnes hindröhnte, wenn George sich auch seine eigenen Bezeichnungen vorbehielt, ohne viel Geschrei darum zu machen. Immerhin lehrte ihn der Vater nach seinem Verfahren ein neues erheiterndes Spiel, indem er ihm an einem Winterabend einen ganzen Aufmarsch der stummen Freunde auf ein Blatt Papier malte, einen nach dem anderen deutlich benennend und diese Namen, an und für sich nichts auf der Welt bedeutend als sich selbst, mit seiner Stimme verbindend und zusammenziehend, daß sie plötzlich nicht mehr da waren, untergegangen in einem Neuen, einem Wort, einem ganz bekannten Wort – einem Menschennamen: George! Der nächste Aufmarsch, in dieser besonderen Weise aufgerufen, ergab Forster, und in der Folgezeit saß der kleine George Forster manchmal grübelnd über dem Blatt, das er in seine Schatzecke geschleppt hatte, wo er alles aufbewahrte, was ihm irgend belangvoll erschien, neben Kastanien und Schneckenhäusern auch mancherlei Abfälle vom Schreibtisch seines großen Vaters, abgenutzte Gänsekiele, winzige Stückchen Siegelwachs und leider auch einen Schlüssel, von dem er wohl wissen konnte, daß sein Erzeuger mindestens ebensoviel Wert auf seinen Besitz legte als er selber; er hatte der Suche nach diesem Gegenstand, die in ein verzweifeltes Familienspiel ausgeartet war, mit nachdenklich in den Mund versenktem Daumen beigewohnt. Durch fortwährend wiederholte Vertiefung in die aufgemalte Zauberformel, durch unwillkürliches Vergleichen mit anderen Buchstabenreihen, auf dem Wege unermüdlichen blinden Herumtastens des führerlosen zarten Geistes – unerklärlich im letzten Grunde – war es auf einmal reif gewesen, das Wunder, und George, noch nicht fünf Jahre alt und in seinem roten Kittelchen auf dem Schemel zu Frau Justines Füßen sitzend, las seiner Mutter aus einem zu Boden gefallenen Buch einen Satz vor, eine Zeile, die sich in der ungeschickten Betonung des Kindes für immer in das Gedächtnis der Frau einprägte:

«Doch mir sinket die Hand, die Geschichte der Wehmut zu enden . . .»

Als sie sich dann fast bebend zu ihm niederbückte und andere Seiten aufblätterte, gab er bereitwillig neue Proben seines Könnens, ja, er las sogar ohne Stocken, nur mit einem gewissen behutsamen Beschleichen dieser fremden Wörter, das Titelblatt ab:

«D-e-r M-e-ss-ias – ja, der Messias –
ein Heldengedicht!»

In diesem Augenblick war der Vater eingetreten, die Mutter hatte gelacht und geweint, nun, und da war es eben herausgekommen, dies, aus dem er allerdings nicht lange ein Geheimnis hätte machen können, was er auch gar nicht beabsichtigt hatte. Denn wußte er denn, was es für Folgen haben würde?

Die nächste Folge war die, daß sich der kleine George mit diesem Augenblick dem Frauengemach, das hieß hier: der Küche, dem Stall und dem Garten, hieß: der ständigen Gesellschaft der leisen, lächelnden Mutter und der wuseligen kleinen Schwestern entrückt sah und sich einbezogen fand in den Kreis der männlichen Kraft des Hauses. – Also: nicht nur geduldet in dem Kabinett des Vaters, sondern dringend genötigt, die schönsten Stunden des Tages daselbst zuzubringen, gewürdigt der steten Gegenwart seines Erzeugers, der Atmosphäre von Lavendelduft, aber auch von Tabaksqualm, wie er bläulich aus den langen holländischen Tonpfeifen quoll, deren Reinhold Forster, der Pfarrer von Nassenhuben, sich das Jahr über unterschiedliche Dutzende aus Danzig verschrieb; denn seine ungeduldigen Hände schlugen mit dem gebrechlichen Rohr ebensooft den Takt zu seinen Gedanken, wie einen sanften Trommelwirbel auf den Schultern des Söhnleins, das dann immer geduckt in gelinder Spannung abwartete, ob es wohl wieder neue Rohrstücke zum Seifenblasenmachen geben würde. Viel Zeit zum Seifenblasenmachen und ähnlichen Belustigungen in der blauen Sommerluft hatte er nun allerdings nicht mehr. Seine rundliche Grübchenhand ward mit einem Gänsekiel bewaffnet, und mit der Zeit sah er unter seinen Fingern schnörkelhafte Gebilde entstehen, deren Gelingen ihn so lange innig erfreute, als sie nur zum Selbstzweck da waren, zu ihrer eigenen Vervollkommnung immer wieder aus dem schwarzen Nichts der Tinte und dem weißen des Papiers entstehen mußten und höchstens dazu dienten, sich schön zu einem Spruch zusammenzureihen; zu einem Geburtstagscarmen für die Mutter etwa, die beim Empfang einer solchen Leistung immer ein wenig zu weinen pflegte – aus Ratlosigkeit, aus Mitleid mit dem Knirps, Gott mochte wissen, warum – was alsdann die «Männer» veranlaßte, einen Blick schweigenden Einverständnisses zu wechseln. Es hob den kleinen George mit einem Gefühl unerhörter Wichtigkeit, daß seit jenem Tage, da er lesen konnte, der überwältigende Vater ihn als Kameraden behandelte, so etwa wie einen Gleichstrebenden, den man um seiner verschiedenen Unzulänglichkeiten willen, als da sind körperliche Winzigkeit und geistige Unbeholfenheit, ein wenig verachtet, den man aber nichtsdestoweniger anerkennt und den man unterstützt, da man selbst es in jeder Beziehung übrig hat. Welch ein Mann war der Vater! Fegte sein Toupet nicht beinahe die geschwärzte Decke, wenn er in der niederen kleinen Studierstube auf und ab schritt, einen Satz, den er dem Knaben diktiert hatte, zu seinem eigenen Vergnügen in siebzehn Sprachen wiederholend, mit der gewaltigen Stimme singend, rollend, zischend, je nachdem? Dann stand er am Pult, den mächtigen Rücken widerwillig gekrümmt, und schrieb mit quietschender Feder und weitausholenden Schnörkelbewegungen, schrieb tausendmal schneller, als George es konnte, der seine kurzen Beine um die hölzernen des Sessels schlang. Dieser hohe steife Sessel war für ihn noch um einen aufgelegten dicken Folianten erhöht, zumeist um Geßners «Naturgeschichte der Vögel», in der unter allen gefiederten Wesen zwischen Adler und Zaunkönig auch die brave Fledermaus, als des Fliegens mächtig und darum hierhergehörig, angeführt war. Geriet der Vater hitziger ins Arbeiten, so sank der Unterricht in Vergessenheit; dafür wurde nach dem oder jenem Buche geschrien, und eilfertig glitt der Knabe von seinem Sitz und schleppte emsig herbei, was er vermochte, stand mit vorgestrecktem Bäuchlein da, die Wucht staubiger Bände im Gleichgewicht haltend, und harrte geduldig, daß sie ihm abgenommen würden. Ließ sich anschnauzen und eilte zurück wie ein stummer dienstbarer Kobold, klomm das schmale Leiterchen zu den obersten Bücherreihen empor, glitt aus, stolperte und fiel unter einem Hagel kleiner Elzevirbände, an deren Aufstellung er unvorsichtig gerührt; ward wiederum angefaucht, verbiß sich das Weinen, räumte, tief gedrückt, auf . . . Hatte alsbald in riesigen Mappen nach einer bestimmten getrockneten Pflanze zu suchen, einem Heilkraut mit einem verzwickten lateinischen Namen, der von bitterer Zuträglichkeit nur so triefte, aber entsetzlich schwer zu behalten war, besonders da er nur einmal und eilig hervorgestoßen genannt wurde . . . Saß, die kleine warme Stirne gefurcht und mit bebenden Lippen diesen Namen immer wieder vor sich hin lispelnd, am Boden über den ungefügen Blättern der Herbarien und hatte das Glück, das richtige Stück zu entdecken. Bot es zaghaft und demütig dar und erhielt ein zerstreutes Lob, das ihn ein wenig glücklich lächeln ließ; aber gleich darauf stand er wieder ernsthaft und stramm, denn dies verstand sich ja von selbst. Nun beobachtete er, während er im Hintergrunde lautlos lateinische Vokabeln zu seinem Cornelius Nepos auswendig lernte, daß die Arbeitswut des Vaters nachließ; die Feder ruhte bisweilen, und der Vater starrte nach dem vergitterten Fenster, vor dem das rankende Geißblatt im Winde schwankte; er murrte vor sich hin, schrieb weiter und stöhnte dabei. George erkannte mit Befriedigung:

jetzt war der Vater hungrig geworden, und gleich würde etwas geschehen. Richtig, da trat er ja schon an die Wand und langte mit der Miene eines Schlafwandelnden den Hirschfänger herunter, der dort neben Büchse und Pulverhorn hing ... Es würde etwas geschehen, wobei auch er, George, gut wegkommen würde. Zugleich fühlte er eine leise durchdringende Beschämung, als jetzt die Tür des Kabinetts knarrte, des Vaters schwere Schritte über den Flur hallten und er sich vorstellte, wie nun die Mutter in der Küche erschrak, «du liebes Gottchen!» sagte und einen Blick in die Runde schweifen ließ über alles, was an Eßbarem dalag. Hatte er nicht zu oft erlebt, daß sie weinte, wenn der Vater so gekommen war, seine großen blauen, etwas vortretenden Augen zerstreut und hungrig zum Beispiel auf den Rauchfang richtend, während sein rotbraunes Gesicht unter der weißbestäubten Perücke schwer besorgt aussah? «Ja, meine Liebe», sagte er dann etwa, «die wird wohl dran glauben müssen!» und reckte sich in seiner ganzen Länge auf, um mit dem Hirschfänger das letzte magere Schlackwürstchen herunterzusäbeln, das dort oben baumelte. Dann suchte er nach dem Brot, von dem er einen gewaltigen Kanten abschnitt, und mit dem ersten stattlichen Bissen zwischen den Zähnen verließ er die Küche, der Mutter kummervoll zunickend. «Geistige Arbeit», sagte er vielleicht noch mit erhobenem Zeigefinger, «geistige Arbeit zehrt, meine Liebe!» und sah es durchaus nicht, daß die hilflosen Lippen seiner Frau zuckten und blanke Tränen in den Brotteig sprangen, den sie knetete. Er aber, George, er hatte es immer gesehen und sah es auch jetzt vor sich, in gesammeltem Ernst auf dem Holzschemel neben Vaters Ofen sitzend, die Fäustchen auf den Knien und die Augen nicht erhebend, ein unschuldiger Heuchler, scheinbar ganz in seine Aufgabe vertieft, als der Vater nun mit Elefantenschritten zurückkehrte. Er blickte durchaus nicht auf, obgleich er angespannt und erwartungsvoll lauschte, wie der Wurst jetzt knisternd die Haut abgezogen und sie samt dem Brot in mundgerechte Brocken zerlegt wurde, denn mit dem Hirschfänger als Messer und der eichenen Tischplatte als Unterlage ging das nicht geräuschlos vor sich. Dazwischen kaute und schnaufte der Vater. «George – da – iß!» sagte er. «Geistige Arbeit zehrt – wir sind geistige Arbeiter. Du auch. Das weiß Gott.» George hatte schnell und neugierig den Kopf gehoben und die eine kleine Hand vor den Mund gelegt, wie er immer tat, wenn er überrascht oder entzückt war. Gleichzeitig bekam er einen furchtbaren Schreck: die ganze Wurst! – und was sollte es nun am Sonntag in die Erbsensuppe geben – was nun? Wo noch lange nicht wieder geschlachtet werden konnte, denn die Zeit war doch noch nicht da und das Schwein noch behende wie ein Reh – so sagte Malchus, der Knecht. Also was sollte die Mutter tun, nicht wahr? Trotz seines tiefen Mitleids mit ihr kam er aber herbei wie ein wedelndes Hündchen, nahm seinen Anteil in Empfang und verzehrte ihn in seiner Ecke mit unruhiger Glückseligkeit und unter schwerem Nachdenken. Da sah man's wieder, wie recht Malchus, der Knecht, hatte, wenn er beim Stallausmisten oder beim Graben im Garten – Arbeiten, denen George in achtungsvoller Untätigkeit beiwohnte – Erfahrungstatsachen aussprach, wie: «Dein Vater ist der Herr. Denn warum? Ihm gehört's! Und darum: er ißt soviel er mag!» Freilich, so war es! Zu Martini aß der Vater die halbe Gans, und Frau, Kinder und Gesinde den Rest, er tat es nicht unter siebzehn Klößen oder vierzehn Pfannkuchen, und rein zum Fürchten war es, wenn Kartoffeln auf den Tisch kamen, heiß, dampfend, mit geborstenen, erdbraunen Schalen, aus denen es weißmehlig hervorquoll. Da aß er an die dreißig, tat sich Salz, zerlassenen Speck oder frische Butter darauf, wischte sich den Mund und lachte nach einem tiefen Zug aus dem Bierkrug dröhnend über seine bedrückte Tafelrunde, die hinter ihrem Hirsebrei saß, denn Frau Justine hielt die unterirdische Knollenfrucht nun einmal für giftig, rührte sie nicht an und litt es nicht, daß die Kinder sie bekamen – selbst nicht dem König von Preußen zuliebe, der ihren Anbau doch allenthalben poussierte. Ja, der Vater! Dem machte es nichts aus, frühmorgens um sechs auf nüchternen Magen einen ganzen Stachelbeerbusch leer zu essen; der setzte dicke Milch auf ein halbes Schock Zwetschgen, wenn es ihn so gelüstete, und lachte wiederum über George, der von allen diesen Dingen mit jener Vorsicht nahm, die ihn üble Erfahrungen frühzeitig gelehrt hatten. «Du hast einen kleinen kalten Magen, mein Sohn!» sagte er mitleidig, und George war betrübt und tat sein Bestes, um des Vaters Ansprüchen auch in dieser Hinsicht zu genügen. So durchs Haus gehen wie ein hungriger Wolf und die Eier austrinken, die Mutter für die Glucke gesammelt hatte, oder am Freitag den Kuchen anschneiden, der für den Sonntag bestimmt war – würde er das je tun können? Nein – aber durfte er denn abweisen, was ihm der Vater *gab*? Er hätte es nicht gedurft, auch wenn es schlecht geschmeckt hätte, das war klar! So aß er, von leise nagender Reue geplagt und gleichzeitig von dumpfer Bewunderung für den Vater erfüllt, dem alles gehörte, das Haus, der Garten und das Feld, die Kirche draußen im Dorf, wo er des Sonntags von der fichtenen Kanzel herabwetterte und seinen Halbpolacken das Evangelium handgreiflich genug auslegte – die Kuh, die Ziegen und das Schwein, und nicht zuletzt er selbst, samt der Mutter und den Schwestern, Friederike und Sophie, und endlich Mareiken, der Magd, und Malchus, dem Knecht. –

«Sieh nicht so hervor wie die Maus aus dem Loch!» sagte der Vater schließlich unwirsch, wenn der beharrlich auf ihm ruhende Blick seines Sprößlings ihm lästig wurde. Dann ging es weiter: Vokabeln – Zahlen – der Inseln, der Gebirge, der Gesteine – der Pflanzen und der Tiere Namen. Draußen dufteten die Linden, die Hühner kakelten schläfrig, ab und zu hörte man die Stimmen der kleinen Schwestern, die spielen durften, immer nur spielen ... Und George lernte, lernte und lächelte manchmal gehorsam, wenn der große Vater Grund fand, einen Witz zu machen, anläßlich eines Versehens des Schülers ...

Auf Kreta aber, einer Insel, an sich schon furchtbar dadurch, daß sie um und um, so weit man sehen konnte, von Wasser umgeben war und gewiß gestaltet wie die Gräte eines Schellfisches, vielleicht auch ähnlich riechend, auf Kreta stand derweilen das Labyrinth mit den tausend verschlungenen, ineinandergeschobenen Gängen, in denen die armen Ausgesetzten umherirrten. Hungernd, denn das letzte Stückchen Brot aus Athen in Attika war längst verzehrt, und ganz im Dunkeln und ohne ein warmes kleines Bett, in dem man sich die Decke über den Kopf ziehen konnte zum Schutz vor dieser Dunkelheit. Und im Dunkeln immerfort das tobende Geheul des Minotauros, der so unvorstellbar schrecklich gestaltet war, der auf sie wartete, irgendwo auf sie wartete im Kerne dieser Nacht ...

Es gab so viele andere Geschichten von den Alten, die der Vater ihm erzählte und mit ihm las, und der kleine George wußte sie auch in wohlgesetzten Worten zu wiederholen und bewahrte in seinem erstaunlichen Schädelchen ein vortrefflich geordnetes Lager von Göttern und Helden, Städten und Tempeln, Königen und Völkern, Schlachten und Siegen. Indessen ruhte das alles in ihm wie in einem gutgehaltenen Herbarium ohne Saft und Farbe, Blut und Kraft; und das lag nicht an dem Lehrer, der, wenngleich ohne gestaltende Phantasie, so doch mit persönlichem Feuer vortrug, Partei ergriff und keinen Anstand nahm, die großen Griechen gelegentlich für eine Gesellschaft charakterloser Schöngeister zu erklären. Georges Vorstellungsvermögen versagte, sobald seine Empfindung, sein Gemüt nicht berührt wurden, und die erbebten wie Sinnpflanzen nur vor der Vorstellung des Zärtlichen, Idyllischen, oder aber, und dann nachdrücklichst betroffen und mit der Fähigkeit, den Eindruck immer von neuem erzitternd in sich wachzurufen: vor dem Grausamen, dem Gräßlichen! Da waren Skylla und Charybdis mit ihrer atembeklemmenden Angst; da war die Blendung Polyphems, der er, allem innern Schaudern zum Trotz, immer wieder und in allen Einzelheiten nachhing, ein krankhaftes Mitleid mit dem ungeschlachten Riesen empfindend und den zugespitzten, in der Glut gehärteten Pfahl im eigenen Auge fühlend, wie er aufzischend in Blut und Tränen wühlte. Oder mußte er sich das vorstellen, gerade um diesen schmerzlichen Schauder zu fühlen? Tat es ihm irgendwie wunderlich wohl, obgleich er sein kleines Gesicht oft verzweifelt ins Kissen drückte, wenn ihn vor dem Einschlafen die Ermordung der Freier heimsuchte? Entsetzlich, wie dem Antinous der Pfeil in die Kehle fuhr – George hörte hier immer das trompetende Angstgeschrei einer Schlachtgans – wie der arglose Agamemnon im Bade starb! Mit bebenden Händen tastete er das Irrsal der Ödipussage nach, und es war, als könnte er es nicht lassen, sich in diese Bilder zu vertiefen und sie mit peinlicher Gewissenhaftigkeit bis ins kleinste auszumalen, er, der im Leben ein kleiner Feigling war, und den der Anblick von Blut hinfällig machte. Warum aber war nichts furchtbarer als das Labyrinth jenes Königs Minos auf Kreta, von dessen letzten Schrecken nie etwas gesagt war, über das man nur Vermutungen und Ahnungen haben konnte? Wie? Wie sah er aus, der Minotauros? Ein Mann mit einem Stierkopf – gut! – aber wie mochte das aussehen, wie gräßlich dies: ein Mann mit einem Stierkopf! Diese Vermutungen waren es, die Vorstellung einer ungeheuren Angst vor dem Unbekannten, die den Knaben überkamen, wenn er – immer in jener gefürchteten und doch heimlich ersehnten Stunde vor dem Einschlafen – in seiner Einbildung mit trippelnden Schritten den finsteren Schlund des Einganges betrat. (Und drinnen brüllte der Minotauros!) Es folgten ihm gewöhnlich eine Anzahl von Kindern aus dem Dorf, bestimmt, sein Schicksal zu teilen: die kleinen Schwestern waren darunter, die sich an sein Jäckchen anklammerten, und Janusch, des Schweinehirten Sohn, der katholisch war und sich vor nichts fürchtete, nun aber klein und demütig sich aller polnischen Schimpfworte enthielt und George aufs Wort folgte, denn er war ja fremd hier. (Und drinnen brüllte der Minotauros!) Es gab die verschiedensten Abwandlungen dieses Traumspiels, und manche waren ausgesprochen gemütlich; man verfügte zum Beispiel über Mundvorrat, Brezeln, Pfefferkuchen und Gänseklein, man hatte Decken und Federkissen mit, und vor allem hatte man sich der gewaltigen Stallaterne des Malchus bemächtigt, und bei ihrem anheimelnden Schein schlug man in einer Ecke des Labyrinths ein Lager auf, wo man aß, trank und sich vortrefflich behagte. Denn drinnen brüllte der Minotauros, aber nichts war sicherer, als daß er nicht herauskommen würde, nein, die Gefahr war einzig die, daß man zu ihm hineinlief. Diesmal hatte man den Faden der Ariadne (vorgestellt in der Gestalt von Mareiken, der Magd, in Holzpantoffeln und ihres grauwollenen Strickknäuels), und draußen wartete geduldig das Schiff zur Heimfahrt. Man würde nicht vergessen, das weiße Segel anstatt des schwarzen aufzuziehen, damit sich jener alte Vater nicht aufregte und übereilt ins Meer stürzte. George legte keinen Wert auf den Ruhm des Theseus, den Minotauros erlegt zu haben, er überließ das anstandslos dem Janusch, der mit einem Prügel und Erdklößen bewaffnet war, wie meist. George hatte keinen Zug zum Heroischen. Aber es kam vor, daß er jene Gänge allein und ausgestoßen betreten mußte; daß er ohne Nahrung und Licht war und außerdem barfuß und im bloßen Hemde (auf spitzen, kleinen Steinen und bei eisigem Zugwind); daß er so hineinirrte in die saugende Finsternis, sich an kalten, feuchten Mauern weitertastete, immer in der Angst, auf Kröten zu treten (und immer hörend, wie es brüllte – brüllte!) – daß dann, plötzlich, im Dunklen und an nichts anderem erkennbar als an dem Duft von Küche und Kinderstube, einem sommerlichen Duft, mit dem sie über einem zusammenschlug wie ein reifes Kornfeld, die Mutter bei ihm war – oh, Wonne und Aufschluchzen, die Mutter! – die ihn auf den Armen hinaustrug. Und dann war draußen nicht das Land der Schellfischgräte, sondern der Garten mit seinem Lindenbaum und seinen friedlichen Kohlköpfen. Mitunter war es auch die Starostschenka Hermanowska aus dem Gutshause, die ihn so rettete; sie hatte das geblümte Seidenkleid mit dem mächtigen Reifrock an und glich auf ihren hohen Stöckelschuhen einer riesigen wandelnden Blüte, sie hob ihn mit Schwung über diesen Wall hinüber an ihren tiefausgeschnittenen, überpuderten Busen, an den sie seinen Kopf drückte, wie einstmals, als sie seine Mutter besucht hatte. Auch sie duftete, aber anders, durchdringender, köstlicher und widerlicher, als alle Dinge der Welt bisher geduftet hatten. Und dies war ein Erlebnis, in dessen Bestürzung George sich ewig von neuem fallen lassen mußte, wie in ein bodenloses Blumenmeer, um ohne Befriedigung, nur seltsam beklommenen Herzens, daraus aufzutauchen.

Jedoch was bedeuteten solche Spielereien gegen die wahre Furchtbarkeit und den nackten Ernst dieser Vorstellung, wenn sie ihn nächtlich überfiel, während der Schlummer ihn lähmte und er ihr nichts entgegenzusetzen hatte? Sie nahm wuchernd Besitz von den ausgestorbenen Windungen seines Hirns, durch die der Schlaf kühl und feierlich wehte, sie breitete sich böse und lautlos aus, bis sie das Zentrum des Bewußtseins erreicht hatte und ihn – ja, wen? nun jedenfalls doch sein eigentliches, innerstes Selbst – aufstörte und zu jagen begann. Dann geriet er in einen Wirbel der Angst, in eine rasende Hoffnungslosigkeit; er wußte nichts mehr vom König Minos, von der Insel Kreta, von Theseus und dem Minotauros; es war nur noch die Idee des Labyrinths, die ihn beherrschte, eine Idee, gleichbedeutend mit kreiselnder, nutzloser Flucht, gehetzt in immer engeren Schlingen um einen heulenden Mittelpunkt, dem er sich näherte, anstatt ihm zu entgehen. Es war Beben, Fiebern, Keuchen und – das Schreien, das grauenhafte Schreien, das er dann hörte, indem er sich unter der furchtbaren Last dieses Traumes emporarbeitete, immer von neuem verschüttet wie von einem Erdrutsch – dies gräßliche Schreien, von dem es dann immer hieß, er selbst habe es ausgestoßen, er selbst . . .

Übrigens stellte er sich den König Minos wie seinen Vater vor, und es half nichts, daß er selbst diese Vorstellung als einen Verstoß gegen das vierte Gebot erkannte und unbehaglich dagegen ankämpfte. Leider war es ihm auch schon früher so gegangen, als er noch klein war (so dachte der Siebenjährige), als er noch nicht lesen konnte (und immer nur spielte), als ihm die Mutter die Geschichte vom kleinen Däumling erzählt hatte. Damals hatte der Menschenfresser so ausgesehen wie der

Vater, es war nichts dagegen zu machen, auch nicht mit der verzweifelten Gegenfrage, ob denn der Vater aussähe wie ein Menschenfresser? Nein, denn er war immer sauber und stattlich anzusehen, von dem schimmernden Toupet abwärts bis zu den blitzenden Schnallenschuhen, selbst wenn er im Hause mit dem langen Schlafrock angetan umherwandelte, der die Wirkung seiner ohnehin großen Gestalt ins Gespenstische steigerte, mit dem Troddelstrick um den Leib und der Zipfelmütze auf dem Haupte. Ja, selbst wenn er von der Jagd heimkam, in den langen Stiefeln, die ihm fast bis zur Hüfte gingen und über und über naß und mit Schlamm bespritzt – wenn er dann eine blutige Beute auf den Fußboden warf und mit Gedröhn das ganze Haus zu seiner Bedienung in Bewegung setzte, selbst dann wirkte er nicht wie ein Menschenfresser! Auf einen Küchenstuhl geworfen saß er da, Mareiken hielt ihn von hinten an den Schultern fest, wobei sie die Backen aufblies und die Augen aufriß, Malchus kniete vor ihm und zerrte ihm die Stiefel ab, verfehlte auch nicht, mit jedem auf den Rücken zu kollern (er war kurz und dick wie Sancho Pansa), George schleifte den Schlafrock, Rieken und Fieken die Pantoffeln herbei, die Mutter stand am Herde und rührte ein Eierbier. Und wenn er auch zum Schluß Rieken und Fieken packte und sie je in einen Stiefel steckte, so daß sie nur mit Schopf und Augen hervorsahen und kläglich mauzten wie junge Katzen (ihn freute so was unbändig), so fraß er doch keine Menschen, sondern aß nur, was die Mutter kochte. Das meiste pflanzte er sich selbst im Garten, friedfertig und ernsthaft in der Erde wühlend, pflanzte Rüben, Bohnen, Erbsen, Gurken nebst fettem, glänzendem Kohl, füllte das ganze dreieckige Stück Land hinter dem Pfarrhause bis ans äußerste seiner Möglichkeit mit nahrhaftem Gemüse, auf daß er, Reinhold Forster, und dann natürlich auch sein Weib Justine, seine kleinen Kinder und sein Gesinde – aber doch besonders und um Gottes willen er selbst, dieser große, starke Reinhold Forster – daß der *viel, sehr viel* und gut zu essen habe! Und wenn er das lange Messer wetzte, so tat er's doch nur, um ein Huhn oder eine Gans zu zerlegen, aber nie, um einem kleinen Jungen die Beine abzuschneiden (nebenbei gedacht: was war der Däumling unverschämt zu dem Menschenfresser! Wann hätte George es je gewagt, dem Vater so zu begegnen?!) Nochmals: der Vater glich weder einem König Minos noch einem Menschenfresser! Nur diese beiden, sie glichen nun eben einmal dem Vater, vertrackt! Der Vater fraß keine Menschen und duftete außerdem nach Lavendel; seine Hemden und Beffchen, seine Leintücher im Bett, selbst die Polster seines Ohrenstuhles und des alten knarrigen Kanapees, alles mußte jahraus, jahrein süß und eindringlich Rede stehen: blau, blau, blau ist die Sommerszeit! *Das* Lavendelbeet war das einzige Blumenbeet im Garten, das der Vater selbst anlegte, und es lag unter der Sonne da wie ein azurfarbenes Kissen, vom Winde gewellt. Tazetten und Goldlack, Tulpen, Narzissen und Päonien, Fliegende Herzen, Stockrosen und Braut in Haaren, all die bunten, üppigen Blumen, die die Mutter so liebte und heimlich aussäte, sie fanden nur in ausgesparten Winkeln und an den Rändern der Rabatten Platz, wo sie dann freilich üppig wucherten und den Kindern die Schultern, den Erwachsenen die Knie streiften. Eine Ecke des Gartens durfte niemand betreten als der Vater allein und George, wenn er mitgenommen wurde. Hier roch es streng und seltsam, wenn die Sonne auf den kleinen, sorgfältig gehaltenen Beeten lag, die zum Teil mit verstellbaren Glasplatten bedeckt waren. Fremdartige Kräuter mit krausem Blattwerk erstanden dort aus den kostbaren Samen, die der Vater wie Goldstaub hütete, wenn sie auf seine Bestellung endlich aus London oder Antwerpen eingetroffen waren. Kam es dann zur Aussaat, so war er meist in der besten Laune, wie stets beim Arbeiten in diesem Gartenwinkel, den er je nach Simmung einen «botanischen Garten von Qualität» oder «ein Apothekergärtlein, ein miserables» nannte. Dann grunzte und pfiff er, während er am Boden hockte und die Pflänzchen mit seinen starken Fingern merkwürdig zart verpflanzte und umsetzte; er erbaute eine Miniaturgebirgslandschaft, er legte einen winzigen Sumpf an, kurz, er «schuf Bedingungen» und gelangte zu allerlei aufregenden Ergebnissen seiner Mühe, deren Wichtigkeit er George eindringlich mitteilte, ehe er in gründlichen Aufsätzen und Briefen der gelehrten Welt davon Kenntnis gab. George hielt ihm sein rosiges Apfelgesicht mit ernsthaften, runden Augen zugewandt und lauschte offensichtlich gespannt. Wußte ein Mensch, daß er eigentlich dachte: wenn nur Fieken meinen kleinen Spatzen nicht findet und ihm was tut – und etwa: heute gibt es Kaldaunen, ich wollt, ich wär verreist!? Dies und ähnliches ließ er sich angelegentlich durch den Kopf gehen, während sein Gehör und Gedächtnis dem Vater zugewandt waren wie willenlose Schreibtafeln, so daß er später imstande war, die schwierigsten Vorträge fast wörtlich zu wiederholen; und dann, bei dieser Wiederholung, beteiligte er sich auch an dem Inhalt dessen, was er sagte, und lernte wirklich dabei. Hinterher zeigte es sich freilich, daß Fieken den kleinen Spatzen, der sich so weich und zärtlich anfaßte und dessen zitterndes kleines Herz man fühlen konnte, wenn man ihn in die hohle Hand nahm, daß Fieken diesen selben geliebten kleinen Spatzen wohl gefunden und ihn unbedenklich der Hauskatze zum Spielen angeboten hatte. George weinte nicht, er nahm auch keinerlei Rache, aber eine ungeheure Bitterkeit erfüllte sein Herz gegen diese da, die immer spielen durfte – nun ja, und so weiter! Er sah sie groß und strafend an, empfand, daß sie sich gar nichts daraus machte, sondern ungerührt fortfuhr, den toten Balg ihrer holzköpfigen Puppe um und um zu drehen und anzuputzen, ihm Speise anzubieten – kleine Steine, die sie dann hinter sich auf den Boden warf, eine alberne Gaukelei! – (der kleine Spatz hatte schon angefangen, eingeweichtes Brot von einer

Federpose zu sich zu nehmen, sicherlich, er hätte ihn großgezogen!) und ging dann hinaus, die Hände auf dem Rücken, das Gesicht etwas verzogen und innerlich starr vor Schmerz. Eine lähmende Fremdheit stand zwischen ihm und den Kindern, er gehörte nicht zu ihnen, er wußte es, obgleich Fieken nur ein Jahr jünger war als er, und die übrigen – es waren sechs hinter ihm, als er elf Jahre alt war – bildeten mit ihr eine verbündete Macht. Wenn sie ganz klein waren, hatte er immer irgendwie die Hoffnung, sie könnten ihm gehören; dann stand er manchmal heimlich an der Wiege, streichelte sie behutsam mit seinen tintenbekleckten Fingern und war unsäglich gerührt von ihrer verwunderten Hilflosigkeit. Aber sobald sie herumwackeln konnten, war es aus. Dann hatten sie Ansprüche, denen er ratlos gegenüberstand, und Fieken zog wie selbstverständlich mit ihnen ab. Ganz schlimm wurde es, als der Vater ihn dazu anstellte, unter seiner Aufsicht die Schwestern zu unterrichten und ihnen die Künste beizubringen, die er selbst wie im Schlaf gelernt hatte. Gewiß, er machte seine Sache nicht übel, und die beklemmende Feierlichkeit der Studierstube und besonders der ständige Anblick des über das Pult gebeugten väterlichen Rückens hielt seine Schülerinnen in Respekt, so daß sie höchstens in Augenblicken unerträglicher Langweile die Feder oder das Schnupftuch fallen ließen, um unter den Tisch kriechen zu können und ihn ins Bein zu kneifen, sicher, daß er nicht schreien würde. Aber nun sammelten sich Rachegelüste in ihnen an für die Sonderstellung, die er sich anmaßte, für jeden geschnauften Tadel, den der Vater ausstieß, für jede Kopfnuß, mit der dieser eine gesudelte Aufgabe verurteilte, und überhaupt dafür, daß sie nicht mehr soviel spielen konnten, immer nur spielen, leichtfertiges, auf Pläsier erpichtes Gesindel, das sie nun einmal waren. So nannten sie ihn von vorn und hinten den Herrn Magister und ahmten den etwas steifen Gang mit den auf den Rücken gelegten Händen nach, den er sich angewöhnt hatte. Wenn er mitspielen wollte und im Anfang alles gut ging, wenn er sich dann glücklich einmal vergaß, schrie und tollte wie die anderen und unbeholfene Sprünge machte, dann fühlte er ganz plötzlich, wie die Bosheit über sie kam, ohne einen sonderlichen Grund als den, daß er sich anders benahm wie sonst und sich offensichtlich einbildete, zu ihnen zu gehören. Alsbald fiel es ihm wie Reif aufs Herz; er ward unsicher, forschte in ihren verschlossenen kleinen Fratzen, in denen die Lippen verkniffen waren oder breit und höhnisch verzogen, fühlte sich umlauert, ward bebend empfindlich und gereizt; und dann war auf einmal Streit da und er immer der Schuldige. Wie furchtbar war das! Wußte es die Mutter denn, wie unglücklich er war? Sie rief ihn herein, wenn er an seinen Tränen würgend beiseite schlich, sie schalt ihn mit keinem Wort, wenn die anderen ihn verklagten; sie strich ihm kummervoll über den Kopf und gab ihm etwas zu tun, ließ ihn Gemüse putzen und hatte unendliche Geduld mit seinen ungeschickten Händen. Allmählich kamen sie dabei ins Plaudern und unterhielten sich gedämpft und eifrig, gerieten von Bohnen und Kürbissen zu Apfelbäumen und Weihnachten und erheiterten sich an Erinnerungen aus seiner frühesten Kindheit, als er noch sehr klein und dumm und alles so wunderschön gewesen war. «Denn damals», sagte Frau Justine und blickte müde auf ihre arbeitenden Finger, «damals war auch der Vater noch zufriedener, Georgie, er hatte ... horch, kommt er da nicht? Nein, es ist der Malchus! Er hatte noch nicht so viel Ideen von Ruhm und Ehre und der weiten Welt. Aber er hat recht, er hat recht! Er verkümmert hier, seine Gaben liegen brach, er ist noch jung ...» so wiederholte sie traurig eine Reihe oft gehörter Beweisgründe ihres Gatten, und George nickte ernsthaft dazu. Das sagte der Vater, sagte es in den letzten Jahren mehrmals des Tages in den verschiedensten Tonarten, und allmählich war die Atmosphäre im Hause geladen mit Unzufriedenheit und harrte bebend des zündenden Funkens. Anders, anders sollte alles werden, aber wie? Und: mein Gott, konnte man hier nicht glücklich sein?

George entsann sich in späteren Jahren immer wieder eines Abends, der mit seinem klaren, starken Bronzegold durch die schwarzen zitternden Kronen der Pappeln vor dem Hause geschienen hatte. Das Küchenfenster stand offen und der Oktoberduft von Rauch und modernden Blättern drang mit der herben Luft herein. Draußen in der frühen Dämmerung hantierte Malchus und ging mit seinen schweren Schuhen über den Hof; eine Kette klirrte; die Stalltür knarrte und dann brüllte die Kuh. Irgendwo, vielleicht hinten im Garten beim Nußbaum oder auf der Dorfstraße, wo der Ziehbrunnen quietschte, kreischten die Schwestern mit Mareiken. Hier drinnen war es dämmrig, still und warm. Auf dem Herde flackerte ein Holzfeuer unter dem summenden Kessel, warf zuckende Lichter hinauf in die Finsternis des Rauchfanges und ließ die kupfernen Geräte rötlich auffunkeln, die an der Wand gereiht hingen. Es roch nach reifen Äpfeln, nach Dill, der in großen Büscheln unter der Decke trocknete, und in dem großen Holzschaff plätscherte es zuweilen. Darin schwammen die Karpfen, die der Starost vorher «mit einem ehrerbietigen Kompliment» an die Frau Predigerin geschickt hatte und die es morgen mittag geben sollte. Der Vater war fern, es war heute nichts mehr zu lernen, zu denken; sein Geist war ganz entspannt und gleichsam selig nicht vorhanden. Nach dem Zank mit den Schwestern vorhin war sein Herz nun gelöst in Dankbarkeit und Rührung. Er hätte gern noch ein wenig geweint, eng an die Schulter der Mutter gedrückt, aber er ließ es bleiben und gab sich einem träumerischen Fluten der Gedanken hin. Und auf einmal war es, als ginge ihre Furcht davor, daß es jemals anders werden könnte, auf ihn über; auf einmal empfand er wie noch nie die Welt da draußen jenseits der heimatlichen Feldmark wie ein tosendes Meer. All die Städte, die hohen

Schulen, die Namen großer und gelehrter Herren, die der Vater dauernd im Munde führte, kreisten mit bedrohlicher Wirklichkeit um sein Haupt, und ein Gefühl, ins Bodenlose zu stürzen, überkam ihn so stark, daß er sich an den Arm der Mutter klammerte und flüsterte: «Wir bleiben doch, Mutter – wir bleiben doch hier ...»

«Ach, Georgie», murmelte sie schwach und schob ihn sanft beiseite, denn jetzt waren es wirklich Reinholds Schritte, die draußen erklangen und liebes Gottchen – seine Kartoffeln waren gewiß noch nicht gar! «Ach, mein Georgie ...»

Er war wie kein anderer in die Gemütszustände seines Vaters eingeweiht, die dieser täglich in langen Selbstgesprächen vor ihm aufrollte. Ganz abgesehen davon, ob einer den Predigerberuf in sich fühle oder nicht – und es gäbe Männer, die bei aller Frömmigkeit und Rechtschaffenheit einzig dem täglichen Brot zuliebe nach diesem Amt hätten greifen müssen, also weder berufen noch auserwählt, George! – ganz abgesehen davon: war es etwa eines Predigers würdig, fast einzig von seiner Hände Arbeit zu leben und sich von dem zu nähren, was er dem Boden abrang? Diesem Sumpf- und Sandboden obendrein, der freiwillig nur Kiefern und Wacholder hervorbrachte; wer die fressen wollte, müßte wohl einen Jesuitenmagen haben – hoho! Nein, aber er habe es satt, wie ein Bauer zu leben und im Winter bis zum Dach einzuschneien und gegen die Wölfe in Fehde zu liegen! Er sei nun denn doch aus den Jahren heraus ... (Verstummen, Aus-dem-Fenster-Starren, den Ellbogen auf das Stehpult gestemmt und mit dem Rauch der Pfeife ungeheure Verachtung ausstoßend!) Ob er, George, wohl glaube, daß es gerecht sei, einen Mann, der siebzehn Sprachen verstünde und über die gesamte Bildung seines Zeitalters verfügte, dessen brieflichen Umgang die feinsten Geister suchten und nach dessen Gutachten so mancher Große schon verlangt hätte – ob es gerecht sei, den in der finsteren Polackei zu begraben und ihn dort vermodern zu lassen? Aber – (auf und nieder in der engen Stube wie ein Tiger im Käfig und Dräuen in die Ferne mit der Faust) – sie hatten nicht mit Reinhold Forster gerechnet, sie kannten den Mann nicht und würden ihn erst erkennen, wenn sie das Nachsehen hätten, denn außer Landes würde er gehen, außer Landes ... (Neuerliches Verstummen, gegen den Kachelofen gelehnt und offensichtlich durch die Wärme von hinten etwas besänftigt.) Sodann, gemäßigt, im Plauderton: Da hatte man nun seine Dienste dem König von Preußen angeboten, dem ersten deutschen Fürsten, einem Mann von zweifellos (Achselzucken!) den größten Meriten, nicht nur um die Eroberung von Schlesien und die Einführung der Kartoffel. Und hatte man nicht den Bescheid erhalten, daß man als Prediger bei seinem Leisten zu bleiben und nicht in die Wissenschaften zu pfuschen habe?! (Verächtliches Schnauben durch die Nase.) Hier sollte man also bei den Jesuiten weiter Speichel lecken und Gott danken, wenn man nicht vom Volk gesteinigt, wenn einem die Kirche nicht demoliert und das Dach über dem Kopf angezündet wurde? Hätte Georgie Lust, das zu erleben – he? Wenn nun der Roskowski einmal hierherkäme mit seinen zweierlei Stiefeln, schwarz und rot, die Feuer und Tod bedeuteten, und der umherritt und die evangelischen Prediger brandschatzte? Wollte Georgie zusehen, wenn er dem Vater Hände und Füße abhackte und die Zunge ausrisse, hoho? Na, also, nicht wahr?! (Träumerische Benutzung des lavendelduftenden Schnupftuches.) Nein, nein – (gewichtiges Kopfschütteln) *nein*, zum Märtyrer fühlte er sich nicht geboren und ganz unbeschadet seiner religiösen Überzeugung würde er eher in jesuitische Dienste treten, als hier noch weiter einen verlorenen Posten verteidigen; er würde so zu einem Märtyrer seiner Wissenschaft werden, man bemerke dies wohl! (Im Vertrauen gesagt, George, denn die Weiber haben keinen Verstand davon:) Unterhandlungen seien da im Wege, Unterhandlungen von weittragender Bedeutung; man könnte jetzt noch gar nichts sagen, aber . . . Jedenfalls auch für Georges Zukunft von höchster Wichtigkeit! Na, kurz und gut: abwarten! (Gedankenvolles Saugen am Rohr, Vertiefung ins Rauchgewölk: Ja, ja!) «Am liebsten ginge ich nach England.» Das wäre das Land der Zukunft, da fände sich wahrer Weltbürgersinn und lebte sich aus in gewaltigen erdumspannenden Plänen, ins Werk gesetzt von einer unerschöpflichen Tatkraft. England, England! (Triumphmarsch durch die Stube mit geschwungenem Pfeifenrohr und wehendem Schlafrock.) «Georgie, England unser Vaterland, vergiß es nicht! Vor hundert Jahren noch saßen wir Forsters in der fetten Yorkshire-Landschaft an den Fleischtöpfen Ägyptens, auf eigenem Boden, ehe wir auswanderten und ausgerechnet nach diesem gottverlassenen Erdenzipfel!» – «Sehr löblich, unsere Beweggründe, sehr löblich, allerdings . . .» setzte er pädagogisch hinzu, denn sein Urgroßvater hatte England aus Treue gegen den enthaupteten Karl I. verlassen. «Indessen», abschließendes Gebrumm – «gab's nicht auch andere Länder, um dahin zu flüchten? War Preußen näher als die Niederlande etwa?»

Projekte! Das war es! Projekte hinter den nachdenklichen Runzeln des Vaters, Projekte hinter seinem zerstreuten Lächeln, Projekte hinter jedem jähzornigen Aufbrausen. Man stand auf, man schlief ein mit Projekten, man träumte Projekte: Projekte waren täglich Brot auch für den Knaben. Freilich, es kamen Stimmungen über ihn wie an jenem Oktoberabend, als er sich an die Mutter geklammert hatte; aber wenn sie ihn jetzt zum Helfen zu sich rief und halblaut und zärtlich mit ihm plauderte, als fürchtete sie immer, belauscht zu werden: «Unser liebes Haus, nicht wahr, Georgie, unser schöner Garten . . .!» dann fühlte er sich unbehaglich und kam sich wie ein Verräter vor, wenn er nickte und wohl auch einmal seufzte, um nicht ganz stumm zu bleiben. Ein schöner Garten, ein liebes Haus – ja gewiß. Aber wie mochte es denn sein, wenn nun einmal ein Projekt in Erfüllung ging und die enge Welt der Heimat aufsprang wie eine Eierschale, aus der er auskriechen würde wie der hoffnungsvollste Gickelhahn?! So machte er sein einfältigstes kleines Heuchelgesicht der Mutter zuliebe, deren Kummer er ganz deutlich spürte und der ihm das Herz wund rieb, dachte aber trotzdem unaufhörlich mit unruhiger Neugier an die letzten dunklen Reden des Vaters, der wieder einmal in Danzig war – wohlgemerkt, mit einem neuen mausfarbenen Rock aus feinstem Tuch und mit einem halben Dutzend seiner krausesten Jabots versehen, von der Staatsperücke ganz zu schweigen! Was tat er denn immer wieder in Danzig, wo sich zur Zeit auch Herr von Rehbinder aufhielt, der russische Gesandte in Polen, ein ergebenster Diener der großen Zarin, ein Werkzeug ihres Willens und ein charmanter Mann obendrein?! Was mochte es zu bedeuten haben, daß er neuerdings beständig vom «heiligen Rußland» fabulierte, von Europens Morgenland, von der Edelsteinmauer des Ural und der wandernden Breite der Wolga, an deren Ufern sich Deutsche niederlassen sollten wie in Paradieses Schoß, couragierte Männer, deren Familien, hm, hm – ein majestätischer Blick zu Frau Justine hinüber – es ihnen auf Knien danken würden, daß ihr Mut Frau und Kinder von den mageren Weiden der Heimat in dies zweite Kanaan versetzen würde, dem dringlichen Ruf Katharinas folgend, die in werbenden Manifesten den Heimatlosen von ganz Europa Freistätten, billiges Brot und unerhörte Vorteile in den noch unbewohnten Gefilden ihres riesigen Reiches bot? Warum mußte er, George, auf einmal anfangen, Russisch zu lernen, seine Zunge üben, das R zu schnurren wie ein spinnender Kater und das kurz vorher leidenschaftlich begonnene Holländisch liegen lassen? Warum lächelte der Vater oft so gedankenverloren vor sich hin, wenn er arbeitete, warum tat er so, als ginge ihn die Frühjahrsbestellung des Gartens nichts mehr an? So von Neugier und Ungeduld zerfressen, und um den wehklagenden Augen der Mutter zu entgehen, verging sich der Knabe gegen seine eigene Natur und wilderte ein paar Wochen mit Janusch und ähnlichen Kumpanen umher, stahl Äpfel, zündete Heuschober an und quälte Hunde und Katzen; alles Dinge, deren Versuchungen bis dahin an ihm abgeglitten waren. Er benahm sich ungeschickt genug dabei, wurde von den anderen regelmäßig vorgeschickt, um die Kastanien aus dem Feuer zu holen, und hinterher ausgelacht, und war eben bereit, gedemütigt und angeekelt in das alte Leben der Stubenhockerei zurückzukehren, als die Pocken, die im Dorf umgingen, über ihn herfielen und seinen dürftigen Körper eine geraume Zeit zwischen Tod und Leben hin und her zerrten. Dann kamen hübsche Tage, in denen er das fürchterliche Labyrinth der Fiebernächte wieder ganz vergaß, Tage des Himbeersaftes und des Grießbreis und oh, der lieben Gellertschen Fabeln; Tage des Nichtmehrkrankseins und doch noch Gehätscheltwerdens, Tage voll des

Sonnenscheins mütterlicher Liebe und eigener Verantwortungslosigkeit. Nichts lernen, nichts schreiben, immer nur deutsch sprechen, ach – und immer nur spielen – Tage, so selige, und die letzten seiner Kindheit. Denn als er aufstand, narbenbedeckt, ein kleiner alter Mann, noch müde und elend und an nichts weniger denkend als an Projekte – da war es soweit, da barst die Eierschale, und er mußte hinaus, ob er wollte oder nicht. Im Auftrag der russischen Regierung, wie er sagte, wie er zweifellos auch annahm und – jedenfalls durch Vermittlung des scharmanten Rehbinder – auf Kosten der Krone, ging Reinhold Forster an die Wolga, um dort die Bedingungen der ersten deutschen Ansiedlungen zu studieren, und er hatte es sich ausbedungen, seinen ältesten Sohn – «einen hoffnungsvollen, strebsamen, jungen Gelehrten» – mitzunehmen. Ja, er nahm ihn mit sich, als Hündchen, als Famulus, vielleicht auch nur, weil ihm der Knabe zur unentbehrlichen Gewohnheit geworden war und in einem ersten plötzlichen Zurückschauern vor den einsamen Wegen der Fremde. –

In der ersten Nacht auf See, nachdem der Leuchtturm von Zoppot im Nebel hinter ihnen versunken war, und die Ostseewellen sich das rundbauchige Schiff gegenseitig zuwarfen, machte George, in seinem schmalen Wandbett unsanft hin und her geschleudert, wehleidige Zugeständnisse und rief außer dem einen großen «Vater unser» noch alle Nebengötter vergangener Jahre an, die er längst endgültig abgetan zu haben meinte: Maria nämlich und Joseph, dazu Jakob, Abraham und Isaak, sowie Moses und Elias und andere weißbärtige, wunderkräftige Gestalten des Religionsunterrichts, denen er als kleiner Knabe in endlosen geflüsterten Gebeten gemeint hatte huldigen zu müssen, mit krankhafter Gewissenhaftigkeit bedacht, nur ja keinen zu vergessen, der dann im Himmel traurig auf seinem besonderen Thrönchen hätte sitzen müssen, vielleicht mürrisch, am Ende gar zornig des gewohnten Weihrauchs harrend. Er versicherte nicht nur *sich* ihres Beistandes, sondern vor allem *sie* seiner Ergebenheit; «denn ich habe euch ja alle so lieb», wisperte er nach ausführlicher Namensnennung und fügte zur größeren Sicherheit abschließend hinzu: «und *alle* Engel!» Denn schließlich, *Engel* war (seines Erachtens) ein jeder von ihnen, und so war es ganz gewiß, daß keiner vernachlässigt worden war. Er hatte sich auf diese Weise früher oft in den Schlaf gebetet, und nur Fieken, die immer durchaus wissen wollte, *was* er denn so für sich zu flüstern habe, hatte ihm die Gewohnheit verleidet. In dieser Nacht aber kehrte er reuig zu ihr zurück, demütigte sich ausgiebig und gelobte Dienstbarkeit für alle Zeiten, wenn man ihn nur lebendig aus diesem fürchterlichen Schiff entkommen und ihn jemals wieder einen vergnügten kleinen Magen haben lassen wollte. In einer Atempause des Sturmes, als das Ächzen, Knarren, Klatschen und Heulen für einen Augenblick aussetzte, vernahm er neben dem unbehaglichen Stöhnen und Würgen der beiden anderen Fahrtgenossen, des Herrnhuter Bruders David Krüzner und des Jenaer Studenten Gotthold Betzel, ein wohlbekanntes gründliches Knurschen und Schmatzen und stellte bei sich fest, wobei sich sein Gedärme schmerzlich zusammenzog und süßliche Flauheit sein Denken lähmte, daß der Vater da in der Finsternis Äpfel aß. Er meinte nun plötzlich auch den frischen heimatlichen Duft wie einen schönen Fremdling durch die verdorbene Luft der niedrigen Kajüte schweben zu spüren und krümmte sich gleicherweise vor Heimweh wie vor Seekrankheit. Der Vater wurde nicht seekrank, mochte Gott wissen, wie er das anfing! Der stand am Morgen mit den possierlichsten Bocksprüngen auf und verließ pfeifend den Raum, nicht ohne seinem Sohn und dessen Leidensgenossen mit gerunzelter Stirn und teilnahmsvoll rollenden Augen «eine kleine Kollation» angeboten zu haben, da doch ein gefüllter Magen den ganzen Menschen aufrecht zu halten imstande sei, wie er an sich selbst erfahren zu haben meinte. George schüttelte angstvoll abwehrend den Kopf; der Herrnhuter, der so im Bett mit der weißen Zipfelmütze über den Ohren ein knittriges Altmütterchengesicht hatte, sah nur zum Himmel und bewegte beschwörend die Hände; Gotthold Betzel aber verlangte murrend nach einem Spiritus liquor, den Herr Forster alsbald in Gestalt eines Nößels Rum feierlich herbeitrug und den leidenden Bruder tränkte, wie eine Mutter den Säugling. Er versäumte nicht, die Flasche auch George und dem ehrwürdigen Krüzner mit aufmunterndem Blick hinzuhalten, zuckte bedauernd die Achseln und nahm selbst einen kräftigen Schluck, der ihn sichtlich bis zu den Schnallen seiner Schuhe wohlig durchschüttelte. Sodann verschwand er und schickte den Janusch, um für die Sauberkeit des Fußbodens zu sorgen, und Janusch wankte herein, selbst grün und gelb aussehend. Jawohl, der Janusch war mitgenommen worden, denn was war ein Reisender ohne Kammerdiener? Er war ein Baum ohne Schatten! Janusch tat sein Bestes, aber dann rollte er sich am Fußende von Georges Bett zusammen und George nahm mit Ergriffenheit wahr, daß der ehemals so gefährliche Feind gebrochen war wie er selber. Hatte er schon seit dem Tage seines Dienstantrittes ein gewissermaßen abgeklärtes Wesen zur Schau getragen, das sich George gegenüber einstweilen in völliger Nichtbeachtung, gegen den Vater jedoch in rasender Dienstfertigkeit ausprägte, so ward es jetzt offenbar, daß er mit dem zerfetzten Wams auch die feindliche Gesinnung bis aufs letzte abgestreift und mit den heilen Strümpfen, den ledernen Beinkleidern und dem sauberen moosgrünen Kamisol, das Forster ihm zu Danzig in aller Eile hatte anmessen lassen, eine begeisterte Unterwürfigkeit angezogen hatte, auch für George, den er «Panje» nannte und ihm den Ärmel küßte, jetzt, ehe er so zusammensank und den Kopf an die hölzerne Wandverschalung lehnte. Er sagte nichts weiter, aber aus dem blassen schmutzigen Gesicht sahen seine Augen grell wie die eines wilden Waldtiers, das aus seiner warmen, sicheren Höhle gerissen ist, und George ehrte diesen Zustand als den eines Leidensgenossen, und lag erschöpft still, keines Gedankens fähig als des einen, wie paradiesisch es sein müßte, jetzt zu Hause in einem stillstehenden Bett zu liegen, und meinetwegen die Pocken zu haben, nur zu Hause und – ja – bei der Mutter!

«Ihr werdet Hunger haben, immer», hatte die Mutter kurz vor dem Abschied mit weinenden Augen lächelnd gemeint, und: «Pah, Hunger!» hatte der Vater geantwortet, der gerade ein Schinkenbein vorhatte und mit beiden Backen kaute, «und wennschon, meine Liebe! Die Wissenschaft ist Opfer wert.» Nichtsdestoweniger widmete er sich hingebungsvoll dem umfangreichen Vorratskorb, den Frau Justine mit so viel Sorgfalt gepackt hatte. Die Zeit des Opferbringens schien noch nicht gekommen zu sein, und auf seinem Schemel auf dem Fußboden der Kajüte hockend, besagten Korb zwischen den Knien, hielt er inmitten der Reisekumpane die vergnüglichsten Kolloquien ab. «Du staunst, mein Sohn», sprach er etwa dabei, und George lächelte zuvorkommend, wennschon etwas matt, «ja, du staunst und wie sollte ich es dir verdenken! Siehst du doch deinen griesgrämigen Herrn Vater, der sich ganz darauf vorbereitete, hinter dem Ofen zu vertrocknen als ein dürres Reis, mit einem Male gleichwie versetzt an strömende Wasserbäche. Das Amt in Ehren, mein Herr Bruder in Christo», wandte er sich an den milden Krüzner, «in Ehren das Amt! Aber wenn einem Manne für sein Dorf in der Polackei die Welt angeboten wird, ja, wenn ihm die größte aller Kaiserinnen eigenhändig – vergleichsweise, nun, meine Herren, vergleichsweise! – wenn sie ihm also das Tor auftut zu ihrem gewaltigen Reich: Ich bitte um die Ehre, Monsieur Forster! Ein Narr, nicht wahr, wer da nicht zugriffe, ein Narr! Und außerdem, ich besitze gewisse Gaben, die über das Amt hinausgehen, Herr Bruder, den Rahmen des Amtes sprengen, jawohl, wenn ich so sagen darf . . . Herr Bruder!» Er brummte noch verschiedene Male «Hm, hm!» hinterher, wobei er mit zwei Fingern vorsichtig an seiner Nase zupfte und verliebt vor sich hin blickte. «Jetzt kommen gleich die Verdienste um die Erforschung der Wasserfauna und der Insekten, die Bekanntschaft mit Herrn von Rehbinder, dem Geschäftsträger Ihrer Kaiserlichen Majestät, die Korrespondenz mit Herrn von Haller in Zürich und die Fertigkeit, sich in siebzehn Sprachen auszudrücken – endlich aber sein Vermögen, den großen Zeh in den Mund stecken und mit dem Kopf zwischen den Beinen hindurchgucken zu können, welch letzteres Kunststück er gewiß ad oculum demonstrieren wird», dachte George ergeben, der neben der Bewunderung für seinen Vater zum erstenmal in seinem Leben eine leise Befangenheit empfand, wenn dieser sich allenthalben so wohlig entfaltete, wie eine Blume im Sonnenlicht. Doch hub jetzt David Krüzner an, während er bescheiden aus einem leinenen Reisesack zehrte und sparsam nur mit den Vorderzähnen zu knabbern schien – er hatte eine lange, geduldige Oberlippe und große feuchte Kaninchenaugen – «Es geht nichts über ein Wirken in der Stille, lieber Bruder, und der Herr weiß es ja, wie ich ihn hätte preisen wollen, wenn er mir Armen ein solches Amt verliehen hätte, wo ich meinen Mitbrüdern unangefochten hätte dienen können. Indes, da es sein heilsamer Wille ist, mich hinauszusenden unter Morduanen, Baschkiren und Kalmücken – ei, so geht David Krüzner, denn es ziemt ihm nicht, wider den Stachel zu löcken.»

«Recht habt Ihr, Herr Bruder», sagte Forster mit einer gewissen Öligkeit in der Stimme, die George von der Kirche her an ihm kannte; dann wußte er, jetzt dachte der Vater an ganz andere Dinge, was aber die Leute durchaus nichts anging: «das Schäflein bleibt in seines Hirten Händen, auch unter den Heiden! Indessen suum cuique, Herr Bruder, suum cuique! Meint Er nicht auch, Herr Studiosus?» Und während David Krüzner murmelnd bekannte, ein demütiger Bruder zu sein und kein Latein zu verstehen, hub Gotthold Betzel an: «Der Teufel hole Morduanen und Baschkiren so gut wie jedes Amt in Deutschland, wo einen die Ratzen bei lebendigem Leibe auffressen, da die lieben Tierlein selbsten nichts zu nagen haben. Ich aber gehe nach St. Petersburg, dort kann man Kaiser sein, ehe man sich's versieht, was mir übrigens ein viel zu heißer Boden wäre. Ich werde aber der Kaiserin mein Projekt zur Beleuchtung nächtlicher Paläste und Hütten mittels eines aus Hammeltalg destillierten Öles vorlegen, wobei der Mensch sich zugleich erwärmen kann, und alsdann werde ich mit großen gewonnenen Schätzen in die Türkei verreisen, allwo man weiter sehen wird.»

«Ergo bibamus! Trink Er, Herr Bruder, ich hab mir auch einmal den Rücken im Kollegio krummgesessen», sagte Forster teilnahmsvoll und reichte ihm die Flasche, ohne weiter auf die Projekte des pp. Betzel einzugehen. Gegen Ende der Reise, die in neun Tagen glatt und sicher verlief, saß er übrigens mehr in der Kajüte des Kapitäns, dem er gewaltigen Eindruck durch seine Kenntnis der fernsten Küsten und Völker machte, und der ihn nichtsdestoweniger fabelhaft anlog, um ihn zu übertrumpfen, was ihm aber nicht gelang. Denn Forster hatte immer noch etwas daraufzusetzen: auf das Meerweib die fliegenden Fische, auf den Magnetberg die feuerspeienden Berge und auf das Nagelmeer die kochenden Springquellen Islands, wobei sie sich gegenseitig vortrefflich unterhielten und der Schipper Mandeweit, der alljährlich einmal um das Kattegatt herum nach London segelte, im übrigen aber nie in seinem Leben über die große Punschbowle der Nordsee hinausgekommen war, den gelehrten Herrn für «'nen verdammten Slusuhr» erklärte, was einen hohen Grad von Anerkennung bei ihm bedeutete. Er nahm Forsters Mitteilungen restlos in seinen Lügenschatz auf, und zwar als Glanzstücke, und wurde so zu einem unfreiwilligen Verbreiter der Wahrheit. Auch Gotthold Betzel erholte sich alsbald so weit, um von der Gesellschaft zu sein. Verschiedene Spiele Karten bildeten einen Teil seines Reisegepäcks, und er weihte Herrn Forster und den Schiffer in die Geheimnisse des Rabougierens ein, nicht ohne gründlichen Gebrauch von seiner Überlegenheit zu machen, die sich Mandeweit fluchend, Forster mit Gelassenheit gefallen ließ: er tat wohl mit, gewiß, er war kein Spielverderber, aber im Grunde war dies denn doch ein Amusement für seichte Köpfe, und wenn man nicht unterwegs gewesen wäre . . . Zudem langweilten ihn die Karten von jeher gräßlich, und er verlor schon allein aus Gleichgültigkeit fortwährend und versetzte dadurch Gotthold Betzel in unbändig gute Laune; dieser erinnerte sich seiner musikalischen Gabe und sang nunmehr viel mit rauher Stimme, sang Lieder, deren Inhalt den Bruder Krüzner wehmütig, George und Janusch aber außerordentlich heiter stimmte. Diese beiden trollten auf Deck umher und erschienen sowenig als Herr und Diener wie nur je in den vergangenen Tagen zu Hause.

«Georgie, Panje, ist sich viel zuviel Wasser, ist sich fürchterlich!» hatte Janusch am ersten Tage schaudernd erklärt, und George, obgleich innerlichst geneigt, ihm zuzustimmen, hatte die Hände auf den Rücken gelegt und mit vorgeschobener Unterlippe sein Magistergesicht aufgesetzt. Mein Gott, wenn das noch alles Wasser wäre, was es auf Erden gäbe! Aber bewahre, dies war ja nicht mehr, als daß ein kräftiger Walfisch es auf einen Zug austrinken könnte! Und «Täubchen schöne» waren das da oben auch nicht, sondern Wasservögel, Möwen vermutlich; ja, so etwas konnte man wissen, ohne einen von den groben Matrosen zu fragen, die gleich mit der Gegenfrage bei der Hand waren, ob man wohl belieben würde, mal unterzutauchen, mal Salzwasser zu schlucken, mal sein Fell auswringen zu können? Die gelbbraunen Eulenaugen des Janusch wurden vor Staunen immer runder, und das nahm George wie eine Aufforderung an seine Ehre, selbst unter keinen Umständen Verwunderung an den Tag zu legen. Am achten Tage sah man einen Zug wilder Schwäne, der von Süden kommend den Meerbusen kreuzte und sich untereinander ermutigend geheimnisvolle Töne zurief – Namen vielleicht der unendlichen Seen Finnlands. Am Morgen darauf tauchte Kronstadt aus dem Nebel, wie das phantastische Bollwerk des Seekönigs und am Abend desselben Tages schaukelten die Reisenden auf ihren festlandungewohnten Sohlen die Newski-Perspektive hinab. Nun versagte die Haltung des nicht zu Rührenden dennoch, und es war erfreulich, einen Vater zu haben, dessen Hand man ergreifen konnte; merkwürdigerweise schien diese große Hand selbst einen gewissen Anhalt an der kleinen des Sohnes zu finden. Stumm gingen sie diese ungeheuerste aller Straßen hinunter und sahen sich immer wieder nach dem Janusch um, der unter der Last des

Reisesackes gebeugt hinter ihnen drein keuchte, unterstützt von einem freundlichen, schlitzäugigen Kerl, der sich mit dem übrigen Gepäck beladen hatte und jedesmal aufmunternd grinste, wenn er angesehen wurde. Übrigens gewann Herr Forster mit jedem Schritt an Sicherheit, und schon im Gasthaus Peter Bierbergs trat er auf wie der siebenfach gebrühte Weltreisende, der sich beileibe nichts vormachen läßt und alles an Erfahrung überragt. Was Peter Bierberg demütig zu stimmen schien, ihn aber nicht hinderte, die neuen Gäste unter Achselzucken und mancherlei Entschuldigungen in einem Raum mit einer vielköpfigen polnischen Familie einzuquartieren, wo Vater und Sohn zusammen ein Bett beziehen mußten und mancherlei an Schamhaftigkeit auszustehen hatten. Indes verging dieser erste Aufenthalt in St. Petersburg traumhaft schnell, und George hatte keine Zeit, sich darüber klarzuwerden, daß er nun zwar wieder auf festem Lande, aber doch unendlich weit von daheim und der Mutter entfernt war. Er hatte seinen kleinen Kopf kaum den Eindrücken dieser wilden großen Stadt angepaßt, ihren Palästen und stattlichen Steinhäusern, die grün oder *café au lait* getüncht mit bunten flachen Dächern und anspruchsvollen Säulenverzierungen bereits anfingen, die alte hölzerne Stadt Peters zu verdrängen; ihren Basaren und Kuppelkirchen, den Kanälen und vor allem der wimmelnden Newa mit ihren unheimlich schwankenden Schiffbrükken, die doch Droschken, Roß und Reiter und die ganze bunte treibende Masse des Volkes vom ersten Admiralitätsteil hinüber nach Wassilii Ostrow trugen; diesem Volke endlich selbst, so vielfältig an Erscheinungen, wie es sogar der Danziger Hafen, an dessen Jahrmarktstrubel er bisher alles Wunderbare bemaß, nicht war und nie sein konnte ... (Hatte er doch zu begreifen, daß sein kleines Ich nun diese ungeheure, schreiende, heulende, bewegliche, geheimnisreiche Erweiterung erfuhr; denn jeder Ort stürzt sich unaufhörlich nach Einheit gierig in die Gemüter, die ihn auffangen und widerstrahlen, und jedes Ich hat seine Grenzen erst da, wo sein Bewußtsein aufhört, das Bewußtsein eines Kindes aber verschwimmt mit dem Umriß seines Wohnortes.) Kaum hatte er also solchermaßen Nassenhuben abgestreift, mit der vertrauten Enge von Haus und Garten und dem leeren Umkreis von Kiefernheide und Ebene; kaum Danzig verwunden, das ihm hundert Gesichter gehabt zu haben schien und ihn schmerzhaft ergriffen hatte mit seiner angehäuften Kultur, seinem katholischen Prunk und seiner Bevölkerung von lauter Pastoren und Starosten, ja, lauter Herren, wie es daheim nur zwei gegeben hatte! Kaum lag die See hinter ihm mit ihren heftigen Anforderungen an Körper und Gemüt, von denen das nil admirari dem Janusch gegenüber vielleicht die schwerste gewesen war, denn es ist unerhört hart, mit elf Jahren beständig die Würde zu wahren: so kam St. Petersburg wie ein kurzer Fiebertraum, und schon ging es weiter. Ging weiter mit Vorspannpaß im eigenen Wagen, zweihundertfünfzig Werst in vierundzwanzig Stunden, die wachsenden Tage und die immer heller bleibenden Nächte hindurch; selten, daß es einmal ein Nachtquartier in einem schmutzigen Gasthaus gab, wo der Wirt wohl in Ehrfurcht vor dem Herrn, der in Geschäften der Krone reiste und darum nur halbes Postgeld bezahlte, erstarb und Herrn Forsters Laune dadurch prächtig anfachte, wo man aber dafür des Nachts von Ungeziefer halb ermordet wurde. Doch war der Vater unterwegs außerordentlich frisch und lebendig und benutzte die Zeit zu den eingehendsten Wiederholungen auf allen Gebieten des Wissens. Er botanisierte mit George neben dem Wagen her, wenn dieser mit trostloser Langsamkeit durch die Sandwege unendlicher Wälder schaukelte, und erging sich in verzückten Rhapsodien über die Ergiebigkeit und Unberührtheit dieses Landes, sobald man mit frischem Vorspann wieder feurig dahinrollte, fleißige kleine Pferde vor sich, die ihre zottigen Köpfe begeistert warfen und schüttelten, wenn der Jamschtschik sie weniger mit der langen Peitsche als mit dem zärtlich singenden Ton seiner Stimme aufmunterte. George gewöhnte sich an den Anblick von Januschs Rücken mit dem hin und her tanzenden kurzen steifen Zopf vor sich auf dem Bock und wartete oft sehnsüchtig darauf, daß der runde Kopf herumwanderte und ein von Hochachtung und Mitleid gleicherweise sprechender Blick aus Januschs Eulenaugen langsam über ihn hinwegging, worauf er sich wieder etwas gestärkt fühlte: denn ein Leiden ohne Zeugen hätte auch den heiligen Märtyrern nicht halb soviel Spaß gemacht, dessen sei man gewiß! Zu Hause hatte die Mutter doch manchmal bewundert, was er alles zu leisten hatte; hatte ihm an besonders harten Tagen einen Apfel zugesteckt oder gar einen Eierkuchen gebacken, sehr heimlich freilich, und dann hatten sie ihn zusammen am Herde verspeist, weder Rieken noch Fieken durften das wissen, auch nicht Malchus, der Knecht, oder Mareiken, die Magd. Hier aber mußte man die Lippen zusammenpressen, tief durch die Nüstern schnaufen, um einen Augenblick Zeit zu gewinnen, ganz ausgeliefert diesen undurchdringlichen blauen Porzellanaugen und im Banne der starken Hand, die ungeduldig am Wagenschlag trommelte und so leicht von dort abglitt und Georges Kopf traf, der der sich dann geduldig duckte – nein, hierbei sollte Janusch keinen Anlaß haben sich umzudrehen, und es ging, es ließ sich wahrhaftig aushalten, diese Kopfnüsse lautlos hinzunehmen! Zu größeren Exekutionen, wie der Vater sie sonst als Unterbrechung der Arbeitsstunden liebte, war ja in der Kibitka Gott sei Dank kein Platz; der Vater sah ganz davon ab, nachdem er sich in den ersten Tagen hart am Ellbogen gestoßen hatte, ein Zeichen, daß auch er sich beherrschen konnte, wenn es sein mußte. George wußte schon von zu Hause her, daß man am besten dabei fuhr, wenn man dem Gewaltigen diente, als sei dies ganz selbstverständlich; nun aber bildete er die Kunst, dem Riesen alles an den Augen abzusehen und seinen Wünschen lautlos zuvorzukommen, vollends aus. Der Riese war zuweilen äußerst schlechter Laune. Schön war das Reisen, ja, und wissenschaftlich war das Land ergiebig wie ein Pudelpelz an Flöhen, aber es war doch auch geradezu widerwärtig groß, und es nahm gar kein Ende mit lichten wehenden, wehenden Birkenwäldern, mit den bunten hölzernen Dörfern, mit der unendlichen mattgrünen Ebene, hinter der der Horizont sich immer weiter hinausschob, wiewohl man an jedem Abend glaubte, man würde morgen im ewigen Osten landen und hätte die Wolga längst im Schlaf überschritten. Zudem widerstand ihm einstweilen die landesübliche Kost, er verachtete Schtschi und Kascha, vor Kwas aber ekelte er sich geradezu und behauptete lärmend, es sei unsittlich, diesen gegorenen Unrat zu trinken, man könne nicht wissen, welche Ingredienzien dazu verwendet würden. Einzig die Nalioka fand einige Gnade vor ihm, er pflegte sie allenthalben ernsthaft zu fordern und legte starke Verstimmung an den Tag, wenn dieses aus Kirschsaft, Zucker und Wein gebraute Getränk nicht zu bekommen war. Endlich kam er dahinter, daß die Russen Meister in der Kunst der Pastetenzubereitung waren; nun war freilich alles gut, und sobald er soweit war, zu wissen, daß sich die verschiedensten Piroggen, seien sie mit Pilzen, Fischen, Fleisch oder Speck und Rosinen gefüllt, auch als Reisevorrat mitnehmen ließen, gewann er einen bedeutenden Überschuß an Spannkraft. Er sorgte für den Vorratskorb und allenfalls für die Kiste, die die Bücher und seine wissenschaftlichen Notizen enthielt, welche George an den spärlichen Rasttagen nach seinem Diktat sorgfältig ins reine schreiben mußte. Die Sorge für das übrige Gepäck überließ er dem Janusch und erklärte ihn für einen exemplarisch vortrefflichen Bedienten, ohne zu bemerken, daß sein kleiner Sohn den besten Teil der notwendigen Arbeit verrichtete; denn der Janusch war den mannigfachen Besitztümern gegenüber, die die Zivilisation seiner Herrschaft erforderte, ziemlich ratlos und hatte nicht Zeit, über diese Ratlosigkeit hinauszuwachsen, wie man bald erfahren wird. So begnügte er sich mit der Pflege des Schuhzeugs und dem Zuschnallen und Schleppen der Koffer, während George stillschweigend für Sauberkeit und geglättete Lage der Kleider sorgte. Als Herr Forster ihn einmal bei diesem Geschäft zu bemerken geruhte, stellte er nachdenklich fest: «Wie sehr du deiner Mutter gleichst, mein Sohn!» Weiter legte er keinerlei Ergriffenheit an den Tag, machte aber in Zukunft George für jeden Flecken auf den Kleidern verantwortlich. Endlich erreichten sie Nishni-Nowgorod. Hier klaffte ein Riß in der farblosen Haut der Ebene, und die Seele Rußlands lag bloß, starrend bunt, asiatisch üppig, wie das Innere der märchenhaften Kirchen: Edelsteinhöhlen, von Rubinlicht durchblutet – wie die Völker, die hier zusammenströmten mit dem Geruch unübersehbarer Pferdeherden und des Leders, mit unerhörter Farbenfreude in den Gewändern und dem leisen Geklirr von silbernen Kettchen und

Klapperwerk an den hohen, bunt ausgenähten Mützen ihrer Weiber. Zudem strotzte alles von Fettigkeit und Schmutz, aber den Reisenden, von Staub, Wind und blendender Sonne gedörrt, wie sie waren, tat die feuchtigkeitsgesättigte Luft der Stromniederung wohl, und unter den Segenswünschen des Jamschtschik – ja, er würde warten, bei Gott, nicht rühren würde er sich aus seiner Herberge! am Ufer würde er stehen und sich blindschauen, bis das hochverehrte Väterchen wieder flußaufwärts gefahren käme! möchte es nur gefahren kommen, möchte es nur! – bestiegen sie eine Schaluppe, und der Strom nahm sie auf. Wasser! hieß wiederum die Losung, aber anders war ihr Klang als zuvor auf der See; anders, zielbewußter und beseelter schien diese rastlos vorwärts sich wälzende Flutmasse in der ungeheuren Schwermut ihres Willens, der nichts wußte von der tobenden Regellosigkeit des Meeres. Nicht daß George es sich klargemacht hätte, aber er verstand – er verstand! Er kauerte hinter einer Rolle von Tauen am Bug des Schiffes und blickte geradeaus. Es war alles so sanft und ernst, wie die Wasser sich um die flachen Inseln teilten, wie die Schilfwälder meilenweit wogten und raschelten, wie große Stelzvögel majestätische Kreise darüber zogen. Er blickte nach Osten, wo die Wasserfläche in die unendliche Ebene überging und mit dem Horizont verschmolz; im Westen aber stand abends der Himmel tiefgolden hinter der schwarzen ruhigen Festigkeit der Berge. Dann begannen die Burlaki zu singen, während sie Anker warfen, und auch das verstand er, ohne vielleicht ein einziges Wort zu erfassen; er hockte nur da, ein sehr kleiner Junge trotz Schoßrocks und Haarbeutels, hatte den Kopf auf die Knie gelegt und lauschte. Irgend etwas streichelte ihn, nahm ihn und wiegte ihn ein; die übermäßige Spannung, die ihn seit Beginn der Reise bis an die Grenze seiner Fähigkeit gestrafft hatte, löste sich, der «Herr Magister» zog sich völlig ins Wesenlose zurück; ein Knabe blieb, kindlich, zutraulich oder unartig. Kurz, er fiel an seine eigene Natur zurück und das nach sieben Jahren zum erstenmal, denn im Grunde hatte er sich von ihr entfernt, damals, als er so plötzlich lesen konnte – ach ja, wie war es nur gekommen? – als es mit dem Spielen vorbeigewesen war. Dazu kam, daß es dem Vater ähnlich erging wie ihm selber. Herr Forster verbrachte ganze Tage in träumerischem Vorsichhinstarren und ließ sich die Sonne auf den breiten Rücken brennen, wobei er manchmal blinzelte und mauzend gähnte wie ein träger Kater. Zwischendurch erhob er sich allerdings, reckte sich, daß die Gelenke krachten, rieb sich gewaltig die Hände und begann dann eine hastige Teilnahme für die vorübergleitenden Ufer an den Tag zu legen, fragte den Steuermann, der unbewegten Gesichtes Auskunft gab, leidenschaftlich aus und stand gebückt, auf dem linken hochgestellten Knie ein Schreibtäfelchen, auf das er eifrig Notizen eintrug. Es war aber nicht die Rede davon, sie auszuarbeiten, wie George immer heimlich fürchtete, wenn er den Vater bei dieser

Beschäftigung sah, sondern Herr Forster blieb sanft und faul und ward nur ein wenig munterer, wenn angelegt wurde und man an Land ging, was alle zwei bis drei Tage einmal geschah. Alsdann suchte man sich Reittiere zu verschaffen oder ging zu Fuß landeinwärts in die wilden Wälder oder die öden Steppen hinein, sammelte Pflanzen und stellte Tieren nach, bei welcher Gelegenheit Janusch wie wild hinter der armen Tschokuschka, dem allerliebsten Zwerghasen, her war, dessen wachtelschreiähnlichen Lockruf er nachzuahmen verstand und dessen unterirdische Laufgräben und Höhlen er mit dachshundgleicher Spürnase aufzufinden wußte. Er gab sich dieser Unterhaltung mit einer Art weinerlicher Leidenschaft hin, und George fühlte es wohl, Janusch hatte keine andere Freude mehr, Janusch war bitter enttäuscht und suchte hier eine Entschädigung für seinen Tatendurst und seinen Ehrgeiz, denen ein Leben auf dem Kutscherbock und auf der Ruderbank zu eng war. Dies war klar, obgleich Janusch sich nie darüber äußerte; aber sein mürrisches Schweigen, diese finstere Majestät seiner Verdrießlichkeit lasteten schwer auf George, gerade weil er selbst so vergnügt war und sich mit ängstlicher Seele bemühte, auch seine Umgebung heiter zu wissen, als läge in deren Unzufriedenheit eine Gefährdung des harmonischen Zustandes. Um die Wahrheit zu sagen, der Janusch haßte das Wasser, und nun hatte er die Ostsee gerade überstanden und war schon wieder in so einen hölzernen Trog gebannt, der auf dem widerwärtigen Element schwamm und schwankte, daß einem vom bloßen Zusehen übel werden konnte. Ja, wohl hatte er daheim die Pferde in die Schwemme geritten, aber das war auch bei Gott etwas ganz anderes gewesen, da war er der Herr von Pferd und Wasser, diesem Tümpel, dessen Blutegel und schlammgrüne gelbbauchige Salamanderchen er alle persönlich kannte. Nun, und dann so halbnackt und naß wie irgendein Wasserteufel ins Dorf zurückgaloppieren, schreiend, peitschenknallend und fratzenschneidend, daß alle Kinder und Mädels Reißaus nahmen – das war doch etwas anderes, als so tagaus, tagein, so wiegala wogala in diesem verdammten Kasten sitzen zu müssen. Der Janusch grollte. Der Janusch starrte den Treidelpferden nach, die geduldig am Ufer gingen und die schwerbeladenen Barken zogen, und beneidete die Bauern, die sie trieben. Tausendmal mehr noch aber beneidete er andere Leute, die man zum erstenmal Anfang August auf dem westlichen Ufer antraf, wo man eines Abends schon von weit her eine Wolke schweben sah, eine Wolke von Rauch und Staub, die, als sie näher hinzukamen, von der sinkenden Sonne ganz golden durchglüht war; darin tummelte sich ein Gewimmel von Menschen und Tieren, entstanden, wie Pilze aufschießend, dunkle, runde und zugespitzte Zelte und war ein Geschrei, Gebrüll und Gewieher, von Peitschenknallen und Flintenschüssen zerrissen, daß George und Janusch sogleich an Jahrmarkt dachten und George wahrnahm, wie der Janusch ganz glühende Augen bekam und ungebeten des Vaters große Stulpenstiefel bereitstellte, dann aber von einem Fuß auf den anderen tanzte und sich durchaus gebärdete wie ein Hund, der die Anstalten eines Aufbruches wittert und noch nicht genau weiß, ob er mitgenommen werden wird. Herr Forster enttäuschte ihn denn auch nicht, und obgleich der Steuermann murrte, man würde sich das ganze Gesindel auf den Hals laden, ließ er angesichts des Kalmückenlagers anlegen und ging mit den beiden Knaben hinüber, unbewaffnet und seelenruhig wie auf seiner Dorfstraße zu Hause. Tief befriedigt kehrte er zurück, hatte aber nichts dagegen, daß sogleich der Anker gelichtet und alsdann noch die halbe Nacht stromabwärts gefahren wurde. Selbst auf dieser Strecke folgte ihnen auf dem linken Ufer ein Haufe halbwüchsiger Knaben und Kinder zu Fuß und zu Pferde, von großen weißen Windhunden geisterhaft begleitet und umschwärmt, während die Schaluppe auf dem Wasser dahinglitt und Strom und Steppe in dem grenzenlosen, vom silberbläulichen Mondlicht erfüllten Rund der Himmelskugel lagen. Janusch war ganz aufgeregt, er hockte neben George und flüsterte mit heiserer Stimme von allem, was sie gesehen hatten, wobei er immer wieder ins Polnische verfiel und zu den am Ufer Dahinreisenden hinüberstarrte, mit bebenden Nüstern die Luft einziehend, als hoffte er den ihm so köstlichen Geruch des Lagers noch einmal zu spüren, nach Pferden, nach Leder, nach Schafmist, nach Milch, säuerlich und gegoren. Und dann war auch hier alles so himmlisch fettig gewesen, sogar in dem Tee, der ihnen feierlich in der Kibitka des Khans dargeboten worden war und der aus einer kunstvollen, kupferbeschlagenen Lederkanne herauskam, war zerlassene Butter gewesen und außerdem Milch und Salz; man trank ihn aus Bechern, die gleichfalls von hornhartem Rindsleder waren. Alle diese gelbbraunen glänzenden Gesichter mit den schwarzen strähnigen Haaren, den blanken Äuglein und den breiten Mäulern waren dem Janusch ansprechend und zutrauenerweckend erschienen, die langen dünnen Schnurrbärte der Männer ehrfurchteinflößend und die Rüstung des Khans und seiner Umgebung mit Ringpanzer und rundem Helm, Bogen, Pfeilen und kurzem Feuergewehr gewaltig und königlich. Er hatte das weiße Kamel aus Buchara angestaunt, das ihn hochmütig übersah, denn es war ja das *weiße* Kamel, und es durfte allein den kleinen zweiräderigen Wagen schleppen, der die Heiligtümer enthielt, den fetten kleinen Buddha aus vergoldetem Holz, die Räucherfässer und die Schriftrollen, unter denen der Schamane jetzt zornig hantierte; denn ihm gefiel der Besuch eines friedlichen fremden Mannes nicht, er hielt ihn für einen anderen Zauberer. Aber auch die gewöhnlichen Kamele waren sehenswert, wie sie geduldig niederknieten und sich mit vorgebogenem Halse die unerhörten Lasten abnehmen ließen; ganze Häuser trugen sie an den Seiten ihrer wunderlichen Höcker. Überhaupt, was waren das für Tiere? Die Pferde waren zottiger und wilder, die Rinder kleiner und hochbeiniger als zu Hause; die Ziegen hatten keine Hörner und die Schafe so fette Schwänze; es war alles, alles anders und doch berauschend, schwindelerregend schön, es war kaum ein Unterschied zwischen Mensch und Vieh, alles umdrängte, beschnüffelte und betastete einen, man kam sich gegenseitig nahe, man roch und schmeckte sich, und das war es, was Janusch seit Monaten entbehrte, ja, das war es, und so war er jetzt wie betrunken. Er aß Schafkäse und Dörrfleisch und trank gegorene Stutenmilch, er kroch in jedes Zelt hinein, wo auf den Dreifüßen frischer Tschipan in flachen eisernen Schalen gebraut wurde, und die blanken Knöpfe an seinem grünen Kamisol verhalfen ihm zu einem billigen Vorrang vor dem mausegrauen George, der hinter ihm herging, sich unbehaglich fühlte und den Vater herbeisehnte, der endlos mit dem Khan um Waffen und Ledergefäße handelte, ja, dem es sogar gelang, gegen ein Bernsteinkettchen, nach dem es einer schiefäugigen kleinen Dame gelüstete, einer Lieblingstochter des kahlköpfigen Oberhauptes offenbar, eine Gebetsmühle einzutauschen, sehr zum Ärger des Schamanen, der dem Khan die Verfolgung aller bösen Geister prophezeite und hinter den Gästen dreinräucherte, am liebsten entschieden das ganze Lager abgebrochen und an einem anderen, unentweihten Ort wieder aufgeführt hätte. Nein, George hatte eine verschwiegene, aber sehr starke Abneigung gegen alle diese bunten Zaubervölker, von denen immer neue auftauchten, so daß nach ein paar Tagereisen die Städte und Dörfer ihr Gesicht wechselten; er liebte es gar nicht, mit dem Vater in die Hütten zu gehen und Gemeinschaft zu haben mit Morduanen, Tschuwaschen und Baschkiren oder wie sie sonst hießen; er hielt sie in der Tiefe seines Herzens allesamt für Räuber, von denen ihm Akim, ein alter Schiffer, mit dem er sich notdürftig verständigen konnte, mehr durch aufgerissene Augen, emporgehobene Hände, dumpfe Kehltöne und eine Gebärde, die das Halsabschneiden anschaulich wiedergab, erzählt hatte. Er kam sich merkwürdigerweise am sichersten vor, wenn weit und breit kaum eine menschliche Ansiedlung zu erblicken war, wenn die Strombreite sich bis zum Horizont ausdehnte, rastlos vorwärts ziehend, das erhabene Antlitz voll der Farbe des Himmels. Wenn ringsum nichts war als das Rucken der Ruder oder das Knarren des Segelgestänges, das leise hinstreichende Rauschen und Glucksen am Kiel, der Schrei eines Wasservogels und die schläfrige Unterhaltung der Matrosen. Vielleicht auch ihr Gesang am späten Nachmittag oder an einem Morgen, wenn der Himmel mit seinen Wolkenmassen allzu niedrig über der Ebene hing, daß alles so erdrückend traurig ward und die Seele sich aufzulösen suchte . . . Dann ward in diesem Gesang alles eins, Himmel und Erde, Strom und Mensch, und die sanft bewegte dunkle Linie der Berge war wie eine schwermütige Begleitung, wenn die Töne verschwommen von dort zurückkehrten. Da waren die graugrünen Weiden auf den langen niedrigen Sandinseln, sie spiegelten sich im stillen Wasser und ließen ihre langen Zweige von der Strömung mitschleifen; da waren Fischer, die im Wasser wateten, die ihre Netze stellten und ihre Hütten am Ufer hatten, kaum als Menschen empfunden, sondern als eine Äußerung der Landschaft. Da waren die Mündungen einströmender kleiner Flüsse, von Schilfwäldern verborgen, schamhaft, wie ein Verschmelzen der Liebe. Da war der Geruch nach Teer und Werg und bitterem Holzrauch, von der feuchten Reinheit des Gewässers durchatmet, und zuweilen auch der nach Fischen und faulenden Pflanzen. Das alles war gut, zärtlich und gelinde. George lächelte viel ohne eigentlichen Grund, er saß und besah seine Hände, sehr kleine Hände, wie er fand, sie erinnerten ihn irgendwie an Fieken, die Schwester, die doch noch ein Kind war. Und siehe, da fiel es ihm ein, mitten auf der Wolga fiel es ihm ein, daß er ja selbst nur ein Jahr älter als Fieken sei! Er wunderte sich einen Augenblick, vergaß es aber wieder. Dort handelte der Vater mit einem Bord an Bord mit ihnen fahrenden Fischer um Wälshaut zum Schließen seiner Weingeistflaschen, in denen er gefangenes Gewürm aufhob. George mußte dabeisein, stand daneben, lauschte dem Handel und einem Streit über den Goldfisch, die Beschanaja Ryba – «Verzehre ihn nicht, Väterchen, er macht toll und Gott gnade deiner hohen Familie!» Ein Fressen für die Heiden sei er, die Morduanen und Tschuwaschen! Väterchen lachte und ließ ihn zum Abend bereiten, fand ihn aber langweilig im Geschmack und zog auf die Dauer Sterlett vor ... George lächtelte träumerisch und ging zum Bug zurück, wo auch Akim hockte und Körbe aus Weiden flocht. Da saß er und wartete, daß die Seele wiederkehrte, der scheue Vogel, der ihn jetzt dauernd umschwärmte und Wohnung machen wollte, da Formeln und Vokabeln nicht mehr den Platz ausfüllten.

Übrigens staunte er manchmal, wenn er späterhin den Vater von dieser Reise erzählen hörte; Herr Forster wurde dann ganz dithyrambisch und gab Schilderungen von der Wucht der Gewässer, von dem Einfluten der Oka und der Kama – die Rivalinnen der Wolga nannte er diese beiden – und der übrigen gewaltigen Nebenströme, von dem Gewander der Barken und Flöße, dem Gesumm der wachsenden Städte, dem Überfluß an Holz in den krachenden Urwäldern und dem geheimnisvollen, unheimlichen und unerschöpflichen Leben der wilden Tiere und Menschen, von denen beide Ufer überquollen. Gewissenhaft suchte er dann in seiner Erinnerung und bemerkte, daß er von alledem nichts wußte. Er erinnerte sich an Akim und an die Fischer und daß er gerne Störrogen gegessen hatte, obgleich er sich ein wenig davor ekelte. Er erinnerte sich an die Frau des reichen Tataren, den sie in Kasan besucht hatten, wie sie auf dem Diwan gesessen hatte, vo Goldstickerei, von Ketten und Ringen starrend, und durch den Damp ihrer muschelzarten chinesischen Tasse mit den geschwärzten Zähn zu ihm hinüberlächelte. Der Vater hatte ihn aus irgendeinem Grunde hier zurückgelassen und war fortgegangen; er hockte klein und bescheiden auf einem Polster neben dem Ofen, in dem ein Feuer brannte, obgleich draußen warmer Spätsommer war. Auch er bekam eine bläuliche Eierschale voll Tee und ein Häufchen klebriger Süßigkeiten auf einem schönen Tischchen vor sich hingestellt, das mit Perlmutter ausgelegt war; aber er schämte sich zu essen unter dem Lächeln dieser Frau, die ihre edelsteinbeladenen feisten Hände nur bewegte, um die Tasse zum Munde zu führen und sie dann leer der Dienerin zu reichen, die ebenfalls beständig lächelte, aber doch mehr wie ein wirklicher Mensch. Er wollte vermeiden sie anzusehen und ließ seine Augen verzweifelt umherwandern. Da war ein wunderlicher bunter Holzkoffer, mit blankem Zierat beschlagen, kupferne Waschbecken, ein Spiegel, ganz wie zu Hause, und auch Nelken und Geranium am Fenster. Dann aber wieder ein Lackschränkchen mit goldenen Blumen und Vögeln, und der Samowar, summend und fauchend. Er fühlte, wie ihm warm wurde, übermäßig warm, seine Hände wurden ganz feucht, und er hätte sich gern einmal das Gesicht abgewischt, wenn nur die Tatarin ... Nun hatte er doch hinübergesehen und war tödlich erschrokken: das Gesicht seiner Wirtin löste sich auf, es rieselte ihr von der Stirn, zog Bahnen durch ihre kohlschwarzen Brauen und rosigen Wangen, ja selbst ihr lackroter Mund ward verschmiert, wie eine klaffende blutige Wunde. Mein Gott, was war nur geschehen? Sie schwitzte, die Gute, sie schwitzte; sie hatte diesen wohltuenden Ausbruch, der der Zweck ihres Teetrinkens war, aber in diesem Augenblick saß sie völlig hilflos da, bis die Dienerin mit dem Tuch zur Hand war, einem Tuch, das schon mehrere Wochen zu diesem Zweck gedient zu haben schien. Alsbald ward der Samowar zur Seite geschoben, die Tatarin schnaufte zufrieden und genoß ihren Zustand, immer aufs neue von der lächelnden Zofe abgetupft, bis die Ergiebigkeit ihrer Poren erschöpft war. Sodann trat ein Kästchen aus Zinkblech in Erscheinung, das in seinen Fächern vielfarbig leuchtete. Die Tatarin hielt ihr Mondgesicht mit breit verzogenem Munde hin, und nun ward gemalt, gestrichelt und gewischt, immer von dem flinken, behutsamen Mädchen, während das entstehende Kunstwerk regunslos saß und nur manchmal aus schmalen Augenschlitzen zu George hinüberblinzelte. Nun vollendet, verharrte es unbeweglich, die rotgefärbten Fingerspitzen über dem stattlichen Leibe ineinander gelegt und ins Leere lächelnd in dem Bewußtsein übergro- Schönheit. George geriet so unter den Bann des Eindrucks, dort ben befinde sich ein Edelsteinschrein, ein Schnitzwerk vielleicht, Bild, nur eben kein Mensch, daß er es wagte, die Beine zu bewegen sich an der Nase zu kratzen; da sah er, wie die Tatarin die Augen wälzte, und gleich saß er wieder versteinert. Nun sagte sie auch zu ihm, sagte dreimal den nämlichen Satz, wobei er sie verzweifelt anstarrte, denn er verstand sie doch nicht, bis sie endlich unzufrieden mit dem Kopf wackelte und verstummte. Dann sagte sie plötzlich mit ganz heller Stimme auf russisch: «Tschaj? Tee?» und nickte mit schief geneigtem Haupte. Da er diesmal begriff, bejahte er begeistert, um sie zu erfreuen und jedenfalls nicht zu erzürnen, und sogleich richtete sie einen Strom hastiger Rede gegen die Dienerin, die hinausglitt und mit einem frischen brausenden Samowar wiederkehrte, der alsbald Wasser hervorsprudelte und Dampf spie, während ein frühlingszarter Duft sich im Augenblick des Aufbrühens aus der Kanne erhob, den das Götzenbild befriedigt schnuppernd einsog. Und indem das Mädchen mit leisem Klingeln seiner Armreife und Ohrringe hin und her eilte, um die Tassen zu füllen – sie trug ein lichtblaues Jäckchen mit Silberstickerei und unter dem engen roten Obergewand weite Pluderhosen, die über den Knöcheln zusammengebunden waren – indem die Tatarin der heißen Tasse die Zähne zeigte, indem George verzweifelt pustete und die Augen nicht von seinem Gegenüber ließ, kam es mit der Gleichmäßigkeit eines bösen, stets sich wiederholenden Traumes zu demselben Auftritt wie vorhin, einmal, und noch einmal: Teetrinken, Schwitzen und Schminken – und dann erst kam endlich der Vater mit dem Tataren zurück. Ja, der Vater hatte gut lachen! –

Überhaupt hatte er sich auf dieser Reise oft gefürchtet, daran erinnerte er sich später besonders gut und daß er sich angewöhnt hatte, mit der kleinen Pfote über den Augen einzuschlafen, wenn er nicht den Kopf ganz im gebogenen Arm vergrub, das stammte von diesen Nächten im Schilf her, in denen immer ein Mann mit geladenem Gewehr wachen mußte; denn die Räuber entstammten nicht nur Akims Phantasie, sondern die Berge waren voll von ihnen, und die Matrosen bekreuzten sich dankbar, wenn wieder ein Wolok – eine jener angeschwemmten, mit Weidengebüsch bestandenen Landzungen vor den Einmündungen der Flüsse – umschifft war, *ohne* daß dort Geheul und Flintenknattern aus dem Hinterhalt aufgebrochen war. Auch an die deutschen Ansiedlungen, deren Besuch der eigentliche Zweck des ganzen Unternehmens war, erinnerte er sich nur in verschwimmenden Umrissen, und eigentlich nur an jene Frau, die ihm die Füße gewaschen und ihn zu Bett gebracht hatte wie einen müden kleinen Jungen, gar nicht wie einen «hoffnungsvollen jungen Gelehrten». Auch daran, daß er da, nach Monaten zum erstenmal wieder in einem richtigen weißen Bett ruhend, trotz aller Erschöpfung noch lange wach gelegen hatte, von einem jähen nagenden Heimweh befallen. Alle diese Erinnerungen aber verblaßten vor jenem letzten schrecklichen Erlebnis mit dem Janusch.

Sie hatten in der Nähe des Kaspi einen Ausflug landeinwärts gemacht. Die Sonne prallte blendend von der grau-weißen Salzrinde der Wüste ab, die Luft war flimmernd heiß und schwer zu atmen, wie von Salzlösung gesättigt, der Janusch war mürrisch und George tieftraurig.

Beide stapften sie in finsterem Schweigen hinter dem Vater her, der im Sande grub und Versteinerungen suchte. Akim hatte sie begleitet und nahm die Beute in einen seiner Weidenkörbe auf; die beiden Erwachsenen der Unternehmung waren somit beschäftigt und in bester tätiger Laune, besonders Herr Forster, der fortwährend vor sich hin pfiff und Akim durch neckische Fragen zum Kichern brachte. Ein langgestreckter Hügelrücken erhob sich unter der Menge der Flugsanddünen wie ein ruhender Löwe in einer Herde geduckter Schäfchen; er hatte felsige Flanken und ein von interessanten Tonschichtungen rotstreifiges Fell, also ging Herr Forster auf ihn los wie ein witternder Jäger und sah sich in keiner Weise nach George um, der hinter einem Flugsandhügel zurückblieb, und zwar weil Janusch sich mit einem Laut verzweifelten Unmutes zu Boden geworfen hatte. «Hunger hat er sich, Durst hat er sich, will er sich nach Hause, Janusch, armes Hund!» schluchzte er schnaubend und krallte seine mageren Finger in die spröde bröckelnde Salzkruste. «Is sich furchbares Land, Wasser, viel zuviel, kein Stall, kein Schwein, kein Garnichts!» «Wir geben dir doch immer zu essen, Janusch», sagte George ratlos und nestelte gebückt an dem Frühstückskorb, den der Heulende auf dem Rücken trug. Man mußte ihn stärken! O Gott, dies war gewiß ein Kollaps der Kräfte! Herr Forster befürchtete für sich selbst dauernd Kollapse der Kräfte und erörterte eingehend diese Möglichkeit. Eine Kollation, nicht wahr, über dem Spazieren ward man müde, mußte anbeißen. «Janusch!»

Aber der Janusch hatte sich hingesetzt und wehrte angeekelt ab – «nicht so!» Sein Gesicht war rotgescheuert von salzigem Sand, sein krauses schwarzes Haar bestäubt, wie das einst so stolze grüne Kamisol, er zog die Knie an, umschlang sie mit den Händen und starrte aus seinen grellen Augen trostlos gradeaus in die leere Wüste. «Hat sich Hunger schweinernes von Mutter, hu hu!» fügte er dann hinzu, steckte den Kopf zwischen die Knie und gab sich weiter haltlos seinen Gefühlen hin, die ihm in diesem Augenblick des Zusammenbruches die polnische Sumpfheide mit Mutters Hütte als Paradies erscheinen ließen. Da waren sie alle zerlumpt und zottelig, und um den rauchenden Herd war kein Fleckchen ohne irgendwelchen lieben persönlichen Dreck, der sich jahrelang hielt und wärmte. Da roch es scharf und beißend nach ranzigem Speck und Fusel, die so gut schmeckten, hintereinander genossen, versteht sich! Ach, für eine Weile mochte es gut sein, gekleidet zu gehen wie ein Starost, mit Georgie-Panje Gemeinschaft zu haben, sich allen Schimpfens und aller Stallgewohnheiten zu enthalten und dem großen Pan Forster demütig zu dienen wie einem lieben Gott in Stulpenstiefeln. Aber seinesgleichen waren sie nicht, diese Menschen, die nach gar nichts rochen, außer etwa so zahm und süß wie der Pan Forster nach Lavendel oder etwas anderem, was nicht zu essen war – und übrigens roch er nicht einmal selbst so, sondern nur seine Hemden und Röcke. Ach, Hemd und Rock, das hatte mit dem Menschen verwachsen zu sein wie sein eigenes Fell und mußte ganz durchtränkt von der Persönlichkeit werden! All diese Gedanken fanden sich nicht etwa in kristallisierter Klarheit in den Hirngängen des Janusch vor, aber sie quollen doch wie Lava rebellisch in seinem ganzen Körper auf und nieder und drängten zum Ausbruch; denn der Janusch dachte, fühlte und litt mit seinem Bäuchlein und mit seiner Zunge ebensogut als mit dem Herzen und dem Kopf, es ging bei ihm alles einheitlich und verschmolzen vor sich, und manchmal hatte er abends geweint, weil er nicht mehr soviel Läuse hatte wie früher und das Kratzen vor dem Einschlafen doch so angenehm gewesen war. Nicht, daß er sich dessen bewußt geworden wäre, aber eben, ihm fehlte etwas!

George war aufs tiefste peinlich berührt und empfand es auf einmal deutlich, daß er den Janusch nicht liebte, ja mehr noch, daß der Janusch trotz des sauberen Kamisols nicht aufgehört hatte, ihm widerlich zu sein, wie daheim, seit seinen ersten Lebensjahren. Aber gerade deshalb fühlte er einen dumpfen Zwang, dem anderen dienen zu müssen, und mit schmerzlicher Überwindung beugte er sich nieder, um die zuckenden Schultern des Janusch zu berühren. Mein Gott, was sollte er nur sagen, und geschah dem Janusch nicht eigentlich ganz recht? Wer hatte immer mit Pferdeäpfeln geschmissen und nicht nur geschmissen, sondern auch getroffen! Und das war es doch eigentlich. Und gab es das wohl überhaupt, Heimweh nach einem Stall, in dem Hühner, Katzen, Schweine und Menschen zusammen hausten? Gleichviel, der Janusch heulte, er sprudelte Flüssigkeit von sich in wütendem Schluchzen, er ließ sich gehen, war menschlich, war arm . . . Was tat man mit ihm? Wenn nur der Vater . . .

In diesem Augenblick erzitterte von fern her die Erde; sie wußten beide zunächst nicht, woher die glühende Lautlosigkeit der Wüste diesen dumpfen Trommelwirbel nahm, der Luft und Boden erschütterte. Janusch war aufgefahren und starrte George an, der seinerseits mit beiden Händen in die Höhe gezuckt war und mit offenem Munde dastand. Er hatte aber keine Zeit, weder aufzuschreien noch davonzulaufen; er machte einen mühseligen Versuch, die nächste Düne zu erklettern, blieb jedoch auf halber Höhe liegen, Ärmel und Schuhe voll Sand. Und da lag er denn und sah. Auf zottigen kleinen Pferden kam ein Reitertrupp herangebraust, von Waffen starrend, die Ringelpanzer in der Sonne glänzend, Haarschöpfe hoch auf dem runden Schädel scharf abgebunden, im Winde flatternd. Unmöglich, einen einzelnen ins Auge zu fassen. Wie die hundertmal wiederholte Erscheinung eines höllischen Grinsens rasten sie vorüber, auf die Pferdeköpfe geduckt und schnatternde Schreie ausstoßend wie ein Zug wilder Gänse. Flimmernder Staub umwölkte sie, Sand spritzte unter den Hufen. Der letzte ritt in einigem Abstand und um einen Bruchteil langsamer; er war der einzige, der die Knaben bemerkt zu haben schien, denn mit wahnsinniger Geschicklichkeit drehte er sich ohne anzuhalten auf dem Pferderücken herum – er ritt ohne Sattel und Bügel – indem er die eine Hand rückwärts aufstemmte und die lederumwickelten Beine durch die Luft schwang. Er war unbewaffnet – war er der Hanswurst oder der Koch des kriegerischen Zuges? – er vollführte ein paar greuliche Faxen mit aufgerissenem Rachen und wildfuchtelnden Armen, um die Knaben zu erschrecken, zu unterhalten ... George war wie betäubt, wie geblendet; er sah ohne zu sehen, aber der Janusch, um Himmels willen, was kam dem Janusch bei? Mit ausgebreiteten Armen machte er ein paar Schritte, lief er, ja wahrhaftig, da lief er dem Kerl nach, und der, mit derselben teuflischen Geschicklichkeit sich wieder im Sitz herumschwingend, machte kehrt und kam zurückgeflogen wie das schlagende Wetter. Ein Niederbeugen im Fluge, ein gellender Raubvogelschrei, und da saß der Janusch vor dem Kalmücken, die Arme um den Pferdehals geworfen und noch einen Blick zu George sendend, in dem Gott weiß was lag: Angst jedenfalls, aber auch Triumph ohne Grenzen. George fragte sich später immer wieder, ob es wohl möglich sei, daß der Janusch in jenem Augenblick, als sein Schicksalsfaden wie rasend abrollte, imstande gewesen war, ihm die Zunge herauszustrecken oder ob das eine Augentäuschung seinerseits war, hervorgerufen durch die Gewöhnung an gewisse Eindrücke, ausgehend vom Mienenspiel des lieben Janusch?

Hier ist nur zu bemerken, daß es nicht gelang, dieses Bedienten ohnegleichen wieder habhaft zu werden, und daß, wie schon gesagt, dieses Erlebnis das letzte deutlich umrissene in Georges Erinnerung an die Wolgareise blieb. –

Der andere Knabe war in die Uniform irgendeiner militärischen Erziehungsanstalt gekleidet, einen knapp sitzenden blauen Frack mit spärlichen Silberknöpfen. Er hatte den schwarzen Dreispitz unter dem rechten Arm und die linke Hand am Knauf des Degens, der fast waagerecht von seiner Hüfte abstand. Er trug zwischen den mit Eiweißkleister haltbar gemachten und dick überpuderten Haarrollen an den Schläfen ein ungeheuer gelangweiltes Gesicht zur Schau, veränderte es aber aufs liebenswürdigste, sobald der Blick einer Dame ihn traf, etwa gar das hurtig wandernde Auge seiner gnädigen Tante, der Fürstin Daschkow, der geistvollen jungen Staatsdame Katharinas, die ihn, den bedauernswerten Michail Grigorjewitsch, zu dieser nichts weniger als glänzenden Soiree mitgenommen hatte. Er hatte gehofft, Hofgesellschaft anzutreffen – nun, etwa den «engeren Kreis» – und Stoff zur Unterhaltung der Kameraden zu sammeln wie eine Honigbiene. Und nun war hier, in den Sälen der Eremitage, fast die gesamte Akademie versammelt, lauter greise Männerchen mit gebückten Schultern und die Hände auf dem

Rücken, wie er entrüstet in Bausch und Bogen feststellen zu müssen glaubte, obgleich eigentlich nur der D. Pallas, der dort drüben mit dem riesigen Deutschen plauderte, diese Haltung innehielt, und – freilich, dies war lächerlich – neben ihm das Wunderkind, der Sohn des Deutschen, in einen Ableger von seines Vaters mausegrauen Rock gekleidet und mit Strümpfen, die über den Knöcheln Falten schlugen, das stand auch so da und guckte von unten schief zu dem großen Pallas hinauf, der es körperlich übrigens kaum überragte. Die Kaiserin war nicht mehr anwesend. Sie hatte der Versammlung ihre Gegenwart nicht viel länger als eine Viertelstunde gegönnt, und hatte den Eindruck hinterlassen, daß man sie gelangweilt habe, weshalb eine Art von Schuldbewußtsein die Stimmung der Gesellschaft drückte. –

George sah indessen nicht sosehr auf die farblosen Lippen des Kollegienrates, als daß er mit einem Ausdruck verlegener Sehnsucht zu dem anderen Knaben hinüberschielte, dessen Blick er spürte, den er aber um nichts in der Welt anzureden gewagt hätte. Er hatte ihn entdeckt, sobald er den Saal betreten hatte, und war sofort von der Hoffnung befallen worden, der Vater möchte sich mit ihm still und bescheiden an die Wand stellen, eben neben jenen Knaben; denn die Gesellschaft dünkte ihn glänzend, großartig und furchteinflößend, so sehr verwechselte er den Eindruck des durch Hunderte von Kerzen erleuchteten sechseckigen Spiegelsaals mit dem der sich darin bewegenden Menschen. Einzig Simon Kotelnikow, der Oberbibliothekar, trug einen ponceauroten Schoßrock und eine reichgelockte Staatsperücke und nahm sich zwischen seinen Kollegen aus gleich einem Paradiesvogel unter einem Krähenvolk, wie er so umherwippte und überall gastfrei den Deckel seiner goldenen Dose aufspringen ließ, der Katharinas Bildnis en miniature zeigte. Böse Zungen behaupteten, er sei einzig deshalb so freigebig, um das Gespräch auf diese Dose, ein Geschenk der Kaiserin, zu bringen. In Wirklichkeit war Kotelnikow dem Schnupftabak dermaßen ergeben, daß er in der Stunde nicht weniger als sechs Prisen brauchte: «um den Olymp zu entwölken», meinte er, auf seine gewölbte, von feinen Falten liniierte Stirn weisend; deswegen hielt er in Gesellschaft seine Dose für jedermann offen und bediente sich selbst wie aus Zerstreutheit zu gleicher Zeit. Er besaß außer dem Ehrgeiz, Voltaire zu ähneln, keine Eitelkeit, und sein häßlich-slawisches braunes Gesicht mit der eingedrückten Nase und den funkelnden braunen Äuglein gab ihm ein gewisses Anrecht darauf. Aber eine ganz hoffnungslose Güte, die unausrottbar in seinem Herzen wurzelte, zerstörte immer von neuem seine Versuche, dem großen Vorbild an spielender Bosheit ähnlich zu werden, so sehr er auch dagegen anwütete und sich selbst den Bösen vormimte.

«Der zwölfjährige Jesus im Tempel», sagte er eben mit dem verzweifelten Versuch zu einer Blasphemie, die ihm selbst so widerstrebte, daß sich sein ledernes Gesicht völlig verzerrte und es ihm in der Hand zuckte, sich zu bekreuzen, welche Regung er, maßlos über sich selbst erschrocken, noch rechtzeitig unterdrückte, indem er dem jungen Forster die Hand auf die Schulter legte.

«Welcher Stolz mag das Herz eines Vaters im Besitz eines solchen Sohnes schwellen!» fuhr er fort und hielt die geöffnete Dose ins Leere. «In der Tat, Monsieur Forster», sagte er, mit fieberhafter Eindringlichkeit zu Georges Vater aufblickend wie eine alte verliebte Frau, «Ihr Sohn hat uns mit seinem Bericht über das Biberdorf in der Woloschka bei Fedorowka alle beschämt, uns Veteranen der Wissenschaft, ist es nicht so – he, Pallas?» fragte er, mit der Dose den Kollegen bedrohend, der gelangweilt eine halbe Schwenkung von ihm weg machte und sein Gespräch mit Forster über die Völker längs der Wolga fortsetzte. «Sie werden mich besuchen, Väterchen!» brach es nun unbezwinglich aus Kotelnikow hervor, und er umarmte George fast, «ich bin nur ein alter Mann, aber ich besitze doch einiges, was Ihr Herz erheitern möchte. Wie, sollten Sie nicht meinen Sekretär mit Musik zu sehen wünschen oder meinen zahmen Papagoyen? Er stammt aus Surinam und ist ein Geschenk von Madame Merian, meiner gelehrten und berühmten Freundin. Sie studiert speziell die Insekten und malt und zeichnet sie samt den Blättern und Pflanzen, die sie zum Aufenthalt bevorzugen. Sie werden diese kleinen Meisterwerke im Museum der Akademie vorfinden. Ich, mein Freund», setzte er hinzu, faßte George vertraulich unter dem Arm und zog ihn mit sich fort, «ich finde unter uns gesagt mehr Geschmack an den schönen Künsten als an der unverarbeiteten Natur. Aber lassen Sie das hier nicht laut werden; alles, was Sie hier an Kapazitäten vereinigt sehen, huldigt den Naturwissenschaften und der Mathematik, wie ich ja selbst zur Mathematikklasse gehöre – aber passons ci-devant! Sehen Sie, dort drüben, der Wohlbeleibte im blauen Frack ist mein Kollege Äpinus, er hat den Annenorden; Pallas und Euler sind Ritter des Wlodomirordens. A propos, hören Sie ein Epigramm von mir, es ist allerliebst, ich muß es sagen (es ist deutsch, des großen Lessing würdig):

Zerbrach auch längst die Marmorsäule,
Drauf Pallas stand mit ihrer Eule:
Hier ist sie wieder aufgebaut,
Wo Pallas seinem Euler traut.»

Er kicherte hastig, geriet ins Hüsteln und klopfte dem verlegenen George auf den Handrücken. «Die beiden können sich nämlich gegenseitig nicht ausstehen!» röchelte er ihm noch ins Ohr und verließ ihn, plötzlich auf den Spieltisch zutänzelnd, an dem die Fürstin Daschkow mit dem Astronomen Rumowski und dem Franzosen St. Pierre Platz genommen hatte. George sah sich auf einmal völlig allein dem Glanz der Spiegel, der kristallbehängten Kronleuchter und des eisblanken Parketts ausgesetzt; etwas wie Platzangst lähmte ihn, und er wagte keinen Schritt zu tun. Außerdem kam er sich durch Kotelnikows Vertraulichkeiten ebenso wie durch dessen plötzliches Vonihmablassen vor dem anderen Knaben bloßgestellt vor und blickte unglücklich hinüber, ob dieser ihn wohl beachtet habe. Er sah ihn noch immer in der gleichen Stellung vor dem überlebensgroßen Bilde eines Generals in Allongeperücke, der auf einem hochgebäumten Pferde saß, stehen, als sei er dort zur Ehrenwache bestellt, die Linke am Degenknauf, die Nase keck und gelangweilt zugleich in die Luft gestreckt. Aber obgleich er George nicht zu beachten schien, ging mit einem Male ein Ruck durch seine Glieder, er kam mit steifen, abgemessenen Schritten auf ihn zu und blieb vor ihm stehen.

«Mein Herr», sagte er auf französisch, «Sie kommen aus Deutschland: haben Sie den König von Preußen gesehen?»

George fühlte all sein Blut zum Herzen schießen und seine Knie wankten.

«Nein, mein Herr!» stammelte er und hatte hierauf noch eine Sekunde das Glück, die blaßblauen Augen Michail Grigorjewitschs aus nächster Nähe mit dem Ausdruck mitleidiger Verachtung auf sich gerichtet zu sehen. Hierauf wandte sich dieser junge Mann schweigend ab und schritt zu seinem Standort zurück, während von der anderen Seite glücklicherweise der Vater nahte, um George nach einigen Abschiedszeremonien mit sich fortzunehmen.

In den Tagen nach dieser Soiree in der Eremitage war der Vater auffallend schlechter Laune, was sich, wie immer, darin äußerte, daß er nicht mehr als das Notwendigste sprach und sehr majestätisch und vorwurfsvoll aussah. Ohne weitere Erklärungen abzugeben, entließ er den Lohnlakaien und fand den Mietskutscher ab, welche beiden er sich seit der Rückkehr nach St. Petersburg als unentbehrlich für die Gewohnheiten eleganter Reisender gehalten hatte; ebenso wechselte er den teuren Friseur vom Newski-Prospekt mit einem Biedermann, der in Gostinnoi dwor, dem großen Basar, eine Badestube für jedermann hielt. Schließlich, was das Einschneidenste war: er befahl George, die Koffer zu packen, und im Umsehen vollzog sich eine Übersiedlung aus dem Demuthschen Gasthof in der Nähe des Winterpalastes zu der Witwe Olga Nikolajewna Demidow, die im Wiborgschen Stadtteil ein hölzernes Häuschen besaß und den ganzen Tag über billige Tränen darüber vergoß, daß Fremde in den Federbetten des seligen Fedor Wassiliewitsch lagen – aber was tat sie nicht dem Kollegienrat Stephan Rumowski zuliebe, ihrem Freunde, der sie überredet hatte, diese Deutschen ins Haus zu nehmen?

Indessen war ein fabelhafter Winter hereingebrochen und lag über der Stadt, den wollig-weißen Bauch auf den Boden gepreßt wie ein ungeheures Polartier. Er war eisblau und rauchig, er hatte sich in die Erde gefressen, hielt störrisch stand, er wich und wankte nicht. Ganze Wälder gingen in Flammen auf, um ihn aus den Häusern zu vertreiben, und die russischen Öfen waren die einzigen wahren Freunde in der kalten fremden Stadt. George wärmte seine Hände an den Kacheln, ehe er sich morgens an sein mühseliges Tagewerk setzte; er übertrug ein deutsches Werk über Pflanzenkunde ins Französische und saß gebückt über Papier und Wörterbüchern, nur zuweilen aufstehend, um den Samowar zu bedienen, den anderen Freund, der unerschöpflich belebenden Tee spendete. Der Vater hatte sich angewöhnt, ihn nach russischer Art kochend heiß zu trinken; Tee und Tabak, die waren es, die ihn aufrechthielten, während er George gegenüber ächzend an seinem Gesetzentwurf für die deutschen Wolgakolonien arbeitete. Dieses Werk hatte die Regierung von ihm gefordert, nachdem er zwei Monate lang in den Vorzimmern aller Großen herumgesessen hatte, um seines, wie er meinte, mehr als wohlverdienten Lohnes für die in einer Denkschrift niedergelegten Reisebeobachtungen teilhaftig zu werden.

«Als ob ich mich ihnen an den Hals geworfen hätte!» schnaubte er zwischendurch seinem Sohne zornig zu, und vergaß völlig, wie angelegentlich er seinerzeit in Danzig Herrn von Rehbinder hofiert hatte, vergaß auch, daß nach den leider nicht vertragsmäßig festgelegten Abmachungen ein Teil seiner Belohnung in den Reisekosten bestanden hatte; oder vielmehr, er vergaß dies nicht, redete sich aber nachdrücklichst ein, daß natürlich der *größere* Teil des ihm Zukommenden noch ausstehe. Ha, wenn es ihm nur gelingen wollte, bis zu Ihrer Kaiserlichen Majestät durchzudringen! Aber da war ja ein Ring, eine Kette war um sie her gezogen, und niemals erfuhr sie vielleicht, daß der unschätzbare Forster, den sie doch selbst herangezogen hatte – nun, hatte sie etwa nicht? «George, sage es selbst!» – daß dieser Mann in ihrer Nähe darbte – «ja, nächstens darben wir, George!» – weil ihm «das ihm Zukommende» vorenthalten wurde.

Tatsache war, daß Graf Grigori Orloff, von Forster unaufhörlich überlaufen, eines Tages naserümpfend, da er alle wissenschaftlichen Unternehmungen Katharinas gründlich verachtete, zur Fürstin Daschkow gesagt hatte: «Dieser Deutsche redet soviel von seinen Verdiensten um die Krone – worin bestehen sie eigentlich?» Worauf die gelehrte Dame, ebenfalls naserümpfend, denn sie ihrerseits verachtete wiederum gründlich die Liebhaberei der Kaiserin für so schöne dumme Tiere, wie der Graf eins war, erwidert hatte: «Jedenfalls nicht in Bestrebungen, dieser Krone Erben zu sichern!» Und mit dieser so spitzen und beinahe schnippischen Antwort war die Angelegenheit Forsters zwischen dem damaligen Günstling Katharinas und der zukünftigen Präsidentin der russischen Akademie abgetan worden, so daß freilich keine

Hoffnung mehr bestand, die Kaiserin könnte gerade über diesen ihren wertvollen deutschen Diener unterrichtet werden. Denn da die Aussendung Herrn Forsters ins Wolgagebiet ganz mit Umgehung der Akademie vor sich gegangen war, hatte auch diese vortreffliche Anstalt eine Neigung, seine Leistungen so einzuschätzen wie eben die Liebhaberarbeiten eines Privatmannes; und das war's, was Herrn Forster an jenem Abend klargeworden war.

Er war ungeheuer empört, und George trug dies in Demut, ohne ganz zu begreifen; er nahm die Stimmung des Vaters, die sich immer wieder prasselnd entlud, hin wie ein Schicksal und gedachte der Tage auf der Wolga wie eines himmlischen Zufalls. Ja, schon in diesen Jahren legte er den Grund zu der Anschauung, daß Unglück der natürliche Zustand des Menschen sei, Glück aber beinahe gleichbedeutend mit Unrecht. Mit dieser Auffassung befand er sich im ausgesprochensten Gegensatz zu seinem Erzeuger, der von Anbeginn an mit dem Leben schmollte, wenn es ihm sein Behagen, seine Speckseiten, mit einem Wort: «das ihm Zukommende» vorenthielt. *Hatte* er es aber, so bediente er sich seiner mit der kindlichsten Selbstverständlichkeit, denn jetzt tat der liebe Gott ja nicht mehr als er schuldig war.

War nun in mühseliger Arbeit das kärgliche Tageslicht erschöpft, gegen drei Uhr nachmittags also, so begann der Vater auf seinem Sessel unruhig zu werden und langsamer zu schreiben; er blickte aus dem Fenster zum Himmel, der sich über dem stumpfblauen Weiß der Dächer golden und rosig zu färben begann, und plötzlich stand er auf und begann sehr eilfertig seine äußere Erscheinung zu verschönern, wozu George schon am frühen Morgen das Notwendige bereitgelegt hatte, vor allem die apfelgrüne Schoßweste aus Seidensamt mit den Knöpfen aus Bergkristall, die der Vater neulich in dem großen englischen Basar der Brüder Hawksford erstanden hatte, nachdem er wohl eine Stunde lang die zwölf Säle dieses Wunderhauses durchkreist hatte und immer wieder vor der Weste gelandet war, bis er endlich entschlossen sagte: «George, dein Urgroßvater war Engländer!» Und hiermit waren die letzten Bedenken, sich für acht Rubel zum Besitzer dieses köstlichen Kleidungsstückes zu machen, überwunden gewesen. –

So weißgepudert und rosig von Angesicht leuchtete er über schneeweißem Jabot und grüner Weste, wie der leibhaftige Frühling von Yorkshire, und glich in nichts einem preußischen Prediger, was auch sein Ehrgeiz nicht war. Übrigens hatte man sich selbstverständlich auch mit Pelzwerk und den riesigen russischen Überschuhen versehen müssen, und so ausgerüstet betrat man alsbald die Straße, der Vater neugierig, vergnügungssüchtig und hungrig wie eine große stürmische Dogge, die vor lauter Lebensüberschuß tobt und bellt, George hinterdrein wie ein verfrorenes Pinscherchen, das nur ausgeht, weil es muß. Obgleich er den ganzen Tag noch nichts zu sich genommen hatte, als des Morgens zum Tee einen Kalatsch, eine dieser zähen russischen Semmeln, war er sich seines Hungers doch nicht bewußt, sondern nur einer allgemeinen grausamen Erschöpfung, einer Sehnsucht nach dem warmen Bett und eines flauen Geschmackes im Munde. Die Kälte machte ihm den Atem stocken und legte sich mit Klammern um seine Brust; Hände und Füße erstarrten, die Augen tränten ihm, und halbblind stolperte er hinter dem Vater drein, der gewaltig ausschritt, vom weißen Gewölk seines Atems prächtig umwallt, im Siebenkragenpelz wie ein wandelnder Berg. Saßen sie glücklich in der sauren Wärme einer Garküche, dem Ofen möglichst nahe und die Hände um das dampfende Teeglas gelegt, das sofort vor jeden Gast hingestellt wurde, so wurde es ja etwas besser; langsam, ganz langsam kam dann auch ein wenig Appetit über ihn. Er leckte wie ein Kätzchen seine Schale mit Kascha aus und knusperte seine Pirogge, mit leiser Spannung auf ihren Inhalt bedacht und enttäuscht, wenn das Fisch war. Der Vater war sich wohl bewußt, daß es eigentlich unter seinem Stande war, zu einem Trakteur zu gehen, aber sein Hunger war größer als sein Standesgefühl, und ehe er in einen Gasthof ging, wo es für schweres Geld doch nicht satt zu essen gab, zog er mit dem Knaben lieber von einem fliegenden Händler zum anderen, um an jeder Straßenecke etwas zu sich zu nehmen und dabei der Unterhaltung mit dem Volk zu pflegen, was er liebte, George aber fürchtete; denn er argwöhnte nicht ohne Grund, daß das Volk sich über das deutsche Väterchen belustigte und ihm mehr Geld abnahm, als sich mit der Rechtlichkeit vertrug. «Ein solches Leben, mein Sohn, läßt sich nur nach den strengsten Grundsätzen der Ökonomie führen», sagte Forster jedoch nach derartigen Mahlzeiten befriedigt zu seinem Sohn und schlug den Weg zur Newa ein, um dem letzten Tagesschein noch eine Wenigkeit Amüsement abzugewinnen. Hier spielte das dicke Wintertier Fangball mit seinen Russen, und der ganze breite ebene Raum der erstarrten Flußfläche zwischen Wassili Ostrow und dem Wiborgschen Stadtteil war eine einzige große Kinderstube voller Geschrei und Getümmel. Da gab es Eisberge mit Rutschbahnen, die auf flachen kleinen Schlitten hinunterzusausen Herrn Forsters Wonne, aber Georges Schrecken war; da veranstalteten die Schafpelze, die Bauernkutscher, die lustigen schmierigen Iwanuschki, die den Winter über in «Piter» ihr prächtiges Auskommen fanden, Wettrennen auf der spiegelebenen, schneestäubenden Bahn; andere spielten Fußball, rangen und boxten, und aus den Bretterbuden der Kabacken stieg unaufhörlich der schöne bläuliche Holzrauch, jedem Erschöpften Wärme, Tee und ein Schälchen verheißend. Dazwischen, auf den mit Tannenzweigen abgesteckten Verkehrswegen, wälzte sich das Leben der wimmelnden Stadt schellenklirrend und geschäftig herüber und hinüber, während hinter der Kuppel der Isaakskirche der Tag verlohte und hier unten die Pechpfannen und Fackeln aufglühten, sich im Nebel mit zitternden

Kreisen wechselnden Lichtes umgebend. Es war allenthalben eine Herzlichkeit sondergleichen, man war zärtlich füreinander besorgt und rieb sich die Nasen mit Schnee, auch wenn es noch gar nicht nötig war; die Kälte zauberte Kräfte hervor, die Kälte machte betrunken und selig, weil man selbst so von innerer Wärme strotzte, die Kälte, kurz, war die eigentliche Mutter der Petersburger, sie säugte sie mit Tee und Schnaps und machte sie wieder zu Kindern. Hier war Reinhold Forster in seinem Element; sein großes Lachen dröhnte hinter den Iwanuschki her, die ihre Pferdchen peitschten und anschrien, und mit ihm lachte behaglich das Volk, daß ihm die Bärte wackelten. Es mußte wohl alles so sein, dachte George, der von einem Fuß auf den anderen trat, weinerlich vor Kälte und mühselig schnüffelnd. Aber, mein Gott, wie sehr zog er es vor, den Abend in der Studierstube eines Freundes zu verbringen, etwa bei dem gelehrten und gütigen Pallas, wo der Vater disputierend doch auch glücklich war, und wo man ihn, der hinter dem Ofen auf einem Schemel hockte, vergaß, so daß er im Halbschlummer sonderbare Traumreisen in die sommerlichen Wolgagefilde oder in den Lichtkreis von Mutters Kerze antrat, die jetzt auch brannte, fern, irgendwo, wo er vor hundert Jahren einmal im Paradiese gewesen war.

Im Fühjahr, hieß es immer, und: wenn das Eis bricht, und schließlich: wenn die Geschäfte abgewickelt sind . . . dann, ja dann würde die Heimreise angetreten werden. Was freilich dann begonnen werden sollte, darüber grübelte der Knabe manchmal vergeblich nach, denn es beunruhigten ihn unklare Ahnungen von der Gefährdung ihrer Existenz und ein instinktiver Zweifel an seinem so prächtigen Vater, den er jedesmal, wenn er sich bemerkbar machte, erschrocken wieder ins Unterbewußtsein hinabstieß, von seiner Sündigkeit überzeugt. In einem der spärlichen Briefe, die von der Mutter kamen, hatte gestanden, daß sie schon im Herbst genötigt worden war, die Pfarre einem neuen Prediger zu räumen, da von obrigkeitlicher Seite auf den im Auslande säumenden Herrn Forster verzichtet wurde. Der Vater hatte sofort gerufen, daß er dies nicht anders erwartet habe, daß es aber trotzdem eine Infamie sei und daß er mit den Herren schon abrechnen werde – schon abrechnen . . . Jedoch ließ sich einstweilen nichts daran ändern, daß die Mutter mit den fünf Kindern bei Verwandten in Danzig Wohnung nehmen mußte und daß diese Tatsache zusammen mit der unsicheren Zukunft Herrn Forster gelegentlich beunruhigte, wie ein kranker Zahn, der doch einmal weh tun *könnte*. In solchen Tagen ließ er sein unterirdisch arbeitendes Pflichtgefühl – eine lästige, eine höchst lästige Krankheitserscheinung – an George aus; es hagelte Wiederholungen auf allen Gebieten des Wissens, und der Himmel ward zum Zeugen angerufen, daß es nicht seine, des unglücklichen Vaters, Schuld sei, wenn die Bildung des Knaben lückenhaft bleibe. War es nicht der Himmel, so war es Herr Dilthey, der deutsche reformierte Prediger, den man Forster als Beirat bei seiner Arbeit zugeteilt hatte; auch so eine Kabale! Zweifelte man an seinen Fähigkeiten?! Und Herr Dilthey, ein pünktlicher Herr in schwarzem Habit und kein Freund von Extravaganzen, der in diesem vagabondierenden Amtsbruder einen Hohn auf die Würde des Standes sah, bemerkte gelangweilt: «Wir haben hier Schulen, Verehrtester, bedienen Sie sich derselben!» Worauf Forster ihn mit einem schiefen Blick ansah und in mürrisches Schweigen versank, denn er hatte nun einmal den Ehrgeiz, den Quell von Georges Bildung aus der Brunnenstube des eigenen Wissens zu speisen; zudem kosteten Schulen Geld. Indes, um vor den Augen des Dilthey zu bestehen, entschloß er sich in den nächsten Tagen zu entscheidenden Schritten, und seiner Beredsamkeit an gewissen Stellen gelang es diesmal wirklich, im Gymnasium der Akademie wenigstens einen halben Freiplatz zu erlangen. So geschah es, daß George, zwölfjährig, in den drei ersten Monaten des Jahres 1767 zum erstenmal in seinem Leben eine Schule besuchte. Dort verhöhnte man ihn um seiner Aussprache des Russischen willen; man versteckte seine Bücher und verdarb seine Federn, man malte mit Kreide abscheuliche Dinge auf den Rücken seines mausegrauen Rockes und nannte ihn «Krähenfresser», weil er unvorsichtigerweise einmal erzählt hatte, daheim habe der Vater manchmal Krähen geschossen, und dieselben schmeckten gebraten nicht übel. Trotz alledem war er in dieser Zeit oft sehr glücklich, denn er hatte eine heimliche zitternde Neigung zu einem viel älteren Knaben, einem großen, faulen Schlingel, der sich von ihm den Horaz übersetzen und ihm dafür gelegentlich einen lässigen Schutz angedeihen ließ. Dieser Immanuel Oberhof, eines deutschen Kaufmanns Sohn, erinnerte ihn so stark an den Kadetten, den er bei der Fürstin Daschkow gesehen hatte, daß er der unausgesprochenen Überzeugung war, es tatsächlich mit diesem zu tun zu haben, und das Gespräch immer wieder auf den König von Preußen brachte, in der Hoffnung, sich hierdurch interessant zu erweisen. –

Die Butterwoche des Karnevals vor den Fasten war noch ein Höhepunkt in Reinhold Forsters Petersburger Aufenthalt. Er hatte seine Arbeit beendet, sie war in den Händen des Grafen Orloff und somit seiner Ansicht nach auf dem besten Wege zur Kaiserin selber, der er in der nächsten Zeit vorgestellt zu werden hoffte. Er dankte nunmehr Herrn Dilthey ab, der nachgerade anfing, ihm überlästig zu werden, das heißt, er verabschiedete sich mit einer feierlichen Vormittagsvisite von diesem zugeknöpften Herrn, der dies mit gehaltener Verwunderung entgegennahm und behutsam anfragte, ob Monsieur Forster denn glaube, seine Angelegenheit würde sich nun mit Geschwindigkeit abwikkeln? Warum sie das nicht solle? fragte Herr Forster streitbar zurück. Er hatte zu der apfelgrünen Weste einen neuen pfirsichfarbenen Rock an, angeschafft für sein Erscheinen vor Ihrer Majestät, jetzt aber einzig mit der Absicht angelegt, Herrn Dilthey zu ärgern. «Warum also nicht?» wiederholte er angelegentlich und richtete seine Augen mit der unschuldigen Selbstzufriedenheit eines gesättigten Säuglings auf sein verkniffenes Gegenüber, wobei er die gesunden roten Backen unmerklich ein wenig aufblies. Herr Dilthey ließ einen mitleidigen Blick von ihm zu George gleiten und begnügte sich damit, «Mon Dieu!» zu sagen. Der Ton aber, in dem dies geschah, war geeignet, den Gast zu verstimmen. Er brach denn auch bald auf und war, kaum war die Haustür hinter ihnen zugefallen, im Begriff, sich seiner Meinung über diesen knöchernen Gesellen George gegenüber gründlich zu entäußern, als er fast zusammenstieß mit einem – nun, mit einem Subjekt, einem Subjekt in einem abgeschabten Schafpelz, das sich demütig beiseite drückte, als Herr Forster auf deutsch fluchte, dann aber standhielt, als der Fluch überging in die verwunderte Begrüßung: «Der Kuckuck – Betzel! Er ist das?!»

In der Tat war es der ehemalige Reisegefährte, der da vor ihnen stand wie der Schatten seines einstigen Selbst, und Forster wiegte mitfühlend sein Haupt, indem er leise mit der Zunge schnalzte, als er diese Erscheinung musterte, die im Vergleich mit ihrer früheren Gedunsenheit jetzt wie ein Gummiball aussah, der ein Loch bekommen hat. Betzel lachte ein wenig krampfhaft und gab an, zu dem Ehrwürdigen Dilthey zu wollen, in der Hoffnung, durch dessen Vermittlung eine Stelle zu finden, denn seine Projekte seien fehlgeschlagen; jawohl, es sei nichts mit jenem aus Hammelfett destillierten Öl, und er sähe ja selbst ein . . . Er führte nicht des näheren aus, was er einsähe, aber er stand so ungemein bescheiden und kummervoll vor dem prächtigen Forster, daß George vor peinlicher Beschämung nicht aufzusehen wagte. Indessen lachte der Vater überlaut und drehte Gotthold Betzel um, ihn unter dem Arm ergreifend und mit sich fortziehend. Jetzt werde man erst einmal miteinander frühstücken, dann sei es immer noch Zeit, Schritte zu tun, wenn denn Schritte nötig waren. Der Tag verlief hierauf auf das fettste und lustigste, und nachdem Gotthold Betzel etliche Schälchen zu sich genommen hatte, war er ganz der alte. Forster belustigte sich damit, seine Bierbankprahlereien immer höher zu schrauben und neue Projekte aus ihm hervorzulocken; kurz, er spielte ganz den großen Herrn, dem sein gutes Geld es gestattet, einen Hanswurst zu halten, und George saß danben, bald ihn, bald Betzel anstarrend wie ein böses teuflisches Schauspiel. Ihm war weinerlich zumute, er hätte nicht sagen können warum, doch spürte er wohl mit unendlich viel zarteren Nerven als der Vater, daß der Strudel sie schon erfaßt hatte, daß der Wirbel sie mitriß und der Abgrund an ihnen saugte.

Herr Forster begann nicht zu trinken, obgleich er es hundertmal in der Woche verschwor, er schlug George auch nicht mehr als sonst; das Erlebnis wachsender Hoffnungslosigkeit und steigender Verzweiflung war zu neu für ihn, als daß er sogleich die Stellung herausgefunden hätte, die er demgegenüber einzunehmen hatte. Aber es fiel so allmählich alles von ihm ab, sein ganzes gehaltvolles Auftreten sank in sich selbst zusammen, es war, als drehte ihm eine unsichtbare Hand die Rückenwirbel einzeln heraus. Ende Februar hatte er noch die Kraft, in seinen vier Wänden gewaltig zu toben, und dann, gleichsam mit Entrüstung vollgepumpt, stürzte er zum Grafen Orloff, um in dessen Vorzimmer die schöne angesammelte Spannkraft in stundenlangem Warten langsam entweichen zu fühlen. Würde man ihn etwa wieder nicht vorlassen?

George hatte es sich angewöhnt, mit zur Schau getragenem fieberhaften Eifer zu arbeiten, wenn der Vater von diesen Gängen heimkehrte; manchmal lag er auch schon im Bett und schien zu schlafen, denn nichts fürchtete er so, wie des Vaters leeren Blick, in dem eine Ratlosigkeit sondergleichen stand. Ebenso schrecklich empfand er das veränderte Wesen des Gestrengen, das auf einmal gleichweit entfernt von aller lärmenden Anmaßung wie von jener pausbackigen Lustigkeit war, die etwas Kindliches an sich hatte und seinen Ansprüchen den Schein von Selbstverständlichkeit gab. George fühlte, daß er einen sanften Vater, der um seine Stiefel *bat* und für kleine Dienste *dankte*, weniger ertragen konnte als den alten König Minos. Da der Vater nun gänzlich aufgehört hatte, zu arbeiten, aber dennoch eine geheimnisvolle Geschäftigkeit mit Briefschreiben und Ausgängen, auf denen George nicht mitgenommen wurde, an den Tag legte, schloß er mit Recht auf den bevorstehenden Aufbruch und lauschte den empörten Klagen des Vaters über den Grafen Orloff zwar mit demütig entrüstetem Gesicht und indem er bisweilen ein zorniges, dumpfes: «Oh!» hervorstieß, war aber tief innerlichst überzeugt, daß, je ärger es dieser Graf treibe, ihre Abreise desto näher bevorstände. Hatte ihm nicht der Vater schon ein letztes Wort, «ein unwiderruflich letztes, George!» sagen lassen, nämlich er wünsche noch vor Ablauf des April in seine Heimat zurückzukehren? Und nicht nur das, er hatte das Spiel so weit getrieben, die Anzeige seiner bevorstehenden Ausreise in die Petersburger Blätter einrücken zu lassen, wie es jeder Fremde gehalten war, dreimal zu tun, ehe er der Residenz den Rücken drehte, damit die Herren Gläubiger nicht um ihr Recht kämen. Ja, er spielte va banque und haute dabei auf den Tisch: tausendundeinen Rubel forderte er als sein Douceur, wohlgemerkt, einen mehr als tausend! hatte er dem Grafen ganz ohne eine diesbezügliche Anfrage mitteilen lassen; denn tausend seien nun einmal ganz wenig für seine Dienste! Haha! Welche Ironie, nicht wahr, welch feingeschliffener Spott – vielleicht gar zu fein für die Lederhaut des hohen Herrn? Wollen sehen!

Erstaunlich, daß der Vater dermaßen mit einem Grafen umsprang, erstaunlich, aber zugleich ein wenig beängstigend, fand George. Gotthold Betzel aber, der gerade anwesend war und dem zu Ehren diese ganze Geschichte vielleicht zum besten gegeben ward, klatschte sich die Schenkel und lachte unmäßig. Er fand diese Art des Vorgehens außerordentlich spaßhaft. Der wackere Gotthold befand sich in besseren Umständen und war wieder ganz obenauf: er war als Hauslehrer, als Pädagog, als Utschitschel, in der Familie eines reichen Kaufmanns angekommen, wo er nicht allein eine Reihe von Sprößlingen in Zucht und Ordnung hielt, sondern auch eine Art von Haushofmeister darstellte, die Rechnungen zu führen hatte und vor allem Madame vorlesen mußte, ein vielseitiges Amt also, das nicht viel Zeit zu Projekten übrigließ, bei dem man aber kleine Vorteile herausschlagen konnte, kleine Vorteile, über die Gotthold Betzel sich nicht näher ausließ, aber bei deren Erwähnung er liebenswürdig zwinkerte. Über dem klopfte es stark an der Haustür, und der ans Fenster eilende George sah gerade noch die Rückseite eines prächtig goldbetreßten Läufers davontänzeln, während die alte Köchin Katinka mit allen Anzeichen erschütterter Demut ein Briefchen hereintrug, das Reinhold Forster ein wenig zu hastig für seine sonst zur Schau getragene Gelassenheit aufriß. «Die Sache macht sich!» bemerkte er alsdann, richtete sich auf und rückte ein wenig mit den Schultern. Also kam man doch zum Ziel. Er war für den nächsten Morgen auf sechs Uhr zum Grafen Orloff bestellt.

Wie sich diese Audienz abgespielt oder vielmehr nicht abgespielt hatte, das erfuhr George bruchstückweise am Nachmittag des folgenden Tages, während er mit ungeschickter Hast die Koffer packte. Ja, mein Gott, sie würden reisen – Dank dir, lieber, guter Gott! – und heute noch, heute abend noch! Daß das alles traurig genug war, was der Vater da erlebt hatte, nun ja, gewiß. Aber reisen! Heimreisen! Wieder zur Mutter kommen! Seine kleinen Hände wurden heute kaum mit den widerspenstigen Sachen, den dicken groben Stoffen von Vaters gewaltigen Kleidern, den poltrigen Stiefeln und Büchern, den zarten Jabots und Spitzenmanschetten fertig, und er ließ den Inhalt einer Puderdose über Manuskripte und Reithosen niederschneien, die die große lederne Vache schon zur Hälfte füllten, während er mit offenem Munde einem Zornesausbruch des Vaters lauschte und dabei doch nichts dachte als: In acht Tagen vielleicht – aber ganz sicher in vierzehn Tagen sind wir in Danzig!

Die Sache war die gewesen, ganz einfach die, daß, als Reinhold Forster – im pfirsichfarbenen Frack und in der apfelgrünen Weste, wie es sich von selbst versteht – bei grauendem Morgenlicht im Palais des Grafen angelangt war, er daselbst erfahren hatte: nein, der Herr Graf seien nicht zu Hause, seien zur Jagd, seien auf den Schnepfenstrich gefahren! Hätten gewiß wieder vergessen, das Väterchen, wie schon so oft, daß sie den deutschen Herrn bestellt hatten ... Möchten der deutsche Herr vielleicht morgen ...

Aber da hatte Forster dem gemütlichen Dwornik mit einem Fluch den Rücken gedreht und war durch den spritzenden Schneeschlamm davongerannt. Es war aus, er fühlte es nun endlich mit unentrinnbarer Gewißheit. Nachdem er zwei Stunden lang mit vorgeschobenem Kopf und geballten Fäusten in der unbekümmerten Stadt umhergeirrt war, gleich einem wildgewordenen Stier, sammelte er sich in einer Garküche bei einem Glas Tee und einigen Piroggen so weit, daß sein Blut wieder sanfter kreiste und er sich, schwermütig kauend, zugeben konnte, daß hier, in der Tat, ein Projekt von großer Schönheit gescheitert sei, freilich ohne seine Schuld, daß aber, wie schon oft im Leben bewiesen, Reinhold Forster nicht zu entwurzeln sei. Es war ein Mißerfolg, gewiß. Indessen war es ein Mißerfolg auf breiter Grundlage, und dies war es, was ihn vorteilhaft von allen bisherigen verunglückten Unternehmungen unterschied. Ein Mißerfolg auf breiter Grundlage. Hierunter verstand dieser schalkhafte Logiker die Berührung mit Hofkreisen und die Wolgareise an und für sich, was beides er nun einmal genossen hatte. Er hatte es sozusagen weg, und kein noch so mißgünstiger Teufel würde es ihm streitig machen können. Ein solcher Mißerfolg war schon beinahe ein Erfolg zu nennen, und diesen negativen Erfolg mußte man nun eben auszunutzen suchen.

«Aufwärter! Noch ein Schälchen!»

Neue Projekte von ebenfalls und zweifellos gleich großer Schönheit hatte es ja von jeher so zahlreich wie Kohlweißlingsraupen in einem bösen Jahr in Reinhold Forsters Haupt gegeben, sie hatten sich seinerzeit verpuppt und krochen jetzt zu Dutzenden aus, um ihn mit zärtlichem Flügelbewegen tröstlich zu umgaukeln. Es galt, das nun Passende auszuwählen, und dann aber sofort und ohne Zögern und rücksichtslos zu handeln und die Schlappe auszugleichen. Und bei unterschiedlichen Schälchen faßte Reinhold Forster sein neues Ziel ins Auge, wurde warm und lebendig dabei, vergaß völlig die große Enttäuschung. Geld brauchte er, hm, hm; er brauchte Empfehlungen, hm! Da waren Euler, Wolf, auch Rumowski war gut. Und dann auf die Reede, ein Schiff ausfindig zu machen!

Und also traf Reinhold Forster Maßnahmen.

Die «Mütterchen Elisabeth», ein schwerfälliger russischer Kutter, der Holz geladen hatte und außer den Forsters keine Passagiere führte, stampfte schon zwei Tage lang westwärts, als George endlich aus der ersten Reisebetäubung aufwachte. Übrigens war er diesmal kaum seekrank geworden, es hatte sich nur nach der Aufregung des Reiseentschlusses und der Anstrengung des Packens eine Erschöpfung bei ihm eingestellt, der er sich selig hingab, fast schon in dem Gefühl, von der Mutter zu Bett gebracht worden zu sein. Nun, am dritten Tage, stand er vergnügten Herzens an der Reling neben Wanja, dem Koch, und sah zu, wie die Möwen auf die Abfälle herabstießen, die Wanja ihnen mit einem schrillen Schrei zuschleuderte, worauf er dann eine grünliche Reihe spitziger Fischzähne entblößte und seine tranblanken Augen hinter schrägen Fettwülsten fast verschwinden ließ, während er George triumphierend zugrinste und seine Finger – waren nicht Schwimmhäute dazwischen? – unbedenklich an seiner Bluse abwischte: Konnte er nicht großartig schmeißen, vortrefflich? Und erst die Möwchen, verteufelt, nicht wahr! Ja, ja, der Wanja! Es rauschte, es knatterte und brauste, Tropfenschauer sprühten aus dem schäumenden Gewoge da unten, das an die Schiffswände klatschte, der Himmel war weit und blau, von langem, treibendem Gewölk durchschifft. Wind, Fahrt und die unerklärlich prickelnde Erregung, die von der bewegten See ausgeht, überkamen den Knaben rauschmäßig; seine Kappe mit beiden Händen festhaltend, begann er von einem Fuß auf den andern zu springen und Schreie auszustoßen, mit einer Art von Tanz und Lobgeheul den Göttern der Ostsee zu huldigen, nicht wenig gestärkt durch Wanjas Beifall, der sich vor Vergnügen auf die Schenkel schlug, anfeuernde Rufe ausstieß und nicht übel gewillt schien, auch seinerseits in einen Tanz auszubrechen, denn er stemmte die Arme in die Seiten und begann mit eingeknickten Knien in verwunderlicher Weise vor- und zurückzuspringen. In diesem Augenblick hielt George inne; war er von einer Ahnung überkommen, daß es sich immer strafte, wenn er sich selber vergaß? Er sah sich um, bemerkte den Vater in einiger Entfernung, nahm Haltung an, bemerkte aber, immer noch von innerem Jubel geschüttelt und übermütig genug: «Ha, wenn er anhält, der Wind, sind wir übermorgen in Danzig? He, Wanja, so ist es?» Wanja hierauf, ein paar blutige Fleischstücke auflesend, die aufs Deck gefallen waren, und sich wieder in Schleuderhaltung aufstellend, antwortete: «Wai, Väterchen, Danzig?» Warf sodann ein Stück Rinderherz in prächtigem Bogen einer grauen Möwe entgegen, die herumschwenkend silberweiß aufglänzte, wandte sich George ganz zu und sagte unbefangen: «Legen wir doch gar nicht in Danzig an, Väterchen! Halten wir nicht, eh in London am Themsekai, Towerstairs . . .» und bemerkte es gar nicht, daß George einen Schritt von ihm zurückwich und mit beiden Händen nach seinem Herzen griff. Ja, es ist wahr, er nahm diese romantische Pose ein, woraus zu ersehen ist, daß es keineswegs ein abgenutzter Theatertrick ist, sich nach dem Herzen zu greifen, wenn es vor Schreck stillzustehen droht, denn hier war es die unmittelbarste Bewegung von der Welt. Ganz matt, mit blutlosen Lippen, drehte er sich zu Herrn Forster um, der soeben herantrat, dem Anschein nach harmlosen Frohsinnes voll, und legte die zitternde Hand auf seinen Ärmel. «Aber Vater!» sagte er jammervoll – wie würde er diesen Schlag tragen, der Vater? «Hören Sie doch nur, was dieser Mann da behauptet! Er sagt, daß wir in Danzig gar nicht anlegen, sondern erst – in London . . .» Es war zunächst nichts als Angst vor dem Eindruck, den diese Mitteilung auf den Gewaltigen ausüben würde, die die arme kleine Stimme beben ließ, ja fast ein Schuldbewußtsein; der Vater machte ihn für so viele Dinge verantwortlich, hätte er nur aufgepaßt, hätte er vielleicht vorgestern auf der Reede in Petersburg gefragt: «Geht es auch nach Danzig, dies Schiff, die ‹Mütterchen Elisabeth›, mein Herr Kapitän?» In der Tat, dann hätte es abgewendet werden können, dies Unheil! Nun, er wußte ja, was es zu bedeuten hatte: Zeitverlust – man denke: die vergebliche Reise nach England und von dort wieder zurück nach Danzig, und dann: unendliche Kosten, Geld, Geld, das nicht vorhanden war, das man aufnehmen mußte, Schulden also, und – demnächst würden sie darben müssen, wie Herr Forster immer beteuerte, am liebsten, wenn er so recht behaglich beim Essen saß. Oh, nun dauerte es noch so viel länger, bis man die Mutter wiedersah und es gut bei ihr hatte! Aber dieser Gedanke trat ganz zurück hinter der unmittelbaren Furcht, welche Formen die Enttäuschung des Vaters annehmen würde. Herrgott, wenn er nur nicht ins Wasser spränge im ersten Schrecken – man konnte nicht wissen! Wenn er dem Kapitän nur nichts antäte oder Wanja am Kragen nähme! Sie konnten nichts dafür, freilich – aber wenn dem Vater etwas schiefging, hatte immer der Nächstbeste schuld, und so – George trat tapfer wieder einen Schritt vor – so war es vielleicht besser, der Schlag traf ihn. Er zog die Schultern etwas an, des Ausbruchs gewärtig, dessen Notwendigkeit er sich während kaum mehr als einer Minute dramatisch vorgestellt hatte. Indessen geschah ihm wie einem, der, mit schrecklicher Angst vor dem Knall, ein Gewehr abzufeuern sich entschließt, das dann versagt; kurzum, auf des Vaters Gesicht malte sich durchaus keine entsetzte Überraschung, kein Schreck, keine Entgeisterung, Herrn Forsters Augen drückten nichts aus als unruhvolle Verlegenheit. Er wandte sich halb ab, er griff nach dem Taschentuch, er schneuzte sich ausgiebig und starrte dabei in die Ferne. Räusperte sich sodann, ließ ein betretenes: «Du weißt es also noch nicht, mein Sohn!» vernehmen und blickte jetzt einigermaßen hilflos auf den Knaben nieder, der mit hängenden Armen und so verzweifelt begreifend zu ihm aufsah, daß selbst diesem niemals um eine Begründung seiner eigenen Taten verlegenen Herrn das Wort versagte und er zunächst nur murmelte: «Allerdings – ich hätte dich einweihen sollen!»

Hatte ihn nun die Angst vor der unerfreulichen Begleitung eines enttäuschten und heimwehkranken Kindes davon abgehalten, George rechtzeitig von seinem Plane, nach England zu gehen, in Kenntnis zu setzen, so hatte er dem Augenblick, in dem George sich über die Veränderung des Reiseziels klarwerden würde, doch beständig mit peinlichen Befürchtungen entgegengesehen und konnte nicht umhin, nun angenehm überrascht zu sein. Er gab angesichts der tanzenden Ostsee einige hastige, wortreiche Erklärungen ab, verglich die Aspekte, die die Heimat bot, mit denen, die einem Gelehrten von seinen Fähigkeiten in England leuchteten, erwähnte Empfehlungen an die Londoner Freimaurerloge, die er in der Tasche trug, eröffnete Ausblicke – nun eben, Ausblicke! – und fand den Knaben an seiner Seite blaß, aber aufmerksam lauschend. Die Mutter, natürlich, die Mutter würden sie nachkommen lassen, sobald sie in London festen Fuß gefaßt haben würden, dies verstand sich doch von selber, setzte er am Schluß in plötzlichem Besinnen hinzu und sah erleichtert ein mattes Lächeln über das kleine Gesicht gleiten, während ein leises: «Merci bien, très cher Papa!» ihn auf einmal davon überzeugte, daß er im Grunde doch außerordentlich dankenswert gehandelt habe. George benahm sich raisonable, aber, beim Jupiter, wie sollte er auch nicht; dies war eigentlich nicht mehr als seine verdammte Pflicht und Schuldigkeit. Soweit war der Fall für ihn erledigt und abgeschlossen; er war für den Rest des Tages besonders gut gelaunt und blieb es die ganze Reise über, obgleich er im Kattegatt zum erstenmal seekrank wurde, und zwar gleich so ausgiebig, daß er sich verschwor, den Eltern des Janusch bei erster Gelegenheit den rückständigen Lohn ihres Sohnes zukommen zu lassen. Hierin offenbarte sich, vom Dämon eines erschütterten Verdauungsgewindes ans Licht getrieben, die Erkenntnis, daß einer der Gründe, die ihn der Heimkehr aus dem Wege gehen ließen, dieser war, daß er den Janusch nicht wieder mitbrachte. Er hatte sich zwar längst eingeredet, der Janusch habe am Hofe eines Mongolenkhans eine Stellung eingenommen, die seinen Meriten besser entspräche als der Dienst bei einem schlichten Pilger der Gelehrsamkeit, aber, immerhin – ganz ließ sich sein Gewissen nicht betäuben, und ein Verantwortungsgefühl lebte zuweilen auf und mußte durch Opfer und Versprechungen beruhigt werden wie ein unzufriedener Götze, bis es nicht mehr störte.

«Merci bien, très cher Papa!» – ja, was hätte er im Augenblick, als statt des erwarteten Zornesausbruchs so sanfte schnelle Erklärungen kamen, anders empfinden und denken können, vielleicht gerade wegen der ungeheuren Enttäuschung, die mit einem Schlage sein ganzes Auffassungsvermögen lähmte und totes Grau auf die Welt herniederriß, die eben noch so farbig und verheißungsvoll geleuchtet hatte. Es ist die Erwartung der Liebe allein, die einem Herzen von der Demut, ja Unterwürfigkeit des kleinen George Schwung und Feuer zu leihen vermag; und seine Liebe hatte sich seit Wochen mit immer zunehmender Sehnsucht auf die Mutter gerichtet und damit unbewußt auf ein Leben der Geborgenheit in friedlicher, reinlicher Häuslichkeit. Er hatte die vielen Wunder so zum Sterben satt gehabt, ohne es einem Menschen, am allerwenigsten sich selber, eingestehen zu können. Satt hatte er die ausgestopften Märchentiere im Museum der Akademie, den Elefanten und den weißen Meerbären, die mongolische Kuh mit dem Pferdeschweif und das wilde Schaf mit den Riesenhörnern, ganz zu schweigen von den vielen Mißgeburten in Spiritus und der Hornkröte, der Pipa, von der ewig die Rede war und die ihre Eier auf dem Rücken ausbrütete. Er war gelangweilt von dem Gottorpschen Globus mit seinem Planetarium, und es war ihm ganz gleichgültig, daß dies das achte Weltwunder vorstellen sollte, ebenso wie ihm die botanischen Gärten auf der Apothekerinsel, das hölzerne Häuschen Peters des Großen und die Mammutknochen gleichgültig waren, die Pallas mit ebensoviel Scharfsinn als Gelehrsamkeit als aus einer allgemeinen Überschwemmung herrührend erklärte. Was war ihm die surinamische Goldschnepfe? Was gingen ihn die tangutischen Manuskripte an, die Peter der Große schon 1720 nach Paris gesandt hatte, um zu erfahren, was eigentlich darin stünde. (Ein Abbé Bignon hatte sie sogleich ins Lateinische übertragen und den großen Zaren durch eine gewisse klassizistische Geistesfärbung dieser Mongolenweisheit höchlichst überrascht, und wiederum war es dem ebenso gelehrten als scharfsinnigen Pallas vorbehalten geblieben, festzustellen – mit empörter Genugtuung festzustellen! – daß auch nicht ein Wort des Originals in dieser Übersetzung stand!) Was ging einen kleinen Knaben, der müde, blaß und elend war, die ganze bunte aufdringliche Welt an, wenn er noch irgendwo bei einer Mutter ein wohlgeschütteltes Bett, sein sorglich bereitetes Essen und die ganze Heimatluft einer vollen Kinderstube haben konnte – konnte – denn besessen hatte er diesen Segen ja in Wirklichkeit nie. Aber darum quälte ihn wohl diese beständige dunkle Sehnsucht danach, ließ ihn seine Pflichten verrichten wie eine stöckrige Maschine und mit müdem, kleinem Muffgesicht an den Kuriositäten vorüberschleichen. Im Anfang hatte er sich eingebildet, die Kaiserin Katharina sehen zu müssen, hatte ihrem Amtssiegel, einem Bienenkorb mit der russischen Umschrift «Nützlich» auf einem Schreiben an den Vater Ehrfurcht erwiesen wie einem Fetisch und mit starker Neugier auf die Geschichten gehorcht, die man sich an allen Straßenecken von dem Leben am Hofe erzählte. Auch dies hatte völlig an Interesse verloren, je länger der Petersburger Aufenthalt dauerte, je tiefer das Wunder der Wolgareise hinter ihm versank und je mehr im Verhältnis dazu seine Gesundheit abnahm. Schließlich hatte er nur noch an die Mutter denken können, wie ein Verdurstender in der Wüste auch nur eines Gedankens fähig ist, und dann, dann hatte er sich eben unvorsichtig, ohne den geringsten Zweifel, ohne eine innere Mahnung an frühere Enttäuschungen zu erhalten, übermäßig beglückt, berauscht, tölpelhaft selig hatte er sich der Gewißheit des nahen Wiedersehens hingegeben. Ja, und nun . . .

Und nun weinte er weder noch ballte er tückische kleine Fäuste oder stampfte den Boden, als der Vater den Rücken gewandt hatte. Er legte sich einfach für den Rest der Reise in seine Koje; dies war es, was er sich leistete, dort lag er stundenlang mit offenen Augen und dachte immer wieder dasselbe, das anfing: Also nicht nach Danzig . . . Aber ebenso schlief er auch stundenlang mit bleichem Gesicht und geöffnetem Munde. Wenn der Vater zu ihm kam, empfing er ihn freundlich und aß gehorsam, was ihm gebracht wurde, aber der Verkehr mit ihm war nicht viel ergiebiger als mit einer sprechenden Gliederpuppe; so blieb er viel allein, was ihm auch recht war, denn: hätte es nicht doch plötzlich eintreten können, daß er dem Vater in sein zufriedenes rotes Gesicht hinein hätte weinen müssen, weinen, weinen ... Es kam ja nie dazu, aber das war sehr wunderbar, denn er träumte doch so oft, daß er weinte; nur im Wachen gelang es ihm nicht, da war alles so fern, wie hinter Glas.

Jedenfalls war ein anderer George Forster am Newski-Prospekt auf die «Mütterchen Elisabeth» gegangen als der, der nach drei Wochen die Towerstairs in London emporstieg. Wohl erschließen sich auch solche Blüten noch, um Frucht zu bringen, die in der Knospe vom Frost getroffen wurden. Aber, guter Gott, wie sehen sie aus und wer will sie noch Blüten nennen? –

Es ist nicht zu bezweifeln, daß der Pelikan auf dem Hühnerhof übles Aufsehen erregen würde und der Gockel hingegen nicht in das Dschungel paßte. Es ist wahr, daß jeder von ihnen in der ihm angemessenen Umgebung seinen Platz ausfüllt und gleichsam darin aufgeht, so daß man kaum noch weiß, ist der tropische Sumpf für den Pelikan oder der Pelikan für den tropischen Sumpf geschaffen. Herr Forster in Polnisch-Preußen auf dem Lande, berufen, einer verlotterten Bevölkerung das kristallkantige Ideal friderizianischer Selbstzucht vorzuleben und Kultur auszustrahlen, das war gewesen, als wollte man Wasser mit Öl mischen, um eine gelindere Flüssigkeit zu erzielen: es nutzte gar nichts, das Öl blieb oben, ein großes, einsames Fettauge, und bald schwamm es von dannen. Herr Forster in Petersburg, inmitten einer aus allen Völkern gemischten Gesellschaft von Aristokraten, Gelehrten, Projektenmachern und Schwindlern, nahm sich, zwar selbst ein Projektenmacher ersten Ranges, aber geschäftlich und diplomatisch, ja selbst gesellschaftlich unerfahren und nahezu roh – er nahm sich aus wie ein leidenschaftlich spielendes Kind, dem sich die Grenzen zwischen Traum und Wirklichkeit verwischen und das, da es nun eben einmal ein Mann und kein Kind mehr ist, lächerlich, ja anstößig wirkt. Herr Forster endlich in England, hatte kaum den geheiligten Boden seiner Vorfahren betreten, kaum den ersten Mundvoll der ihm so geläufigen Sprache freigiebig an Lastträger, Hafenbummler und den Hausknecht von Warwicks Boardinghouse verschwendet und dafür echten Slang eingetauscht, nicht recht verständlich zwar, aber kostbar und herzansprechend – Herr Forster endlich in England also, ging im Teig auf wie die Pflaume im Plumpudding, mit anderen Worten, war nicht der Plumpudding selber, auch nicht der Weingeist, aber immerhin ein

Bestandteil, eins seiner häufigsten, eins von hundert Bestandteilen, unauffällig, selbstverständlich, kein Fremdkörper, kein Kuckucksei, und war selber erstaunt und beseligt darüber.

Es war bereits etwas vom Rhythmus der Gewohnheit in der Art und Weise, in der Forster und Sohn fremde Städte betraten, Schiffsplanken hinter sich stoßend, Reisetaschen sieghaft schwenkend, zudringliche Lastträger übersehend, Blicke auf Wesentliches richtend! Forster senior, dem der Kaviar und die Piroggen, bei denen er gedarbt, mit der Zeit zu einem Bäuchlein verholfen hatten, trug seinen Nabel stattlich vor sich her, als wüßte er den Unsichtbaren vergoldet; verborgene Berlocken klirrten bisweilen musikalisch unter seinem Mantel und gaben die Begleitung zu dem ebenfalls nur ihm selber hörbaren Einzugschor seiner Gedanken, der etwa also lautete: Er kommt, er kommt, der große Forster kommt! Was indessen nicht etwa mit diesen Worten sein Bewußtsein füllte, sondern nur den allgemeinen Inhalt seiner Stimmung ausmachte. Zugleich, es ist nicht zu leugnen, war er in guter und ehrlicher Weise freudetrunken vom Anblick von St. Pauls Kuppel und der drohenden Towermauern, wie schon die ferne Vision der wimmelnden London Bridge ihn in Begeisterung versetzt hatte. Und dann: dieser Hafen! O Gott, die Newa war breit und Petersburg war gewaltig, aber was wollte das gegen diesen majestätischen Ausgangsort und Ruheport der gewaltigsten Handelsflotte der Welt; was gegen diese Werften, diese Docks, dieses planvolle Gewühl der kleinen Boote und Jachten, dieses gelassene Ein- und Ausstreichen der hochgebugten Riesenschiffe mit der tausendbusig geschwellten Takelage und den unzähligen starrenden Kanonenrohren sagen?! «Ostindien!» hatte Forster ergriffen geflüstert und Georges Hand gepreßt, diese kleine Hand, die, solcher Gebräuche ungewohnt, sich ihm schlaff und verwundert überließ: «Ostindien, George! Vandiemensland! Amerika und China! Bambus, Zuckerrohr und Kokosnuß! Weihrauch, Gold und Myrrhen! Ingwer, Zimt und Nägelein! Papagoyen und Koffee! Das Beuteltier!» Er wäre in seiner traumhaften Aufzählung fremdländischer Wunder gewiß fortgefahren, wenn nicht in diesem Augenblick die «Mütterchen Elisabeth» Anker geworfen hätte und er nunmehr in der Lage war, den undankbaren russischen Boden endgültig verlassen zu können. Zwei Tage weidlichen Herumtreibens im Weichbild der City folgten und zählten gewiß zu den glücklichsten in Reinhold Forsters Leben, während auch George ein gewisses unwilliges Behagen empfand und sich in die dumpfe Wehmut der Enttäuschung nicht zurückfinden konnte.

Waren sie so tagsüber mit langen Schritten und mit beständig im neugierigen Drehen und Wenden der Köpfe hin und her pendelnden Zöpfen durch die Straßen gezogen, hatten nicht nur die modischen Spaziergänge wie Newbordstreet, Pallmall und Hydepark, sondern auch St. Giles besucht und dort gar in einer unterirdischen Garküche gespeist, wo die Bestecke mit Ketten am Tisch befestigt gewesen waren; hatten sie besichtigt, was nur zu besichtigen war (und George tat das auf einmal mit kritischer Teilnahme, als sei plötzlich eine Kapsel von seiner Seele gesprungen, er puffte auch Vorübergehende, die ihm nicht aus dem Wege gingen, kurz, er brach sich Bahn, körperlich und seelisch – da es denn doch nichts half! Dies war vorübergehend eine Zeit, in der er sich selbst fast brutal behandelte, er tat es, ohne es zu wissen oder zu wollen, weil er sonst zugrunde gegangen wäre), hatte man sich solchergestalt müde und hungrig gelaufen, so folgten erquickliche Abende im Gastzimmer des Logierhauses, gegen dessen Kamingitter der Vater sachgemäß die Fußsohlen stemmte, während er aus seiner Tonpfeife rauchte, Porter trank und George ein wenig Ingwerbier genoß. Gleichviel, daß andere Gäste anwesend waren und den redseligen Herrn offenbar als willkommenes Schauspiel betrachteten, gleichviel, daß hinter ihm laut erörtert wurde, ob nicht auch andere Leute ein Recht auf den Platz am Feuer hätten? George rückte dabei unbehaglich hin und her, Herr Forster jedoch blickte nur geistesabwesend über die Schulter zurück und blies einen Mundvoll Rauch nach den unzufriedenen Mitmenschen, womit sich jene alsbald beruhigten; er schien den Landesbrauch gefühlsmäßig zu treffen. «Es ist ein Wunderbares, ein Fabelhaftes, ein Göttliches um den Zusammenhang der irdischen Länder, mein Sohn, wie sie aus dem Nichts des Gedankens hervortauchen und sich aneinanderreihen», sagte er an einem solchen Abend und sah diesmal ohne Zweifel gläubig und erschüttert aus, soweit es im Bereich seines fleischigen Gesichtes lag, diesen Ausdruck anzunehmen. «An Rußland habe ich immer noch eher glauben können, weil es sich von Westpreußen aus auch zu Fuß hätte ergehen lassen, freilich in mühseliger Arbeit, aber doch immerhin – das ist wie aus einem Stück Tuch und keine Naht dazwischen. Die Inseln hingegen! Mein Sohn! Im Vertrauen will ich dir sagen, ich habe England nicht für möglich gehalten! Nun aber, da es unter meinen Füßen standhält, bin ich geneigt, auch an Vandiemensland zu glauben, ohne daß meine Augen es gesehen haben.» Er lächelte kindlich. «Wunderbar! Wunderbar ist die Gestalt der Erde!» sagte er andächtig und nahm die Pfeife aus dem Mund, um die Ellbogen auf die breit auseinandergestellten Knie zu setzen und, die linke Faust unters Kinn geschoben, verzückt ins Feuer zu starren. «Manchmal halte ich sie im Traum in meinen Händen und rolle sie behutsam von West nach Ost meinen Augen entgegen, als sei ich die Sonne, in deren Glanz sie sich wälzt, oder ich sehe sie schweben, im goldenen Dunst, den göttlichen Ball, mit der sphärisch erklingenden Seele. Dann gedenke ich ihrer Hülle, George», sagte er träumerisch, «Gras und allerlei Kräuter, und wie das Wasser überall durch sie sickert und kreist und aus ihr atmet, und ich fühle die Wucht der Gebirge und das Keimen der Kristalle und die sonderliche Kraft der Formen, wie sie blind sich auswirkt in tausend Gestalten. Du wirst hier Gott eingefügt haben wollen, George», und er wandte sich dem Knaben mit einem geistreichen Lächeln und einer verbindlichen Handbewegung zu: «Gut und wohl – indessen reden wir hier nicht als Pastoren, und somit können wir uns zugestehen, daß es kein Gottesleugnen ist, wenn ich ihn in die Schöpfung hineinprojiziere, anstatt ihn mir außerhalb selbiger zu denken – du verstehst mich?» Und, ohne eine Antwort abzuwarten, sein glattes Kinn streichelnd und mit der Pfeife in steilausgestreckter Hand gestikulierend, fuhr er fort: «Ich denke mir die Erde nackt und bloß, ihre gewaltigen Glieder so wie sie der Sintflut entstiegen, ohne die Grenzmarken des Menschen, ohne die Larven der Nationen über ihrer göttlichen Unschuld. Schrankenlos hingerollt die Ebene, sich aufbäumend im Gebirge, niedergleitend unter die wallende Fläche des Ozeans, jungfräulich wieder aufsteigend unter einem anderen Himmel und sich neu offenbarend. Ich denke mir ...» die surinamische Goldschnepfe strich durch den Raum, Kondorgeflügel erbrauste, Büffelherden nahten und stoben vorüber wie schmetternde Wolken. Indessen auch die Ameislein und die Bienen und sonstigen Insekten, die surinamischen Schmetterlinge und die Vögleins Kolibri, die Honigvögleins, die sich durch die Luft schwingen wie fliegende Funken und mit langen nadelspitzen Schnäblein aus Blüten trinken ... Blüten apropos ... Es blieb *nichts* ungesagt in dieser Stunde, und Herr Forster phantasierte sublim über den Inhalt der Erde, er tat es mit Wildheit, Schwung und Feuer und vergaß nicht die Tiere und Gemüslein, die er gerne aß, und endlich das wunderbarste Getier, die Menschheit selbst, wie sie gleichzeitig an allen Orten der Erde hauste und sich so emsig betätigte. Er legte den Finger an die Nase und gedachte des indischen Brahmanen, der über seine Schriftrolle gebückt säße in eben diesem Augenblick, da der wilde Sohn der nordamerikanischen Prärien sich im Kriegstanz um sein Lagerfeuer schleudere, oder der emsige Bewohner von O'Tahiti seine Rindenmatte walke, während der deutsche Bürger «oder sagen wir: der große Haller zu Zürich» sich soeben die Zipfelkappe für die Nacht über die Ohren ziehe, «und wir, mein Sohn, an diesem Kaminfeuer sitzen, auf britischem Boden sitzen, vom Ozean umspült wie auf dem Gipfel eines Berges Ararat und das Selbstbewußtsein der ganzen Erde gegenwärtig in unsern Hirnen kulminiert. Wunderbar, höchst wunderbar ...»

Herr Forster blickte plötzlich um sich und nahm wahr, daß es leer in der Gaststube geworden war, daß hinter der Tonbank Mr. Freeling, von Mrs. Freeling stets als «my little old man» bezeichnet, mit knackenden Kiefern gähnte, daß George die Augen mit einem Ausdruck glasiger Starrheit auf ihn gerichtet hielt, und er verstummte. Er machte ein paar krampfhafte Bewegungen mit Stirn- und Gesichtsmuskulatur, wobei er die Augen wie ein Geblendeter zukniff und aufklappte, sog ein paarmal hastig an dem erkalteten Rohr und fuhr dann, von sich selbst ernüchtert, mit der Hand über die Augen. «Du hast keine Imagination, mein Sohn», bemerkte er verdrießlich und klopfte die Pfeife am Kamingitter aus, worauf er sich erhob und federnd davonschritt, sich selbst nicht recht klar darüber, was ihn soeben überkommen und aus ihm geredet hatte. George folgte ihm gedemütigt, überholte ihn und riß die Türe vor ihm auf; wohl, es mochte ihm an Imagination mangeln oder an etwas dergleichen; er konnte sich nicht so verwundern und dieser Verwunderung so prächtige Worte verleihen wie der Vater, es schien ihm alles so selbstverständlich, dies, daß man nach England kam, wenn man nach England reiste, und fraglos, daß man ein Land namens Surinam erreichen würde, falls man ein dorthin segelndes Schiff bestiege. Aber er empfand diesen Mangel in dieser Stunde irgendwie als beunruhigend und beschämend. Als er in seinem riesigen, von Vorhängen umwallten Bette lag und zitternd darauf wartete, daß die feuchten Laken sich erwärmen möchten, als er die Hände vor die Augen preßte, um nicht in die fremde englische Finsternis starren zu müssen – der Vater blies längst in gesund atmendem Schlummer melodisch vor sich hin – da dachte er sich aus, wie gut es sein müßte, eine Mutter zu sein und niemals reisen zu müssen, eine Mutter mit guten kleinen Kindern in einer warmen duftenden Küche, in der es lauter behagliche Arbeit gab, wie Rübchenschaben, Suppenkochen, Kuchenrühren und Topfauslecken, und als er darüber endlich einschlief, war es nicht mehr die Mutter, die es so gut hatte, sondern das kleinste Kind in der hölzernen Wiege im Eckchen beim Herd, das von nichts wußte als von Schlummer, Milch und Liebe. Und dies kleinste Kind war er. –

Dalrymple zu besuchen, Dalrymple, den unbekümmerten Pfadfinder im Indischen Meer, den Autor gründlicher geographischer Werke, den unübertroffenen Zeichner der berühmtesten Landkarten, Dalrymple also aufzusuchen, sich ihm vorzustellen und seine russischen Empfehlungsbriefe bei ihm abzugeben, war nach den ersten Londoner Schlendertagen Herrn Forsters vornehmstes Ziel. «Forster und Sohn», sagte er, hinter einem bräunlichen, turbangekrönten Diener einen hellen länglichen Raum betretend, dem drei Schiebefenster Licht gaben und wo ein Herr in kaffeebraunem Frack von einem langen Arbeitstisch sich erhob und ihnen mit hochgezogenen Augenbrauen einigermaßen erwartungsvoll entgegenblickte. «Forster und Sohn, von St. Petersburg eingetroffen, aus den Diensten Ihrer Kaiserlichen Majestät nach der beispiellosen Wolga-Expedition rühmlichst entlassen. Forster und Sohn, mein Herr, die sich bei ihrem ersten Betreten britischen Bodens beeilen, Ihnen ihre Huldigung darzubringen, nachdem sie Ihre Verdienste jahrelang aus der Ferne staunend empfunden haben!»

Forster und Sohn, die sich, schräg hintereinander aufgestellt, bei jeder Nennung ihrer Namen mit dem Hut in der Rechten und mit der

Linken auf dem Herzen emphatisch verneigt hatten, überreichten nunmehr, das heißt, Reinhold Forster überreichte, zwei oder drei Briefe, deren Siegel Mr. Dalrymple hastig erbrach, die er mit kurzen Ausrufen – Ausdrücken seliger Überraschung und unerwarteten Glückes ohne Zweifel – überflog, um sodann ... Aber während er las, hatten die Forsters Zeit gehabt, sich umzusehen. «Verehrtester! Welch ein Arbeitsraum!» rief Reinhold aus, als Dalrymple ihn nun auf einen der hochlehnigen Sessel vor dem Kamin nötigte und George auf dem Rande eines Taburetts Platz genommen hatte. «Welch ein Raum, welch ein Geist, welch ein Ausblick! Nicht genug, daß die ganze Erde von den Wänden sieht», und er wies auf die äußerst sauber ausgeführten Landkarten, die, mit der Hand koloriert in heiterem Blau und anderen kräftigen Farben, ringsum hingen, «Boten aus aller Welt blicken Ihnen in die Fenster hinein und versichern den wirkenden Geist dauernd einer schöneren Ferne!» Er sah entzückt nach den Fenstern, vor denen wimpelgeschmückte Mastspitzen und ein Gewimmel von Rahen im straffen Taugeflecht in der blaugoldenen Luft des Apriltages schwankten und tanzten. Mitunter schob ein ausfahrender großer Segler seine Schwanenbrust leuchtend hindurch und unzählige Möwen belebten das Bild mit dem Rhythmus ihres Hin- und Widerschwebens: Dalrymples Haus lag am Strand und draußen flutete die Themse. Nun lächelte er und schlug ein Bein über das andere. «Es läßt die Reiselust nicht einschlafen, dies Bild, es erhält den Geist auf der Wanderschaft; ich bedarf seiner als eines Surrogates für das Leben an Bord, mein Wertester», sagte er freundlich und ließ seinen blaugrauen Seemannsblick über Vater und Sohn hingehen wie über ein Gewölk am Horizont. «Aber kommen wir zur Sache!» «Das Leben an Bord!» fiel Forster begeistert ein, die Rechte gegen Dalrymple ausreckend, als wollte er ihn umhalsen, «wie gut ich Sie verstehe, Verehrter! Die Grenzen der Kontinente sprengen und sich dem schrankenlosen Ozean überlassen, welch ein berauschender Gedanke!»

Herr Dalrymple neigte höflich zustimmend sein Haupt: «Sehr wohl», bemerkte er, «indessen – kommen wir zur Sache!»

«Ein Mann und sein Pflugsterz, ein Mann und sein Schwert – Ein Mann und sein Segel – ein Mann und sein Pferd!» schwärmte Forster weiter, «verzeihen Sie die deutschen Verse, mein Herr, aber sie sind es, die die Essenz meines Geistes enthalten! Ich bin Gelehrter, Herr, aber kein Bücherwurm, was Sie meiner ganzen Konstitution unschwer anmerken werden, auch ohne Lavater gelesen zu haben. Ich bedarf der Motion, um mich frei entfalten zu können – ist's nicht an dem, George ...»

«Ich bezweifle das nicht», gab Dalrymple zu und seine hellen Augen bekamen etwas Starres, «aber sagen Sie mir nun gefälligst ...»

«Ich bin vom feurigsten Enthusiasmus für England beseelt!» rief

Forster nun, «England ist ohne Vergleich an Unternehmungslust und Macht. England läßt sich die Erde schmecken und sie bekommt ihm wohl, das ist's, was mich begeistert! Engländer zu heißen, mein Herr, würde für mich einer Erhebung in den Adelsstand gleichkommen, und mit wehmütigem Stolz gedenke ich meiner Vorväter, die treue Diener der Stuarts waren und mir doch kein Anrecht auf diese Heimat hinterließen als meinen Namen und einige unverfälschte Tropfen englischen Blutes. Machen Sie mich zum Engländer, Herr, indem Sie mich für England arbeiten lassen, und Sie werden sehen . . .»

«Well!» Mr. Dalrymple fühlte Boden unter den Füßen und war offenbar erleichtert. «Meine russischen Freunde sind des Lobes voll über Ihre wissenschaftlichen Leistungen, mein Herr. Gestatten Sie, daß ich die Kupfer zu meinem neuen Werk, die soeben eingetroffen sind, Ihrem Urteil unterbreite.»

Die beiden Männer vertieften sich alsbald an der Hand dieser Abbildungen in ein Gespräch, bei dem George ein wenig das unheimliche Gefühl hatte, daß seinem Vater auf den Zahn gefühlt werde, was dieser indessen nicht zu bemerken schien und seine Kenntnisse mit bereitwilliger Fröhlichkeit entfaltete. Nach einer Weile schlug Mr. Dalrymple mit zufriedenem Gesicht die Mappe zu, und nach einem kurzen Blick auf das blaue Emailzifferblatt seiner kugelförmigen goldenen Uhr sagte er, daß er nun in eine Sitzung müsse; ob Mr. Forster etwa bereit sei, ihn zu begleiten? Er würde einen Kreis von Männern antreffen, die nichts anderes als willens seien, das Gute und Vortreffliche zu unterstützen, wo immer sie es anträfen; kurz, es handelte sich um einen Besuch in der Loge «Zur goldenen Gans», eine der kostbarsten Tochterlogen der Großloge von England, von der Forster zweifellos schon gehört hatte – hatte er etwa nicht? – und zu deren Aufsehern Dalrymple zu gehören sich schmeicheln durfte. Ob Forster davon gehört hatte?! Aber hier stand er ja mit einem Schritt am Ziel seiner Wünsche, am Ziel der Wünsche aller Pläneschmiede und Projektenmacher seiner Zeit, und mochte man immer in Deutschland noch vielfach die «Freymäurer» für Deisten und Libertiner, für Independenten schlimmster Art halten, darüber war er denn doch hinaus! Wenn er nur Hilfe und Unterstützung fand, und waren die hier nicht jedem Strebenden gewiß? Ob man den Knaben mitnehmen konnte? Dies ging nicht an, und so wurde George angewiesen, zu warten; Mr. Dalrymple legte ihm, unter der Tür noch einmal umkehrend, ein Buch in die Hände, das George gleich an dem rauhhaarigen Mann auf dem Titelblatt, der, strumpf- und schuhlos, aber mit zwei Flinten und einem riesigen umgeschnallten Säbel bewehrt, auf einem unverkennbaren Eiland fußend dastand, als eine englische Ausgabe des ihm wohlbekannten «Robinson» erkannte. Da er von jeher keine große Vorliebe für die ungemütlichen Schicksale dieses Helden gehabt hatte, legte er das Buch auf den Tisch, sobald

Schritte und Stimmen der Männer verhallt waren, und nun blickte er sich im Zimmer um, und eine ganze Weile tat er nichts anders als dies, daß er um sich blickte und, von Entzücken überwältigt, lächelte.

Wie war das alles so über die Maßen schön und wunderbar!

Er hockte auf seinem Taburettchen an dem einen Ende des langen Tisches, der in seiner Mitte, dort, wo der hochlehnige Sessel mit der Stirnseite zum Fenster gewandt davorstand, als Schreibtisch diente und auf wohlumgrenztem Raum mit Schriftwerk aller Art, einem außerordentlich schönen Schreibzeug aus Bergkristall und Gänsekielen in reicher Auswahl bedeckt war, am entgegengesetzten Ende aber den Zweck eines Zeichentisches erfüllte, auf dem Reißbretter, Zirkel und Winkelmaß nebst den verschiedensten Farbennäpfchen und Fläschchen chinesischer Tusche mit Pinseln, Papieren und Pergamenten sich breit machten, während auf der ihm zugewandten Seite ein kunstvoller Himmelsglobus stand, von den fremdartigen Instrumenten umgeben, wie er sie wohl in der Kajüte und in den Händen der Schiffer gesehen, aber nie in solcher Nähe vor sich gehabt hatte. Dies war ein Kompaß und jenes da ein Sextant, er wußte es; aber ihr Gebrauch war ihm doch mehr oder weniger rätselhaft. Und welche Auswahl jener wundersamen Rohre, in deren Rund die Ferne sich einfangen ließ, lag hier auf Purpursamt gebettet und funkelte sanft! Dicht vor ihm stand ein solches Rohr aufgestellt, aber senkrecht gerichtet und ein Glasplättchen unter sich, auf dem ein perlmuttern gefleckter Schmetterlingsflügel lag – ein Mikroskop – er kannte auch dies. Das zweibeinige Ungeheuer am Fenster, das breitstelzig dastand und seine Mündung auf die Wolken richtete wie ein Geschütz, mochte ein Himmelsfernrohr sein, mit dem Dalrymple in den seltenen klaren Nächten nach Mond und Sternen sah. An dem letzten Fenster ruhte eine gewaltige Erdkugel von verschossenem Grün in einem tischhohen Gestell; vor dem Kamin hing ein kunstvolles Schiffsmodell mit einer Menge winziger drohender Kanonenrohre von der Decke herab, und dort, wo die Wände nicht von Karten bedeckt waren, standen Regale mit Büchern gefüllt und von den merkwürdigsten Gegenständen gekrönt, einer blendendweißen, wunderbar verästelten Koralle etwa oder einem ausgestopften metallisch erglänzenden Vogel von sonderbar jüdischem Aussehen, einer Blaurake, wie er später vernahm. Auch gab es einen Glasschrank, der Erzstufen und Kristalldrusen, aufgespannte lasurfarbene Schmetterlinge, rosige ostindische Muscheln und dergleichen zu bergen schien. Jedoch erhob sich George durchaus nicht, um diese Merkwürdigkeiten näher in Augenschein zu nehmen, sondern es genügte ihm vollkommen, hier zu sitzen, ganz an das unerklärliche Behagen hingegeben, das dieser Raum auf ihn ausströmte. Wohl, er kannte alle Gegenstände im einzelnen, kannte sie bis zum Überdruß aus dem Petersburger Museum und hatte dieses und jenes Instrument in den Studierzimmern der gelehrten

Freunde seines Vaters wahrgenommen, Arbeitsräumen, die gemeinhin verräucherte Höhlen waren, in denen mehr oder weniger in ihrer äußeren Erscheinung vernachlässigte Männlein lichtabgewandt hausten, wie syrische Anachoreten. Das Kabinett des Vaters daheim mit den fichtenen Büchergestellen und dem wackligen Stehpult fiel ihm ein; er sah den Schatten des Geißblattes auf den blankgescheuerten Dielen tanzen, sah ein kleines Geschwister dort kriechen und danach haschen und sich sodann irgendwie unwürdig benehmen; auch das Petersburger Quartier sah er vor sich, in dem ungemachte Betten, Kleider, Bücher, Stiefel, Manuskripte und Tabakspfeifen ein hoffnungsloses Durcheinander gebildet hatten. Dies alles zog zum Vergleich herausfordernd an ihm vorüber, und nur mit dem Erfolg, daß er sich auch weiterhin nicht rührte, um sich blickte und lächelte. So mußte es sein, ach ja, ganz so, und nicht anders, und hier mußte man am Tisch sitzen gleich dem ruhmreichen Dalrymple, sauber und korrekt vom Scheitel bis zur Sohle, ohne die geringste Vernachlässigung im Anzug, einem Offizier mehr gleichend als einem Bücherschreiber, von elastischer Straffheit in jeder zielbewußten Bewegung, eine Klarheit von Stirne, Augen und dem Lächeln des Mundes ausstrahlend, die den wundervoll geordneten und durchgebildeten Aufbau der inneren Welt verriet, wo alles durchsichtig und gesetzmäßig lebte und arbeitete. Hier entstand kein Gedanke, der sich nicht dem Ziel untergeordnet hätte, auf das Dalrymples Arbeit just gerichtet war; und nichts war sicherer, als daß das Rad der Tätigkeit in diesem gleichmäßig wachen Haupt nie stille stand, mochte es auch zuweilen sanfter gehen, etwa nur von den Eindrücken eines Morgenrittes im taufeuchten Hydepark, eines Abendganges am Flußufer den heimkehrenden Herden entgegen, oder auch allein von den lichtvollen Traumbildern einer Nacht bewegt. In seines Geistes Fülle versenkt, doch mit dieser Arbeit, dem Element seines Lebens, unmittelbar der Wohlfahrt seiner Mitbürger dienend, ihren Handel und Wandel, wie er sich vor seinen Fenstern tausendfältig und ameisenhaft entfaltete und abspielte, fördernd; unsichtbar eingreifend, Richtlinien gebend und Ziele verleihend, Englands Sohn mit Leib und Seele auch darin, daß er seefahrtskundig sein Schiff mit eigener Hand durch die Meere zu steuern verstand, doch auch dies nur zweckerfüllt und niemals aus dumpfer Schwärmerei oder Abenteuerlust unternehmend, siehe, da war das Ideal des kleinen George Forster, wie es, ihm selber unbekannt und annoch in sieben Schleier gehüllt in seiner Seele schlummerte, plötzlich Fleisch und Blut geworden, trat vor ihn hin und lockte sein Spiegelbild hervor, daß es dem Knaben vor Augen trat, freilich unklar wie aus beschlagenem Glas. Es deuchte ihn eine fast unausdenkbare Seligkeit und doch das einzig begehrenswerte Ziel, in einem Gemach gleich diesem hausen zu dürfen, Besitzer zu sein solcher geordneter schimmernder Bücherreihen; mit solchen blanken ernsthaften Geräten, in denen der erhabene Geist der Mathematik sich in klaren einfältigen Formen offenbarte, rasch und sicher hantieren, mit raschelnder Feder perlenschnurgleiche Buchstabenreihen über reines körniges Papier ziehen und so ganz und gar bis in die kleinste Einzelheit von Ordnung und Zweckmäßigkeit umgeben sein zu können. Diesem Kinde hatte Arbeit das Spiel zu früh ersetzen müssen; was Wunder, wenn seiner Art zu arbeiten lebenslänglich etwas von der Methode des Spielens anhaftete; daß sie einer gewissen Verklärung durch die Phantasie bedurfte, um fruchtbar zu sein, eines Anreizes in der Gestalt ihrer äußeren Hilfsmittel; daß ihre Spannkraft im höchsten Grade von Abwechslung abhängig war, ja, daß sie sich selbst zuweilen mit ihrem Schatten, mit einer Absicht, einem Plan, einem Projekt verwechselte? Gleichviel! Als George etwa eine Stunde allein in diesem Heiligtum der Wissenschaft gesessen hatte, war er von dem schweigsamen Geiste der Tätigkeit, der hier herrschte, so durchdrungen, daß er von sich selbst gerührt war und ein so reinliches Gewissen in sich fühlte, als habe er angestrengt gearbeitet. Zugleich aber empfand er eine inbrünstige sehnsüchtige Kümmernis, die sich uneingestanden aus hoffnungsloser Verzweiflung, aus einem armen kleinen Neid zusammensetzte.

Ein Kompaß lag vor ihm auf dem Tisch, die Magnetnadel unter einer schwach gewölbten Scheibe von Bergkristall eingelassen in eine handtellergroße sechseckige Bronzeplatte mit eingeritzten Ziffern, auf die ein niederzuklappender Weiser mit seinem Schatten deuten mußte, eine winzige Sonnenuhr also, ein äußerst sauberes, zierliches, handliches Gerät, das man in seinem Futteral von rotem Maroquin überall bei sich tragen konnte. Er widerstand der Versuchung nicht, es in die Hand zu nehmen, und betrachtete es andächtig. Bion à Paris stand im Halbkreis um den Kompaß herum zu lesen. Ach ja, solche Gegenstände galt es zu besitzen und sich ihrer unter freiem Himmel zu bedienen; er seufzte ein wenig und legte das Instrumentchen zärtlich auf den Tisch zurück. In diesem Augenblick tat sich die Tür auf, und ehe er es sich versah, stand ein Kind in der Mitte des Zimmers, ein kleines Mädchen in zierlich gerafftem lichtblauen Kleid, stockte bei seinem Anblick und sagte in den ausdrucksvollsten Tönen: «What are you doing here? In my fathers room and in our house? How did you come in?» Dabei blitzte sie ihn mit empörten grünbraunen Augen an und hob eine große weiße Angorakatze, die mit ihr gekommen war und ihre Knie umschmeichelte, mit beiden Händen auf; es war nicht zu erraten, ob als Waffe und um sie gegen ihn zu schleudern, oder um sich an dieses befreundete Wesen anzuklammern, denn sie selbst machte eine ganz kleine Wendung zur Tür, bereit, sich bei der gerinsten verdächtigen Bewegung des Eindringlings zurückzuziehen. George indessen, dem sein Englisch auf einmal wegschwamm, war aufgesprungen, ließ die Arme hilflos hängen und stammelte erschrocken eine deutsche Erklärung für seinen unbegreiflichen Aufenthalt in diesem Heiligtum, die er gleich darauf, etwas gefaßter, auf englisch wiederholte, als er den ratlosen Ausdruck der jungen Dame wahrnahm. Während dieser Erklärung, in der «my father and Mr. Dalrymple» den festen Kern eines Knäuels verwirbelter Perioden bildeten und die Wendung «You know» zur Ausfüllung von Verlegenheitspausen oftmals wiederkehrte, begann das Kind zu lächeln, die rosige Wange in das Fell des Tiers schmiegend; und sodann, auf ihn zutretend und mit spitzem Fingerchen auf ihn deutend, sagte sie in hohen zwitschernden Tönen: «Du bist kein Engländer, du – das bist du nicht!? Aber du kommst nicht aus Indien wie Arya.» Hierauf, mit demselben Fingerchen sein Gesicht berührend, die kleine Nase ein ganz klein wenig angeekelt kraus ziehend, nachdenklich: «Was ist das? Was hast du da? Haben alle Leute in deinem Land so kleine Löcher in ihrer Haut?» Worauf George, mit der eigenen Hand über seine pockennarbige Wange streichend, beschämt eingestand, daß dieser beleidigende Anblick von einer Krankheit herrühre, wobei er sich trostlos verhedderte, da ihm die nötigen Ausdrücke fehlten und schließlich: «Bad cough, you know!» sagte, weil dies im Grunde die einzige Krankheitsbezeichnung war, die er auf englisch wußte, da Mrs. Freeling an einem bad cough litt und ihre Gäste einzig davon zu unterhalten pflegte. Er war äußerst peinlich berührt und von einer nach Tränen verlangenden Erregung durchzittert, darüber, daß dies fremde Mädchen ihn so ohne weiteres auf seine körperlichen Mißstände anredete, zumal da es ihn nach seiner Erklärung durchaus nicht mitleidig, sondern weiter mit kühler Neugier betrachtete, wie ein ausländisches Tier. Jedoch ging nun plötzlich wieder jenes Lächeln über ihr Gesicht, das tanzende Sternchen in die Augen zu zaubern schien, und aus dem goldbraunen Geringel der Locken gleicherweise wie aus den vereinzelten lustigen Sommersprossen in der zarten Haut, den blaßroten Lippen und den weißen Zähnchen leuchtete; sie sagte nachsichtig: «You look like a little old man!» drehte sich einmal auf dem Absatz um, mit einer Handbewegung, die das ganze Zimmer vorstellend umfaßte: «Mr. Dalrymple is my father», und wieder Aug in Auge mit ihm, schloß sie: «And that's Pussy», wobei sie ihm die Katze mit beiden Armen hinreichte und die Krallen des Tieres mit einem ausdrucksvollen «Don't Pussy!» aus dem Musselin ihres Kleidchens löste. «Halte sie einen Augenblick! Ich werde dir etwas Komisches zeigen.» Eilig lief sie zu dem großen Globus in der Ecke des Zimmers, umspannte die Kugel mit beiden rundlichen Armen und versuchte sie aus dem Gestell zu heben. «Nein, ich kann es nicht allein», rief sie zornig, «schnell, komm her und hilf mir. Aber so halte doch die Katze!» Und, da George nun ratlos dastand, denn er hatte die Katze losgelassen, um die Hände frei zu bekommen, und Pussy zog sich eilig in die Nähe des Kamins zurück, trommelte sie mit beiden Fäustchen auf den Globus, rief lachend und aufgebracht: «How funny a boy you are!» und brachte es dann unter Stöhnen und Prusten mit seiner Hilfe zustande, daß die große hohle Kugel, auf der die Weltteile und Ozeane von Abbildungen der seltsamsten Fabelwesen, wie von Einhörnern, Meerweibern und Seeschlangen bevölkert waren, in die Mitte des Zimmers gerollt wurde. Nun hieß es: «Try to catch Pussy!» Denn Pussy hatte sich, entschieden ahnungsvoll, auf die hohe Lehne eines der Kaminsessel zurückgezogen und beobachtete die Vorbereitungen mit Mißtrauen, entwich bei der Annäherung der Kinder von dort und schritt mit vorgetäuschter Würde und affektierter Zierlichkeit über alle Geräte, Papiere und Bücher des Arbeitstisches hinweg. Raste sodann in einem Ausbruch von Verzweiflung in dem ganzen Raum herum, wobei ihre Besitzerin vor Lachen umfiel, George aber seinen ganzen Ehrgeiz entfaltete und sie griff, indem er ihr den Weg versperrte. «I have her, Miss!» schrie er triumphierend, erntete ein vor Lachen atemloses: «Oh, how awfully funny! Don't call me Miss! I am Evelyn!» Nun ward das sich scheinbar in sein Schicksal ergebende Tier, ein Kater übrigens, mit allen vieren auf die Kugel gestellt. Sofort begann es unbehaglich einen Fuß vor den anderen zu setzen, um hinunterzugelangen, hierdurch geriet die Kugel in Bewegung, Pussys Unbehaglichkeit steigerte sich zum kläglichen Miauen, er reckte den Schwanz steil auf und, unentwegt weiter trippelnd, rollte er auf der Kugel durch den ganzen Raum, von Evelyn jauchzend umtanzt und von George unter Staunen begleitet. Als nun wiederum jemand eintrat, und zwar diesmal eine hagere ältliche Dame, die von seinem Anblick ebenso überrascht schien wie Evelyn vorhin, hatte er doch bereits genug Unbefangenheit gewonnen, um auf des Kindes vergnügte Einführung seiner Person: «Only listen, Miss Jones!» und zu ihm gewandt: «Now tell her that of Mr. Dalrymple and my father!» eine leidlich wohlgesetzte Erklärung seiner Anwesenheit fertigbringen zu können, die zwar Evelyn enttäuschte («You told it otherwise and much more funny last time!»), jene würdige Dame aber hinreichend befriedigte. Er wurde mit ins Wohnzimmer genommen, bekam Tee mit geröstetem Brot, Butter und Marmelade, er mußte der Miss von Deutschland und St. Petersburg berichten, wozu sie abwechselnd «Awfully!» oder «How strange!» sagte, gelegentlich seine Sätze verbessernd. Evelyn jedoch setzte ihm drei Puppen auf den Schoß und erklärte ihn zu deren Großvater. Denn der Vater sei nun einmal Pussy, von jeher, und könnte doch nicht abgesetzt werden! –

Es ist eine bemerkenswerte Tatsache, daß das Leben eines jeden Menschen in seinem Verlauf Strecken aufweist, die, obschon durch Jahre getrennt, einander doch seltsam ähneln, weniger ihrem Inhalt als ihrem äußeren Rhythmus nach. Als der Vater mit ihm in Warrington nahe bei Manchester angelangt war, wo er am Predigerseminar die Stelle eines

Lehrers für Naturgeschichte und Sprachen angenommen hatte; als sie dort ein kleines Haus inmitten eines Gärtchens voller Stockrosen und Stachelbeeren bezogen hatten, als schließlich die Mutter mit den Geschwistern angelangt war, und sie sich nun alle mitsammen, da der Winter ins Land zog, eng aneinanderschlossen, der Kälte und der Fremde Trotz boten und sich gegenseitig zur Heimat wurden – da schien es George anfangs, als steige verjüngt und verklärt die erste Zeit seines Lebens wieder herauf. Dem Himmel sei Dank, man war nicht nach Amerika gesegelt, um dort ein gewisses gottverlassenes Gebiet näher zu untersuchen, wozu Lord Baltimore die nötigen Mittel herzugeben bereit war, denn dieser Würdenträger schien besonders neugierig auf die Verhältnisse in jenem Landesteil. Man hatte auch auf die Pfarre verzichtet, die Lord Shelburne in Persacole, einem äußerst idyllischen Ort, zu vergeben hatte; jawohl, man tat sich nicht wenig auf seine Grundsätze zugute, ließ sich nicht ein auf ein nicht ganz fest gesichertes Unternehmen («war nicht die Schachfigur irgend so eines Großen, verstehst du, mein Sohn!») und machte sich nicht noch einmal im Leben zum Schuhputzer eines Patrons, indem man den Büttel im Predigerrock darstellte, («jawohl, denn darauf kam es doch schließlich heraus!»). War es auch etwas Entzückendes um das Entgegenkommen all dieser Brüder im Geiste der Loge, man hatte doch seine persönliche Freiheit zu wahren (dies war der neueste Standpunkt), und letzten Grundes wollte man sich nicht festlegen, weil Mr. Dalrymple da einige Andeutungen gemacht hatte – einige ganz unverbindliche Andeutungen . . . Kurz und gut, Reinhold Forster schied von London, nachdem er Mitglied einer Loge geworden war und auf die «Vereinigung aller Guten zum Guten» schwur. Jedoch, so ausgiebig er die Grundsätze der Verbindung in seiner Unterhaltung anbrachte, die Gleichheit aller Menschen vor dem höchsten Gesetz war ihm keineswegs in Fleisch und Blut übergegangen, und er, für sein Teil, bewahrte seit den Petersburger Erfahrungen ein dumpfes Mißtrauen gegen die, die er «die Großen» nannte, war auf seiner Hut und würde sich nicht noch einmal übertölpeln lassen. Leider drang ihm dies Bewußtsein seiner Überlegenheit dermaßen aus allen Poren, daß er allerlei Anstoß damit erregte, worüber er sich wiederum nicht wenig wunderte, da er sich für außerordentlich diplomatisch hielt. Auf George hatte die Schilderung der freimaurerischen Gebräuche und Feierlichkeiten einen tiefen und beseligenden Eindruck gemacht, und es erhöhte den Zauberschein, der Mr. Dalrymple in seiner Vorstellung umgab, noch bedeutend, daß dieser in seiner Loge ein Ehrenamt bekleidete und somit von priesterlicher Würde umflossen war. Im stillen hatte er es sich fest vorgenommen, seinerzeit die kleine Evelyn zu heiraten und als demütiger Famulus um Dalrymple herum zu leben, betraut mit der Instandhaltung der Instrumente und dem Kolorieren von Landkarten, auch mit Schreibarbeiten, die er besonders künstlich und schön auszuführen gedachte, wenn er dabei nur in jenem unvergeßlichen Raum leben durfte – aus dem er übrigens Pussy verbannt wissen wollte. Dies Ziel vor Augen begann er seinen Weg mit einer ersten Ahnung von Bewußtsein zu gehen. Es war ein Jammer, daß der Vater Mr. Dalrymple sowenig glich, daß er so gar keinen Wert auf Akkuratesse und Pünktlichkeit legte und trotz seiner Vorliebe für ein elegantes Auftreten, oder vielmehr einer Neigung für das Bunte und Prächtige, sein Äußeres vernachlässigte, wenn man nicht auf ihn achtete. Er, George, begann jetzt, seinen eigenen Sinn für peinliche Ordnung wie ein Steckenpferd zu pflegen und erzielte unter seinen Gebrauchsgegenständen, seinen Büchern, Papieren und Schreibgeräten eine ihn selbst entzückende Nettigkeit, die sich auch auf seine Kleider und Schuhe erstreckte und so weit ging, daß er aufgebracht wurde, wenn die Mutter sich dieser Dinge wieder annehmen wollte oder gar Fieken, die während der Trennung etwas, wie ihm schien, aufdringlich Hausmütterliches angenommen hatte. Die Mutter, immer noch in der ersten bitteren Ergriffenheit von seinem Anblick, da sie ihn so gewachsen, abgemagert und mit einem Schatten von stillem, grauem Ernst auf dem schmal gewordenen Gesicht wiedergefunden hatte, ließ ihn gewähren und meinte in diesem ihrem ersten Kinde ihr eigenes Herz zu erkennen, wie es sich in den vierzehn Jahren ihrer Ehe aus kindlichem Lebensvertrauen in die stumme Ergebenheit des Dienenmüssens geschickt hatte. In den ersten Tagen nach ihrer Ankunft geschah es einmal, daß sie in der Dämmerung des Oktoberabends mit ihm allein war, oder doch wenigstens ohne den Vater und die größeren Geschwister. Sie saß am Fenster, mit dem Jüngsten auf dem Schoß, und blickte tödlich erschöpft in den erlöschenden Herbsttag, ohne einen anderen Gedanken als den der Dankbarkeit, daß sie nun festen Boden unter sich fühlte und nicht mehr den schwankenden des Schiffes oder der Postkutsche. Daß sie das nun hinter sich hatte, Sturm und Wellen, Kattegatt und Skagerrak, sie allein mit den fünf Kindern! Mein Gott, sie schauderte immer wieder unter einem Rückkehren der körperlichen Angst dieser letzten Wochen und lächelte matt und erlöst zu George auf, der schon eine Weile an ihre Schulter gelehnt neben ihr stand, ohne sich zu rühren. Jetzt glitt er nieder und kniete vor ihr, Augen und Hände scheinbar mit dem Kleinen beschäftigt, dessen Fingerchen er festhielt. Dann aber begann er über das Kleid der Mutter hinzutasten, zögernd und ungeschickt, als begrüßte er die bunten Streublümchen in dem braunen Perkal alle einzeln; und nun faßte er nach dem Medaillon aus dünnem Golde, das ihr an einem Sammetband um den Hals hing, und das, er wußte es, ein Löckchen von ihm selbst aus seinen ersten Lebensjahren barg. «Ach – auch das . . .» murmelte er und schlug plötzlich die Augen voll zu ihr auf, die im nächsten Augenblick von Tränen überflossen, während er das Gesicht an ihre Knie drückte, ihren

Schoß mit beiden Armen umspannte und so krampfhaft schluchzte, daß sein ganzer Körper bebte. Sie, erschrocken und doch nicht unvorbereitet auf diesen Ausbruch, legte die Linke auf seinen Kopf – die Rechte umfaßte und hielt den kleinen Christian – und so, ihn ab und zu sanft streichelnd, sagte sie nichts weiter als: «Georgie – mein Georgie ...» in einem Ton hoffnungsloser Ermüdung, in dem aber mehr Zärtlichkeit und Verständnis lagen, als mit vielen Worten sich hätte ausdrücken lassen. Endlich, als das Weinen verebbte und seine Arme sich ein wenig lösten, wandte sie den Blick vom Fenster zu ihm, und sich über ihn neigend, selbst aufschluchzend in einer Wallung von Gram und Zorn, fragte sie mit rauher Stimme: «Hat er dich geschlagen, oft geschlagen, mein Kind?» und fuhr dann fort, ihn stumm zu liebkosen, indem sie den Oberkörper hin und her wiegte und mit einem Ausdruck unsäglicher Bitterkeit über ihn weg ins Leere blickte. –

Während harter, trockener Arbeit, die ihn an sein Tischchen in der Fensternische des großen Wohnzimmers spannte wie einen Ackergaul vor den Karren – hier saß er gebückt und übersetzte, er, der zwölfjährig sechs Sprachen beherrschte – da war es doch gut, war tröstlich, draußen die Mutter hantieren zu hören und den gleichmäßigen Verlauf häuslichen Lebens um sich zu spüren! Wie hätte er wohl sonst dies ausgehalten, dies Nachbauen großer systematischer Werke mit einem anders gefärbten Material, aber so, daß Stein um Stein sich deckte, daß ein Gebäude entstand, dem Vorbilde aufs Haar gleichend, in jedem Türmchen und Eckchen, in jedem Geräte der Einrichtung. Oh, dies beständige Hin- und Herblicken von Buch zu Buch, dies Vergleichen, dies Abwägen der Worte! Und was denn endlich vor ihm lag, war nichts Neues, war ewig wieder dasselbe, was schon einmal dastand. Indessen wußte er jetzt, daß es ein Hilfsmittel gab, solche Arbeit erträglich zu machen; es war eine rastlose geduldige Hingabe an die Genauigkeit und Buchstabentreue, an der er sich erbauen konnte, wie an der rechtwinkligen Aufstellung seiner Bücher und Geräte oder an dem tadellosen Anblick einer fertigen Manuskriptseite. Hier war er seiner selbst sicher, keinen Anfechtungen und Zufällen ausgesetzt wie beim Unterrichten der Geschwister oder der englischen Knaben in jener Schule, die er dreimal wöchentlich mit größter Überwindung betrat und mit dem Gefühl bitterster Demütigung wieder verließ, halb ohnmächtig von der Anstrengung, die ihn das Aufrechthalten seiner Würde, das Übersehen und Überhören des Spottes seiner Schüler und die reinliche Erfüllung seiner Pflicht kostete. Gleichzeitig war er von Hunger geschwächt, der ihn in diesen Jahren zu überfallen pflegte wie ein reißender Wolf, denn sein Körper streckte sich nun und befand sich in fortwährendem Aufruhr gegen die Lebensweise, der er unterworfen wurde. Dann führte ihn sein Heimweg an jener Bäckerstube vorüber – ach nein, er führte gar nicht daran vorüber, aber man konnte doch durch jene Straße gehen, wo sie sich befand, magisch anziehend mit dem stillen Glanz ihres Schaufensters, hinter dem die leckersten Apfel- und Fleischpastetchen lagen, während ein köstlicher warmer Duft nach frischem, buttrigem Gebäck das ganze Gebäude umwitterte. Er würde vorbeigehen, dies war ihm meist zwei Schritte von der verhängnisvollen Türe entfernt noch ganz klar; gewiß, er würde nicht erliegen, nicht einmal die Augen wollte er der Versuchung zuwenden. Ach, warum war er überhaupt durch diese Straße gegangen? Und welche Gewalt war es, die ihn dann hinriß, eine scharfe Biegung auf die Türe zu zu machen und sie aufzustoßen? Manchmal gelang es ihm, vorüberzukommen, aber nach zehn Schritten kehrte er dann um und lief beinahe zurück, mit wässerndem Munde und die Faust in der Tasche um ein armes kleines Geldstück geballt; manchmal auch ging er rasch, aufrecht, mit trotzig vorgeschobener Unterlippe auf den Laden zu, und das meist, wenn er gar kein Geld hatte und darauf rechnete, daß die Bäckersfrau ihm auf den Namen und Stand seines Vaters hin Kredit geben würde. Hierauf konnte er es kaum erwarten, den stillen Heckenweg zu erreichen, wo er die Tüte öffnen und hastig und gierig über die Kuchen herfallen konnte, die er verschlang, ohne recht zu kauen, atemlos, während ihm Tränen aus den Augen liefen und er nur den letzten mit zögernder Andacht verzehrte. Da nun der Hunger gestillt war, überkam ihn die schrecklichste Reue, wie er dermaßen habe schwelgen können, ohne der Mutter und den Geschwistern – nicht allen, aber Friederiken etwa, der zweiten Schwester, die er liebte – etwas abzugeben; er schämte sich fast zu Tode und mußte sich doch von Zeit zu Zeit noch den Mund lecken, indem er langsam nach Hause ging. Diese Sündenfälle wiederholten sich zu seiner Verzweiflung immer wieder, und sein Schuldkonto wuchs. Eines Tages ereignete es sich, daß die dicke Bäckersfrau, nachdem sie eine Weile mit mürrischem Gesicht und angelecktem Daumen in ihrem Rechnungsbuch geblättert und mit der Stricknadel Zahlen zusammengezählt hatte, sich unter ihrer Haube kraute und erklärte: «You must pay me first, Master!» und wenn nicht anders, müsse sie sich an den Herrn Vater halten. Worauf sie das Buch zuklappte und hinter George drein die Nadeln klirren ließ. Er schlich mit hängenden Armen aus dem Dufte der Pastetchen, von so viel Härte wie von einem Schlag ins Gesicht getroffen, einer Härte, die er im Grunde als berechtigt anerkennen mußte; es hatte so kommen müssen, er hatte es ja genau gewußt und hatte doch wie ein Blinder darauf losgesteuert. Der Schweiß brach ihm aus, während er mit äußerer Fassung dahinging; er rang nach Atem und fühlte sich von körperlicher Angst durchrieselt. Hier ging er, ein Verworfener, ein Verschwender – «verbrachte sein Gut mit Prassen!» fiel ihm ein – und nun, in dem stillen Heckenweg, dem Zeugen so vieler Sünden, angelangt, rang er buchstäblich die Hände. Die Folgen seines Tuns waren ihm schrecklich klar, Zornesausbrüche und Schläge seitens des Vaters, stille Tränen der Mutter; dies alles aber war nicht so quälend wie die innere Überzeugung, es nicht besser verdient, die Erkenntnis, sich miserabel benommen zu haben, so, wie er es nie und nimmer von sich erwartet hatte, und daß andere nun Zeugen dieses Zusammenbruchs werden sollten! Er hatte nicht mehr gebetet seit jenem Tag auf der «Mütterchen Elisabeth», seit jenem betretenen «Du weißt es also noch nicht, mein Sohn» des Vaters; nicht etwa aus Prometheustrotz, sondern die Gewohnheit war von selber eingeschlafen, er hatte sich ihrer begeben aus einer Erschöpfung der Hoffnungskraft heraus, die einer schweren Erkrankung, einer seelischen Lähmung gleichkam. Jetzt in diesem Augenblick war zum erstenmal ein gespanntes Gefühl stark genug, das angestaute Eis zu durchbrechen, die innere Vergletscherung aufzutauen: er betete, er schrie und flehte stumm, aber heiß und stürmisch mit aufgehobenen Händen um Errettung, weniger vor der Strafe als vor der Demütigung; gelobte, zu einem jungen, blühenden Kirschbaum als einem Vertreter Gottes aufblickend, Selbstzucht, Reinheit, Enthaltsamkeit; geriet ins Schluchzen, umklammerte mit den Händen die eigene schmale, tobende Brust und lehnte an einem Zaun, um sich auszuweinen, jetzt schon erhört sich wähnend, einfach durch die Linderung, die er nach diesem Ausbruch im Herzen verspürte. Langsam nach Hause wandelnd, geriet er in eine sanfte, traumhafte Stimmung, empfand Vogelruf und Baumesblüte, lichtblauen, wolkendurchschimmerten Himmel und fächelnden Wind mit erstauntem Glück wie unerwartete Zärtlichkeit; fand, sich noch einmal ungern an den Grund seines Kummers erinnernd, daß er längst beschlossen habe, der Mutter alles zu beichten, und gab sich dann ganz einer neuen schwärmenden Seligkeit hin, die sein aufgepflügtes Herz hervorgehen ließ wie kindliche Saat. Er war schon in die Straße eingebogen, an deren Ende sein Ziel war, aber immer noch heiter und sorglos schreitend, von unbekanntem Leichtsinn getragen, versuchte er eine Pfütze zu überhüpfen, die er sonst wohl umwandelt hätte, und natürlich trat er hinein und blickte ein wenig bestürzt und ernüchtert nieder auf das schwerfällige linke Bein, dessen stramm sitzender grauer Strumpf mit Schmutzspritzern bedeckt war, während der stumpfe Schnallenschuh einen betrüblichen Gegensatz zu seinem blanken gepflegten Bruder darbot. Nachdenkend, ob es wohl gegeben sei, das Schnupftuch hier anzuwenden, durchzuckte es ihn plötzlich von den Augen zum Herzen, daß ihm das Blut einen Augenblick stockte: und aus dem Schlamm einer Wagenspur hob er mit bebenden Fingern auf, was golden dort blinkte, hielt es, lächelte verwirrt, zog nun wirklich das Schnupftuch, rieb und putzte; ging dabei weiter wie ein Schlafwandelnder, stand wieder still und starrte auf das kleine blanke Ding in seiner Hand, das nicht verschwand, sondern dalag und glänzte, sich erwärmte und sich ihm zum Eigentum gab. «O mein Gott», dachte er mit versagenden Worten, «wahr und wahrhaftig!» Es war eine Guinee. –

Da war er nun erhört, auf eine recht greifbare Art erhört, dermaßen erhört, daß ihm der Segen den Schädel fast einschlug und er sich zunächst gar nicht zu sammeln vermochte. Er dachte seltsamerweise zunächst an einen silbernen Fingernut, den die Schwester Friederike sich wünschte, und daß er ihn nun kaufen und ihr mitbringen könne, dachte an ein kleines ausgezeichnetes Federmesser für sich selbst, dessen er entschieden bedurfte, und dazwischen natürlich immer wieder an die Bezahlung jener Schulden, aber gar nicht so, als habe der Himmel ihm dies Goldstück nur eigens zur Errettung aus dieser Not und in Beantwortung seines Hilfegeschreis in den Schoß geworfen. Er empfand dunkel sein Mißverhältnis zwischen dem Rausch gelösten Gefühls von vorhin und dieser glatten Erledigung aller Schwierigkeiten; ja, er war beinahe geneigt, diesen Fund für einen glücklichen Zufall und nichts anderes zu halten, denn er hatte seine Erhörung dahin, sie hatte einzig in der wundervollen Erleichterung seines Herzens nach dem Gebet gelegen. Wenn er nun betroffen innerlich Dank stammelte, so geschah es keineswegs mit dem Jubel des von Gott mit Gnade Überschütteten, sondern pflichtschuldigst. Ein leiser Widerschein der ersten Seligkeit kehrte zurück, als er Friederiken sein Geschenk überreichte und das Aufleuchten ihrer Augen sah; übrigens geschah dies heimlich vor den anderen und selbst vor der Mutter. Er vertraute der Schwester sein ganzes Erlebnis an, sah auf ihrem beglückten kleinen Gesicht alle Schattierungen des Mitleids und des Staunens wechseln, wurde von ihr gestreichelt und sogar ganz schüchtern geküßt und empfand männliche Rührung, teils über sich selbst, teils über den Eindruck, den er hervorrief. Mit diesem Tage war in seiner Brust etwas gelockert, er gab sich von nun an gern solchen Rührungen hin und suchte sie sogar auf; er betete, rein um des Betens willen, und war oft recht untröstlich unglücklich, ohne zu wissen warum. Viel Zeit zu solchen Ergriffenheiten hatte er nicht, so vertrieb er sich des Abends im Bett die Zeit mit ihnen, wie einst mit den grausigen Spielereien, die das Labyrinth betrafen, an die er jetzt gewissermaßen anknüpfte, indem er sich *Gott* in den Mittelpunkt der Irrgänge gebannt vorstellte und *seine* Stimme dort hörte, nicht schaurig rollend, wie die des Minotauros, sondern stark, schwingend und summend, in einer Harmonie, deren Süße ihm den Brustkasten vibrieren ließ. Sich zu ihm *hinzubeten*, das war's, was es jetzt galt, und er betete zielvoll, inbrünstig, bis zum körperlichen Taumel, bis zur Betäubung. Friederike ward mit in diese Ekstasen hineingerissen, nur, daß es ihr oft schwer fiel, zu warten, bis das gesunde laute Atmen von Sophie und dem Bruder Karl verriet, daß diese beiden, einer Teilnahme an dem Geheimnis nicht Gewürdigten, eingeschlafen waren: sie ward müde, die kleine Friederike, und gab keine Antwort mehr, wenn er endlich flüstern konnte: «Wachst du, Riekchen?» –

Beim Vater fand er keinerlei Nahrung für solche Übungen. Herr Forster hatte sich nun vollends gehäutet und wies nirgends mehr ein Kennzeichen des preußischen Predigers auf, wenn er sich schon stets nach dem Grundsatz richtete, daß ein Weltmann allezeit die Gefühle seiner Umgebung schonen müsse. Indessen ging ihm denn doch die Freiheit des Denkens über alles, (und nebenbei war der Zwang der regelmäßigen Lehrstunden im College wahrhaftig recht lästig!), und so hatte er sich bald mit dem Rektor Sullenham und dem Reverend Holliday, seinen unmittelbaren Vorgesetzten, gründlich überworfen. Fragen des naturwissenschaftlichen Unterrichts, welche die Herren in den wolligen Perücken auf biblischer Grundlage, Herr Forster indes im Sinne des Aufklärung behandelt haben wollte, gaben den Anlaß. Er zog sich aus dem College zurück, blieb jedoch trotzig in Warrington und begann eine freie Lehrtätigkeit, deren Aufblühen ihn hauptsächlich im Hinblick auf die Bekniffenheit des ehrwürdigen Holliday zu freuen schien, dessen Privatstunden nicht eben überlaufen waren. Daneben entfaltete er einen in der Tat unermüdlichen Eifer im Übersetzen von Reisebeschreibungen, und nacheinander schleppte er George mit sich nach Indien, an den Mississippi und nach Cumana in Südamerika, wobei der Knabe, hineingerissen in das rastlos arbeitende Räderwerk dieser brutalen geistigen Maschinerie, die keine Erschlaffung kannte und auch bei anderen nicht anerkannte, Handlangerdienste zu leisten hatte und diesem unerschrockenen Reisenden auf den Spuren von Kalm, Osbeck, Bossi und Löffling atemlos im Urwald der Vokabeln Bahn hieb. Es war wahr, der Vater war wieder von der stürmischen Tatkraft vergangener Jahre beseelt, und die Zeit der Gebrochenheit schien George ein peinlicher Traum zu sein, so völlig stand er von neuem unter dem Eindruck der Berechtigung der ungleichmäßigen, aber immer heftigen Lebensäußerungen seines Erzeugers, und war eins in dem Eifer stummer Botmäßigkeit mit der Mutter und den Geschwistern. Hingen sie nicht von ihm ab, säugte er sie nicht an seinem Busen wie der Riese im Märchen? Saßen sie nicht auf der Straße ohne ihn? «Nun – nicht wahr?» Majestätisches Augenrollen um den Tisch herum. Hinzufügung: «Auf der Straße hier im wildfremden Lande!» Also! Und somit gerechtfertigte Besitzergreifung der beiden letzten Hammelrippchen auf der Schüssel. «Du warst doch satt?» – zur Mutter gewandt. Aber wie sollte sie anders! Übrigens gab es zwei Persönlichkeiten im Hause, die bei solchen Gelegenheiten mürrisch wurden und ihre Verstimmung unverhohlen zur Schau trugen, die Schwester Sophie nämlich und den Bruder Karl. Ja, es war erstaunlich und unerhört, aber diese beiden widerstanden ihm mit Worten und Werken, und sonderbarerweise ernteten sie nicht nur weniger Kopfnüsse als die anderen

Kinder, sondern wurden gewissermaßen als ernst zu nehmende Gegner angesehen, über die er sich zuweilen heimlich bei Frau Justine beklagte. Fieken, ja, das war ein ganz gefährliches Kind, egoistisch und obstinat nannte er sie, und der kleine Karl war gefräßig und futterneidisch, war so etwas wohl erhört!? Hier habe die Edukation einzugreifen, sagte er vorwurfsvoll, und zog sich zurück, nachdem seine Frau demütig und erschrocken alles versprochen hatte. Nun hatte sie wieder ein paar Tage damit zu tun, daß sie die Kinder innerlich vor ihm verteidigte, mit der Frage: Woher hatten sie's denn, dies Wesen – etwa von ihr? Und welches andere von den Kindern war ihm so ähnlich wie Fieken? Sah er das nicht selbst, und konnte er sich in dem kleinen Karl nicht spiegeln? Doch hielt sie solche Gedanken für schwere Anfechtungen und fast schon für Übertretungen des sechsten Gebotes. Zu ihm aufsehend vergaß sie Heimweh, Unzufriedenheit und Ermüdung; er war der Herr und sie sehr schwach und unwürdig. Bitterkeit war Sünde; mein Gott, daß sie auch immer wieder da hinein verfiel! Und sie beugte sich über ihre Arbeit, sie schaffte von früh bis tief in die Nacht, die Kleinsten wärmten ihr Herz, Fieken unterstützte sie auf rauhe, aber tatkräftige Weise, mit George aber und Riekchen lächelte sie manchmal mitten unter Tags, als tauschten sie ein heimliches Zeichen. –

Sie fanden alle, daß es so hätte weitergehen können; wer das nicht fand, war Herr Forster. «Aber, meine Teure», sagte er, «hattest du wirklich angenommen? Du bist überrascht? Nun, in der Tat . . .» Er blickte wieder in den Brief, den ihm die Post gebracht hatte, lächelte abwesend und streichelte sein Kinn. Endlich nun, nach zwei Jahren, hielt Dalrymple Wort; er machte ihm den Vorschlag, ihn nach Ostindien zu begleiten – «Ostindien, George!» – auf eine Insel, ein Inselchen im heißen blauen Meer, Belangbangan hieß es, wo die Ostindische Companie, dies unvergleichliche Institut, unter seiner, Dalrymples, Leitung eine Niederlassung gründen wollte. Ohne erst Zeit mit dem Einziehen von Erkundigungen zu verlieren, brach Herr Forster seine Zelte ab, das heißt, er selbst eilte seiner Familie voran nach London und überließ es seiner Frau, den Umzug zu leiten, eine unendlich mühselige Unternehmung. George war von neuem von dem seltsamen Fieber ergriffen, das ihn damals in des Vaters erster Projektenzeit beherrscht hatte, zerrissen zwischen der Teilnahme für die Mutter und einer prickelnden Neugier auf das Kommende, der Spannung, Dalrymple wiederzusehen, und dem erlösenden Gefühl, daß eine Veränderung der Arbeits- und Lebensweise bevorstehe, wie er sie, halb unbewußt, ersehnt hatte. Als es sich nun herausstellte, daß dieses hastige Abbrechen gesicherter Beziehungen und der Familienaufbruch nach London ergebnislos gewesen waren wie ein Schlag ins Wasser; als es klar zutage trat, daß Herr Forster wieder einmal Anfragen für Versprechungen genommen hatte, daß er gewissen Ansprüchen nicht zu genügen schien

– hier war Intrige am Werk gewesen, man hatte ihn verleumdet, ihm einen windigen Scharlatan vorgezogen! – als die Familie gerade in der Stunde mit der hochbepackten Mail-coach durch das New Gate einfuhr, als Mr. Dalrymple in See stach und Herr Forster sozusagen ohnmächtig auf dem Themsekai tobte – da machte sich die Wucht wiederholter Erfahrung doch im Gemüte des Knaben geltend. Dunkel empfand er Glücksjägertum und den Mangel an Würde, den es voraussetzte; eine dumpfe Beschämung belastete ihn im Hinblick auf Dalrymple, von dem er sich ganz persönlich verachtet und verworfen vorkam. Der Vater mietete nun eine kleine Mansardenwohnung in Warwick Lane, und eine Zeit verzweifelter Bemühung um das tägliche Leben begann, um so bitterer empfunden, als da hinten in der lichten Frühsommerlandschaft Warrington mit seinem Häuschen und dem geliebten kleinen Stachelbeergarten lag, wie ein Paradies, dessen Pforten man mit frevelhaftem Leichtsinn hinter sich zugeschlagen hatte. Daß die Mutter und die älteren Schwestern für Geld Stickereien anfertigten, war quälend genug mit anzusehen; nun aber geriet der Vater auf den Gedanken, daß er, George, für seine Jahre mehr leisten könne, als er es am Schreibtisch zu tun vermöchte, daß – er sagte es sonderbar unumwunden – seine Kraft besser ausgemünzt werden müsse. Er kam auf den furchtbaren Gedanken und führte ihn ohne Zögern aus, George bei einem Kaufmann in die Lehre zu geben, einem Mann namens Hitch, der mit Tuchen handelte und sein äußerst respektables Geschäft in der innersten City nicht weit vom Temple hatte. Daß dies hieß, einem Zahnlosen Nüsse zu knacken geben, oder von einem Fisch zu verlangen, auf dem Trockenen zu leben, kam Herrn Forster nicht in den Sinn, als er eines Morgens den blassen Jungen mit der ihm eigenen Wichtigkeit seinem Chef vorstellte. Er hatte sich nicht darin verrechnet, daß George sein Bestes tun würde; oh, gewiß, er tat seine Pflicht, und, das grüne Tuch über dem Arm, lief er stundenlang kreuz und quer durch die tosende Stadt, eine arme kleine Ameise unter Millionen anderen, immer in der Gefahr, zerdrückt oder zertreten zu werden, sich in dem ungeheuren Gewirr der sich teuflisch gleichenden Gäßchen verirrend, sich abängstigend und der blutlosen Strenge seines graugekleideten Herrn gewärtig, wenn er zu spät kam . . . Einen beständigen Jammer in der Brust, eine Sehnsucht nach einem stillen Eckchen, nach seinem Tischchen in Warrington mit den Büchern und dem allerliebst geordneten Schreibgerät; Erinnerungen nachhängend, soweit sein erschöpftes Gehirn sie hervorbringen wollte, von der Wolga träumend und eingedenk des Janusch; später über Rechnungsabschlüssen, die er ausführen sollte, völlig versagend und mit puritanischer Ironie von Mr. Hitch Esqu. vernichtet – so brachte George die Tage dieses unglücklichen halben Jahres hin, während der Bruder Karl daheim an seiner Stelle Wörterbücher wälzte und den Vater unterstützte, wobei es allerdings weniger still und feierlich zuging als früher, denn Karl quittierte recht hörbar mit Brummen und Schreien über Tadel und Züchtigung. Zudem war in der Bücherei und unter den Manuskripten bald eine Unordnung eingerissen, die George ins Herz schnitt, wenn er abends müde und stumpf nach Hause kam. Um Weihnachten herum, nachdem er sich in dem fürchterlichen gelben Nebel draußen, den man fast kauen konnte und der seinen Lungen widerstand, als sollten sie Wasser einatmen, nachdem er sich also einen Husten geholt hatte, in Wahrheit einen bad cough, den Mr. Hitch schon allein des unmusikalischen Geräusches wegen mißbilligte, nahm ihn der Vater mit einem stoßweisen Entschluß aus dem Geschäft heraus, aus Gesundheitsrücksichten angeblich, im Grunde jedoch, weil er die Plage mit Karl satt hatte, der nun seinerseits in ein Kontor wanderte, wo er sich trotz seiner Jugend als bedeutend brauchbarer erwies als am Schreibtisch und als viel anstelliger als George. Dieser, an sein Tischchen zurückgekehrt, erschien dem König Minos zunächst als gänzlich verwahrlost, als völlig verblödet, so viel schien er verlernt zu haben; er wurde angeschrien, und das Pfeifenrohr fuchtelte ihm um den Kopf, ohne daß es mehr bewirkte, als daß er sich duckte und auch dies für Gewinn hielt. Endlich ward unter Gemurr die Erlaubnis erteilt, daß Frau Justine ihn für einige Tage pflegte; sie bettete ihn in ein Bett allein – sonst teilte er das Lager mit Karl – und erreichte es, daß er nach einer Woche Essens und Schlafens wieder lächelte und sprach. Denn dies beides schien ihm verlorengegangen zu sein, und eine Gewohnheit, tief und stöhnend aufzuseufzen, blieb ihm aus dieser Zeit körperlicher Frone zurück. Endlich wieder imstande, der alten Beschäftigung nachzugehen, erfüllte er seine Aufgabe zwar artig, sanft, liebenswürdig und außerordentlich akkurat und korrekt bis ins kleinste, aber doch etwa so, wie ein blindes Göpelpferd im Kreise geht. Zuweilen dachte er an seine erste Kindheit und verglich: es war alles wie einst, nur daß sie enger und ärmlicher wohnten, daß draußen die gewaltige Stadt toste und daß er die Mutter nun fast überragte, wenn er neben ihr stand. Als der bad cough und die Heiserkeit im Frühjahr endlich überstanden waren, hatte er eine tiefe Stimme bekommen. Er war nun in der Tat kein Kind mehr und hätte nicht mehr spielen mögen, selbst wenn er die Zeit dazu gehabt hätte; auch an jene Gebetsekstasen dachte er unbehaglich zurück, wie an etwas Unwürdiges. Er studierte, er las; er schrieb nach Diktat, er machte Auszüge, er übersetzte; sein Blick bekam etwas Gedecktes, als sehe er beständig gegen eine Wand. Die Zeit ging hin, er war siebzehn Jahre alt, und: «Georgie», sagte die Mutter eines Abends, als er sie am Arme durch Pall Mall führte und sie lächelnde von den Eigenschaften der Schlupfwespe unterhielt, ohne dem vorübergaukelnden bunten und eleganten Leben, ohne schönen Pferden oder strahlenden Frauen einen Blick zu schenken – «mein Georgie – *wann* wirst du jung werden?»

«Man lobt dich in der Stille, du mächtiger Herr Zebaoth», brummte Herr Forster mit pfiffigem Gesicht vor sich hin, indem er die Treppe emporstieg, sich haltlos einer Erinnerung an seinen Predigerberuf überlassend und durchaus nichts weiter ausdrücken wollend, als dies, daß es gut sei, Projekte für sich zu behalten, bis sie reif wären; unterirdisch zu wühlen, wie der Maulwurf. Er übersah dabei, daß der Maulwurf, ohne zu beabsichtigen, seine heimliche Tätigkeit doch nicht verbergen kann und daß eine Schwangerschaft, ob sie schon wesentlich im Dunkeln sich vollzieht, sich dem Auge aufdrängt. Somit war es für George und seine Mutter längst nur noch die Frage, *was* sich wohl vorbereite, wes Geschlechtes und Aussehens das Kind sein würde, dessen Geburt um so zweifelloser bevorstand, als Herr Forster immer schwangerer wurde, was sich in einer peinlichen Zerstreutheit und Unruhe, erhöhter Reizbarkeit und täglichen Ausgängen zeigte, von denen er äußerst nachdenklich zurückzukehren pflegte.

«Na, da staunt ihr?» sagte er herablassend, sah aber zugleich etwas verstimmt von einem zum anderen: denn die Familie zeigte sich viel weniger aus den Wolken gefallen, als er es zur Belohnung für seine lange Enthaltsamkeit erwartet hatte. Frau Justine nickte ergeben, als habe sie derartiges befürchtet; aber, mein Gott, nun gleich die Südsee, – wo lag sie doch nur? Und ihr Blick schweifte hilflos zu dem Globus hinüber, der auf dem Bücherbord stand. Herr Forster hielt seine Augen mit einem sonderbar strahlenden Ausdruck auf George gerichtet, der ihn freundlich und aufmerksam anblickte und sich nun auch erhob, um den Tisch herumkam, dem Vater die Hand küßte und herzlich sagte: «Welche Freude, teurer Papa!» aber mehr so, als freue er sich des Glückes eines anderen und nicht seines eigenen – dieses unglaublichen, dieses einzigartigen Glückes, daß er, in seinem siebzehnten Jahr und ohne weiteres Verdienst als jenes, das der Besitz eines außergewöhnlichen Vaters verlieh, mit eben diesem Vater den großen Kapitän Cook auf seiner zweiten Weltreise begleiten sollte. Dies, kein Projekt mehr, sondern handgreifliche Gewißheit, ein Ding, das sich von heut auf morgen aus der Puppe bloßer Pläne und Verträge in glanzvolle Wirklichkeit entfalten sollte, war's, was Herrn Forster berauschte und auf Flügeln trug, so daß er um zehn Jahre verjüngt einherschritt. Er widmete sich den Geschäften der Vorbereitung aufs liebenswürdigste, indem er anordnete, widerrief, Bücher, Instrumente, Arzneimittel und die überraschendsten Gegenstände, die er zur Reise für nötig hielt, aufhäufte, so daß es kaum noch menschenmöglich war, ein System der Ordnung hineinzubringen – George aber machte es möglich – und indem er vor allen Dingen in Begleitung von Karl in die Basare ging und von dem Geld, das ihm bereits zur Verfügung gestellt war, in unbedenklicher Großartigkeit Einkäufe machte an Wäsche, warmen Kleidern – dabei hatte man noch das russische Pelzwerk, fast neu und von

Frau Justine sorgfältig vor Motten geschützt; sie seufzte ein über das andere Mal – an Glashäfen und Herbarien und an Tabak, besonders an Tabak! Daß man sich in der Umgebung des Südpols aufhalten würde, wo es – erstaunlich, aber nicht zu bezweifeln – ebenso kalt war wie am Nordpol, wenn nicht gar kälter; daß man in der Südsee – diese aber war heiß, fast kochend! – von Insel zu Insel schlendern würde, der Menschenfresser gewärtig und ähnlicher Zufälle – dies bildete den Gesprächsstoff der nächsten Mahlzeiten, wozu Frau Justine ratlos und bange aussah, während George ihr aufmunternd zulächelte. Zudem ward immer wieder betont, daß es sich um jahrelange Abwesenheit handeln würde – jahrelang! – und mit den Schicksalen aller möglichen Seefahrer der letzten Jahrzehnte ward die Wahrscheinlichkeit, daß man überhaupt nicht wiederkehren würde, ausführlich in Betracht gezogen; ja, Herr Forster schwelgte förmlich in der Ausmalung aller Möglichkeiten eines martervollen Todes, etwa durch Verdursten in einem kleinen Boot inmitten einer unabsehbaren Wasserfläche – besonders qualvoll das, meine Liebe, man fühlt sich an Tantalus erinnert! Selbst ziemlich unberührt durch all diese Erwägungen, die er mit großen Augen und gerunzelter Stirn von sich gab, da sie ihm nicht mehr als eine gesunde Emotion der Phantasie bedeuteten, gelang es ihm doch, ohne es zu beabsichtigen, in George und seiner Mutter eine Stimmung von Abschied fürs Leben zu erzeugen, der sie sich am letzten Abend mit vielen Tränen überließen. Die Vorstellung, in diesem fremden Lande mit Karl als einziger männlicher Stütze zurückbleiben zu sollen, löste ähnliche Gefühle in Frau Justine aus wie die eines an morschem Seil über einem Abgrund Schwebenden, obgleich – papperlapapp! – für sie und die Kinder gesorgt war, vollauf gesorgt durch einen Teil der Reiseentschädigung, die die Regierung ihr in Gestalt einer Pension auszuzahlen angewiesen war. Also nochmals papperlapapp! Daß er nun einen Wechsel auf die Zukunft in der Tasche hatte, denn – gesetzt den Fall, man kehrte glücklich heim! – er würde durch die Beschreibung der Reise, die ihm übertragen, die seine ganz besondere Aufgabe war, Ruhmes, Reichtum und der Anwartschaft auf die größten europäischen Lehrstühle gewiß sein, das natürlich wurde wieder einmal nicht ins Auge gefaßt. Freilich – denn was das Motiv von Justines traurigen Gedankengängen bildete, was immer wiederkehrte, wenn sie stumm und ergeben zu ihm aufsah, der so prächtig, gesund und von Leben strotzend war und den sie doch liebte – wenn ihr Blick auf George ruhte, der so bleich und kränklich schien – dies Motiv, oh, wer wollte es ihr verdenken und wer verstand es nicht, daß es hieß: und gesetzt den Fall, ihr kehret nicht zurück . . .?

Das Schiff war ein Erdteil für sich. War ein Weltkörper, im Raume schwebend und blindlings Gesetzen folgend, die seinen Lauf von dem der Gestirne abhängig machten. War gleichzeitig – zusammengesetzt aus allen Stoffen der Erde bis zu ihrem feinsten, dem Menschenhirn – ein selbständiges Wesen, denkend und zielbewußt und von harter Entschlossenheit, seinem Namen gemäß: «The Resolution». War – ein Schiff! – weiblich, mit ausladendem Schoß und zärtlichem Schwung der Linien, von männlichem Geiste gelenkt und ihm dienstbar, Heimat diesem Geiste, wie die Insel dem Zugvogel im grenzenlosen All des Ozeans, wo Himmel und Wasser ineinander übergehen und oben nicht mehr von unten zu scheiden ist. War Zuflucht, Obdach, Mutterschoß und nährender Boden den Männern, die auf ihm zusammengedrängt ins Unbekannte fortgerissen wurden, ausgeliefert an Wind und Wogen, freiwillig ausgeliefert, hingegeben allen Gefahren und sie nutzend und meisternd, bis ans Äußerste ihrer Spannkraft geladen mit der Lust des Siegers, dauernd auf der Hut und des Todes gewärtig. Diese Männer – hundertundzwölf an der Zahl – und das Schiff waren in einem Verhältnis wie Mann und Weib von Anfang her. Es war ihnen Mutter und Geliebte, sie beteten es an und traten es mit Füßen, seine Schönheit war ihnen köstlich, sie schmeichelten ihm und sorgten für seinen Schmuck; aber sie machten kein Heiligtum aus ihm, nichts weniger als das, kein segelndes Kloster. Denn dafür haßten sie es ja, daß es ihnen diese Enthaltsamkeit auferlegte und sie an sich band wie mit Ketten, und dafür rächten sie sich in ihrer Art, daß bald kein Fleck auf ihm war, den der giftige Brodem ihrer unterdrückten Triebe nicht verpestete. Indes, das Schiff blieb, was es war, wundervoll sich wiegend und die Wellen im Spiele nehmend, lächelnd im Glanze der geschwellten, leuchtenden Takelage, sich unterwerfend scheinbar und dennoch herrschend, voll Unberechenbarkeit und dauernder Aufsicht bedürftig; aber auch gut, warm, schützend wie nichts auf der Welt. Es war so vorzüglich ausgerüstet wie nie zuvor ein Schiff gewesen war, es führte Proviant für Jahre, es hatte unendliche Fässer voll Sauerkohl, voll Maische und Orangenmarmelade, um seine Kinder vor Skorbut zu bewahren, es hatte Steinkohlen, um der Polarkälte – Sonnensegel, um dem stählernen Glanz des Tropenhimmels zu widerstehen; es hatte Ballen von wärmenden Kleidern und es hatte – wer durfte es bezweifeln – die großartigste Mannschaft, die untadeligsten Offiziere, den scharfsinnigsten Astronomen, den bewundernswertesten Maler, den vorzüglichsten Wundarzt. Es hatte – und dies war am wenigsten zu bezweifeln – den besten Kapitän seiner Zeit und schließlich: es hatte Reinhold Forster, hatte Forster und Sohn an Bord! War es ein Wunder, daß dieses Schiff den Ozean unter sich trat wie der heilige Georg jenen Lindwurm?

Es war natürlich kein Zweifel, daß jeder dieser hundertundzwölf Männer, aufwärts vom kleinsten Schiffsjungen bis zum Haupte des Ganzen, Kapitän Cook – oder war es Herr Forster? – das Schiff als *sein* Schiff betrachtete, als die Planke, die ausgerechnet *ihn* vom Tode trennte, als den Vorrat, der *ihn* vor dem Verhungern bewahrte, und nicht zuletzt galt jedem einzelnen die ganze übrige Besatzung als zwar einzig um seinetwillen vorhanden, aber auch als der unberechenbarste, am gefährlichsten zu behandelnde Teil seiner Reiseausrüstung, dessen man sich mit äußerster Vorsicht zu bedienen hatte. Wohl, man war aufeinander angewiesen; der Kapitän war nichts ohne die Mannschaft und die Mannschaft eine Enthauptete ohne ihn; der einzelne Mann brauchte die Kameraden wie die Finger einer Hand einander brauchen, und wären die Herren Gelehrten nicht an Bord gewesen, welchen Zweck hätte alsdann der ganze Aufwand von harter Arbeit und den Bergen von Guineen gehabt, die Billy, derKoch, sich und den übrigen Burschen als das Ergebnis mühsamer Berechnungen auszumalen liebte? Jedoch, war nicht zugleich einer des anderen bitterster Feind? Oh, nicht ausgesprochen, aber lag nicht solche Feindschaft in ihnen allen schon in der Knospe, bereit, geil auszuschlagen, sobald die Verhältnisse ihr günstig sein würden? Konnte man einander lieben, wenn man nicht Wochen, nicht Monate – nein, Jahre denselben engen Raum miteinander bewohnen sollte, ohne eine Möglichkeit, sich aus dem Wege zu gehen? So etwas in Betracht ziehen, hätte geheißen den Teufel an die Wand zu malen, und Kapitän Cook hätte die Möglichkeit solcher Menschlichkeiten auf einem seiner Schiffe nie zugegeben, schon weil er selbst innerlich so durchsichtig und reinlich arbeitete und so sachlich war wie nur einer von Mr. Wales', des Astronomen, vortrefflichen Chronometern; weil er außerdem vollständig davon überzeugt war – und mit einigem Recht überzeugt – die wichtigste und unantastbarste Person der Unternehmung zu sein und seine Macht mit einer Selbstverständlichkeit handhabte, die die Atmosphäre gesund erhielt und wohltuend wirkte – es sei denn auf Individuen, die die Ausdehnung dieser Machtbefugnis anzweifelten. Das fiel nun keinem ernstlich ein, außer Herrn Forster, dem leider eine Verwechslung Kapitän Cooks mit jenen wackeren Männern und Seebären unterlief, mit denen er bisher seine Erfahrungen gemacht hatte, dem Schipper Mandeweit ergötzlichen Andenkens und dem eskimopelzigen Väterchen mit den blanken Tranaugen, das sie sicher an Kattegatt und Skagerrak vorbei geleitet hatte. Herr Forster hatte – bedauerlicherweise! – von jeher Kapitän Cooks Erfolge, auf die ganz England stolz war, nicht ernst genommen und war mit der bewußten Absicht an Bord gegangen, «dem Burschen» für diesmal seine Anmaßung zu legen und es nicht zuzulassen, daß er ehrwürdige Gelehrte wieder um ihren verdienten Ruhm brächte. Er war also mit dem ihm nötig erscheinenden Nachdruck aufgetreten, und noch ehe man das Kap erreichte, hatte er es fertiggebracht, daß die Beobachtung des Verhältnisses zwischen ihm und dem Kapitän den anderen Herren ein Anlaß heiterer Spannung bildete, während George qualvoll darunter litt.

Bis zum Kap war die Reise einigermaßen abwechslungsreich gewesen; man hatte Madeira und die Kapverdischen Inseln angelaufen und erfreute sich überhaupt mit noch frischer Empfänglichkeit aller Eindrücke und des köstlichen Müßiggangs dieser beiden ersten träumerischen Monate, als man unter günstigem Wind an Afrika entlang segelte und nichts zu tun hatte, als die Seele der Verwunderung über die Grenzenlosigkeit der Erde zu überlassen, ähnlich wie damals, als man in der Kibitka durch das heilige Rußland schaukelte, das auch kein Ende nehmen wollte. Im Tagebuch wurde allerlei Ergötzliches vermerkt, Delphine und fliegende Fische, Wale, die auf der scharfen Linie des abendlichen Horizontes ihre Fontänen gegen den goldenen Himmel springen ließen, die großen Glocken der Quallen, durchsichtig wallend und in den zartesten Farben wechselnd, wie sie das Schiff tagsüber umgaben, und nachts die Wandlung des Meeres in eine geheimnisvoll bewegte bläuliche Glut, von langen weißen Blitzen durchwandert und funkensprühend, welches Phänomen Herr Forster aufgeregt prüfte und über seine Ursache mit Mr. Wales in einen Streit geriet. Als jedoch das Kap hinter ihnen lag und mit ihm für Jahre die letzte Berührung mit Europäertum, als von all den gefühlvollen Abschiedsfeiern und aufregenden Exkursionen ins Innere des Landes nichts geblieben war als eine greifbare Erinnerung in Gestalt des Doktor Sparrmann, eines dicken kleinen Schweden, der mit einer Hornbrille, einem Schmetterlingsnetz und einer Botanisiertrommel im letzten Augenblick an Bord gekommen war, «um einen kleinen Luftwechsel zu haben», wie er sagte; als es südwärts ging und immer noch südwärts, und dennoch mit jedem Abend der Wind eisiger blies und die Wellen verlassener brüllten, da begann das Gefühl des Abenteuers, des Losgelöstseins von aller Verantwortlichkeit – da begann die *Gefahr.* Nicht die Gefahr allein, die hinter den Eisbergen lauerte, die ihnen nun Tag und Nacht begegneten, gespenstisch aus dem Dunst hervorwachsend und mit bösem kalten Drohen vorübergleitend; nicht die Gefahr jener wölfischen Krankheit, gegen deren Überfall Kapitän Cook nicht genug Vorkehrungen treffen zu können meinte, zum Verdruß Herrn Forsters, denn diese Maßnahmen bestanden zum Teil in einem immer wiederholten Lüften der Schiffsräume und im täglichen Säubern des Fußbodens mit Strömen von Wasser, somit gab es fortwährend Zug und Glatteis – nein, nicht solche Gefahren allein. Es gab nun auf einmal kein England mehr, keine Heimat, keinen König, kein Gesetz. Hier regierten Winter und Meer, Gewalten, denen nicht zu gehorchen war, sondern denen man sich mit zusammengebissenen Zähnen entgegenwarf; sie waren unerträglich, äußerst widermenschlich. Hier herrschte also der Kampf, der Krieg, die beständige Schlacht: fortwährende Todesgewißheit und darum das Bedürfnis, sich lebendig zu fühlen um jeden Preis. Daneben sank jedes Gefühl, das bisher in Fleisch und Blut übergegangen schien, in nichts zusammen, erwies sich als gedankenhaft blaß, ja als ein schlechter Scherz, wenn man es dem Hunger entgegenstellte. Oder war dies die große Prüfung, in der jeder zu beweisen hatte, inwieweit er gefeit war? War dies eine Zumutung des Schicksals, war dies etwa eine Gelegenheit, sich zum Geist zu bekennen? –

Petersburg! dachte George, wenn ihm des Morgens die Kälte ins Antlitz fletschte, und er lächelte innerlich verächtlich. Er kannte sie, diese Anläufe des Satans, und er war ihnen gewachsen. Ob sie ihm unangenehm war, die Kälte? Ob sie ihn in Nase und Ohren biß, seinen Hauch gefrieren machte, noch ehe er die Brust verlassen hatte, ob sie ihm Finger und Zehen fast zerbrach? Allerdings war sie ihm unangenehm, allerdings, allerdings! Aber wer merkte es ihm an? War denn den Matrosen etwas anzumerken, fror ihnen nicht die Haut ihrer Hände an den eisigen Trossen und Tauen fest und lachten sie nicht trotzdem bei ihrer Arbeit? War den Offizieren etwas anzumerken, dem kleinen Leutnant Bligh etwa, der seinen Dienst bei Tag und Nacht versah und nichts danach fragte, ob Eisnadeln in der Luft waren oder ob das Schiff durch die Finsternis sauste wie in einen gähnenden heulenden Schlund gezogen? Und endlich – der Kapitän! Sich vor dem Kapitän schwach zu zeigen, schien ein Ding der Unmöglichkeit. Cook widerstand dem Winter mit seinen eigenen Waffen; der ganze Mann schien eisig und kristallen, seine Art und Weise hatte etwas an sich, das durch Mark und Bein drang wie der Frost und darum sehr einprägsam, ganz unwiderstehlich war. Er war gleichmäßig, er war unerschütterlich, er hatte den Tag in der Gewalt, und es geschah nichts, was er nicht bis ins kleinste vorausbestimmt hatte. Die Luftströmungen strichen durch ihn hindurch, und seine Nerven bewegten sich, noch ehe sie davon erreicht waren: er ahnte Temperaturstürze voraus, er ließ Pelzwerk austeilen und bestellte schon am Morgen den steifen Grog, den es am Abend zu geben hatte, so daß die Mannschaft mehr den Eindruck einer Extraration als einer Vorbeugungsmaßregel hatte. Well, Jimmy was a smart fellow, jedoch blieb er unter allen Umständen ganz ausgesprochen und unantastbar der Herr, eisblaue Augen unter den blonden Brauen in dem rötlichen festen Gesicht und den Mund zu einer schönen schmalen Linie geschlossen. Er gab sehr knappe Befehle zum Besten der Besatzung und des Schiffes aus; indessen war das ganze Schiff so sauber und behaglich, war die Küche so abwechslungsreich und vorzüglich, als leite eine Mutter diese Angelegenheiten. Er selbst jedoch schlief in einer Hängematte wie der letzte Mann, und seine Kabine ward kaum je durchwärmt; er brüllte nicht nach Federbetten und Kohlenbecken wie gewisse andere Leute, o nein, aber er hatte auch keine große Achtung vor jenen anderen Leuten, das war klar. Schon darum war es ausgeschlossen, zu jenen anderen Leuten zu gehören, und daß er in einem so nahen verwandtschaftlichen und abhängigen Verhältnis zu ihnen stand, das war George oft außerordentlich schmerzlich und beschämend. Indessen konnte er es sich erleichtert eingestehen, daß niemand ihn für das paschahafte Auftreten seines Erzeugers verantwortlich machte, und wenn sie ihn «Lady George» nannten, so entbehrte das völlig eines höhnischen Beiklangs, und er wußte im stillen ganz gut, wußte es mit einem heimlichen verschmitzten Lächeln, daß er sich gern so nennen hörte, um der Schonung und leisen Zärtlichkeit willen, die in dieser Bezeichnung lagen. Die ersten Reisemonate hatten ihm merkwürdig wohlgetan, die paradiesische Zeit der Wolgareise schien morgenrötlich verjüngt zurückgekehrt zu sein, und nach den staubigen Jahren der Sklaverei und des Krummsitzens dehnte und breitete sein Körper sich nun unter dem weiten Himmel und dem beständigen Durchströmen der reinen feuchten Luft wie eine verkümmerte Pflanze, die endlich in bekömmliches Erdreich gesetzt ist. Die gute Ernährung und das Aufhören jeglichen Zwanges zur Tätigkeit taten das ihre dazu und das Wunder begab sich: George ward jung. Ja, der Äquator lag schon hinter ihnen, es war etwa auf der Höhe von St. Helena, als ihnen auf einmal die Augen darüber aufgingen, daß sie einen Knaben an Bord hatten, einen schlanken, hübschen Jungen voller Diensteifer und einer gewissen feurigen Bescheidenheit, besonders dem Kapitän gegenüber, mit einem Ausdruck schalkhaften Glücks in den guten, grauen Augen, wie ihn Gesundheit und heiter spielende Laune verleihen, und diese Entdeckung war um so überraschender für sie, als die meisten von ihnen sich nur an ein greises und mageres Männchen erinnerten, das in Plymouth mit Sr. Majestät Herrn Forster an Bord gekommen war, einen stubenfarbigen Jüngling von gedrücktem Aussehen und greisenhaftem Benehmen, mit dem der junge Forster jetzt nur die Blatternarben gemeinsam hatte, die ihm freilich geblieben waren. Möglich, daß der Kapitän die Veränderung beobachtet hatte, denn er hatte George von Anfang an bei Tisch neben sich gehabt und in einer sehr wortkargen aber zwingenden Manier für die Auffütterung des jungen Menschen Sorge getragen. Nun, da die anderen hinter den Erfolg dieser Bemühungen gekommen waren, als George vergnügt, plauderhaft und ausgelassen wurde, eine vom Himmel gefallene Unterhaltung für die ganze Messe, da schmunzelte dieser Kapitän und bekannte sein Wohlwollen ganz unumwunden. «Where is my lady?» pflegte er zu fragen, wenn er die Kajüte betrat, wo man sich zum Essen versammelte, und dann bot er George den Arm und führte ihn an seinen Platz, welches scherzhafte Auftreten ihm ein wenig fremdartig zu Gesicht stand, ungewohnt – aber immerhin, es stand ihm zu Gesicht.

Alles in allem, die Sache war die: George war auf einmal jung, weil hier niemand ihm etwas anderes zutraute, als was seine Jahre – sechzehn, siebzehn Jahre, in der Tat! – voraussetzten: holde Eselei, Traumverlorenheit, ein Kaulquappenschwänzchen, das heiter stimmen mochte, wenn es unversehens zum Vorschein kam, Verantwortungslosigkeit also, Jugend, Jugend, die alle diese hart arbeitenden oder gealterten Männer wie einen Luxusgegenstand empfanden, den sie selbst sich nicht leisten konnten, auf den sie aber um alles in der Welt nicht verzichten wollten, und den sie darum hier, wo er so einsam unter ihnen glänzte, mit einer gewissen Rührseligkeit betrachteten und ihn seiner Kostbarkeit gemäß behandelten. George war ein wenig in Verlegenheit gesetzt, fühlte sich dieser allgemeinen Nachsicht nicht recht gewachsen: wußten sie denn alle nicht, daß er, dem sie begegneten, als habe er bisher nur in Rosengärten gespielt, ein armes, gedrücktes Arbeitstier war, ein Sklave, ohne Anrecht auf Heiterkeit? Er ließ gelegentlich etwas von seinen Kenntnissen durchblicken; konnte man das alles wissen, ohne von Kindheit an im Joche der Gelehrsamkeit gegangen zu sein? Und wußten sie, was das zu bedeuten hatte? Oh, er wollte nicht täuschen und enttäuschen, den ganzen dunklen, ungeheuren Ernst, der sich in den letzten Jahren von seinem Herzen aus über sein ganzes Wesen ausgebreitet hatte, bot er auf, um sie von seiner wahren Natur zu überzeugen, aber er erreichte nichts, als daß sie ihn scherzend bewunderten und sein Wissen und Können nur als eine Folie zu betrachten schienen, von der seine übrige anmutige Unbeholfenheit sich um so reizvoller abhob; er konnte es sich nicht vorenthalten, daß irgendeine Wirkung von ihm ausging, für die bisher niemand empfänglich gewesen, deren Ursache ihm selbst unbekannt und die vielleicht bisher überhaupt gebunden gewesen war. So gab er denn nach und ließ sich gehen, und siehe da, es war leicht, es war angenehm, sich gehen zu lassen; es atmete sich freier, dünkte ihn, und so vielem Wohlwollen gegenüber kam die Tyrannis des Vaters nicht mehr zu ihrem alten Recht. Herr Forster war verstimmt und wußte selbst nicht warum; es war nichts auszusetzen an dem Knaben, er war, wenn möglich, aufmerksamer auf seine Wünsche als je. Indessen, indessen – nun, wer wollte sich das ganz klar machen – da war vielleicht auf einmal etwas wie freier Wille in dieser dienstbereiten Hingabe zu spüren, und damit eine Art von Überlegenheit, kaum wahrzunehmen allerdings, und nur für die gereizten Nervenstränge Herrn Forsters bemerkbar. Herr Forster, auf dem ungeheuren Ozean in einer Gesellschaft von Männern, die offensichtlich sich nicht im entferntesten des Glückes bewußt waren, ihn in ihrer Mitte zu haben, Herr Forster wurde etwas mürrisch und gelegentlich sogar sentimental, ohne damit den gewünschten Eindruck auf George zu erzielen. Er begab sich in Gefahr, jawohl; an einem windstillen, aber deshalb nicht weniger kalten Tage, als der Nebel, der das Schiff seit Wochen einschloß, in der Mittagsstunde zum erstenmal zurückgetreten war und die falsch und eisgrau glitzernde See in einem Umkreis von einer Meile etwa freigab, erzwang er es sich mit finsterer Erhabenheit, daß ein Boot für ihn herabgelassen wurde, um Jagd auf einige Pinguine zu machen, die auf einer unfern dahingleitenden Eisscholle ihr Wesen trieben. Cook zuckte die Achseln, und George war tief bekümmert; Herr Forster aber, ohne einen Menschen anzusehen, den Blick schwermütig ins Leere gerichtet, deutete mit sparsam sich öffnenden Lippen an, Pflicht sei Pflicht und: die Wissenschaft sei Opfer wert! Mit verkniffenem Gesicht stieg er die Strickleiter herab und wurde von zwei verdrießlich dreinschauenden Matrosen mit kräftigen Ruderschlägen auf die unbefangen erwartungsvollen Pinguine zugerudert, worauf eine unhörbare Stimme «Vorhang fällt!» zu diktieren schien und der Nebel sich eilig und lautlos wieder zusammenschloß, die Pinguine und das Boot mit dem tollkühnen Herrn Forster auslöschend. Man hörte es gleich darauf sehr schreien, konnte aber, obgleich man noch regungslos mit den Gesichtern in der Richtung des verschwundenen Bootes dastand, nicht feststellen, von welcher Seite der angstvolle Laut kam, ebensowenig wie das Flintengeböller, das sodann anhob. Kapitän Cook murmelte etwas, aus dem man mit Leichtigkeit: «Damned old fool!» hätte verstehen können. Nach einem Blick in Georges erblaßtes Gesicht jedoch beeilte er sich, Maßnahmen zu treffen, die die Fahrt des Schiffes auf die geringste Geschwindigkeit herabsetzten, und ließ auch seinerseits alle zwei Minuten Schüsse abfeuern, während er durch das Sprachrohr die ungeheuerlichsten Beleidigungen in den Nebel hinausschrie – natürlich an die beiden Matrosen gerichtet. Nach einer halben Stunde, die den machtlos Wartenden qualvoll lang geworden war – George lehnte mit dem Rücken am Hauptmast, keines Gedankens fähig als des einen: «Lieber Gott, errette ihn!» zugleich aber von einem bohrenden Zwang zur Selbstprüfung gepeinigt; wie, ja, *wie* wäre ihm eigentlich, wenn er nicht wiederkäme, der Vater?! – nach dieser halben Stunde, endlich, endlich, schrammte das Boot an der Schiffswand entlang und Herr Forster entstieg dem Nebel wie ein preislicher Vollmond. Oh, hatte man sich exaltiert? Er seinerseits hatte keinen Augenblick an der Einsicht des Himmels gezweifelt und, man sah es ja, hier war er, frisch und gesund. Es hatte niemand die Stirn, des Geschreis im Nebel zu gedenken, und man feierte den wiedergewonnenen Herrn Forster mit einem Extragrog, auf den er ja wohl freilich Anspruch hatte, seiner gefährdeten Gesundheit wegen. Kapitän Cook war viel zu froh, ohne Menschenverlust davongekommen zu sein, als daß er seinem Unmut weiter Luft gemacht hätte. Er begegnete Herrn Forster mit einem gewissen starren, grimmigen Lächeln, das dieser für eitel Wohlwollen nahm, und unter dem Einfluß des Spiritus liquor erschloß er sein Herz, legte dem Kapitän die Hand auf den Ärmel und war außerordentlich liebenswürdig zutraulich, so daß es schwer war, ihm zu widerstehen und für diesen Abend wenigstens der Anschein eines herzlichen Einvernehmens hervorgerufen wurde. Die fürchterlich-großartige Eintönigkeit der Polarreise war indessen nicht geeignet, einen Zustand inneren Einklanges aufrechtzuerhalten; zu gewaltig waren die Anforderungen, die diese erbarmungslos starrende Kälte an den Körper stellte, allzu fremdartig und übermenschlich die beständige Zumutung dieser Natur an den Geist. Es schien nicht zuträglich für das menschliche Gemüt, tagaus, tagein nur Eis zu sehen, Eisberge, Eisinseln, Eisfelder bis zum dunstigen Horizont, wo der Himmel weiß war vom Widerschein der kristallenen Massen – Massen in den Formen unwirklicher Traumgelände, Inseln voller Türme, zackiger Säulen und blauschimmernder Grotten, an denen die schäumenden Wellen sich brachen, belebt von dem sonderbaren, verzauberten Volke der Albatrosse und Mallemucken, und von blasenden Walfischen umschifft. Es schien nicht zuträglich, in dieser ungeheuren Welt zu hausen, ohne für sie geboren zu sein, sich mit einem empfindlichen, aber begrenzten Naturgefühl den Eindrücken dieser fabelhaften Sonnenuntergänge ausgesetzt zu sehen, die Saphir und Beryll ringsum mit einemmal golden und purpurn durchglühten und ein stummes Fest eisiger Glut begingen. Mit der Zeit schien sich nur einer als der Sache gewachsen zu erweisen, und das war der Kapitän, der einzig Wache unter einem Volke widerwillig Schlaftrunkener, der sich ihrer bediente, wie sich der Geist des Körpers bedient, und diese ganze mürrische, scheeläugige Menge mit seinem Willen im Genick hielt und bis in die äußersten Glieder mit schütternden Kraftströmen durchbebte. Sie hatten es alle satt und fragten sich, welcher Teufel sie geritten hatte, auf diesem verdammten Schiff bis ans Ende der Erde mitzugehen? Es gab keine wissenschaftliche Ausbeute, es gab keine malerischen Punkte; es gab tagaus, tagein die gleichen langweiligen Messungen und Aufzeichnungen mit erstarrten Fingern, und es gab für die Mannschaft verflucht harte Arbeit, ohne daß je eine Küste aus dem ewigen Milchnebel des Horizontes auftauchen wollte. Alle Hirne waren gelähmt von der Kälte, und die Gedanken kreisten einzig um die einfachsten Bedürfnisse: Essen – Schlaf – Wärme! Auch George erlag, unwillig und verzweifelt, aber er erlag seinem Körper; er nahm wahr, daß der Papa eine bemerkenswerte Gabe, sich vor der Unbill der Witterung zu schützen, an den Tag legte, und er ahmte ihm nach. Er ging eingewickelt bis zur Nasenspitze umher, er machte Gebrauch von den Wolljacken, Pelzwesten und Decken, die der Alte sich listig aus den Mannschaftsräumen zu verschaffen wußte, und baute sich, ebenfalls nach väterlichem Vorbild, in seiner Koje eine gepolsterte Höhle aus Federkissen und Decken, in die er sich verkroch, wenn keine Mahlzeit mit den daran anschließenden Spaziergängen auf Deck sein Erscheinen an der Öffentlichkeit erforderte. Sinnreiche Vorrichtungen zwangen Bücher und Schreibgeräte, auch bei bewegtem Seegang neben diesen Höhlen auszuhalten, und ebenso war eine Flasche bei der Hand, zur inneren Erwärmung, der auch das heiße Pfeifenrohr diente, das beständig aus dem Bettengebirge des Vaters herausqualmte und das zugleich mit den Grunz- und Räusperlauten der von Rum und Tabak mitgenommenen Kehle, mit gesättigtem Gestöhn zur Verdauungszeit oder ärgerlichem Gemurr bei schlecht arbeitendem Stoffwechsel und anderen Tönen tierischer Natur – entspringend dem Corpus materiale, dem elementarischen Leibe des Paracelsus! – Zeugnis ablegte von dem auch unter unbehaglichen Umständen ungebrochenen Fortbestehen seines kostbaren Aufbaus. Kein Zweifel, daß der Vater es verstand, sich auch unter diesen Verhältnissen sehr wohl zu fühlen, ja, daß die zigeunerhafte Ungebundenheit des Reisezustandes einem Zug seines Wesens entsprach, jenem Zug eben, für den George so empfindlich geworden war, seit er den Unterschied im Klang einer straff gespannten Saite, wie sie Mr. Dalrymple und Kapitän Cook für ihn darstellten, mit dem einer schlaffen vergleichen konnte und die inbrünstige Begierde kannte, selbst seine Pfeile von schwirrender Sehne mit reinem, starkem Ton zu versenden. Jedoch – wie hart, wie bitter schwer war dies! Wie unmöglich schien es durchzuführen ohne die Gunst eines gemäßigten Himmels über sich, ohne eine Schreibtischecke mit gut geordnetem Arbeitsgerät und dem unmerklichen wohltätigen Einfluß, den ein regelmäßig geleiteter Haushalt, weiterhin eine rastlos arbeitende Stadt und ein gelassen tätiges Staatswesen mit seinen großen, ruhigen Pulsschlägen auf den geistig Strebenden ausüben? Wie tief mußte einem das alles ins Geblüt gedrungen sein, ehe es als Halt zu entbehren war, ehe der Rhythmus des metallenen Pendelschlages der Pflicht im Leben des einzelnen selbsttätig und alleinherrschend geworden war, wie etwa in Kapitän Cook! Dieser Mann war stark genug, um hier, abertausend Meilen von Europa entfernt, inmitten einer ungeheuren Welt übermenschlicher, meerwälzender Gesetze, zwischen denen die hirnentstammte Moral hohnvoll zermalmt und vernichtet zu werden schien, neben denen es lächerlich, unnütz anmutete, sich aufstraffen, als mehr bestehen zu wollen, denn als Wassertropfen im Wüstenstaube – dieser Mann, Kapitän Cook, der Erforscher von Neufundland und der Besieger der Franzosen am Amazonenstrom, er *war* es imstande, *hier* England darzustellen und aufzutrumpfen. Nicht mit der Faust auf dem Tisch, nein, gelassen, stahlnervig, mit einem verächtlichen Zug zwischen Nasenflügeln und Mundwinkeln, der Kälte mit etwas begegnend, das mehr als Kälte war, mit schneidender Sachlichkeit, mit einem Körper, der es längst gewohnt war, in seinen natürlichen Äußerungen nicht bemerkt zu werden, der sich ganz und gar auf seine Pflicht zu beschränken hatte, dem Geist ein geschmeidiges Werkzeug zu sein. Einem Geist übrigens, der sich seiner selbst kaum bewußt und mit diesem seinem soldatisch straffen und spannkräftigen Körper zu einer kostbaren Einheit verschmolzen war, eines wertlos ohne das andere, wie Roß und Reiter. Wer unmittelbar unter seiner Befehlsgewalt stand, war nur ein Glied von ihm, konnte sich seinem Willen nicht entziehen, arbeitete, vielleicht mit meuterndem Unterbewußtsein, aber *arbeitete*, rastlos, pünktlich, mit verbissener Genauigkeit, ob auch die Haut der Handflächen am Tauwerk hängen blieb oder das Gesicht nur noch eine starre, gefühllose Maske schien. Wer nicht von ihm abhing, wie Patton, der Wundarzt, Wales, der Astronom, oder Sparrmann, der Schwede, nun, der fühlte wenigstens etwas wie einen unwiderstehlichen Zwang zur Selbstzucht von ihm ausgehen und wahrte den Anschein männlichen Gleichmuts, blieb gesellig, heiter, in irgendeiner Weise tätig, sei es auch nur beim schweigsamen Pikettspiel oder in endlosen Diskussionen über die Artung des Sonnenballs etwa, ein Thema, das Sparrmann durch die abenteuerlichsten Hypothesen schmackhaft für die Streitsucht des Pedanten Wales zu erhalten wußte. Selbst Hodges, der Maler, der den ganzen Tag zitterte wie ein geschorenes Lamm, er hielt sich aufrecht und zeichnete mit klammen Fingern Skizzen, wobei er Antarktis zu einem zweiten Arkadien umschuf, in dem freundlich hüpfende Pinguine eine Schäferrolle spielten. Einzig Herr Forster – George erlebte es täglich neu mit einem nagenden Gefühl der Beschämung – einzig der Vater entzog sich diesem Einfluß, ja, er schien ihn nicht einmal zu empfinden, so daß von einem bewußten Entziehen nicht die Rede sein konnte. Unbefangen sprach er die Erwartung aus, man werde ihm die Mahlzeiten in seiner Kajüte anrichten, falls «die Witterung einmal das Aufstehn unmöglich mache». Cook hatte hierfür nur ein eisiges «No, Sir!» gehabt und durchaus keine Aufmerksamkeit für Forsters schmollende Unterlippe oder die über den Tisch erfolgende vernehmliche Befragung Mr. Pattons nach den Anzeichen des Skorbuts. Ja, er, Forster, war drauf und dran, den Skorbut zu bekommen bei dieser Lebensweise, hatte ihn schon im Blut vermutlich, war doch selbst Mediziner genug, um zu sehen . . . Bedurfte also der Schonung, der besonderen Ernährung, he, nicht wahr? «Sehen Sie nur, Doktor!» und vorgebeugt entblößte er, bedenklich abwärts gerollten Auges, sein tadelloses bläulich rotes Zahnfleisch, mit dem Zeigefinger vorsichtig einen Eckzahn berührend, der augenscheinlich ein wenig wackelte – worauf Kapitän Cook unbeweglichen Gesichtes die Tafel aufhob. Da also in keiner Weise Rücksicht auf seine Wünsche genommen wurde, so erschien Forster von da an, solange das Schiff zwischen Eisschollen abenteuerte, zwar regelmäßig, aber wie die Verkörperung verletzter Würde bei Tisch, von höflicher Milde, aber – ein Dulder, ein Dulder! George kam und verschwand in seinem Gefolge wie ein trauriger Schatten, einer Hörigkeit jetzt wieder ganz und gar schmerzlich bewußt, die es ihm verbot, blank, straff, dem Kapitän ebenbürtig zu sein, und dabei nicht minder von der noch tiefer beschämenden, nur halb eingestandenen Erkenntnis durchdrungen, daß sein Körper – ach, es war doch immer noch ein armseliger, widerstandsunfähiger Körper, die Frische der ersten Reisemonate war erstaunlich schnell verbraucht worden! – daß sein Körper dankbar war, sich *nicht* stramm halten zu müssen, und daß er es nicht unbehaglich empfand, die Tage wie ein Höhlentier, hindämmernd, lesend oder schlafend zu verbringen, solange der Himmel so erbarmungslos war. Zudem nagte an *ihm* wirklich der Skorbut, wie an einem Teil der Mannschaft. Seine Beine waren angeschwollen, er war beständig von einer niederziehenden Schläfrigkeit befangen und sah aus trüben, dunkel umrandeten Augen um sich. «Lady George?» Nein, es wurde nicht mehr gesagt, es wurde nicht mehr mit ihm gescherzt; er war jetzt einer unter ihnen wie sie alle, kaum, daß der Kapitän je einen besonderen Gruß für ihn hatte. Nichts war natürlicher bei der allgemeinen geistigen Erschöpfung. Ihm jedoch schien es, als sei er wohlverdienter Nichtbeachtung anheimgefallen. Sie hatten nun eingesehen, daß er nicht der heitere Sonnenknabe war, für den sie ihn gehalten, daß er – nun eben, langweilig und staubig und ein wenig nichtswürdig sei. Nichtswürdig, gewiß. Aber auch traurig, sehr traurig! –

Als sie sich alle mehr oder weniger mit diesem trostlosen Zustand abgefunden hatten; als sie gerade im Begriff waren, sich einem Dasein schneeblinder Gedankenlosigkeit anzupassen; als ihnen, wie Patton behauptete, eine undurchlässige Fettschicht gewachsen war und sie Tran abzusondern begannen; als sie gleichgültig gegen die Kälte wurden und den Schmutz nicht mehr empfanden . . . Gut – als sie anfingen sich wohl zu fühlen, nichts mehr dagegen hatten, mochten sie denn am Skorbut verrecken, warum auch nicht – und in der Tat, unten im Mannschaftslogis lagen bereits zwei arme Kerle und verfaulten bei lebendigem Leibe – da plötzlich – in diesem Augenblick dumpfer Ergebung erlebten sie es, daß Gott gnädig war; ja, Gott war gnädig, oder war es eigentlich Kapitän Cook? Er rief sie zusammen, und nach einer stundenlangen angespannten Beratung, in der jedes Für und Wider der Möglichkeit, Land zu entdecken, peinlich erörtert wurde – Erörterungen, bei denen Cook sich allerdings von einer ganz überheblichen Versessenheit auf die Richtigkeit seiner Privatmutmaßungen erwies – beschloß man mit freudiger Einhelligkeit, für dieses Mal von der Sache abzulassen und den Kurs nordöstlich zu nehmen! Und das Meer öffnete sich, die Eisinseln blieben dahinten, und die Pinguine verschwanden böse kroaxend im Nebel . . . Wozu aber von den einzelnen Graden der Entzückung reden? Genüge es: man *war* entzückt, man lebte auf, man schmolz dahin. Am 17. März hörte George einen jungen irischen Matrosen bei der Arbeit singen. Er verstand kein Wort, aber er fühlte etwas seine Kehle beengen und ließ zwei Tränen über Bord fallen, von denen er meinte, sie müßten heiß genug gewesen sein, um die letzten schmutzigen Schollen zum Vergehen zu bringen. Ward auch die Hoffnung auf eine Landung in Vandiemensland durch widrige Winde zunichte gemacht, an einem Morgen brach der Horizont doch auseinander und «Land! Land!» hieß es – ja, «Land! Land!» wie in alten Seefahrergeschichten, und es fiel nicht auf, daß Herr Forster Mr. Hodges in die Arme schloß, denn sie waren alle sehr glücklich.

Die Männer, die da am 26. März 1773 vor Neuseeland Anker warfen, sie kamen aus Europa – dem gelehrten Europa des 18. Jahrhunderts. Verstehen wir es ganz: aus einem gemäßigten Klima, nicht nur im geographischen Sinn. Sie waren über das erste dumpfe, jubelnde Erstaunen des entdeckenden Menschen hinaus, hatten gelernt, Eindrücke zu beherrschen, einzuordnen, waren kaltblütig, gelassen, Diener einer jungfräulichen Wissenschaft, die imstande schien, mit lichtem Speer alle Nebel blöder Ignoranz und schnöden Aberglaubens zu zerteilen; einer Göttin überdies, in deren Umgang man vor Rückfällen ins Barbarentum gefeit war. Trockene, durchsichtige Helle, Kühle und Klarheit des vollendeten Frühlings, ein frostiger, nordischer Maitag von kristallener Bläue und unsagbarer, schneeiger Keuschheit des Blühens, dies war die Atmosphäre ihrer Geister, der ein gewisses, ungewolltes Nil admirari entsprach. Nein, sie waren nicht gewärtig erstaunlicher Dinge, was immer sich ihren Augen auch bieten sollte. Sie würden diese neue Welt und ihr ganzes strotzendes, verwirrendes Leben mit ungetrübten Blicken aufnehmen und einordnen, in Systeme einfügen oder für Unvorhergesehenes neue Systeme schaffen. Gerüstet, alles mit dem Verstande, diesem blanken, geschmeidigen Instrument, zu bewältigen, gab es im Grunde nichts Unvorhergesehenes für sie. Dennoch wurden sie überwältigt – dennoch! Wer hätte es vermutet?

Cook jedenfalls war nicht ahnungslos von dem, was der Besucher harrte, die zum erstenmal in die Südsee einfuhren, als die Felsenufer von Neuseeland hinter ihnen versanken und sie Anfang Juli durch einen furchtbar festlichen Tanz turmhoher, wandernder Wasserhosen den Kurs weiter nordöstlich nahmen. George, mit einer feinen Witterung für die Stimmungen des Gewaltigen begabt, merkte ihm etwas an – es war kaum der Rede wert, ein verschmitzter Zug um den Mund herum, das Zukneifen eines Auges, nur so ein Zucken im unteren Lid, aber genügend, um auf diesem gesammelten Gesicht wie ein Lächeln zu wirken. Dies beobachtete er beim Zusammensein während des Essens oder bei ähnlichen Gelegenheiten, wenn der eine oder der andere Äußerungen eines rätselhaften Behagens tat, das ihn urplötzlich überkommen hatte und durchaus nicht einzig als Folge des erholsamen Aufenthalts auf dem Eiland der Winde und Wasserfälle, in dessen feuchten Urwäldern voller Schlinggewächse und Farnkräuter man sich nach Herzenslust die Beine vertreten hatte, umrauscht von dem stehenden Gesang der Sturzbäche und unzähliger Drosseln; nicht allein neu belebt durch die veränderte Nahrung aus wildem, grünem Gemüse und frischen Fischen und Wasservögeln, von denen die Buchten gewimmelt hatten, und durch die Abwechslung köstlich erregender Jagdausflüge und ergiebiger Forscherfahrten! Nein, es war noch ein anderes, etwas, was erwachte, unter dem beständigen zärtlichen Fächeln des Südostpassats, vielleicht auch nur eine gewisse Einschläferung unter demselben warmen, holden Blasen, das mit süßem Harfensang im Takelwerk sauste. Hodges redete viel vom Mittelmeer, vom Gold von Neapel, und verlor sich in Träumereien über das Ewige Rom, denen niemand recht zuhörte, denn jeder war in seiner Art geschwätzig geworden, und der Mannschaft hatte sich eine geschäftige Aufregung bemächtigt, die sie ganz ohne Branntwein in bester Stimmung erhielt; waren doch einige unter ihnen, die schon Cooks erste Expedition mitgemacht hatten, die wußten, was sich von O'Tahiti erwarten ließ und die nicht darüber geschwiegen hatten. Der irische Leichtmatrose – er hieß Larry – sang und pfiff den ganzen Tag und immer diese «Rakes of Mallow»; George, bei dem sonst keine Melodie haften bleiben wollte, ertappte sich, wie er eines Tages etwas Ähnliches vor sich hin brummte, und Larry, der in seiner Nähe Logleinen aufrollte, grinste ihn wohlwollend an, indem er seine blanken breiten Zähne zeigte. Die Sache war die, daß zwischen George und Larry ein unbeschworenes Bündnis bestand, eine Art Anlächelverhältnis auf Gegenseitigkeit, ein stummes Einverständnis, begründet von Larrys Seite auf grenzenloser Bewunderung von Georges gelehrten Beschäftigungen des Schreibens und Lesens und seitens Georges auf der Erfahrung von Larrys eisernen Muskeln, die er auf einem Ausflug auf Neuseeland kennengelernt hatte, als er sich den Fuß verstaucht und der brave Bursche außer allerhand Gerät, Proviant und der gesamten Jagdbeute ihn selbst stundenlang nahezu geschleppt hatte. Seitdem fühlte er hier ein körperliches Vertrauen, eine uneingestandene heiße Dankbarkeit. Ja, Larry hatte für ihn gesorgt, hatte Geduld mit ihm gehabt, als die anderen alle vorausgingen und niemand sich um ihn kümmerte («Nimm dich ein wenig zusammen!» hatte der Vater gesagt), als es in dem fremden Wald so entsetzlich naß, dampfig und unheimlich gewesen war. Nun und weiter: Larry am Lagerfeuer, das er mit erstaunlicher Geschicklichkeit an den feuchtesten Tagen anzufachen verstand, unermüdlich in die Glut blasend und mit geröteten, rauchgebeizten Augen vergnügt blinzelnd; Larry, eine vorzügliche Löffelgans schmunzelnd am selbstgeschnitzten Spieß drehend; Larry, des Nachts unter dem notdürftig schützenden Zeltdach geruhig schlummernd wie in der Mutter Schoß, während George, unmäßig erregt durch diese lebendige, bewegte Finsternis, kühl durchschauert vom Nachtwind, namenlos bedrückt durch das unaufhörliche Rauschen der Gewässer, keinen Schlaf fand, ehe er sich nicht nah an den anderen gedrängt und den Kopf an Larrys Schulter gebettet hatte, oder auf Larrys Bein, gleichviel, dieser merkte ja nichts und atmete so stark und tröstlich, war so beruhigend durchwärmt wie ein großer, zottiger Hund . . .

So war Larry. Er hatte keine Auffassung für empfindsame Sonnenuntergänge, vermutlich. Aber als an jenem Abend Hodges an der Schulter von Mr. Forster schluchzte und stammelnd mit der Rechten nach Westen wies, während Mr. Forster gewaltig dastand, breitbeinig und die Arme verschränkt, die Glut des Himmels in unbeweglichen blanken Augäpfeln spiegelnd; als George verwirrt lächelnd unwillkürlich die Hand auf seine Brust legte, in der das Herz zu steigen begann wie im Rhythmus großer Gesänge . . . Mein Gott, wie ward ihm nur diesem aufgerissenen Himmel gegenüber, aus dem Purpur und Safran quoll und in den das Meer feierlich einströmte, das Schiff erklingend mit sich ziehend! Und da löste sich von der Topmastspitze ein schimmernder Vogel und strich ihnen mit hartem Sehnsuchtsschrei vorauf, die glatte, spiegelnde Dünung fast streifend, langschwänzig, edelsteinglühend . . . Well, da pfiff auch Larry anerkennend durch die Zähne. –

Am nächsten Morgen lag O'Tahiti vor ihnen, ein waldiger Inselberg, gekrönt von schaumigem Rosengewölk, einen sanften Strand voll winkender Palmen ins Meer sendend. Das Abenteuer der Inseln nahm seinen Anfang. –

Immerhin, man lieferte sich ihm nicht aus – immerhin, man bewahrte Haltung. Man blieb dessen eingedenk, blieb es ganz unwillkürlich, daß man einen Leibrock trug, eine Schoßweste und tuchene Hosen, lange Strümpfe und Schnallenschuhe, und zu allerunterst ein Hemde, kurzum, daß man bekleidet war; daß man das Haar in strammer Tracht gebändigt hielt, daß man es gewohnt war, auf Stühlen zu sitzen, sich beim Essen der Teller und der Bestecke zu bedienen; daß man eine christliche Moral und eine menschliche Gesittung hatte, die einen instand setzten, diese Wilden zu bemitleiden und zu belächeln; daß – kurzum, kurzum – man sein Europäertum besaß, diesen Schatz und Schutz, und es nicht nötig hatte, hier mehr zu sehen als etwa menschenähnliche Tiere von bemerkenswerter Geschicklichkeit. Aber da war eine Versuchung in ihnen allen, in der Knospe mitgebracht aus eben diesem wundervollen Europa und unterwegs erblüht und gereift, eine Versuchung, dies alles übellaunig zu verachten, zu verachten, weiß Gott, dies, daß man auf Stühlen saß und mit Gabeln aß, ein Jabot trug und es vermied, laut aufzustoßen. Sie hatten irgendwelche Bücher gelesen – Cook nicht, der natürlich nicht, aber doch Hodges, der Maler, Wales, der ein Schöngeist war, soweit die Betrachtung des Universums ihm Zeit dazu ließ, Forster, selbstverständlich, und sogar George – Bücher eines Franzosen, jenes Jean Jacques Rousseau, aus denen ein Niederschlag von Schwermut in ihren Adern lag, der nicht wohl fortzuschwemmen war, einer Schwermut, die ihnen den Blick geklärt hatte für die Windigkeit dieser ganzen sogenannten Zivilisation, und aus der sie ein Recht schöpften, sympathisch über die einfachen Zustände dieser Völker zu philosophieren – ja, sie zu beneiden. Dies zugestanden: trotzdem bewahrte man selbstverständlich Haltung und hatte vielleicht eine Hemmung mehr, sich jener sanften Gehirne und verlokkenden Körper allzu unbedenklich zu bedienen, hatte eine gewisse wehmütige Achtung vor ihnen, empfand einen Abstand, als von Brüdern, die am Sündenfall nicht teilgehabt hatten ...

Wie sie da an Bord gekommen waren, täppischzutraulich, gleich arglosen jungen Tieren, nackt bis auf das Lendentuch, mit dem bezaubernden Spiel der geschmeidigen Muskeln unter der mahagonibraunen mattglänzenden Haut, Augen und Nüstern in ständiger witternder Bewegung! «Tayo!» sagten sie lieblich und grinsten ganz unwiderstehlich. «Willkommen!» und sie bewegten einen Pisangschoß als grünen Friedenswimpel. Es war nahezu empörend, daß der Kapitän angesichts von so viel harmlosem Vertrauen kalten Blutes den Befehl ausgab, Gewehre mit scharfer Ladung bereit zu halten! Indessen erlebte es sich, daß, während Herr Forster zum Beispiel eben mit einem treuherzigen Burschen um ein paar Kokosnüsse handelte und ihm eine Schnur bunter Glasperlen verlockend vor der Nase tanzen ließ, daß ein anderer, ein ebenso treuherziger Bursche, gleichzeitig daran ging, ihm von hinten die blanken Knöpfe über den Rockschößen behutsam abzusägen, vermittels eines ganz kleinen, ganz scharfen Messerchens aus Feuerstein! O gewiß, er hatte dem königlichen Fremden nicht wehtun wollen, der königliche Fremde hatte es ja gar nicht merken sollen; gleich ihnen selbst unbewußt gereiften köstlichen kleinen Früchten hatten sie geerntet werden sollen, diese vortrefflichen blanken Korallchen von dem Rücken des Fremden ... Jedoch nun gab es ein zorniges Gebrüll und Herumfahren und etwas wie die Gebärde einer Ohrfeige ins Leere hinein, wobei die Glasperlen herumgeschleudert wurden und sonderbar schnell verschwanden, und der Ertrag dieses Erlebnisses bestand für Herrn Forster in dem Entschluß, nicht mehr ohne sein Meerrohr in der Hand mit diesem Volk zu verkehren, das nun freilich ganze Bootslasten voll köstlicher Früchte an Bord gebracht hatte, darunter eine safttriefende Apfelart von ananasähnlichem Geschmack – das aber der Ansicht schien, alles bewegliche Gut stünde zu allgemeinster Besitzergreifung frei, und daß das meiste auch wert wäre, mitgenommen zu werden. Als der Kapitän nach Sonnenuntergang einige blinde Schüsse abfeuern ließ und damit das Verdeck in kürzester Frist von den anhänglichen Gästen gesäubert hatte, da hatten auch die gefühlvollsten Herzen nichts mehr gegen die Maßregel einzuwenden. George sah ihnen nach, wie sie in den schnellen flachen Booten zwischen den Riffen hindurchkreuzten, lärmend und glückselig ihrem Eiland zufahrend, das geheimnisvoll dunkelnd unter dem türkisblauen, grün und golden getönten Himmel lag. Düfte wehten von dort herüber, und eine wunderliche Sehnsucht, an Land zu gehen, durchströmte ihn magnetisch, so daß er die Arme auseinanderwarf und sich reckte und schüttelte, nur um diesen bezaubernden körperlichen Drang zugleich zu genießen und sich seiner zu entledigen. Indessen war ein gewaltiges Treiben an Bord, um die Spuren des Besuches zu vertilgen; ganze Haufen von goldenen Äpfeln und Bananen wurden zusammengefegt, und den bloßbeinigen Kerlen lief der Saft vom Munde, während doch allgemeine zornige Erregung darüber herrschte, daß die Bande kein Fleisch, kein Schweinefleisch mitgebracht hatte. Denn nach frischem Fleisch waren sie lüstern wie die Raubtiere geworden, ihre Zähne juckten danach; und was hatte ihnen Billy, der Koch, soviel von den Tahitaner Schweinchen erzählen müssen, die so zarten rosigen Speck hätten und deren Schinken auf der Zunge zerschmölzen wie junge Grasbutter und schmeckten – nun, etwa nach Haselnuß! Es erübrigt sich, der Vergleiche zu gedenken, die Billy von hier zu der weiblichen Jugend von Tahiti gezogen hatte. Jedenfalls war Jan Maat alles andere als beseligt von dem bloßen Anblick der Insel, als zufrieden mit frischem Obst, von dem man Koliken bekam – was denn sonst? Er stierte gefährlich landeinwärts, er murrte; die ganze Nacht über war das Volkslogis unruhig wie ein Bienenstock vor dem Schwärmen, und Cook, der die zweite Wache selbst übernommen hatte, kniff die Lippen schmäler zusammen als je. Jedoch geschah es, daß George, als er mitten in der Nacht von seiner seltsam seligen Unruhe geweckt, wach lag, ihn flöten hörte; es hätte vielleicht niemand außer ihm vermutet, daß dies Captain Cooks Odem sei, der da unter den dunstig verschleierten Sternen der Südsee so süß und glasklar sang, wie daheim eine Grasmükke im Gesträuch, aber er kannte es, er hatte es zuweilen – abgerissen – gehört, als eine Lebensäußerung des Gestrengen, die niemand zu beachten pflegte. Und jetzt lag er, hingegeben an die großen stillen Bewegungen des Schiffes, das sanft am Anker zerrte, lag und spürte etwas Fremdes, Beglückendes in der Luft, meinte ein Rauschen zu vernehmen, nicht von Wogen, sondern von vollen Baumwipfeln im Morgenwind, durchrieselt von diesem in sich selbst gekehrten Getön; lag und lächelte ins Dunkel und schlief wieder ein. Am nächsten Morgen erlangte man auch Schweinchen, soviel das Herz nur begehren konnte, erlangte sie von König Aheatua, der die Fremden, im Kreise seiner fetten Vasallen sitzend, mit furchtsamen Blicken empfing. Er trug einen blendendweißen Schurz, sonst war er nackt und rührend in irgend etwas, durch eine sanfte Schönheit, vielleicht dadurch, daß seine Haut heller war als die seiner Untertanen, daß sein langes Haar nicht gekräuselt, sondern schlicht und lichtbraun war, an den Spitzen bernsteinfarben. Ja, er rührte ungemein, und wahrscheinlich, weil er sich so offensichtlich fürchtete, nicht nur vor den Europäern mit ihren schwarzen Lederfüßen und dicken Tuchröcken, mit ihren rötlichen Gesichtern und harten hellen Augen; er fürchtete sich entschieden auch vor den nackten fetten braunen Männern seiner Umgebung, die doch so demütig waren und die Schultern in seiner Gegenwart entblößten ... König Aheatua war sehr jung, fast ein Knabe noch. Es gelang Cook, ihn zu veranlassen, von seinem Thron zu steigen und die Fremden an einen Ort zu begleiten, von wo aus er die «Resolution» liegen sehen konnte. Dies versetzte ihn augenblicks in eine ausgesprochen sprühende Laune, die sich durch eine unnachahmliche Albernheit kundgab. Sie wurde durch das Geschenk einer kleinen Axt ins Groteske gesteigert, und Seine Majestät gaben sich nun mit dem Ausdruck eines zufriedenen Kaninchens der Beschäftigung hin, Gestrüpp in kleine Stücke zu zerhacken, wobei ihm seine Umgebung ernsthaft, neugierig und ersichtlich nicht ganz neidlos zur Seite stand. Dann begann ein schottischer Matrose auf Cooks Befehl den Dudelsack zu spielen; König Aheatua horchte entzückt auf, sicherte die Axt, indem er sich darauf setzte, sehr zum Mißvergnügen seines ersten Ministers Tuahau, der vergeblich versuchte, den begehrten Gegenstand unter der königlichen Basis hervorzuzupfen (er wurde angefaucht und bekam einen Tatzenhieb über die Finger) und lauschte hingerissen, die Augen schließend und den Oberkörper hin und her wiegend. Der Doktor Sparrmann fühlte sich bewogen, einen nachdenklichen Vergleich zwischen diesem Monarchen und dem unter so düsteren Umständen verstorbenen Gemahl der großen Katharina, dem Großfürsten Peter, zu ziehen; hatte jener nicht ähnliche Liebhabereien gehabt und einem Knaben mehr geglichen als einem Mann? Dies gab den Anlaß zu einem äußerst angeregten Disput darüber, was einem Barbarenfürsten *noch* erlaubt sei und einem europäischen Herrscher *nicht mehr*; somit war die ganze Gesellschaft von dem Ergebnis dieses Audienzmorgens sehr befriedigt, Cook von seinem diplomatischen Erfolg, denn er hatte nun für sich und die Besatzung die Erlaubnis freier Bewegung auf der ganzen Insel, die Herren Gelehrten von ihren höchst geistreich zugespitzen Beobachtungen und die Matrosen – nun, ohne Zweifel von der Aussicht auf Schweinebraten. Zudem war man hinter das Geheimnis gekommen, weshalb ihnen gestern die Schweine verweigert worden waren und wer jener rätselhafte Peppe sei, von dem die Eingeborenen gefabelt hatten: ja, *Peppe* hatte es dem König verboten, Schweine zu verschenken, und Peppe war sehr mächtig, hatte ein ebenso großes, ein ebenso wildes Schiff wie Captain Cook. Nur, er hatte es eben einmal fortgeschickt, dies Schiff, und ... Heute stellte es sich heraus: Peppe war ein zottiges, tierisches Geschöpf, das demütig herbeikroch, als es die Fremden so wohl empfangen sah; Peppe war im Kerne seines Schmutzes ein ehemaliger spanischer Matrose, von irgendeiner Expedition auf der Insel zurückgelassen, vielleicht von der Mannschaft des «Gros Ventre», der vor Jahresfrist in diesen Gewässern sein Wesen gehabt hatte. Er selbst schien nicht imstande, Auskunft über sich zu erteilen, war aber außerordentlich bereit, den Fremdenführer für die Matrosen zu machen, und etliche vertrauten sich ihm an, seine Erfahrung witternd. Georges Blick folgte ihnen nachdenklich: da ging auch Larry hin, nachdem er eine Weile gezaudert hatte, hin ging er mit zur Schau getragener Gleichgültigkeit im Schlenderschritt, die Hände in den Gurt geschoben, auf den Lippen die ewigen «Rakes of Mallow», und sandte noch einen schiefen Blick zurück zu George, indem er das rechte Auge zukniff. Hierauf warf er plötzlich den Kopf auf, legte die Ellbogen an und setzte sich in einen wilden Trab, um die Kameraden einzuholen; seine starken nackten Beine flogen auf und nieder, und jetzt machte er einen Luftsprung und schlug den langen Ben auf die Schulter. Da ging er also hin, und George brauchte sich keinen Grübeleien darüber hinzugeben, *wohin*; er war ganz unterrichtet, denn diese Dinge waren oft genug berührt worden: sie gingen zu Mädchen, Tänzerinnen etwa, um sich zu belustigen. Dies – so hatte George aus den Gesprächen der Herren entnommen – war nicht mehr als ihr gutes Recht und also gar nicht verwunderlich. Die Frage war nur, ob es auch ihn, George, belustigen könnte, Larry zu begleiten, und in der Unlösbarkeit dieser Frage lag eine leise Beunruhigung, etwas wie ein Grund zur Traurigkeit. Schließlich, er gehörte nicht zu Larry, sondern zum Vater und den übrigen Herren, und diese, dachten sie auch wohl im entferntesten daran, zu gehen, um sich zu belustigen? Besprachen sie nicht wissenschaftliche Fragen, waren so angeregt wie nur je, übertrumpften sich mit Schlagworten, waren witzig, lärmend, ausgelassen, strotzend von Geist? Und George ging langsam hinterher, den Blick von Wundern überfüllt, geblendet von Blatt- und Blumenformen, wie sie leidenschaftlich üppig ausgeprägt, aufgetan und von Frucht und Samen überquellend waren, von den Farben der Blüten, des Himmels, des Meeres und der Wälder, dem innersten Blute der Erde unter dünner bebender Decke scheinend. Er ging dahin, diese ganze Welt stand um ihn in der nackten, ruhigen Majestät ihrer unablässigen Fruchtbarkeit und zog ihr heißes Licht zusammen in der Gestalt eines jungen Weibes, das im Schatten eines ungeheuren Brotfruchtbaumes vor ihrer Hütte saß und an einer Matte flocht, die schlanken Beine gekreuzt, die feuchten Tieraugen zwischen den feuerroten Blumen an ihren Schläfen lächelnd zu den Fremden aufgeschlagen; er ging hindurch, mit bebenden Knien, beklommen glücklich, aber verwirrt und in sich selbst vergeblich nach einem Maßstab suchend, nach einer Möglichkeit, sich diesem allem anzupassen ... Anders Herr Forster. Er war lärmend glücklich. Alle paar Schritte blieb er stehen, breitete die Arme aus und sang die Landschaft an in haltlosen Deklamationen, die sein Busen nicht länger bemeistern konnte. Dies hier, dies war die Luft, in der es sich atmen ließ! Hier Mensch zu sein, wie unbeschreiblich selig! Und er machte ergriffen halt vor einer Gruppe, die vor einer anderen stattlichen Hütte am Boden saß und als Mittelpunkt einen großen Mann hatte, der wie eine sanfte Hügellandschaft gediegener Fleischmassen voller Fetthöcker, Wülste und Grübchen auf einer Matte lagerte, das schwerwuchtende Haupt sinnreich gestützt und schläfrig in das Blätterdach des Pisangs blinzelnd, während eine größtenteils weibliche Dienerschaft emsig damit beschäftig war, ihm mit Palmwedeln die tanzenden Insekten abzuwehren und ihm Kühlung zuzufächeln, ihm die Fußsohlen zu kratzen und ihm Nahrung in sein breites Maul zu schieben, an der er lange und träge kaute, bisweilen auch in dieser Beschäftigung minutenlang innehaltend. Die Fremden beachtete er mit keinem Blick, jedoch wurden ihm auf einen Wink seines Zeigefingers alsbald einige frische Blumen in sein filziges Haar geschoben, und er bettete seine schwammigen Hände, an denen ungemein lange gebogene Nägel glänzten wie ein Adelsschild, recht sichtbar auf seinen Magen. Lange Nägel, bemerkte Cook im Weitergehen, gälten hier als ein Ausweis der Vornehmheit und des Reichtums; die Hand, die sich mit langen Nägeln schmückt, besitzt Hände, die für sie arbeiten . . . Ein neuer Anlaß, die bedeutendsten Vergleiche zwischen heimischen und hiesigen Verhältnissen zu ziehen, ein Gespräch, an dem Herr Forster sich lebhaftest beteiligte, das Meerrohr auf dem Rücken haltend und Europens Vergeistigung preisend. Indessen, plötzlich brach es aus ihm hervor, er legte die Hand auf seine Mitte, sah begeistert um sich und rief nicht ohne Treuherzigkeit aus: «Meine Freunde – etwas – etwas hat es doch für sich!» Setzte aber gleich darauf abschwächend mit leichter Beschämung hinzu: «Gewinnt der Geist nicht, wenn einem die Nahrung so gleichsam ins Maul wächst?» Eine Frage, die nur der sanftmütige Hodges mit schwimmenden Augen rückhaltlos bejahte.

«Sieh, mein Sohn, dies ist's, was mir lebenslänglich gefehlt hat!» bekannte Herr Forster George einen Abend später, als sie in der Matavi-Bucht Groß-Tahiti gegenüber vor Anker lagen, von einem unüberwindlichen Drang nach Mitteilung übermocht. Die Nacht war unfaßbar schön, bläulich vom Mondlicht, in dem der starke Silberschein der Sterne matt ward. Eine Perlenschnur kleiner roter Feuer glimmte im Halbkreis am Strande um die Bucht herum und von dorther kam Freudengetön, fremdartig, schrill und eintönig, und wiederum heimatlich vertraut, vom Dudelsack begleitet. Sogar ein deutsches Lied kam herüber; George lauschte bestürzt, und Mareiken, die Magd, stand plötzlich vor seiner Seele, am Herde sitzend und das Spinnrad tretend, dazu – langgezogen, klagend – «Anke von Tharau ist's, die mir gefällt . . .»

Freilich, dies war der Matrose Friesleben, ein Deutscher. Also nichts Wunderbares. Nur, daß er für gewöhnlich nicht sang . . .

«Was mir lebenslänglich gefehlt hat», fuhr der Vater fort, und es war ein Schwanken in seiner Stimme, daß George aufhorchte und versuchte, in dem ungewissen Licht den Ausdruck seines Gesichtes zu erkennen; er nahm aber nicht mehr wahr, als eine empfindsame Seitenneigung des umfangreichen Hauptes, denn Herrn Forsters Antlitz war beschattet. «Dies, teurer George – der natürliche Überfluß der Erde! Denn siehst du, ich bin eine armselige Kreatur, laß es mich nur aussprechen, denn ich bin mir dessen wohl bewußt; eine armselige, eine Kreatur, die viel für ihres Leibes Notdurft braucht.» Herr Forster schnaufte ein wenig und griff nach einer Banane; eine Riesentraube lag neben ihnen auf Deck wie ein mattgolden leuchtendes Schuppentier.

«Es ist mir», fuhr er bekümmert fort, während er der Frucht behend ihren weichen duftenden Pelz abstreifte, «es ist mir immer unmöglich gewesen, geistig zu arbeiten, wenn ich nicht satt war. Daß ich mich aber immer so plagen mußte, um satt zu werden, siehst du, George, das hat mir so viel Zeit genommen und hat mich aufgerieben, George – aufgerieben, aufgerieben – wenn man es mir auch nicht anmerkt. Und nun hier, mein Sohn – ach ja!» Er legte eine schwere heiße Hand auf Georges Schulter und nickte nachdrücklich. «Hier sollten deine Mutter und deine Geschwister bei uns sein, wir sollten eine geräumige Hütte bewohnen, uns von Früchten, Fischfang und Jagd ernähren und ihr solltet sehen, was ihr für einen Vater hättet, wenn selbiger sich nicht mehr um das tägliche Brot die Hände schwielig zu schaffen brauchte! Jawohl – schwielig!» fügte er befriedigt hinzu, hierauf in Schweigen versinkend und auch George seinen Betrachtungen überlassend, Betrachtungen, die darin mündeten, daß er sich nach Europa, nach einer volkreichen, wimmelnden, arbeitenden, winterkalten Stadt sehnte; nach Büchern, Gemälden, ja, selbst nach Kuriositätensammlungen und Kaufläden, fast sogar nach dem finsteren Kontor des Mr. Hitch mit seinem muffigsüßlichen Geruch der Tuchballen. Dies alles trotz oder gerade wegen der Aussicht auf einen sorglosen Cherub von Vater, der ihm auf einmal weniger unter dem Bilde eines Menschenfressers und König Minos erschien – welche Vorstellung sich ohnehin längst abgenützt hatte – als unter dem jenes überfütterten Insulaners im Bananenschatten. Obgleich er auch heute wie einst eine derartige Gedankenvorspiegelung als schief erkannte, sie bekämpfte und verwarf, denn, wer konnte und wollte es leugnen: arbeitete der Vater nicht als ein trefflicher, scharfblickender Gelehrter, liebte er ihn im Grunde nicht mit bewundernder Hingabe und war es nicht ein seltsam schmerzliches Glück, ihm zu dienen?

Und am Ende – aber dies fragte sich der kleine George nicht buchstäblich und in Worten, obschon er sich jetzt zuweilen philosophischen Meditationen hingab, dies fühlte er nur dunkel, wie man ein Gesetz seines Lebens ahnt: wie war es anders möglich zu leben, als im Dienen? –

Die Europasehnsucht, dies während einer verzauberten Südseenacht befremdende Heimweh nach einem mißvergnügten Himmel, war am anderen Morgen verschwunden, und die nächsten Wochen, ja Monate ließen es nicht wieder aufkommen. Denn da man nicht zum Genuß, sondern zur Arbeit hierhergeschickt war, dieses Zweckes nunmehr mit Ernst eingedenk (Stirnrunzeln und Zeigefingerheben in goldener Morgenfrühe), so ging man jetzt geradeaus auf sein Ziel los. Forster und Sohn arbeiteten. Die Schiffsgesellschaft erlaubte sich zunächst anzügliche Gesichter und Bemerkungen, höhnisch verzogene Lippen, zum Himmel gerollte Augen, mißvergnügt wackelnde Häupter, bezeichnend gezuckte Achseln. War nicht bisher alles mit Muße vor sich gegangen? Jedoch umsonst. Forster und Sohn arbeiteten. Die Ausflüge an Land nahmen den Charakter von bis ins kleinste vorbereiteten Unternehmungen an, von wahren Feldzügen gegen die selige Unbewußtheit der Inseln, mit so viel Werkzeug und Genauigkeit wurde ihren Geheimnissen zu Leibe gegangen, mit Untersuchungen, Messungen, Zählungen. Ihre Berge wurden erklettert, auf ihren schroffen steilen Graten zwischen den fast senkrecht abfallenden vulkanischen Klüften krochen Forster und Sohn umher, ebenso wißbegierig wie in ihren feuchten, von Wachstum strotzenden Schluchten; keine Erdfalte blieb undurchspäht, kein Kräutlein, das sich fernerhin heiter der Einordnung in das System des großen Linné entzogen, keine Fliege, die in Zukunft unbenannt im Sonnenschein getanzt, kein Vogel, der sich weiter leichtsinnig eines steckbrieflosen Daseins gefreut hätte. Sie alle wurden nun gebucht, fanden sich eingehend und genau beschrieben, in Listen niedergelegt, bestimmt, aus ihrem selbstgenügsamen Unerkanntsein in das schattenlose Licht europäischer Magistergehirne hinüberzugehen und dort fortan über ihrem harmlosen Dasein im Inselmeer noch ein zweites, ein zweifellos höheres im Reich des Geistes, das Dasein einer verwickelten Vorstellung, dargestellt durch einen, wenn irgend möglich doppelten, lateinischen Namen, zu führen. Indessen blühte, duftete, tanzte, blitzte und summte, tirilierte und brütete das Leben unter tahitianischer Sonne fort, unbekümmert wie seit seinem Schöpfungstag; unmerklich und lächelnd entwand sich hier wie überall die Natur den Händen ihrer neugierigen Liebhaber, ihr letztes Geheimnis wahrend und nach wie vor, allem zerlegenden Verstande zum Trotze, blieb sie eines, blieb gelassen wunderbar, spielend und spottend.

Herr Forster hatte Augenblicke, in denen er das fühlte. «Die Namen, George», sagte er einmal schwerfällig, den Blick in eine frisch gepflückte Blume versenkt, «die Namen betrügen uns um die Dinge. Ist es nicht eine ungeheure Anmaßung, Namen zu verleihen, anstatt jedes Geschöpf demütig um seinen Namen zu befragen?» Und da George ihn nicht ganz verstehend ansah, sagte er ungeduldig: «Nun ja, nun ja ... Ich zum Beispiel wollte manchmal, ich hätte keinen Namen. Ich bin nun einmal der Herr Forster, und muß der Herr Forster sein, wie ihn die Leute sich denken. Hat man mich je gefragt, wer ich eigentlich bin? Im Grunde heiße ich vielleicht ganz anders. Nur, daß ich selbst es auch vergessen habe . . .»

Das letzte wurde ganz undeutlich gemurmelt, und in der Folge sah der Vater mürrisch aus, da er es selber nicht liebte, sich mit solchen Erwägungen zu beunruhigen, deren er sich doch zuweilen sonderbarerweise nicht erwehren konnte. George aber war etwas unglücklich, da er nicht begriff, und, leidenschaftlicher Liebhaber des Begreifens, der zu sein er bestimmt war, an diesem Brocken ungeläuterter Erkenntnis stundenlang mühsam herumarbeiten mußte, bis er schließlich hoffnungslos davon abließ. Wo blieb das königliche Vorrecht des Menschen vor aller anderen Kreatur, wenn es nicht dieses war, sie zu benennen? –

Er hatte durch die Arbeit sein Gleichgewicht völlig wiedergewonnen, er fühlte sich gesund und heiter, und die verwirrenden Eindrücke der ersten Tage glätteten und verteilten sich. Die Neigung, alles wissenschaftlich zu betrachten, gewann die Oberhand, und sein Tagebuch füllte sich mit exakten Schilderungen von Erlebnissen, sei es nun von Wanderungen, malerischen Punkten, auf deren Romantik der wackere Hodges nimmermüde hinwies, oder Volksfesten, gleich dem, als Tedua-Taurai, die Schwester König O-Tu's von Groß-Tahiti, aus Anlaß des Besuches der hohen Fremden zur Nasenflöte tanzte. Diese Tedua-Taurai war ein überaus ansehnliches Stück Weiblichkeit von hoher Gestalt und muskulöser Schlankheit, während die meisten Frauenzimmer klein und fett waren. Ebenso hob sich ihr einsamer Tanz vorteilhaft von den Massenvorführungen ab, die man bisher genossen hatte; er war feierlich wie eine gottesdienstliche Handlung, wenn es auch durchaus deutlich blieb, daß es der Gott der Fruchtbarkeit war, dem er huldigte. Jedoch wirkte Tedua-Taurai in ihrem Gewand aus gebleichtem Aoto-Bast, das knapp unter der Brust ansetzte, mit den weißen Lilienblüten des Huddu-Baumes in den Ohrläppchen und dem starren Brennen ihres unbewegten Blicks – die Arme hielt sie während des Tanzes regungslos hinter ihrem Haupte verschränkt und die tätowierten Linien um Brüste und Schultern bewegten sich schlängelnd im unmerklichen Spiel der Muskeln – sonderbar aufregend auf die Männer aus Europa. Auch George war außerordentlich beklommen. Er war nach dem Tanz einmal nahe an Tedua-Taurai vorbeigestreift und hatte etwas wie einen wilden Raubtierdunst geatmet. Er notierte sich, daß die Prinzessin wahrhaft königliche Würde besitze, fühlte aber selbst, daß dies nicht der Ausdruck seines Eindrucks sei. In der Nacht darauf träumte er von der Starostschenka Hermanowska, an die er seit seiner Kindheit nicht wieder gedacht hatte, so daß er sich beim Erwachen besinnen mußte, wem eigentlich diese Traumgestalt im geblümten

Seidenkleid mit dem bloßen Busen geglichen habe. Es blieb ihm aber in der Tat nicht viel Zeit zum Aufstellen von Betrachtungen und zur Hingabe an jene sanft drängende Schwermut, die ihn immer wieder befallen wollte. Da war das Ordnen der Sammlungen, der Herbarien und Spirituspräparate; da war die Arbeit mit dem buckligen Ausstopfer Jacopo, einem Italiener, mit dem Hodges gelegentlich schwärmte und der jetzt ganz prall vor Behagen wurde, nachdem er im Eismeer fast gestorben war; und während George so an Bord beschäftigt war, nicht unzufrieden und harmlos wie ein junger Sperling, nahm Herr Forster genug Anlaß, sich an Land rudern zu lassen und dort stundenlang zu verweilen – ebenso wie die anderen Herren übrigens, Cook ausgenommen, der viel in seiner Kajüte arbeitete. So geschah es vor Tahiti, so geschah es vor Ea-Uhwe, Tonga und Tabu; und vor den Gesellschaftsinseln war es nicht anders gegangen. George schöpfte keinen Argwohn; der Vater trieb Handel, der Vater vertiefte sich in das Volksleben, der Vater war recht in seinem Elemente; kam er nicht immer wie ein Sendling der Götter heim, mit Ausbeute beladen, beseligt von Einblikken, die er getan, meist sehr gesättigt und fast ein wenig betrunken vor Wohlwollen und Menschenliebe? Es war nicht recht zu verstehen, warum der Kapitän dem Vater gegenüber immer noch sein steifes Wesen beibehielt, diesem Vater, der nicht nur groß und schön und stark und prächtig war, sondern jetzt auch so arbeitswütig wie ein Bauer in der Erntezeit, so fruchtbar wie der schaffende Sommer selber und außerdem tagaus, tagein in der entzückendsten guten Laune, die Gesellschaft mit Späßen, Schnurren und der ganzen ungewollten Entfaltung seines ihm selbst wohlgefälligen Wesens unterhaltend. George war ein wenig bekümmert über diesen ständigen Gegensatz; wie konnte man dem Vater widerstehen, wenn er so war wie jetzt? Er selbst hing bei Tisch mit strahlenden Augen an ihm und ließ den Blick beseligt zu Cook hinüberwandern: Bitte, so ist mein Vater; ja, *dies* ist er eigentlich! Indessen blieb Cook schweigsam, scharfkantig und abweisend, und es war unzweifelhaft, daß der gutgelaunte und arbeitsame Herr Forster ihn ebenso, wenn nicht mehr reizte, als der faule und weinerliche. Bei Tisch behielt er zwar George an seiner Seite, hatte ein halbes Lächeln, einen trockenen Scherz für ihn; er besuchte ihn wohl auch einmal bei seiner Arbeit, wenn sie allein an Bord waren, blieb neben ihm stehen, rauchte schweigsam seine kurze Tonpfeife und sah ihm auf die Finger, ja, er rief ihn gelegentlich in seine Kajüte und ließ sich von ihm bei seinen Berechnungen helfen. Je länger die Reise aber dauerte, desto betonter ward seine Zurückhaltung, nicht nur Herrn Forster, sondern der gesamten Gelehrtenschaft gegenüber; er schob seine Offiziere und Patton, den Wundarzt, zwischen sie und sich. Schließlich hatte er es nicht nötig, sich mit jedem Satz belehren zu lassen, auch wenn er sich nicht auf hohen Schulen die Augen blind studiert hatte, und man würde es ja sehen, wessen Beobachtungsergebnisse die wertvollsten sein würden ...

Jeder Tag war *ein* Lächeln von Morgen bis Sonnenuntergang. War er nicht Arbeit, eine Arbeit, so aus der Fülle von Kraft und Anschauungsvorrat heraus wie nie zuvor und darum unendlich beglückend, kaum ermüdend, so war er Schlendern in Palmenhainen, Plätschern in lasurblauer Bucht, Schwelgen im Duft unerhörter Blumen, üppig in Form und Farbe und unablässig sich erneuernd, während unter ihnen safttriefende Früchte aus dem dunklen Laub quollen. Anbetung waren diese Tage in jedem Atemzug und wiederum Angebetetwerden, ein Leben im Weihrauch der Bewunderung schöner menschlicher Wesen, die so viel unschuldiger, reiner und kindlicher schienen als man selbst sich in seinen Kleidern aus englischem Tuch vorkam – ob sie schon stahlen wie die Raben, eingestandenermaßen, und ihre eigenen seltsamen Gebräuche hatten, allerdings! Aber dann ließ sich doch immer darüber philosophieren, ob da Sünde war, wo es kein Gesetz gab, und Herr Forster rief gar den Apostel Paulus in die Südsee, um für die Sündlosigkeit der Heiden einzutreten – was kann ein toter Apostel dagegen machen? Verzieh man doch auch den Tieren ihre Streiche, und hier auf Huahaine säugten die Weiber, weiß Gott, Hündchen und Ferkelchen, wenn es ihrer eigenen Brut nicht gelang, sie vom Andrang des süßen Überflusses zu befreien. So freute man sich seines Ansehens als guter, mächtiger Götter und Besitzer fabelhafter Reichtümer in Gestalt unzähliger Glasperlen, Nägel, kleiner Äxte und Messer, um derentwillen einem demütig gehuldigt und geopfert wurde. England dahinten jenseits des Erdbauches erschien einem zuweilen selbst verlockend und fabelhaft, wenn die braunen Freunde herzbeweglich bettelten, mit in das Wunderland genommen zu werden. Nun, ab und zu ließ man sich scheinbar erweichen und solange man zwischen den Inseln kreuzte, nahm man den einen oder den anderen mit, etwa den Knaben Porea aus Eimeo, der darob ganz überheblich wurde und bei der Landung auf Huahaine bereits wünschte, von den Eingeborenen für einen Engländer gehalten zu werden, was indessen zu seiner Enttäuschung nicht eintrat. Zäher als alle anderen erwies sich O-Heddi, genannt Mahaine, der sich ihnen auf Bora-Bora anschloß und es durch sein schlechthin bestrickendes Wesen und außerordentlich gutes Benehmen wahrhaftig erreichte, daß er an Bord bleiben durfte, selbst als die «Resolution» am 7. Oktober den Kurs südöstlich auf Neuseeland zu nahm. Der Sommer brach an. Ja, erstaunlich, diese lachenden Tage voller Blüte und Frucht waren Winter gewesen, jetzt erst kam der Sommer der südlichen Halbkugel, jetzt lockerte sich wieder das Eis um den Pol, und es galt, die günstige Zeit zu neuen Forschungen dort unten auszunutzen. Abschied zu nehmen galt es, Abschied von dieser großen Seligkeit, vielleicht auf Nimmerwiedersehen, denn wer konnte wissen, was dem wackeren Schiff drohte, das wieder so kühn und verächtlich dem Grauen entgegenstürmte? George hätte sich wohl ganz einer wehmütigen Verdrießlichkeit überlassen, wie sein Papa es hemmungslos tat, wenn nicht dies lebendige Stück Inselglück dagewesen wäre, das ihm von Cook ganz besonders ans Herz gelegt worden war – Mahaine also. Mahaine war außerordentlich schön, lichtbraun, mäßig und sinnreich tätowiert, so daß die eingebrannten Linien nur das Ebenmaß seiner Glieder hervorhoben; er trug einen Ausdruck kindlicher Würde, er war ohne Schüchternheit zurückhaltend, er war ernsthaft, sanft und höflich. Er wurde nicht müde, das Schiff von oben bis unten zu durchforschen; auf seinen nackten Sohlen tauchte er überall auf, und man vergaß es, bei seinem lautlosen Erscheinen zu erschrecken, man gewöhnte sich an ihn, wie an ein zahmes Tier, und selbst Wales, der Astronom, ereiferte sich nicht mehr, wenn Mahaine hinter seinem Rücken stehend verharrte und ihm großäugig auf die schreibende Hand sah. Mr. Wales hatte nämlich ganz im Anfang einmal ein Erlebnis mit Mahaine gehabt, das ihn sehr peinlich berührt hatte. Er war in seiner Hängematte von lindem Schlummer erwacht und hatte Mahaine über sich gebeugt gefunden, wie dieser ihn mit wildem Forscherblick betrachtete und den ausgestreckten Zeigefinger zurückzog, mit dem er ihn soeben offenbar im Gesicht hatte antippen wollen. Es war Mahaine dann bedeutet worden, daß der Schlaf der weißen Männer ungeheuer heilig sei. – Er stand stundenlang neben dem Steuerruder und blickte abwechselnd auf die Hände des Mannes, wie sie mit nie fehlender Sicherheit ins Rad griffen, blickte auf in das unbeweglich in die Ferne gerichtete Antlitz und dann geradeaus auf die rastlos wandernde, schäumende Fläche. Er hielt Andacht vor dem Kompaßhäuschen, dessen zuckende Nadel er für einen mächtigen Gott der weißen Männer ansah – und hatte er nicht recht? Er erstarrte in Ehrfurcht, wenn Cook in der Mittagsstunde mit dem Sextanten auf Deck erschien und die Sonnenhöhe aufnahm, eine feierliche Handlung, mit Zauberei verbunden, von der der Ausfall der Mahlzeiten abhängen mochte! Mahaine liebte es nicht, alles zu essen, was die weißen Männer aßen. Er verzehrte seinen Anteil einsam, am Boden hockend, und allen den Rücken drehend, er war sauber wie eine Katze und hinterließ keinerlei Spuren oder Überreste, nichts, womit ein böser Mensch ihn hätte verzaubern können. Ja, Mahaine war einsam, schutzlos in einer fremden Welt, allen möglichen unbekannten Teufeleien preisgegeben; aber er begegnete den Gefahren mit gelassener Standhaftigkeit. Wichtig, wichtig über alle Maßen war es, daß er, O-Heddi, genannt Mahaine, Einblick gewann in die unerhörten Wunder der weißen Männer, daß er endlich einmal die fremden Inseln sah, die er zuweilen am Horizont hatte dämmern sehen, wenn eine kühne Fahrt sein Kanoe aus den heimatlichen Fischgründen geführt hatte. Und lohnte es sich nicht?

Hatte er nicht schon das Eiland der roten Papageienfedern entdeckt, die auf seiner Insel und auch auf Tahiti, Huahaine und den benachbarten so unerhört selten und kostbar waren!? Auf Tonga-Tabu war es ihm gelungen, unermeßliche Reichtümer in Gestalt von Kopfputz und Schürzen aus diesen wundervollen heißbegehrten Federn einzuhandeln, indem er hingab, was er an Tauschwert besaß, alle Perlen, Korallchen und Nägel und schließlich sogar ein kleines Messer, bisher sein größter Schatz, für das er sich eben erst sein schönstes Gewand vom Leibe gezogen hatte. Alles gab er hin, schweigsam, glühend und zitternd, dies könnte wieder rückgängig gemacht werden, könnte sich auflösen, verschwinden, die Federn samt den Korallchen – und was dann, Mahaine, nackt und bloß? Oh, er spielte ein hohes Spiel, ein banges Spiel, aber dann, als das Schiff vor Tonga-Tabu den Anker gelichtet hatte, da grinste er auch tagelang ganz unmäßig vor sich hin und wurde vor lauter Seligkeit nicht wieder seekrank wie bisher. Er hockte in einem Winkel auf Deck und befreite seine Edelsteine aus ihrer Fassung, das heißt er löste jene Schürzen- und Kopfzierate in ihre Bestandteile auf und ordnete die Federn nach ihrer Größe in anmutige Sträußchen, die er mit Kokosfaser zusammenband. Was verstanden diese im Überfluß wühlenden Tonga-Tabuaner von wahrer Schönheit? Wenn jemand zu ihm trat, hob er den Kopf und zeigte in überströmender Wonne alle zweiunddreißig Zähne. Durch seinen leidenschaftlichen Eifer aufmerksam gemacht, hatte übrigens auch der Kapitän große Vorräte dieser roten Federn einhandeln lassen und erlebte gleich auf Neuseeland den Erfolg seiner klugen Handlung; der Tauschverkehr war außerordentlich belebt, Muschelhörner, hölzerne Trompeten, Rohrflöten, Schmuck aus Jadestein, Boghi-Boghi-Mäntel – alles ward auf den Markt geworfen, nur um dieser Federchen habhaft zu werden, dieser vertrackten, entzückenden. Daneben galten Matten und Gewänder, Waffen und Geräte aus der Südsee auf diesem rauhen und rohen Eiland als begehrteste Tauschstücke, hatten weit höheren Wert als Europens Blendwerk aus farbigem Glas und Messing, und wenn die Engländer hier bestaunt und gefürchtet wurden wie fremde Geschöpfe, eine unerklärliche Zwischenstufe zwischen Göttern und Tieren, so begegneten die Neuseeländer Mahaine wie einem reisenden Fürsten mit gehaltener Ehrfurcht. Kurz, es war aus allem ersichtlich, daß in der Südsee ihr Land der höheren Kultur lag, wie ihre armen Schilf- und Schorfköpfe sie zu fassen und zu ersehnen vermochten.

So war man denn wieder auf Neuseeland, diesem letzten Ruhehafen vor den uferlosen Schrecken des Polarmeers, und es muß gesagt werden, sie zögerten, das wilde, nasse Wald- und Felseneiland zu verlassen, sie umschwärmten es von allen Seiten, sahen an den nackten Felsen die Hütten der Eingeborenen wie Adlernester kleben und landeten immer wieder, zur Jagd, zum Fischfang in den Buchten, zum Handel, um das

Schiff auszubessern, um die Bodenbeschaffenheit zu erkunden – weiß Gott, es gab der Vorwände genug. In einer Art von blindwütiger Verzweiflung glaubten die Matrosen sich im voraus für die kommenden Entbehrungen schadlos halten zu müssen, und ihre Zusammenkünfte mit den eingeborenen Weibern entbehrten durchaus jeder Verborgenheit. Cook schien nichts zu sehen und zu hören, George war aufs tiefste angeekelt, weniger von dem, was sich vor seinen Augen abspielte, als davon, daß diese Weiber so zottig, schmutzbedeckt und übelriechend waren. Ebensowenig liebte er die derben Scherze seines Vaters und der übrigen Herren, die jetzt in Blüte standen; er gewöhnte sich daran, seine Ausflüge in Begleitung von Larry und Mahaine zu unternehmen, und gefiel sich in dem Gefühl genußreichen Trotzes gegen die ganze Gesellschaft. Sie benahmen sich ein wenig wie die jungen Jagdhunde, trieben allerlei zwecklose Körperübungen, verschwendeten überschüssige Kraft in gewagten Unternehmungen und kletterten zum Beispiel an den Steilufern umher, um die in ihren unterirdischen Nestern kakelnden und quakenden Sturmvögel zu entdecken. Auch gaben sie Mahaine ein Gewehr in die Hand und hießen ihn, auf einen Strandläufer anzulegen. Mahaine packte die Waffe wild, mit Inbrunst, fletschte die Zähne, zielte, drückte ab – der Vogel hob die Flügel, tat einen possierlichen Satz und fiel, ganz in sich zusammenklappend. Mahaine jedoch, im Augenblick, da der Schuß dröhnte, warf das Gewehr von sich, hielt die Hände an die Ohren und rannte von dannen, den Mund kreisrund geöffnet, aber ohne einen Laut auszustoßen. Von dem Vogel wandte er sich ab, als sie ihn ihm später brachten. Wer konnte wissen, ob er nicht den Göttern dieser Insel heilig gewesen war? Mahaine fürchtete diese Götter, und seine neuseeländischen Brüder, die unter einem so unfreundlichen Himmel ihr karges Dasein fristeten, dauerten ihn. Als man ihm entdeckte, daß diese Brüder einander gelegentlich auffräßen, verfiel er in eine ernsthafte Schwermut, die erst von ihm wich, als Neuseeland im Nebel hinter der «Resolution» versank.

Übrigens hatte dies Abenteuerleben zu dreien insofern bald ein Ende genommen, als Larry anfing, sich von ihnen abzusondern und eigene Wege zu gehen, kurz, als Larry, dieser Schwerenöter, Toghiri gefunden hatte und nicht mehr Meister seiner Sinne war. Larry nämlich, obgleich er sich seinen Kameraden bei ihren Belustigungen immer angeschlossen hatte, war merkwürdigerweise bisher derselbe Endymion geblieben, als der er auf die Reise gegangen war; freilich nicht aus eben den gleichen Gründen, die George so bewahrt hatten, nicht aus Unerfahrenheit und Ekel, sondern infolge einer außerordentlichen Schüchternheit dem anderen Geschlecht gegenüber, die er hinter einem lärmenden Auftreten immer so lange zu verbergen wußte, bis es Zeit war, sich vor den letzten Folgerungen einer gemeinsamen Unternehmung geräuschlos zurückzuziehen. Nun aber hatte er Toghiri gesehen, hatte sie ganz allein für sich entdeckt, als sie am Strande Möweneier suchte, war ihr gefolgt und in ihre Hütte eingedrungen, wo Toghiris Vater ihm alsbald alles abgelockt hatte, was er an Angelhaken, Knöpfen und ähnlichen Wertgegenständen bei sich trug, worauf er ihm zum Zeichen der Freundschaft die Stirn mit einem übelriechenden Öl salbte. Solchergestalt in einen Familienkreis aufgenommen, fühlte Larry den Feuerstrom seines Gefühls in geordnete Bahnen gelenkt, und es dauerte nicht lange, so war ihm Toghiri als Eheweib überlassen, er bezog mit ihr eine Hütte neben der ihrer Eltern und verbrachte alle freie Zeit im Schoß seiner neuen Familie. Allen Hänseleien der Kameraden setzte er ungerührten Gleichmut entgegen. «She is my wife, hold your tongue!» sagte er und versorgte sich ausgiebig mit verdorbenem Schiffszwieback, von dem ihm Billy ein ganzes Faß zur Verfügung gestellt hatte, und den seine Schwiegereltern gerne aßen. Für Toghiri indessen – nun, es fand sich schon dieser oder jener Bissen, um so ein Vögelchen zu füttern! Aber sie an Bord zu bringen, wie Mr. Forster ihn einmal dringlich aufforderte, nein, das ging doch nicht! «Sir, sie ist ein wenig verlaust!» bekannte er, übrigens ohne zu erröten, nur mit einem verschämten Grinsen, das keinen Zweifel daran aufkommen ließ, daß wenigstens er nicht Anstoß nahm . . .

Alles Hinzögern, Aufschieben, Verweilen aber mußte einmal ein Ende nehmen. Bösesten Wetterzeichen zum Trotz ließ Cook am 24. November die Anker lichten. Der Schiffszimmermann brachte mit der Feuerzange einen scheußlich haarigen Skorpion auf Deck, den er im Volkslogis gefunden hatte, und warf ihn dem Kapitän vor die Füße; Jacopo folgte ihm und rang die langen dünnen Finger. Konnte es gewagt werden, unter einem so schlimmen Omen auszufahren?! Cook schleuderte das Tier mit einem Fußtritt durch ein Speigatt. Am Abend waren sie rings von graphitschwarzer rollender See umgeben, und mit der Finsternis brach der Sturm los. Die Matrosen fluchten und brüllten; nur Cook bewahrte angesichts des drohenden Untergangs eine kalte, steinerne Ruhe. George dachte nicht gern an diese Sturmnacht zurück, ein verschwommenes Erinnerungsbild – verschwommen, weil er von Anfang an angstvoll bedacht gewesen war, es nicht festzuhalten – wollte ihm dann immer den Vater zeigen, wie er den schwächlichen Mr. Hodges beiseite stieß, um selbst in die Nähe des Rettungsbootes zu gelangen (mit dem Ausruf: «Ach was, jeder ist sich selbst der Nächst!»). Am anderen Morgen jedoch war nichts als ein melancholisches Sausen zurückgeblieben, und auf langen, glatten Wogen schaukelte ein schlafender Albatros ihnen entgegen und an ihnen vorüber. Dies war Erschöpfung – Ergebung. Schweigsam wurde an der Wiederherstellung des Schiffes gearbeitet, schweigsam und verdrossen hingenommen, was da kommen mußte: der erste Schnee, die ersten wandernden Eisschollen. Der einzige, der noch eines Menschen Antlitz trug, einen Ausdruck freundlichen Staunens, war Mahaine, der Wilde, der nach wie vor lautlos umherging, obgleich er seine Beine jetzt mit Lappen umwickelte und sich in einen neuseeländischen Boghi-Boghi-Mantel hüllte. Er führte ein sonderbares Tagebuch aus Stäbchen, die er in einer Ecke auf Deck zu immer neuen Figuren auf dem Boden anordnete. «Whemua-tua-tua», das weiße Land! so stand das erste Treibeis darin verzeichnet; Schnee aber hieß «der weiße Regen», und in einem Schneegestöber konnte man Mahaine sitzen sehen, mit den braunen Händen nach den Flocken haschen, ihr Zergehen auf seiner Haut oder ihre sternige Gestalt auf dem rauhen Gewebe seines Mantel ratlos beobachten. George holte ihn hinunter in die große Kajüte, die von Pfeifenqualm und Dunst erfüllt war. Mit übergeschlagenen Beinen auf einem Stuhl in einem Winkel der Kajüte sitzend, der Gesellschaft den Rücken drehend, Mahaine vor sich, der am Boden hockte und mit klugen, zutraulichen Augen zu ihm aufsah, erhielt er seine tägliche Unterweisung im Tahitianischen, sog er mitten im Eis der Polnähe, während draußen die bleiche Aurea australis gespenstisch über den starren Himmel spielte, den leuchtenden blauen Sommergeist dieser kindlichen Sprache in seine Seele. Dies dünkte ihn besser, als mit am Tisch zu sitzen, in dem Konvivium, das hier von früh bis spät tagte. Er war sehr unglücklich, war es mit allen Kräften des jungen, eben erst zum vollen Bewußtsein seiner selbst gelangten Menschen. Alles, was er an körperlichem Unbehagen, an Gram über den Vater, an Unbefriedigung über seinen eigenen Zustand im Vergleich zu dem stetig untadelhaften Cook empfand, verkleidete er mit der einen Maske des Heimwehs und ergab sich ausgiebig einem schwärmerischen und tränenreichen Gottesdienst vor den Erinnerungsbildern der Mutter und der Schwester Riekchen, dem er in der Einsamkeit seiner Koje oftmals haltlos nachhing, von einem unwiderstehlichen Ansturm der Gefühle überwältigt. O Gott, o Gott, es kümmerte sich niemand um ihn und in seinem Innern, da war eine Hölle, aus der alle Versuchungen stiegen, alle die ersten stummen unbenannten Forderungen seiner Jahre an seinen Körper, gekleidet in die Bilder der letzten Monate. Bis in seine Träume verfolgten ihn diese schmierigen Neuseeländerinnen, die er doch haßte. Übrigens fühlte er sich ernstlich krank. Die Nahrung, dieses ewige übelriechende faserige Salzfleisch, widerstand ihm bis zum Erbrechen; das Zahnfleisch schwoll ihm an, er litt qualvoll an einem Überfluß von Speichel und konnte sich kaum auf den dick angelaufenen Füßen herumschleppen. Er sah zum Erbarmen aus, aber nicht, daß sich jemand besonders seiner erbarmt hätte! Er erwartete es auch gar nicht. Ging es ihnen nicht allen so oder ähnlich? Starrten sie sich nicht alle aus gedunsenen Gesichtern und trüb unterlaufenen Augen an wie eine Gesellschaft Ertrunkener, die, halb verfault, ihr böses, spukhaftes Spiel in diesem fürchterlichen

Teil des Weltalls trieb, nein, nicht mehr auf Erden, denn dies war die gute Erde nun und nimmermehr! Fortgerissen von verfluchten Strömungen und Winden, ausgeliefert an dies unselige Schiff, zwischen dessen Wänden die Gedanken hin und her jagten und sich die Köpfe stießen wie gefangene Vögel, angewiesen einer auf den zum Überdruß, ja bis zum Widerwillen wohlbekannten anderen, der gewiß, oh, es war wahrhaftig wahr, noch schmutziger, noch kränker aussah als man selber, waren sie alle von einer gellenden, verzweifelten Lustigkeit. Rum, Tabak und Karten, dies war's, was einzig aufrechterhalten konnte; denn es lag kein Trost mehr in dem Gedanken, daß in ihnen der Geist der Menschheit seine Ausbreitung erkämpfte. Die Wissenschaft, sie war keine Göttin in Monaten, wo die Überzeugung, daß England auf ewig für sie versunken sei, an ihren Herzen fraß. Und dabei fortwährend den nagenden Vorwurf der Anwesenheit dieses Mannes zu spüren, der sich in der Kajüte nicht anders mehr zeigte als eine vorübergehende Erscheinung, bösen und kalten Blickes und lippenlos zusammengekniffenen Mundes, verächtlich durch die Nüstern schnaubend, wenn er über den mit Gläsern, verschüttetem Grog und Tabaksasche bedeckten Tisch hinsah; der sich seine Mahlzeiten jetzt in seiner eigenen Kajüte anrichten ließ, aus Gesundheitsrücksichten, wie er einmal verlauten ließ, denn auch er litt, und sein Antlitz war gelb bis ins Weiß der Augen hinein von der Galle, die ihm das Blut verdarb. Aber nicht dies war der Grund, George fühlte es wohl. Cook, von seinem Leutnant Bligh bedient und umgeben, einer schattenhaft gehorsamen Kreatur, die das Uhrwerk ihrer Verrichtungen dem straffen beherrschten Rhythmus in der Brust ihres Meisters aufs Haar angeregelt hatte, ließ George jeden Nachmittag rufen, wies ihm fast wortlos eine Arbeit an oder ließ ihn seine eigenen Papiere holen und an seinem Tisch schreiben, der mehr Bequemlichkeit bot als die Einrichtung in der Kajüte der Forsters. Dann saß der Jüngling über seine Aufzeichnungen gebückt, von dumpfer Dankbarkeit erfüllt, daß er hier atmen durfte, in diesem Raum, wo alles Bezug auf den großen Zweck der Fahrt hatte und wo ihm ein geistiges Licht zu strahlen schien, ausgehend von dem gesammelten Antlitz ihm gegenüber, das sich doch oft düster und verzweifelt genug über die Karten und Berechnungen neigte. «Ein Narr!» schalt der Vater, wenn sie abends in den Kojen lagen; ein vernagelter Narr, der hier nach Land suchte in dieser starrenden Eiswüste! Von Wasser war der Pol umflossen, umkreist von Strömungen, die ihren Weg von hier aus geheimnisvoll um den Erdball nahmen und sich wieder vereinigten wie die Blutwege des Menschenkörpers. Ein sonderbares, jawohl, ein höchst sonderbares Tier, die Erde, ein Tier mit zwei Herzen, die an seinen äußeren Enden lagen, den beiden Polen im Norden und Süden! Denn daß hier das Leben gesammelt zitterte, lehrten das nicht schon die Lichter, die den Horizont bebend umflammten? Nun, sie waren seltsam und nicht ganz wissenschaftlich begründet, die Theorien des Herrn Forster, vielleicht waren sie auch in ihrem Entstehen ein wenig von dem langen Tisch in der Kajüte beeinflußt, an dem sich so prächtig über sie debattieren ließ, ähnlich wie über den Stein der Weisen, dessen Möglichkeit der kleine Dr. Sparrmann in aller Bescheidenheit standhaft verfocht. Jedoch hätte es umgangen werden müssen, daß Mr. Forster sich eines Nachmittags – es war am 25. Dezember, am Weihnachtstage, und die «Resolution» lag fast fest, wehrte sich nur ganz leise auf und nieder bebend gegen einen Ansturm unabsehbaren Treibeises, von dessen Stößen der Schiffskörper dröhnte und schütterte – man hätte es verhindern sollen, daß der ältere Forster an diesem Nachmittag urplötzlich seinen Stuhl zurückschob, mitten in einer angeregten Diskussion mit Wales, daß er mit erhobenen Fingern schnalzte und wie unter dem Zwange blitzähnlicher Eingebung ausrief: «Das muß ich doch gleich einmal . . .» Worauf er sich erhob und, die linke Hand auf dem Rücken, die Rechte mit ausgestrecktem Zeigefinger an die Nase gelegt, sehr eilig zur Kapitänskajüte hinüberging, wo Cook ihm stirnrunzelnd und George einigermaßen erschrocken entgegensah, während Mahaine, neben der Kohlenpfanne hockend, gleichmütig fortfuhr, mit seinen Zehen zu spielen. Der ganze Auftritt bildete späterhin eine der furchtbarsten Seiten in Georges Erinnerung. Der Vater hatte sich breitbeinig mit selbstgefälligem Schmunzeln niedergelassen und angehoben: «Mein lieber Kapitän, ich muß Ihnen doch einmal meine Ansicht über den Aspekt unserer Fortschritte in puncto der Entdeckung eines Erdteils in diesen Breiten darlegen.» Er hatte alsdann mit nichts zurückgehalten, was seine Zweifel an dem Vorhandensein eines solchen Erdteils überhaupt ausmachte, hatte die Theorie von den Strömungen anmutig hindurchgeflochten und der Aurea australis gedacht als einer Ausstrahlung pulsierender magnetischer Kräfte, bei welch unbeweisbarer Vorstellung er besonders liebevoll verweilte; hatte des öfteren, «mein lieber Kapitän» gesagt, und zwar in einem Ton aufmunternder Nachsicht, hatte auch schließlich zusammenfassend seinen Rat für den weiteren Verlauf der Unternehmung gegeben, der auf eine schleunige Rückkehr in die lieblichen Gewässer der Südsee hinauslief, und bei alledem hatte er durchaus nicht bemerkt, was George mit wachsendem Bangen sah, daß nämlich Cooks Augen eine gefährliche kaltblaue Färbung angenommen hatten und aus dem gelben Gesichte schienen wie nur irgendein Stück Polareis, daß es um sein hartes Kinn zuckte und daß seine Hand eine Kartenrolle knackend zusammenpreßte. Was dann kam, hatte unter vergifteter Höflichkeit begonnen; gedämpfte Satzanfänge wie: «Mein Herr, ich bin zwar von dem Wert Ihrer Kenntnisse hinreichend überzeugt . . .» hafteten George später ebenso im Gedächtnis wie das Anschwellen der Stimme hinter dem «aber – aber, aber!» «Muß Sie *aber* ganz ausdrücklich bitten . . .» «Nun, was denn etwa?» – «Bitten, Ihre Befugnisse nicht zu überschreiten – gefälligst in Ihren Grenzen zu bleiben ...» Dabei war Cook nicht sitzen geblieben, sondern er stand am Tisch und krampfte die Hände um die Kante, daß die Knöchel weiß anliefen. «Wertester, ich kannte den ruhigen Mann nicht wieder!» bekannte Herr Forster späterhin unbefangen dem schaudernd lauschenden Mr. Hodges. Cook, in der Tat, er stand da etwas vornübergebeugt wie auf dem Sprung und bleckte die Zähne, eine Grimasse, die Mahaine, der ihn starr und staunend ansah, nachahmte und sie durch eine krallende Gebärde der vorgestreckten Hände verstärkte. In solchen Fällen, dachte Herr Forster blitzschnell, gilt es, die äußerste Ruhe zu bewahren; laut äußerte er aber unglücklicherweise: «George, weißt du, was Mr. Cook meint?» wozu er etwas unbehaglich lachte und auf seinem Stuhl herumrückte, sich dann allerdings zurücklehnte und die Arme hoheitsvoll kreuzte. Indessen hatte er sich nun einmal die Blöße gegeben und einer innerlichen Erfahrung zuwidergehandelt, die da besagt, daß man gefährlichen Tieren auch nicht einen Schatten innerer Unsicherheit zeigen dürfe, man gebe ihnen damit zugleich ein Gefühl ihrer Überlegenheit. Diese Überlegenheit von seiten des Kapitäns stürzte denn auch unmittelbar in die Bresche des Gegners und nahm Formen an – bediente sich Redewendungen ... Mr. Forster blies sich auf, dunkelrot, wie er allmählich wurde, ließ seine runden Augen vorquellen und – suchte vergeblich nach Worten, schnaubte, stieß ein «Unerhört!» um das andere hervor, und: «George, verlasse das Zimmer!» Worauf George, der in tödlicher Verlegenheit in sein Heft gestarrt hatte, sich bleich erhob, denn: «Lassen Sie Ihren Sohn aus dem Spiel, er ist ein braver, unglücklicher Jüngling, dessen Fleiß und dessen Gründlichkeit von Ihnen schamlos ausgebeutet werden ...» hatte Cook vorher geschrien. «Mein Herr, Sie beleidigen in mir die Würde der Wissenschaft!» «Mein Herr, Sie selbst sind ein Hohn auf die Würde der Wissenschaft!»

«Mein Herr, Sie – ja, bei Gott, Sie sind ja ein ganz anmaßender Poltron!»

«Mein Herr, Sie sind ein geschwätziger Scharlatan!» Dies etwa waren die Sätze, die ihm noch in die Ohren gellten, während er aus der Kajüte glitt. Er warf sich in seine Koje, verzweifelt, blutleeren Herzens, wagte nicht zu denken, sich des fürchterlichen Erlebnisses klar bewußt zu werden, schluchzte wild gegen die Wand und lag, wie von einem Schlag aufs Haupt betäubt, regungslos still, als der Vater eintrat. Jedoch suchte Herr Forster sein Lager merkwürdig lautlos auf und nahm keinen Anlaß, sich durch eine Aussprache weiter über seine Niederlage zu erleichtern. Nachdem er seinen massigen Körper krachend hingeworfen und mit umständlichem Wälzen einigermaßen erträglich geordnet hatte, hörte George ihn wohl noch ein paarmal: «Unerhört!» murmeln, alsdann aber zu seinem grenzenlosen Erstaunen bald tief und gesund atmen, gemäßigt und anmutig wie nur je schnarchen. Kein Zweifel, der große Mann schlief, schlief sanft in dem ihm von seinen Sternen verliehenen unerschütterlichen Selbstgerechtigkeitsgefühl! Die geisterhaft helle Polarnacht stand draußen vor den runden vereisten Fenstern und füllte den Raum mit einem trüben, unwirklichen Licht, George sah seinen Atem dampfen und zog Kleider und Decken schaudernd enger um sich zusammen. Ununterbrochen krachte und dröhnte der Schiffsrumpf im Kampf mit den Schollen, sie scheuerten ihre harten, rauhen Leiber schurrend an seinen Flanken, sie zwangen seinen Bug, über sie hinwegzusteigen oder ihre Massen in Verzweiflung knirschend zu durchschneiden, sie drängten ihn mit einem fürchterlich klirrenden Getöse der Übermacht gegen den Wind rückwärts ... Es schien George ausgemacht, daß dies seine letzten Stunden seien, daß das Schiff nicht standhalten könnte; es ächzte, es schrie, es mußte in jedem nächsten Augenblick dem Druck erliegen, sich in seinen Fugen verschieben, als ein Haufen trümmerhaften Holzgebeins mit ihnen allen zugrunde gehen! Er rührte sich nicht, er lag auf dem Rücken, die Hände auf der Brust verkrampft, die Augen starr und blicklos geöffnet, mit heißen zersprungenen Lippen sinnlos flüsternd, Bruchstücke von Gebeten, Abschiedsworte an die Mutter, an Riekchen – dennoch ohne Furcht, nur mit steinerner Todesgewißheit, mit einem bittern, rasenden Schmerz über die Verächtlichkeit des Lebens im Herzen, dieses Lebens, das jetzt eben noch in den Schiffsgängen und -räumen polternd torkelte, viehisch brüllte. Denn es war Weihnachten, die Matrosen hatten Rum, soviel sie wollten; ja, es war Weihnachten, dachte George mit stumpfem Hohn. Die heulten ihre unflätigen Lieder, und der Vater hatte sich mit dem Kapitän auf Leben und Tod geschlagen, war es nicht so? Mit Degen, mit Messern? Nein, der Kapitän hatte den Vater mit der neunschwänzigen Katze gezüchtigt wie einen verfluchten Meuterer und hatte vor ihm ausgespien, aber der Vater hatte sich nichts daraus gemacht, nur er, George allein, trug die Schande. Oh, ein Glück – ein Glück, daß sie untergingen! Der Kapitän hatte recht gehabt, er war der liebe Gott, kristallen rechtschaffen, wie ein lieber Gott zu sein hatte; sie waren Gewürm, Gesindel, Zigeuner, ein Dreck zum Wegfegen. Er zog den Strich; sein Leben, zwanzig Jahre, ergab eine Summe von Mühsal und Plackerei und Demütigung. «Ja, ja, und du bist schuld!» flüsterte er, in aller Verwirrung zum erstenmal sein Schicksal ganz begreifend, vielleicht noch unter dem Eindruck der Worte Cooks, «den Sie schamlos ausbeuten ...» Er wandte sich ab von diesen Worten, wie seine Sohnespflicht es ihm zu gebieten schien, und doch, sie flüsterten von allen Seiten in seine Ohren. In einer bohrenden Fiebervorstellung fühlte er sich auf dem schnarchenden Atem des Vaters in der Koje unter ihm tanzen wie eine Seifenblase, abhängig von dem brutalen Blasebalg dieser ledernen Lungen. Dazu orgelte der Matrose Friesleben draußen «Vom Himmel hoch, da komm ich her ...» und ward von trunkenem Gelächter und dem Geheul englischer Stimmen überschrien; die Mutter schien in der Kajüte auf und nieder zu schweben, eine brennende Wachskerze in der einen, ein bluttropfendes Herz in der andern Hand ... Betäubender Urweltslärm brach wie eine Sturzsee über ihm zusammen. –

Auch eine solche Nacht – auch Fiebertage gingen vorüber. –

Cook berannte den Pol wie ein Stier. Aber Land wurde nicht gefunden. –

Dies auszuhalten, diesen verbissenen Kampf des Willens gegen eine gleichgültig und machtvoll widerstehende Natur, und nicht nur gegen die Natur, mehr noch, stumm und zäh, gegen die huldvoll sich überlegen dünkende, unausgesprochene Überzeugung des Gelehrtentisches, gegen den dumpfen, erbitterten Widerstand der Mannschaft, die nicht gewillt war, oh, keineswegs gewillt war, sich hier unten im Dienst einer Idee an den Skorbut oder den Tod im Eise zu verkaufen – diesen Kampf mit anzusehen, wäre für einen, der dem Kapitän so bedingungslos ergeben war wie George, und der sich doch nicht befähigt fühlte, ihn zu unterstützen, unerträglich gewesen. Der Himmel half ihm mit einer Lähmung seiner Empfindung, mit der Hülle ergebener Schwermut wie einst, als die «Mütterchen Elisabeth» ihn und den Vater von Petersburg nach London trug, als es nicht nach Hause zur Mutter gegangen war, wie er unzweifelhaft angenommen hatte, sondern nach London. Nun ja, das waren Erinnerungen. Er beherrschte überhaupt ein ungeheures Aufgebot von Erinnerungen, so stellte er in dieser Zeit fest; er hatte Muße genug, sie heraufzubeschwören, und fand eine Art von bitterem Behagen darin, sie auf ihre Einheitlichkeit hin zu prüfen, immer unter dem Leitwort: «... den Sie schamlos ausbeuten ...» Ausbeuten, jawohl! Er kam zu dem Ergebnis, daß des Kapitäns Beobachtung richtig sei, er stellte es sich als mathematische Aufgabe, den Satz zu beweisen, und mit sonderbar abgetötetem Gefühl übersah er seine Lage scharf und klar und – fand sich damit ab.

Dies, George Forster, waren entscheidende, nur allzu entscheidende Wochen in deinem Leben. Dir war Erkenntnis aufgegangen, Erkenntnis, George, die erste Bedingung, um handeln zu können! Indessen – du begnügtest dich. Du handeltest nicht. Wozu auch? Mit welchen Waffen vorgehen gegen diesen Chronos? Nun, nun, wußtest du nichts von leidendem Widerstand, nichts von stillem Eigensinn, von unterirdisch wühlenden Plänen zur Entthronung des Tyrannen? Nichts? Wandtest dich nur ab von ihm, gefaßt und blaß, die Unterlippe ein wenig eingezogen, ja, wandtest dich auch seelisch von ihm ab, daß er von nun an nie wieder dein volles, aufrichtiges Sohnesantlitz zu sehen bekam? So tatest du und – gingest weiter im Joch. George, George, du bist in der Tat sanftmütig und freundlich, bist liebenswürdig – jawohl, in der Tat, nur allzu liebenswürdig, kleiner George! –

Ende Januar setzte Cook eine Sitzung an, zu der Offiziere und Gelehrte am frühen Morgen zu erscheinen hatten, noch ungefrühstückt, was Herr Forster ungeheuer übelnahm, so daß er am Abend zuvor, nachdem Bligh den Befehl mitgeteilt hatte, polternd verkündete: Fiele ihm gar nicht ein . . .! Dächte auch gar nicht daran . . .!! Er lag auch noch in der Koje, als George bereits schattenhaft lautlos aufgestanden und entschwunden war; dann erschien er aber doch in der Kajüte, genau eine halbe Minute, nachdem Cook seinen Platz an der Spitze der Tafel eingenommen hatte, sagte: «Na, guten Morgen!» stellte gekränkt fest, daß auf seinem Stuhl Wales säße, und verankerte sich sodann umständlich auf dem einzig freigebliebenen Sitz, Cook gerade gegenüber, von wo aus er sich aufmunternden Blickes umsah und fragend äußerte: «Nun, und . . .» Cook, der ihn völlig übersah und überhörte – freilich sah er niemand an – gab in gedämpftem Ton einen kurzen Bericht über die bisherigen Ergebnisse der zweiten Polarfahrt; ließ diesen Bericht von Bligh – nicht etwa, wie das vorige Mal, von einem der gelehrten Herren, nun, war das nicht kennzeichnend?! – um einige Zahlenangaben ergänzen, räusperte sich sodann trocken und sagte, ohne seinem versteinerten gelben Gesicht irgendeinen Ausdruck zu geben: «Da unser Bemühen, in diesen Breiten Land zu entdecken, bis dato keinen Erfolg gezeitigt hat, geben wir dies Bemühen nunmehr auf, uns unserer Verantwortung gegen Leben und Gesundheit von Untertanen Seiner Majestät voll bewußt.» Und nachdem er noch eine knappe wissenschaftliche Begründung seiner Handlungsweise gegeben hatte – nichts von Erdblutströmungen, nichts von magnetischen Strahlungen kam darin vor – fügte er beiläufig hinzu, daß die «Resolution» den Kurs seit einer Stunde nordöstlich genommen habe. Hierauf hieß es: «Ich habe die Ehre, meine Herren!» und wahrhaftig und ohne auch nur von ferne abzuwarten, ob nicht einer seiner ihm von der Regierung beigegebenen Berater etwas zu äußern habe, verließ er steif, doch eilfertig hinkend den Raum – er litt seit Wochen böse an einem rheumatischen Anfall – gefolgt von seinen Offizieren, von denen Blandey, der zweite Leutnant, alsbald zurückkehrte, und, in der Tafelrunde frühstückend, in achtungsvoller Haltung taub gegen den erregten Meinungsaustausch seiner Umgebung blieb.

George, er blieb nicht taub; George, er litt tief, ahnungsvoll hatte er erfaßt, was diese Stunde Cook gekostet haben mochte. Ein «Hat er's endlich eingesehen, der Dickkopf?» seines behaglich kauenden Papas haftete wie die Nachempfindung eines Schlages an ihm in fast körperhafter Erinnerung. –

So trieben sie nordwärts; nordwärts, ohne den beschleunigten Rhythmus freudiger Erwartung im Blut zu spüren wie damals, als sie das erste Mal an den Rätseln des Pols abgeglitten waren; nordwärts, nur mit dumpfer Befriedigung, mit der mürrischen Hoffnung auf wärmere Luft, auf eine Nahrung, die nicht stank und von Würmern wimmelte. Cook lag seit Wochen in seiner Kabine, nicht imstande, ein Glied zu rühren; niemand außer dem Doktor und Bligh bekam ihn zu sehen, und mit innerem Grauen nahm George wahr, wie in diesen Wochen die Ausstrahlung des Geistes, die von der Kapitäns-Kajüte ausging, schwächer und schwächer ward, gleichsam als würde diese Kraft von dem, der sie aussandte, wieder eingesogen, weil er selbst ihrer bedurfte. Anfang März, ja, da starrte das Schiff von Schmutz; Abfälle und gefrorener Unrat lagen überall in den Gängen, man glitt darüber aus und die Luft war verpestet. Kein Mensch beklagte sich darüber. Waren sie denn nicht selber . . .

«Now, Lady George», sagte Patton eines Morgens, als er mit gewohnter Todesverachtung zum ersten Frühstück seinen Haufen Sauerkohl hinunterschlang, ohne ihn viel zu besehen. Dies war nun einmal seine Pflicht, als ärztliche Leuchte an Bord mit gutem Beispiel voranzugehen, und sah man nicht den Erfolg? Wer war der Gesundeste an Bord geblieben? Er stopfte die langen Fäden des heilsamen Gemüses mit Gabel und Messer nach in den Mund und blickte dabei mit gerunzelter Stirn über seine Hornbrille zu George hinüber. «Also, Master George, da ist ein Bursche im Logis, er wird's nicht lange mehr machen. Er wünscht Sie zu sehen. Habe den Herrn Vater vorgeschlagen als geistlichen Beistand . . .» er warf Forster einen schiefen Blick zu – «indes, der Junge ist nun einmal darauf versessen, gerade Sie . . . Poor fellow! Der Rotschopf ist's, mit dem breiten Maul, war immer fidel, – jawohl, der Irländer!»

Larry! George tastete sich an den Wänden zum Mannschaftsraum hinüber, die Knie versagten ihm, und eine würgende Übelkeit stieg ihm im Halse hoch, als die beißende Raubtierhöhlenluft aus der Tiefe ihm entgegenquoll. Da schaukelte ein qualmendes Öllämpchen irgendwo in der Finsternis; er folgte dem Schein, der über ein paar Hängematten hin und her zuckte, in denen regungslose Gestalten lagen. Wo war Larry? George starrte schauernd in die gedunsenen Gesichter, deren Augen ihm blicklos zugewandt waren, von einer trüben Haut beschlagen wie tote Fischaugen. O Gott, er kannte keine von diesen – diesen Leichen! Aber da ging eine schwache Bewegung über das eine Gesicht, die geborstenen schwärzlichen Lippen, von zahnlosen blauroten geschwollenen Kiefern gesprengt, schienen sich noch ein wenig weiter zurückziehen zu wollen, es war die verzerrte Spiegelung eines Lächelns; kein Zweifel, dieser da, mit der Absicht des Lächelns, das war Larry und – er hatte Larrys Haare! «Larry – ich – ich hatte dich nicht vergessen!» stammelte George erschüttert und neigte sich über den Kranken. Dabei fiel ihm quälend ein – was – was war nur einmal so ähnlich gewesen, so als hätte er dies schon einmal geträumt? Und auf einmal sah er sich in einer hügeligen Sandwüste, schmeckte heiße salzige Luft, beugte sich – nun ja, über den Janusch, der da heulte, der sich gehen ließ wie ein Tier. Ach, das war es, dies Gefühl, sich nun – auf alle Fälle – um des anderen willen selbst überwinden, sich niederbeugen, ihn anrühren zu müssen, obgleich dieser da – sehr übel roch. Mensch, Bruder – Larry! dachte George in Verzweiflung und legte seine Hand auf den schrecklichen Fleischklumpen, der aus dem Hemdsärmel hervorquoll. «Larry, was kann ich für dich tun?» fragte er leise und bekümmert. Larrys Linke lag auf seiner Brust und schlug die grobe Decke mühsam zurück, ohne daß er in der erbarmungslosen Kälte erschauert wäre; er fühlte wohl nicht viel Unterschied mehr zwischen dem Grad seiner Blutwärme und dem dieser fürchterlichen Grabesluft. Und dann zerrte er an einer Schnur, die ihm um den Hals hing, wo die Schlüsselbeine spitz hervortraten. Er öffnete die Hand ein wenig und zwei Amulette wurden sichtbar. Und nun wieder dieses Lächeln, dieses entsetzliche, und zugleich ein heiserer, rauher Ton. Das war nicht die Stimme der Rakes of Mallow, jene vergnügte Metallstimme von den Inseln her. «Toghiri!» röchelte es mühsam und noch einmal zupfte die Hand an der Schnur.

George glaubte zu verstehen. Mit bebenden Fingern berührte er die kalte, schweißige Haut, knüpfte die Schnur los. «Toghiri bringen?» fragte er kopfnickend und hielt nun beide Heiligtümer dem Sterbenden vor die Augen. Ein Schutzstein aus grünem Jade war's und eine Münze mit der Mutter Gottes auf der einen und St. Patrick auf der anderen Seite. In Larrys Augen trat ein Ausdruck beseligter Dankbarkeit, und dann schloß er sie – nicht um zu sterben, nein, nur zufrieden, verstanden zu sein. Das war nun erledigt, er brauchte sich nicht weiter abzumühen an dem Bewußtsein, daß noch etwas geschehen müsse, etwas, was ihm immer wieder entglitt. Nun durfte er vergessen. Noch einmal hob er die Augendeckel schwer, die Lippen zuckten – George verstand, dies war der Abschied. «Farewell, Larry!» sagte er stockend und suchte seinen Weg hinaus, in der Dunkelheit stolpernd und ganz stumpf vor Kummer.

Übrigens lebte Larry noch tagelang, und sie waren längst hinaus aus dem Bereich der Treibschollen und Pinguine, ja, graue Meerschwalben, die um die Masten strichen, schienen Land zu verkünden, als sie eines Morgens eine steife Puppe, in Segeltuch gehüllt und mit einer Kanonenkugel beschwert vom Achterdeck aus versenkten. Bligh sprach ein eintöniges Vaterunser hinter der Leiche drein, und George stand dabei und sah Mahaine hinter einer Taurolle mit großen, entsetzten Augen hervorlauschen. Und nachher lehnte er an der Reeling, starrte stundenlang in das Gewander der Wogen und pfiff die Rakes of Mallow – falsch, er wußte es – aber dennoch immer wieder. –

Die Osterinseln waren das erste Stück Land, das ihnen der freie

Ozean stumm darbot, wie er sie vor Jahrzehnten dem Jakob Roggewein hingehalten hatte. Mahaine bemerkte in seinen rätselhaften Aufzeichnungen: das Volk ist gut, aber die Insel sehr elend, während George sich unter anderen Bemerkungen aufschrieb, daß die großen Hüte aus Flechtwerk, die in zwei breiten Krempen auf die Schultern fielen, den Frauen ein «leichtfertiges, buhlerisches Aussehen» gäben. Dies schrieb er gleichsam mit zusammengebissenen Zähnen nieder, irgendwelche verzweifelten Absichten im Herzen, daß, wenn sie nur erst wieder auf Tahiti wären . . . Jawohl, er war entschlossen, wenn anders sich sein Zustand von bedingungsloser Verzweiflung und vorbehaltloser Gleichgültigkeit gegen alles, was eine lange Kindheit über ungestört in ihm geblüht hatte, wenn man dies als Entschlossenheit bezeichnen kann. Er trug einen wütenden Ekel in sich herum, gegen das verschmutzte Schiff, in dessen Planken man gezwungen war, auszuharren, gegen dies ewige, ewige Wasser, gegen das Essen, das er aß, das Bett, in dem er schlief. Er haßte alle Fahrtgenossen und wußte, daß sie sich untereinander haßten, daß sie sich nicht mehr sehen konnten, sich verachteten, im Geiste anspien; er hörte das alles aus ihren fortwährenden widerwärtigen Zänkereien, diesen «wissenschaftlichen Disputen!» Er haßte den eigenen ungepflegten, verkommenen Körper mit all den abscheulichen Merkmalen des Skorbuts; er haßte – nicht zuletzt und am wenigsten – den Vater, der infolge mangelnder Bewegung fett geworden war und so unantastbar gesund blieb, was er auf das Pfeifenrauchen schob, er pries tagaus, tagein seine Weisheit, sich so wohl mit Tabak versehen zu haben. Wie haßte aber George auch diesen süßlichen Qualm, in dem er Tag und Nacht geräuchert wurde! In dieser Stimmung also faßte George Entschlüsse, Entschlüsse, die im Grunde nichts anderes waren als ein der Versuchung weinerlich Nachgeben und darauf ein tage- und nächtelanges Umhertaumeln zwischen fieberhaften Vorstellungen. Jedoch genügte es, daß Cook wieder auftauchte, ausgemergelt wie ein Gespenst seiner selbst, aber in der alten Straffheit und einen kalten Willensglanz in den eingesunkenen Augen, einen Blick, unter dem die Sauberkeit des Schiffes und die äußere Regelmäßigkeit des Dienstes sich hoben, ohne daß es irgendwelcher Anschreierei bedurft hätte – oh, man wußte wohl, was man Jimmy schuldig war, und erfüllte es ohne weiteres, eigene Wege an Land vorbehalten – es genügte für George, diesen Blick auf sich ruhen zu fühlen, um an schlechtem Gewissen fast zu sterben, innerlich doch aufschluchzend vor Befriedigung in dem Gefühl, daß dieser Mann ihm rückhaltlos vertraute und ihn für seinesgleichen hielt, daß er, George, außer den Offizieren der einzige war, mit dem er unbefangen sprach, und der einzige an Bord überhaupt, mit dem er scherzte. Cook war seine Rettung. Und seine Aufmerksamkeit für den Kapitän bekam etwas Unruhiges, Fieberndes, er warf sein Inneres auf ihn wie auf einen Felsen, um es aus dem anstürmenden Meer der Versuchungen zu retten – ach, der Versuchungen zum Haß, zum Aufruhr der Seele und des Körpers, die ihn so maßlos unglücklich machten, weil ihre Anforderungen, er fühlte es wohl, eben über seine Kraft gingen. Als sie in der bösen See, in der Gegend der flachen Inseln, kreuzten, wo Roggewein die afrikanische Galley eingebüßt hatte, bemerkte Bligh bei Tisch, daß diese Gewässer voller Untiefen «das Labyrinth» genannt würden, und schreckhaft sprang bei diesem Wort eine Erinnerung in George auf, der er noch nachhing, während die anderen über die Berechtigung dieser Bezeichnung stritten. «Auf Kreta aber, einer Insel mitten im Ägäischen Meer, hauste der Minotaurus, eingeschlossen in die Schneckengänge des Labyrinths . . .» Er hatte sie nicht vergessen, die Wanderungen vor dem Einschlafen, süß und schaurig, denn drinnen heulte der Minotaurus, er selbst aber war sehr klein. Jetzt aber – er horchte auf, Hodges bestritt, daß etwas ein Labyrinth genannt werden könne, dem eben dieser Minotaurus fehle, und Dr. Sparrmann spießte fein wie einen seltenen Schmetterling die Bemerkung auf die Nadel, daß man ja nie wissen könne, ob denn nicht doch ein Minotaurus vorhanden sei, da ja ein solcher Minotaurus bis zuletzt eine unbekannte Größe zu bleiben pflege. «Allerdings, allerdings», übertrumpfte ihn Wales, sein Kinn hastig reibend, «es ist wie mit dem Tode, teuerster Doktor, der in jedem Leben hockt . . .» «Ihr werdet euch wundern», sagte hier Mr. Forster und sagte außerdem «hö, hö!» was sein ihm eigenes, nicht jedem durchaus angenehmes, etwas fettes Lachen war, «ihr werdet euch wundern», wiederholte er, indem er breitbeinig aufstand, «wenn ihr euer Labyrinth durchwandert habt! Was sitzt darin? Was ist der Minotaurus? Eine Überraschung, ein Osterei – hö, hö – du *selbst*, mein teurer Freund, du selbsten sitzest drin, bereit, dich zu zerreißen, hast dich vor dir selbst gefürchtet, dein Leben lang . . .» Und nachdem Mr. Forster diese merkwürdige Erkenntnis mit einem sonderbar vergnügt ins Leere gerichteten Blick und ruckweise vorstoßendem dicken Zeigefinger stehend von sich gegeben hatte, verließ er die Kajüte, nicht ohne nochmals «hö, hö» gemacht zu haben, sehr zum Ärger von Mr. Wales, der Nase und Mund vornehm-verächtlich hängen ließ.

George aber war betroffen – war erschüttert. –

Er wollte an Bord bleiben, als sie endlich wieder vor Tahiti lagen, er schützte Arbeit vor, die während der Fahrt zu lange geruht habe, er schützte Schmerzen in seinem immer noch geschwollenen Fuß vor, er hätte sich am liebsten wie ein Tier verkrochen. Indes sah Cook ihn mit durchdringenden Augen an, die auch hier unter dem flammend blauen Himmel nichts von ihrem Polarglanz verloren, und sagte: «Sie gehen mit mir, George!» in einem Ton, der an Selbstverständlichkeit nichts zu wünschen übrigließ. Und so ging er mit an Land und duldete, was ihn elend machte, den Anblick dieses heißen nackten Lebens, an dem er nicht teilhaben zu dürfen glaubte; denn hier war Cook, der durch das alles mit verächtlich geschürzten Lippen hindurchging und der ihn schweigend verworfen haben würde, wenn er sich hätte gehenlassen. Und dies wäre unerträglich gewesen, denn er bewunderte, er liebte Cook. Liebte er ihn? Oder – haßte er zuweilen auch diesen, haßte ihn um seiner unerschütterlichen hochmütigen Tugend willen, wegen jenes Auftrittes in der Kajüte, als Cook den Vater züchtigte und anspie und damit ihn selbst? Denn tief, tief fühlte sich George doch mit dem Vater verbunden und wußte es, ohne es sich einzugestehen, daß er geringer war als dieser, in irgendeinem Betracht geringer, und deshalb mit Recht abhängig von ihm, und sei er zehnmal moralisch vorzüglicher. Ja – *haßte* er manchmal auch Cook? Er wußte es nicht, wußte nichts mehr, als daß er grenzenlos unglücklich war. Er hatte keine Spielgefährten mehr, um mit ihnen den körperlichen Überschuß auszutoben. Larry war tot, und Mahaine – Mahaine hatte nichts Eiligeres zu tun gehabt als hinzugehen und zu heiraten, natürlich, denn dieser Herr, weitgereist und im Besitze so vieler roter Federn, war den stammverwandten Tahitianern unbeschreiblich merkwürdig und begehrenswert. Gleich in einer der ersten Nächte ward er zur Königin Porea «zur Aufwartung» befohlen, und als er sich von dieser Strapaze erholt hatte, warf er sein Auge auf eine unschöne kleine Insulanerin, die indessen die Tochter eines Eri war und ihm eine erhebliche Mitgift an Land und Ansehen einbrachte – allein den Tau-Tau, den Leibeigenen, der ihm von nun an folgen und ihn bedienen mußte! Mahaine also ward mit einem Schlage ansässig und bürgerlich, verzichtete auf alle weiteren Reisegelüste und dachte nicht mehr daran, mit nach England zu gehen. Er legte es George nahe – «Teori» nannte er ihn und «Teori» sagte lockend das braune kindliche Mädchen, das er mitbrachte, und lachte den Fremden mit breiten weißen Zähnen an – seine Schwägerin Tehamai zu heiraten und sich ebenfalls auf Tahiti niederzulassen. Ja, im Eifer nahm er Georges Hand und führte sie über Tehamais feste warme Glieder, sprachlos verwundert, als der Freund sich losriß und ihn samt seiner vorzüglichen Ware ohne ein Wort stehenließ. Schließlich ging ja alles vorüber. Vorüber gingen auch die Tage auf den Sozietätsinseln, wo das Schiffsvolk sich noch einmal in allen Freuden der Südsee wälzte, vorüber gingen wie Fieberträume die Erlebnisse der Tänze und Vorstellungen, die den Taumel immer noch steigerten; vorüber die Wochen, in denen jenes Mädchen aus Eimeo an Bord war, dem sie Offizierskleider angezogen hatten und das auf Huahaine von den Eingeborenen in einer wüsten Pantomime verspottet wurde – alles ging vorüber und ließ sich ertragen, wenn anders man es nur sachlich betrachtete und sich Anmerkungen darüber machte. Gesegnet die Schreibtafel, die einen begleitete wie ein Talisman, gesegnet jedes Blatt Papier, das sich zwischen ihn und die aufdringliche Wirklichkeit der Dinge schieben ließ! So überwand er die

Südsee, nahm Abschied von den lachenden Inseln, ohne die Spur eines Brennens im Herzen, fuhr vorüber an den Pfingstinseln, an den Hebriden und an Neukaledonien, so wie er einst in St. Petersburg durch die Museen gestolpert war, grenzenlos ermüdet und abgewandten Herzens, nur maschinenmäßig Eindrücke aufnehmend und verarbeitend; so betrat er noch einmal Neuseeland, fühlte eine schwache Wehmut, Larrys eingedenk, und versuchte es, Toghiri aufzufinden, um sich seiner Botschaft zu entledigen, gab es indessen auf, da Toghiri von ihrer alten Wohnstätte verschwunden war und sich auch sonst nicht blicken ließ – armer Larry in der eisigen See, so schnell vergessen! – und schlenderte tagelang einsam am Strande umher, nach Osten spähend und im Winde etwas wie ein gemäßigtes Klima ahnend. Ach, Europa! Nun gab es nichts anderes mehr als *dieses* Ziel der Gedanken! Als ein Knabe war er hinausgefahren, hundertfach abhängig, erwartungsvoll auf die Menschen blickend, und, wie oft auch schon getäuscht, doch ungebrochen im Vertrauen. Jetzt lag ein Zug entsagungsvoller Erkenntnis in seinen Augen und um seinen Mund, der seine zwanzig Jahre Lügen strafte, und hinter seinem unverändert liebenswürdigen Auftreten, hinter der jungen Lady George, wohnte einer, den alle nicht kannten, ein Einsamer, von zartem, schmerzlichem Stolz, von einer entschlossenen Selbstgenügsamkeit – einstweilen! Denn irgendwie hatten jene Eismeerwochen der Einsicht und Erkenntnis doch Früchte gezeitigt, irgendwoher keimte eine trotzige Gleichgültigkeit in ihm, irgendwann war es ihm aufgegangen, daß er ja nicht für alle Zukunft, nicht sein Leben lang mit dem Vater zu rechnen habe . . . Er und das Schiff! Das Schiff, das *seinem* Willen zur Heimkehr diente! – und alles andere war gleichgültig, war Beiwerk, war Nebensache, Geschwätz im Tauwerk und belangloses Geflügel. Er stand am Bug und starrte voraus auf die unabsehbare graue, unheimliche von innen sich wölbende und atmende, tobende und drohende graue Halbkreisfläche – ach, Tag für Tag, Woche um Woche derselbe leere, gähnende Osten! Er packte, er ordnete wieder und wieder, als müsse er bereit sein, morgen von Bord zu gehen – Kap Horn lag noch vor ihnen. Er war zur Stelle, wenn der Vater, wenn Cook ihn wünschten, alles in einer ungegenwärtigen Art und Weise und innerlich mit nichts beschäftigt, als sich sprungbereit für die nächsten Möglichkeiten in London zu halten und – wie sollte er anders – Projekte zu entwerfen, Projekte, in denen der Vater ganz und gar keine Rolle spielte. Er überwand, körperlich überwand er die Erde, trat Feuerland hinter sich, entsetzliche Weihnachtstage auf Feuerland im Schnee und Regen, unter tierähnlichen Geschöpfen, die «Pesseräh!» sagten und weiter nichts, in allen Tonarten «Pesseräh», und hier verlor man Zeit, so viel Zeit! Er jauchzte innerlich, als nach Staten-Island und Georgia nun bis zum Kap keine verfluchte Insel mehr zu erwarten war. Er schluchzte auf – übrigens nicht als der einzige an Bord –, als das erste europäische Schiff, ein holländischer Segler, ihnen in einer kalten Mondnacht in Rufweite gegenüberlag und ihnen wie aus Geistermund *die* Botschaft wurde, daß ganz Europa Frieden habe!

Das war im Februar 1775. Acht Tage später ankerten sie in der Tafelbai, inmitten einer Flotte holländischer Ostindienfahrer und französischer, deutscher und dänischer Handelsschiffe, portugiesischer Kriegsschiffe und spanischer Fregatten; ganz Europas Flaggen grüßten sie, und sie gingen an Land wie die Träumenden, europäische Herren, den Dreispitz unterm Arm, das Meerrohr in der Hand, anderen europäischen Herren ebenfalls mit dem Dreispitz unterm Arm begegnend, europäischen Herren, die gar nicht verwundert schienen, daß sie einherspazierten und sogar Damen mit sich führten, Damen in Kleidern aus Paris, zweifellos. Mein Gott, das gab es noch, Europa stand noch, war es denn möglich?! Überdies gab es Speisen in unsagbar köstlicher, ganz vergessener Zubereitung, an denen man sich notwendig überessen mußte – Herr Forster tat es – es gab Zeitungen, gab – nach beinahe drei Jahren – wieder Briefe von zu Hause! Nicht nur hatte ganz Europa Frieden, auch die Mutter, auch die Geschwister, sie lebten, sie tauchten wieder auf aus dem Nebel der Unerreichbarkeit . . . George lächelte. Seit jener Nacht im Polareis, als die Mutter ihr blutendes Herz an ihm vorübergetragen hatte, hatte er sie tot geglaubt. Nun sah er deutlich ihr blasses Leidensgesicht, die durchsichtige, ein wenig vorspringende Stirn über den müden breiten Lidern vor sich, sah ihren Blick, unendlicher Liebe und Müdigkeit voll. Er preßte die Hand aufs Herz: nun kam er wieder, ein Mann, nun hatte ihr Leiden ein Ende. Er schwur es sich, unbewußt des bitteren Reuegiftes, das solche Schwüre in sich tragen.

Sie kosteten hier schon einen Vorschmack des Ruhmes, der ihrer in der Heimat wartete, kosteten ihn auf den Festmahlen, die fremde Kapitäne und Offiziere ihnen gaben, waren aber nur halb bei der Sache, ungeduldig auf die Weiterreise bedacht. Der kleine Dr. Sparrmann drückte sie umsichtig an sein abschiedstrauriges Herz und stand mit dem Schmetterlingsnetz winkend am Hafen, als das Boot sie überholte. Und nun kam noch einmal das Schiff, Wochen um Wochen: das Schiff! Das Schiff, ein Erdteil für sich, im Raume, in der Wasserwüste jagend, stampfend, schlingernd, drohend, jetzt noch, ja jetzt noch, mit ihnen allen in die Tiefe zu fahren, ihnen seine Macht weisend in bösen Äquinoktialstürmen . . . Das unbändige, das mütterliche, das verhaßte und geliebte Schiff, das am 29. Juli mitternachts den Leuchtturm von Eddystone tanzend grüßte und tags darauf im Hafen von Spithead schaukelte, vornehm und rätselhaft, sie alle entlassend, die selig auseinanderstrebten, ganz ohne geheuchelte Schmerzlichkeit; denn jetzt konnten sie einander entbehren, o ja, jetzt konnten sie wohl. –

Zwischenspiel

Ein Weg von vier Jahren und kein Weg durch die Rosenfelder der Jugend, wie endlich anzunehmen wohl Berechtigung vorhanden gewesen wäre; ein Weg, wenn nicht mehr unterm Joch des väterlichen Willens, so doch unter dem Zwang des eigenen unentrinnbaren Gewissens vor den Karren des Familienunglücks geschirrt; genug, ein Kalvarienweg mit unzähligen Leidensstationen, das war der Weg *vom Themsekai nach Kassel* gewesen. George Forster, in einiger Hast durch den dünnen Neuschnee auf dem holprigen Pflaster der engen Gassen dem Hause des Ministers General von Schlieffen am Königsplatz zustrebend, noch ganz erfüllt von all der aufgewühlten Bitterkeit der letzten vierzehn Tage, von dem Wiedersehen mit den Seinen in Halle, wo der Vater nun endlich als Professor der Naturgeschichte installiert war, wie er selbst schon seit einem Jahre hier am Carolinum zu Kassel – George, so ganz gegen seine Gewohnheit dahinstürmend, die eine Hand an dem niedrigen englischen Hut, die andere zwischen die Knöpfe des Redingotes geschoben, er dachte voll Schicksalstrotzes: jetzt, jetzt erst nach diesem ersten Jahre der Niederlassung in Deutschland sei er endgültig angelangt in Kassel, als in einem Ruheport und Friedenshafen. Jetzt erst, so dachte er voll erzwungenen Freiheitsgefühls, das weiche Gesicht gegen den peitschenden Schnee erhebend und angestrengt nach dem Turm der Martinskirche spähend, von dem herab es eben fünf Uhr über die Dächer sang, jetzt erst hatte es sich vollendet, was damals in der eiskrachenden Christnacht am Pol in seinem Herzen aufgesprungen war, um gegen den Stachel zu löcken. Oh, in der Tat, jetzt war er los und ledig, und es galt, dies Sömmerring zu erzählen; es galt sich auszusprechen, das übervolle Herz in den Busen des Freundes hinein zu entlasten, zu manifestieren die Einsetzung des eigenen freien Willens als Daseinsfaktor. Indessen, es würde kaum Zeit sein, Sömmerring noch vor der Sitzung allein zu sprechen; er hatte sich wieder einmal verspätet, hatte sich in Jakobis «Woldemar» verlesen, sich dann über der Toilette versäumt. Mit langen Schritten nahm er die letzte Gasse. Jene Leidensstationen, jawohl, sie lagen nun abgegrenzt in einem Bezirk der Erinnerung, der nicht in die Gegenwart hineinreichte; dies schrieb er streng sich vor. Dahinten lagen die demütigenden Verhandlungen mit dem Londoner Admiralitätskollegium über die Veröffentlichung der Reisebeschreibung Forsters des Älteren. Oh, diese Verhandlungen, über denen die ausgelaugte Maske Lord Sandwiches hing wie der kalte Mond einer Scheingerechtigkeit, in deren verwirrendem Licht alle Begriffe zu schwanken begannen! Hier wurde blank ausgefochten, was auf dem Schiff dumpf in Haß gebrütet hatte und wer fragte jetzt nach Lady George? Die Klingen kreuzten sich über das weiche Herz hinweg, und die stählerne siegte über die gläserne! Forster der Ältere oder der Ruhm von England, Kapitän Cook? War das eine Frage? George wünschte sich nicht zu erinnern. Vorüber, dachte er mit fieberndem Hirn, vorüber, vorüber. Vorüber das Hungerleben in London, das Schachern mit Naturalien und Kuriositäten, an denen das Herz doch irgendwie hing; George entsann sich im Fluge der geschnitzten Frauenhand von der Osterinsel – hatte er sie nicht geliebt? Sie hatte drei Guineen eingebracht, gewiß! Vorüber der Ansturm von Gläubigern mit Bulldoggengesichtern, von Gerichtsverhandlungen vor ungeheuern Perücken, vorüber das Gespenst des Schuldturms zu Kingsbench, dessen Quadern das Herz der Mutter zermalmten, oh, unerträgliche Qual! Hier saß Reinhold Forster zwei Jahre lang und, Gott verzeihe mir, dachte George, aber ich will das alles noch einmal erleiden, wenn ihm nicht wohl war im Gefühl des übergroßen Unrechtes, das ihm geschah. Ja, wahrhaftig, Gott verzeihe mir, dachte George verzweifelnd, wie immer, wenn die Säure unterdrückter Aufsässigkeit durch seine Gedanken fraß. Und er brauchte nicht mehr betteln zu gehen! Vorüber die Bittstellergänge an die Logen in Paris, in Holland – an die deutschen Fürstenhöfe, wo er antichambriert hatte, den Hut in der Hand, seine Reisebeschreibung gegen das Herz gedrückt, ein berühmter Weltumschiffer, blutjung und bettelarm!

Vorüber, triumphierte er in gewolltem innerem Jubel und flog über den breiten, geschweiften Absatz der schön sich windenden steinernen Treppe des Schlieffenschen Palais hinauf, drei, vier der niederen Stufen auf einmal nehmend. Aus der Reihe von Überkleidern, die im Vorzimmer hingen, entnahm er mit einigem Schrecken den Grad seiner Verspätung, erfuhr von dem diensttuenden Lakaien, daß Ihre Gnaden die Frau Marquise von Mombert noch nicht anwesend seien, atmete ein wenig auf und tupfte vor dem Spiegel das schneefeuchte Gesicht mit dem Tuche ab. Er sah wohl aus, stellte er in Eile befriedigt fest, die Wangen gerötet, die Augen klar, nichts von seiner gewöhnlichen Stubenblässe. –

«Der Professor Müller gekommen?» hörte er sich fragen, wie ihn dünkte, ganz ohne seinen Willen; und ehe er die Antwort hörte, trat er schon an dem Respektvollen vorüber in die warme Kerzenhalle des

Salons und schritt in eiliger Verlegenheit auf den General zu, der dort vor dem Marmorkamin in gedämpfter, phlegmatischer Unterhaltung mit einem großen Herrn in Hofuniform stand, der sein gepudertes Haupt und den Oberkörper zurückwarf, als er Georges Namen hörte, und ihm beide Hände entgegenstreckte. Der Freiherr von Knigge? Nun ja, dies war ein Herr mit blauen Emailleaugen. George, die Hand am Degengriff, machte die Runde durch den Halbkreis der Gäste, flüsterte ein-, zweimal seinen Namen vor unbekannten Erscheinungen, erfuhr, daß es sich um die Herren Richers und Greve handele, beide von den Hannoveranern in Hanau, Leutnant Greve und Hauptmann Richers, zu dienen – schüttelte Hände, sah liebenswürdig entzückt in andere liebenswürdig entzückte Augen und erholte sich endlich, neben Sömmerring verharrend, mit einem kleinen Hüsteln von dieser Übung gesellschaftlicher Befähigung, die ihn stets ein wenig Kraft kostete. Jetzt erst stellte er mit einem scheinbar ziellos umherwandernden Blick fest: ja, Müller war anwesend. Er hatte ihn begrüßt, ohne ihn zu erkennen. Jene kleine Unruhe am Herzen, die eben nachließ und ausschwang, war die vielleicht entstanden, als er Müllers Hand berührt hatte? Er lächelte ein wenig bestürzt und wandte sich Sömmerring zu; was ging denn jener kühle, glatte Mensch mit den rätselhaft unzufriedenen Augen ihn an? Ach, sein Sömmerring, der bebte vor Wonne, ihn wiederzusehen nach der halbmonatigen Trennung; klares Wasser stand in seinen Augen, die sich voll Bewegung auf George richteten. Schön war Sömmerring nicht, aber er wurde schön in seinem Gefühl, und war nicht dies die Seele, die ihm den kalten, fremden Ort zur Heimat gemacht hatte?

«Unendliches habe ich zu erzählen, Freund!» flüsterte George, die Hand auf des anderen Arm, wandte sich aber im selben Augenblick der Flügeltür zu, wie alle Anwesenden. Die acht Männer verneigten sich, als bräche eine sonderbare Gewalt ihre Nacken. Und die Frau, die in dem apfelgrünen Seidenkleide dort vor dem weißgoldenen Hintergrund der Türe stand, starrend in der Hoftracht einer schon halbverschollenen Mode von Paris, mit unbeweglich über dem Schoß zusammengelegten Händen die goldene Dose, das Geschenk des Landgrafen, haltend, dem sie, wie es hieß, eine rührende Zusammenkunft mit dem Geist seiner verklärten Ahnfrau, der heiligen Elisabeth, verschafft hatte – diese Frau rührte kaum die halbgesenkten Lider, als sie nun dem schwerfällig auf sie zueilenden General die Fingerspitzen reichte und mit schmerzlicher Hast halblaut sagte: «Beginnen wir, schnell! Sie haben alles vorbereitet?»

George verspürte ein Rieseln zwischen den Schulterblättern, als er jetzt das überpuderte Antlitz mit den zarten, emporgezogenen Brauen, den leicht verzerrten Lippen und bebenden Nasenflügeln der sonderbar berühmten Marquise von Mombert an sich vorbeigleiten sah. Der

General geleitete die Dame mit befangenem Tänzelschritt, als ginge es zum Menuett, durch den Saal zur Tür des Kabinetts. Ein buckliges Geschöpf in goldgesticktem Schoßrock mit einer übergroßen Lockenperücke trippelte hinter den beiden drein und brachte durch devoteste Bücklinge und schadenfrohe Blicke jetzt erst seine Anwesenheit zum allgemeinen Bewußtsein. Aha, dachte George, dies war der Reisemarschall der Marquise, war der Monsieur Touchet, der die empfindsamen Dramen schrieb und überdies die Gabe besaß, durch Handauflegen zu heilen, wie er von sich zu verbreiten verstanden hatte. Sollte etwas Wahres daran sein? Was würde man heute erleben? Und nun wurde es ihm plötzlich wieder ganz bewußt: heute galt es mehr als einen geselligen Zeitvertreib; heute galt es eine Probe anzustellen auf Tod und Leben, einen Beweis zu erlangen ... Die Spannung, die den Tag über in seinen Gliedern gelegen hatte wie unterdrückte Krankheit, schoß auf einmal zusammen und straffte Geist und Körper zu unerhörter Aufmerksamkeit. Auf der Schwelle ewiger Geheimnisse stehen, welcher Augenblick! fuhr es ihm durch den Sinn. Freilich, ein Skeptiker, ein Müller ... dachte er sogleich geärgert weiter, wahrnehmend, wie dieser, einer Bitte des Generals folgend, mit undurchdringlichem Lächeln die Kerzen in den Armleuchtern löschte.

«Die Marquise wünscht es so», hörte er den General im Ton gedämpfter Erregung halblaut sagen. «Indessen ist sie für heute nicht disponiert, uns, wie wir wünschten, einen Blick in die Geisterwelt tun zu lassen. Sie wird uns jedoch», übertönte er die flüsternde Enttäuschung der Gäste, «Zukunft und Vergangenheit auslegen, durch Betrachtung der Linien unserer Hände und durch Anwendung ihres übernatürlichen Ahnungsvermögens. Ich, meine Herren», fügte er hinzu und bewegte abwehrend die Hand, indem er sich mit halb verhaltenem Ächzen in einen breiten, tiefen Armsessel niederließ, «ich lege keinen Wert darauf, die Grenzen meiner etwaigen Zukunft zu erfahren oder gar die Stunde meines Todes. Dies Amüsement scheint mir völlig eine Affäre junger Leute.» Und mit dem seltsam mißtrauischen, rührenden Forschen alter Menschen nach den Mienen seiner Gäste spähend – aus der offenstehenden Tür des Kabinetts fiel eine breite Straße Lichtes in den Saal und verbreitete eine schwache Helle – fragte er: «Nun, wer ist encouragiert genug, den Anfang zu machen?» Und gleich darauf in gerafftem Ton: «Meine Herren, lassen wir die Dame doch nicht warten!»

«Stellen wir es doch auf die Probe, dies ausgezeichnete Ahnungsvermögen!» ließ sich aus einer beschatteten Ecke Müllers Stimme vernehmen, und George ballte heimlich die Hand. «Weiß die Dame, wer hier anwesend ist? Nicht? Kennt sie einen von uns schon von Angesicht? Nein? Unmöglich, da sie erst seit drei Tagen hier ist? Nun – so wollen wir an ihr vorbeidefilieren und sie soll zunächst einmal den – nun, vielleicht den am weitesten Gereisten – und den zugleich Berühmtesten unter uns feststellen!» Hatte ein heimliches Lachen in dieser ruhigen Stimme gelegen? Dieser Mensch legte es darauf an, ihn zu demütigen; nun, gleichviel! Welche Komödie! Da ging man im Gänsemarsch hinüber, Müller an der Spitze. «Wohl dem, der nicht wandelt im Rate der Gottlosen, noch sitzet da, wo die Spötter sitzen ...» ging es George bitter durch den Sinn. Aber was lag daran? Spielte Müller etwa auf Eitelkeiten an, die er bei ihm, George, vermutete? Konnte er so mißkannt werden? Oder kannte er sich selbst so schlecht? Wie, ward er etwa unruhig bei dem Gedanken, die Marquise könnte – könnte vielleicht den Schotten Richers bezeichnen, der in Amerika gegen die Franzosen gekämpft hatte? Er entsann sich plötzlich, von diesem Fremden gehört zu haben. Aber würde er nicht trotzdem Forster bleiben, Forster der Jüngere, mit einem Wort, der junge Forster? Ah, welche Gedanken auf einem Weg von einer halben Minute? Keine Gedanken, würdig der Ewigkeit, die sich hier offenbaren sollte! Galt es nicht, die Verbindung mit dem Herrn zu suchen in dieser Stunde? Jetzt schritt Knigge, jetzt wandelte Prizier an der Seherin vorüber, sie rührte sich nicht, ihre Hände lagen regungslos auf dem Buchsbaumtischchen, hinter dem sie saß; sie schien mit zurückgelehntem Haupt und halbgeschlossenen Augen den Duft der Räucherkerzen einzuatmen, die Touchet dort über der züngelnden Flamme des Leuchters verbrannte. Jetzt Greve – jetzt – Richers. – Zuckte etwas in den Zügen der Frau? Vorüber! Und George, ein paar Schritte hinter dem Hauptmann, fühlte sich törichterweise erleichtert, zauderte, ging, von Sömmerring leise geschoben, vorwärts und ... Es war die Stimme Touchets, die da plötzlich sagte: «Restez ici, Monsieur, Madam a fait son choix!»

Madame hatte gewählt, in der Tat. Es war geschehen durch eine kaum merkliche Bewegung des Hauptes, der linken Hand. George fühlte sich auf einmal allein, hörte ein Gemurmel hinter sich ersterben, atmete den süßlichen Kirchengeruch der Luft und sah verwirrt in diese blicklosen Augen, Augen, die wie beschlagene Spiegel wirkten: die Iris war nach oben gedreht, die Pupille nur halb sichtbar und das Überwiegen des trüb geäderten Augapfels gab dem farblosen Antlitz mit den scharfumrissenen, hellroten Lippen einen blinden, einen übermäßig leidenden Ausdruck.

«Man weiß im Geisterreich von seinen Verdiensten», sagte jemand im Nebenraum. Gelächter und Gemurmel quoll noch einmal auf, ein Stuhl ward behutsam gerückt. Dann stand im Raum die atmende Stille der Erwartung.

«Was wünscht Monsieur zu wissen?» hörte George jetzt die Stimme Touchets mit einer scharfen Süßlichkeit in Ton und Ausdruck. «Die Vergangenheit oder die Zukunft? Ah – die Zukunft – nicht wahr?»

«Die Vergangenheit!»

George stieß es heftig hervor. Es galt eine Probe. Es war nicht ruchlose Neugier, daß er hier stand! Dies im Auge behalten, sich den Zweck nicht trüben lassen!

Die Vergangenheit! Erfahren, ob es möglich war, daß Gott den Menschen würdigte . . . Und mit einer ungeduldig heischenden Bewegung stieß er der Somnambule seine geöffnete Linke hin und fühlte sie von schlaffen, kühlen Fingern umfaßt, Fingern, von denen doch eine beängstigend saugende Kraft ausging. George dehnte den Brustkasten in einem seltsamen Gefühl der Schwäche. Wie – stürzte all sein Blut in seine Hände?

Und während er in diesem fremdartigen Taumel die Augen schloß, fühlend, daß der stumpfe Blick der Frau an ihm emportastete – war nicht damals am Kap die große Fledermaus so an seiner Brust hinaufgeklettert, die sich in seinem Jabot verkrallt hatte? – da hörte er etwas wie einen tönenden Seufzer – zwei, drei Worte . . .

Nun, dies war wirklich zum Lachen!

Und er raffte sich zusammen und sah mit halbem Lächeln auf die Sitzende nieder.

«Nun, Madame, beliebt es? Die Vergangenheit, wenn ich bitten darf!»

Eine Schleuse schien geöffnet. Die Worte kamen unaufhaltsam.

«Da ist eine Reise, wenige Tage zurück. Oh, keine große Reise für Monsieur – hundert Meilen über Land zu fahren, was will das heißen für Monsieur, der die ganze Erde kennt? Eine Reise zu Verwandten, Monsieur? Die Verwandten sind lange in einem Land fern der Heimat gewesen. Ich sehe – Armut. Das ist vorbei. Monsieur hat gearbeitet für seine alten Eltern. Sind es die Eltern, Monsieur? Gut! Aber die Eltern sind nie zufrieden mit Monsieurs Erfolgen. Ist es Madame mère? Nein. Aber der alte Mann . . . Ich sehe einen Berg. Ich sehe eine bittere Galle. Ich fühle – Neid. Ah, assez! Monsieur wünscht das nicht zu hören. Es hat wenig Freude gegeben beim Wiedersehen. Streit – Kummer. Assez! Monsieur ist jetzt sehr allein. Da ist eine Frau – braune Augen. Prenez garde, monsieur! Monsieur hat Freunde, sehr gute Freunde – da sind *hohe* Herren. Die letzten Jahre? Viel Arbeit, viel Reisen – immer für den alten Mann. Aber – ist es nicht so? – Monsieur haßt den alten Mann . . .»

George, der seine Hand an sich reißen wollte, fühlte eine Lähmung, fühlte Schwindel, fühlte sich wie unlöslich an diese saugenden Finger geschlossen.

«Oh, wie der alte Mann wächst, je weiter es zurückgeht! Er macht den Himmel dunkel. Viel Wasser – viel. Oh, welche Länder . . .»

Hier legte Touchet seine Hand um das Gelenk der Frau und willenlos öffnete sich ihr Griff um Georges Linke.

«Genügt Ihnen dies, Monsieur?» flüsterte der Franzose von unten herauf mit einem Entblößen seiner Zähne, einem Hochziehen der Oberlippe, das seinem zugespitzten Gesicht einen Ausdruck von Bosheit verlieh.

George nickte stumm. Er wandte sich, schwankte in den Saal zurück und suchte seinen Stuhl. Und nun er endlich saß und seine Stirn mit dem Taschentuch betupfte, seine linke Hand heimlich abrieb, um die Erinnerung an jene schlangenhafte Berührung loszuwerden, kam er allmählich wieder zu sich, empfand die beruhigende Wärme, die von seinem Nachbarn, Sömmerring ausging, der fast Schulter an Schulter mit ihm saß, seufzte auf und wußte wieder: hier, dies war der Salon im Hause des Ministers; dort auf dem Kamin blinkte in einem Lichtstrahl die glasierte chinesische Vase, leise und geschwätzig pendelte von der Kommode her der Gang der Boule-Uhr durch die Stille. Dies neben ihm, atmend und Leben verratend, war Sömmerring, ach, der *Freund*, und an seiner Rechten – Müller – oh, trotz allem, auch eine heimatliche Seele. Indessen, mein Gott, gab es hier nicht einen kleinen Anhalt dafür, daß er – er selbst war? Wollte niemand ihn anreden und diesem Kreiseln seines Gehirns Einhalt tun? Da stand von Knigge nun vor dem Tisch im Kabinett, das starke, rosige Gesicht unter dem gepuderten Toupet vom Kerzenlicht angestrahlt und mit selbstgefälligem Lächeln dem lauschend, was Madame ihm zu sagen hatte. In der fahlen Maske ihres Gesichts bewegte sich der krankhaft rote Mund unaufhaltsam und quoll über von jenem rauhen, tiefen Geflüster mit der röchelnden Betonung gewisser Worte, diesem Geflüster, das hier nicht zu verstehen war. Da war, durch einige Stühle von ihm getrennt, der General; man hörte deutlich sein kurzes, mühsames Atmen und das Klingeln seiner Berlocken, mit denen er wie gewöhnlich spielte. Da war Prizier, er wippte mit dem Stuhl und trug Langeweile zur Schau, freilich, dies hatte mit Alchimie wenig zu tun. Und da waren, ein wenig nach Stall und Leder riechend, die beiden Herren Greve und Richers, jawohl, von den Hannoveranern in Hanau, er hatte von ihnen gehört; sie waren zu Pferde herübergekommen, um die Seherin zu hören – Angehörige übrigens der Loge «Friedrich von der Freundschaft», also nicht strikter Observanz, noch nicht. Diese waren ganz Andacht, saßen vorgebeugt da, hielten die Ellbogen auf den Oberschenkeln, die Hände gefaltet zwischen den Knien, beobachteten starr den Eindruck, den die Worte der Seherin auf den Zügen von Knigges hervorriefen, warfen sich zurück, schüttelten ratlos die Köpfe, griffen sich grübelnd ans Kinn ... Gute, junge Leute das, der Hauptmann und der Leutnant, dachte George, einer unbehaglichen Rührung voll, der eigenen sechsundzwanzig Jahre nicht eingedenk. Und doch, was erinnerte ihn plötzlich daran? Jene ersten Worte der Seherin, jener gehauchte Ausruf bei seinem Anblick ... Nein, lächerlich! Dennoch, was hatte sie gemeint? Gegenwärtiges? Zukünftiges? Stand ihm etwas bevor, das jenen Seufzer rechtfertigte? War es also noch nicht genug gewesen, das alles, was hinter ihm lag? Aber er wollte sie nicht um die Zukunft befragen; er hatte genug von der Erfahrung, daß zwischen ihm und jener Fremden dort am Tisch kein Schleier waltete, daß kein noch so dünnes Häutchen seine Erinnerung von ihrer Seele schied; daß hier also in der Tat ein seltsames Ineinanderwogen der unsichtbaren Wesenheiten verschiedener Personen statthatte. Ein Ineinanderwogen, ein Verschmelzen nicht nur der Seelen; auch die Zeitbegriffe waren aufgehoben. Vergangenheit, Zukunft, das stand aufgerissen da in einer weiten, raumhaften Gegenwart, in der alles nebeneinander ragte, was bestimmt war, ein Leben fließend zu füllen. Welch ungeheurer Frieden, dachte George bestürzt, müßte dort wohnen hinter der niederen Stirn von Madame! Dieses Wesen in dem mitgenommenen Kleid aus verschlissener grüner Seide, in der Robe einer halbverschollenen Mode von Paris, es war im Besitz der All-Einheit, es mußte strahlen von gesammeltem Lichte, es war – seltsam, seltsam! – nichts als ein greifbarer Ausdruck göttlicher Allwissenheit. Ach, aber es wohnte da kein Frieden; da war Qual. Qual sprach aus den gereckten Zügen dieser Frau, aus ihrem blinden Tasten nach den Händen der Fremden, aus ihrem Zusammenzucken, wenn die Stimme Touchets in ihr Hirn drang. Das war keine Herrscherin im Unsichtbaren – nur ein armes Werkzeug, ein geknechteter Schalltrichter für übermenschliche Stimmen. Aber ich, dachte George weiter, gepeinigt, das Erlebnis bis ins Letzte auszuschöpfen: wenn es *mir* gelänge, das Trennende auszulöschen, durchzustoßen das Häutchen, zu zerreißen den Schleier – wenn ich mich nur hingebe, mich strömen lasse – es gelingt – es gelingt! Und wieder empfand er das Kreiseln des Gehirns, das Aufgehobensein des Selbstbewußtseins, jene Ahnung des Schwebens, wie er sie erfahren hatte in den Gebetsrasereien der vergangenen Monate. Gleich, gleich, dachte er krampfhaft; schon hatte er aufgehört, George Forster zu sein. Was war dieser Name, wen hatte er einmal bezeichnet? Einen gefeierten jungen Gelehrten? Einen Professor der Naturwissenschaften am Carolinum zu Kassel? Einen Schützling von Fürsten? Einen Freund guter Freunde? Ein Schwall von Erinnerungen stürzte zwischen ihn und sein Bemühen, auszulöschen. Irgendeine Stimme, empfunden wie ein bohrender Punkt glühenden Lichts, der die Dunkelheit nicht aufkommen ließ, wiederholte eigensinnig: «Kassel! Carolinum! Kollegium! Gold, Gold und wiederum Gold! Landgraf und Konsorten! George, George Forster, Freund! Bruder Amadeus!» und widerwillig gab er nach, ließ ihn wachsen, den Punkt, anschwellen das Licht, erkannte sich, George Forster, Professor der Naturwissenschaften am Carolinum zu Kassel, der Gelehrtenschule des Landgrafen von Hessen; George Forster, Mitglied des geheimen Rosenkreuzerzirkels, mit dem Bundesnamen Amadeus, der hier saß, als hätte er Zeit übrig für – müßige Scharlatanerien – so würde der Vater das nennen –, als müßte er nicht über seiner Arbeit brüten, um Geld zu verdienen, Geld! *Viel* Geld, denn was tat man ohne Geld, ohne Bücher, Instrumente, gute Kleider, wie sie seine Lebensstellung nun einmal nötig machte? Also Geld für sich und dann, immer noch und endlos, für den Alten, der jetzt dort in Halle saß, und sich mit Lust der Erkenntnis hingab, daß die Postverbindung zwischen ihm und dem Sohne nun außerordentlich viel besser war, als zwischen London und Hessen-Kassel!

George rückte sich ein wenig zurecht und kam durchaus zu sich. Er schauderte zusammen; es war kühl im Saal, das Feuer im Kamin war niedergesunken. Eben kehrte Sömmerring von der Seherin zurück, das Lächeln verlegener Ratlosigkeit um den Mund, das er für unerklärliche Fälle vorrätig hatte. «Rätselhaft!» raunte er George zu, indem er sich niederließ, «sie hat mir mein ganzes Leben gesagt. Dinge, die niemand wissen konnte. Ich bat um die Vergangenheit – wie du!» Dieses «wie du» stand als Motto über Samuel Sömmerrings Tagen seit er George kannte. Indessen ging eine Bewegung durch den Kreis und es ward festgestellt, daß niemand mehr da war, der Madame befragen wollte.

«Nun, meine Herren? Sie sind befriedigt?»

Der General spähte nach den Mienen seiner Gäste und verweilte prüfend auf den ihm zunächst Sitzenden, Richers und Greve, die immer noch in den Anblick der Pythia versunken waren. Zuweilen murmelte Greve etwas wie: «Unübertrefflich!» worauf Richers, der ein Schotte war, regelmäßig aus tiefster Seele «Rather!» antwortete. Dann, mit leisem Ächzen seine schwerfälligen Massen in Bewegung setzend und sich auf der Lichtstraße nach dem Kabinett zu schiebend, nachdem er durch eine Glocke den Diener hereingerufen hatte, gab er das Zeichen, sich zu erheben. George stand ernüchtert im Schein der wieder aufflammenden Kerzen. Er meinte, dort im Kabinett einen Papierumschlag auf den Tisch flattern gesehen zu haben, die Marquise, hochmütig und erschöpft ins Leere blickend, beachtete ihn nicht, aber Touchet griff gierig danach. Hier ward ein Handel abgeschlossen, jene Frau dort lebte vom Verkauf ihrer Ewigkeitsnähe; freilich, weder sie noch ihr Begleiter wirkten wie fleischgewordene Gottesgrüße, und es war ohne Zweifel eine ganz alltägliche Person, die dort ein wenig mürrisch den Komplimenten des Generals lauschte. Würde sie der Gesellschaft noch einmal die Gunst ihrer Offenbarung erweisen, ihnen das Geisterreich auftun? Sie konnte ja sehen, daß die Herren erschüttert waren wie Moses auf dem Sinai; hier befanden sich weder Zweifler noch Spötter! Die letzten Worte, die Schlieffen halb in den Salon hinein gewandt sprach, lösten unterdrücktes dankbares Gemurmel, durch das die Marquise mit abwesendem Ausdruck hindurchschritt, während Touchet eilig und widerlich freundlich Verbeugungen erwiderte, die ihm nicht gegolten hatten. Gehörte jene Frau etwa diesem krummen Zwerg! War sie in seine Gewalt geraten und trieb er Raubbau mit ihren Fähigkeiten? George erlag dieser Vorstellung einen Augenblick, indem er nach der Tür starrte, hinter der die Fremde verschwunden war. Dann begegnete er Müllers Blicken, in jenem unbegreiflichen Lächeln auf sich gerichtet, das dieser Mann immer für ihn hatte. Er raffte sich zusammen. «Ein wunderliches Schicksal», sprach der andere ihn an, «dies ist eine Frau von Welt, ihr sogenannter Reisemarschall aber wirkt wie ein Jude. Wie dem auch sei – eine interessante Demonstration!»

«*Eine* Empfindung ist zehntausend Demonstrationen wert!» gab George kalt zurück. Wo war Sömmerring? Man brach auf. Und ein Blick in den Saal zurück zeigte ihm Schlieffen, den Arm auf das Kaminsims gestützt, tief nachdenklich vor sich niedersehend. Ein alter, schwerer und müder Mann. Die Seelen werden ihrer Masken müde, wenn das Leben sich neigt, ging es George schwermütig durch den Sinn.

Schweigsam schritt er hinter den anderen die Treppe hinunter und hob aufatmend den Blick, als er ins Freie trat. «Orion!» dachte er wie ein Gebet. Und nun – es schlug erst sieben vom Turm, es war noch Zeit zu einem Spaziergang, ehe man sich zum Kammerherrn von Canitz begab, wohin die Gesellschaft auf den Abend gebeten war, gewisser Besprechungen halber. Er ergriff Sömmerring beim Arm.

«Ich versichere Ihnen, meine Herren, daß sie dies alles nicht wissen konnte, sie hatte nicht den geringsten Anhalt», hörte er hinter sich die Stimme von Knigges, der zwischen Richers und Greve einherschritt. «Es ist ein Phänomen, ein unerhörtes Naturspiel ...»

«Was sagst du, George?» murmelte Sömmerring. «Ich komme nicht darüber hinweg, daß die Huren Allwissenheit haben sollen und die Augen reiner Jungfrauen gebunden sind ...»

«Oh, mein Wertester!» sagte Müller und wandte sein rätselvolles Gesicht über die Schulter zurück, George mit seinem traurigen Lächeln streifend, «sind Sie noch in dem Traum von der Vestalinnen Reinheit befangen?»

Prizier lachte zischend. «Schäker!» meckert er, «ein Schäker das, der Professor!»

«Ich weiß es nicht», sagte George, aus seinen Gedanken auftauchend und sich Sömmerring zuwendend. «Vielleicht haben wir erleben sollen, daß das Gefäß gar nicht dürftig und demütig genug sein kann, um das heilige Leuchtöl aufzunehmen. Diese Frau ist am Leben zerbrochen. Das Gefäß ist nichts, der Inhalt alles. Selig die am Geist Armen, ist's nicht so? Sind wir nicht einfach genug, Freunde?

Wir treiben viele Künste
Und kommen weiter von dem Ziel ...»

Er sprach es träumerisch und wie für sich allein. Müller hatte sich Prizier zugewandt. Ihre Schritte klangen dumpf auf der schneebedeckten Straße. Der Fluß dampfte zu ihrer Rechten, lichte Fenster säumten das jenseitige Ufer wie Reihen riesiger Glühwürmer; im Nebel hob sich gespenstisch geballt der Turm der Martinskirche.

«Ja, ich habe meinen Beweis!» raunte George und preßte den Arm des Freundes an sich, «was mir noch fehlte zum vollen Glauben, es ist gewonnen. Freilich wohl: selig der Glauben, ohne gesehen zu haben. Aber – selig auch, der gewürdigt wird, zu sehen!»

Sie hatten ihre Schritte verlangsamt und blieben hinter den anderen zurück.

«Es geht mir ähnlich wie dir», murmelte Sömmerring erschüttert.

«Es ist unmöglich, daß sie meine letzten Jahre kannte», fuhr George leidenschaftlich fort, «die Plackerei und Mühsal für den Vater seit der Heimkehr aus der Südsee, all die Reisen für ihn und nun sein malkontentes Benehmen, seit er glücklich in Halle installiert ist. Nun, aber du weißt, ich frage nicht nach Dank!»

Dies letzte gehörte nicht zur Sache. Er stieß es hitzig heraus und schüttelte Sömmerrings Arm.

«Ich weiß, Teuerster, ich weiß . . .»

«Oh, nichts weißt du! Sprachen wir uns denn seit meiner Rückkehr aus Halle? Den Abgrund hat dies Wiedersehen zwischen mir und ihm aufgerissen! Aber wer ahnte das schon? Welche Seele hätte ich auch nur ganz von ferne einen Blick in meine tun lassen? Nun, diese Frau sagte es mir: Ihr haßt den alten Mann . . . Sömmerring, Sömmerring, wie wurde mir da!»

Sömmerring suchte vergeblich Worte. George beruhigte sich.

«Du siehst mich exaltiert», sagte er, die Augen zum Firmament erhebend. «Oh, Freund, ich bin so über die Maßen glücklich, wieder hier zu sein! Ich war in der Wüste. Ich fand nicht die mindeste Rezeptivität für die Begriffe, die unsere Glückseligkeit ausmachen. Vielleicht noch für die physikalische Seite der Sache. Gold machen können – o ja! Nicht übel! Aber – aber – Nun, du verstehst mich. Ich hatte dort keinen Augenblick der Sammlung, die Zeit, die ich unserem Herrn zu weihen pflegte, mußte ich mich in einfältiger Gesellschaft ennuyieren und über ihre Späße und Zoten lachen. Tagsüber sortierte ich die Herbarien, wie als Junge. Der Geist verhalf mir zu Demut, Geduld und Liebe. Meine Schwestern . . .»

«Halt!» flüsterte Sömmerring in diesem Augenblick und umkrampfte seine Hand. «Halt! Schweige!»

Sie waren stehengeblieben. Georges Herzschlag setzte einmal aus. Eine vermummte Gestalt, übermäßig groß, wie es schien, aber geduckt und den Kopf zwischen hochgezogenen Schultern bergend, tat schleichende Schritte an ihnen vorüber, die vom steigenden Monde fahl beleuchtete Häuserwand entlang, ihren grotesk verkürzten Schatten mit sich führend wie einen widerwillig gebändigten üblen Geist. Sie überholte die Freunde, um lautlos in die Schwärze eines Seitengäßchens zu tauchen.

«Manegogus!» flüsterte George mit versagender Stimme. Sie schritten weiter, die Arme voneinander gelöst, die Köpfe gesenkt, wie ertappte Sünder. Einmal blickte Sömmerring scheu zurück. «Wie lange mag er hinter uns gegangen sein?» murmelte er, «man hört kaum einen Schritt in dem frischen Schnee.»

«Du vergißt, daß es schwer zu verstehen ist, was vor einem Hergehende sprechen!» redete George hastig. «Außerdem sprachen wir nicht laut. Wir sprachen auch nicht von Ordensdingen. Oder, ich bitte dich! *sprachen* wir von Angelegenheiten des Zirkels?»

«Nein, nein!» stieß Sömmerring beteuernd hervor und wandte wieder den Kopf zurück.

«Du siehst es, du siehst es!» George faßte mit der Hand an den Kopf. «Überall. Auf Schritt und Tritt! Wußte er von dieser Séance? Natürlich, er wußte es! Mein Gott, aber dies ist mehr als natürlich.»

Er blickte hinüber nach dem Museum Fridericianum, dessen Fassade drüben neben der schwergegliederten Masse des Schlosses in ihren edlen Verhältnissen unwirklich dastand wie ein vom Monde geborener Traum. Irgendein Sehnen nach jenen Kammern und Sälen voller Realitäten, nach reinlich geordneten Sammlungen, nach festumrissenen Arbeitsstunden rührte ihn in der Tiefe des Unbewußten an. Ein junger Baum, der Zucht des Gärtners gewohnt, was *weiß* er viel, wenn der Stab ihm plötzlich fehlt und er in jedem Winde schwankt? George Forster seufzte auf.

Sie stampften den Schnee von ihren Stiefeln und betraten das Haus des Kammerherrn, dessen ächzende Torflügel ein Bursche vor ihnen aufgerissen hielt. –

«Ah, auf ein paar Worte, meine Herren – mein teurer Freund . . .» der Kammerherr war eilig und ein wenig erhitzt in das Vorzimmer herausgekommen, wo George und Sömmerring ablegten. Der Diener schien beauftragt gewesen zu sein, ihr Eintreffen zu melden, jetzt zog er sich zurück.

«Ich bin untröstlich!» fuhr Canitz aufgeregt und gleichwohl zerstreut fort, indem er seine Erscheinung im Spiegel musterte und unzufrieden an seinem Jabot nestelte, «ich muß auch Sie bitten, heute abend alle Angelegenheiten des Bundes, speziell unseres Zirkels, falls denn die Rede darauf kommen *sollte*, nur in ganz allgemeiner Weise zu berühren. Wir müssen davon absehen, die Herren Richers und Greve gerade heute zu gewinnen. Mit einem Wort – wir sind nicht unter uns!»

Er rannte mit kurzen Schrittchen zu einer Flügeltür, öffnete halb und rief in das zarte Klappern und Klirren von Porzellan und Silber hinein:

«Mon Dieu, Emil. Er hat doch das Kuvert für den Herrn Grafen so aufgelegt, daß Seine Gnaden zu meiner Rechten und zur Linken des Herrn Professors Forster zu sitzen kommen? Ah, sehr gut so!» Schloß die Tür wieder und erklärte mit unbeteiligtem Schmunzeln:

«Jawohl, meine Freunde – ein junger Graf Puschkin aus St. Petersburg, an mich rekommandiert durch die Fürstin Gallizin, ja, durch die Charitin Amalia!» Er lächelte gerührt und fügte hinzu: Ein *junger* Herr! Mit seinem Gouverneur auf Reisen. Er brennt darauf, von der Südsee zu hören, Allergelehrtester!»

Indem er nun, als vergäße er sie vollkommen, die Freunde wieder verließ und hinter der Tür verschwand, aus der er gekommen war, tauschten George und Sömerring einen Blick, wobei einer von ihnen «Damned!» murmelte. «George», sagte Sömmerring, in diesem Augenblick einer plötzlichen Erinnerung nachgebend, «die Marquise – was sagte sie als erstes Wort zu dir? Du fuhrst zusammen, ich sah es.»

George lachte kurz auf. «Nonsense!» rief er aus, tat mit seinen Handschuhen einen Schlag durch die Luft und ging dem anderen voran in das Empfangszimmer. –

Er hat Weihrauch auf den Lippen und Säure im Gemüt, dachte er kurz darauf etwas ergrimmt, als er über die Schulter des jungen Russen blickend und mitten in einem wohlgebauten Satz über den Hofstaat des Königs O-Tu den Augen Müllers begegnete, der dort hinter dem Rücken des Gastes lautlose Schritte auf und nieder machte, Wandleuchter, Bilder und Spiegel gelangweilt musternd, die Hand in den Westenausschnitt geschoben und mitunter einen der Anwesenden mit seinen schweifenden Augen gleichgültig freundlich anblickend. George empfand Kritik in jedem Auftreten dieses Mannes. Jener nahm nichts ernst und hing an die heiligsten Sentenzen sein skeptisches Fragezeichen. War es die Beschäftigung mit der Historie, die die Unbefangenheit zersetzte? Woher nahm er das Recht, alles anzuzweifeln? Hielt er es für ein Recht des Philosophen? Indessen, war er etwa allein Philosoph?

Hier stand er, George Forster, der die halbe Erde gesehen hatte – *gesehen*, meine Herren, der nicht nur ein blasses Bücherwissen hatte wie Sie alle! – hier stand er im blauen englischen Frack und unterrichtete einen halbasiatischen Würdenträger über die Eigenschaften der Südseeinsulaner, entledigte sich dieser Aufgabe in dem weltmännischen Plauderton, den ihm die Gewohnheit des Umgangs mit hohen Herren verliehen hatte. War dies ein Anlaß, ein Auge zuzukneifen und die Mundwinkel hängen zu lassen – oh, nur für eine Sekunde, und dann sah man wieder aus wie ein harmloser Zuschauer des Lebens; aber George hatte es wohl bemerkt. Er fühlte entrüstet, daß ihm der Faden der Rede entgleiten wollte, einfach über dem Gedanken, daß er diesen pflaumenfarbenen Rock noch nie an Müller bemerkt habe und daß dies im Grunde eine sehr hübsche Farbe sei, nahm erschrocken wahr, daß die lichten Brauen des Knaben vor ihm sich leise hoben, seine blassen Augen sich etwas weiteten, daß Herr von Hippel, der Gouverneur, wunderlich lächelte; wußte, daß er sich wiederholt habe, stockte verwirrt, blickte vor sich nieder und vernahm in diesem Augenblick dankbar die Aufforderung, zu Tisch zu gehen.

«Priziers Vortrag fällt also ins Wasser?» fragte ihn Müller, zu seiner Rechten sitzend, halblaut in das erste Aufrauschen der Unterhaltung hinein, nachdem man sich um die runde Tafel herum niedergelassen hatte und der Graf Puschkin für Minuten völlig von Canitz in Anspruch genommen wurde, der selig irgendwelche Erinnerungen an allerhöchste Verwandte Höchstdesselben auspackte.

«Mon dieu, was für ein verlorener Abend!»

«Ich halte es nicht für Raub an meiner Arbeit, Stunden im Umgang mit Menschen zuzubringen», gab George steif zurück, sich nicht bewußt, daß seine Augen es verrieten, wie er selbst sich getroffen fühlte. Er sah auch nicht, daß der andere lächelte, denn er vermied es, ihn anzublicken. «Mag sein, daß ich meine Arbeit nicht so hoch einschätze», fügte er kampfbereit hinzu.

«Wann werden Sie einmal einen Abend bei mir zubringen, Forster?» fragte Müller herzlich, den Ton der Antwort völlig überhörend. «Ich denke doch, wir würden manches auszutauschen haben. Ich würde sagen, bringen Sie Sömerring mit, indessen es plaudert sich nun einmal zu zweien ungleich leichter als zu dreien.»

«Haben Sie Neuigkeiten von Jakobi?» fragte er nach einer Weile, als George nichts erwiderte und ihn nur mit einem unsichern Blick gestreift hatte.

«Ich danke Ihnen, ja», sagte der Gefragte nun hastig. «Er ist mit den Seinen wohlauf. Ach, Pempelfort – ein Paradies der Freundschaft!»

Er bediente sich mit Fisch, griff nach seinem Glase und lächelte Müller freimütig an. «Der Freundschaft Angedenken!» sagte er und hob den grünlichen Römer mit einer schwärmerischen Gebärde, zugleich Sömmerrings Blick suchend, auf den er alsbald traf, denn Sömmerring, dort drüben zwischen Richers und Prizier, schien mit diesem Blick längst in Bereitschaft gelegen zu haben. Müller, der bedächtig getrunken hatte und sich nun seinem Fisch in ausgesucht zierlicher und besonnener Weise widmete, sagte langsam: «Ich schätze den Menschen Jakobi ungemein. In bezug auf seine Schriften aber bin ich ein wenig Goethes Meinung.»

George fuhr auf.

«Goethe», sagte er schnell, «ist ein großes Genie und ein kaltes Herz, ohne Hingabe und ohne Treue, unfähig, eine Seele wie Fritz Jakobi zu umfassen. Goethes Geist gleicht der Pracht antarktischer Breiten, mein

Herr, und der ‹Woldemar› entsprang einem wärmeren Himmelsstrich.»

Er sah Müller hochmütig an, seine Lippen bebten. Müller war ein wenig erschrocken. Er machte «Oh!» und wandte sich Herrn von Hippel zu, gerade als der Graf, von dem der Kammerherr endlich erschöpft abließ, um mit dem Ausdruck eines rosigen apoplektischen Mopses vor sich hinzustarren, seine Hand behutsam auf Georges Ärmelaufschlag legte.

«Bitte, Herr Professor», sagte er leise und zutraulich, wie ein schmeichelndes Kind, «unterrichten Sie mich ein wenig über das Wesen der Maçonnerie und . . .» er ließ einen geschwinden Blick zu seinem Gouverneur wandern und senkte die Stimme noch mehr – «und – verwandte Dinge. Sie sind Maurer? Welcher Mann von Welt wäre es nicht?»

«Sie befehlen, Graf» – George gedachte der Warnung des Kammerherrn und war einen Augenblick verwirrt. Dann faßte er sich. In der Tat – Maurer – wer war es heutzutage nicht?

«Allerdings gehöre ich einer Loge an», antwortete er zurückhaltend, soweit es die Artigkeit zuließ, «diese Dinge aber sind so allgemein, daß ich Sie nicht damit ennuyieren darf. Denn ohne Zweifel gehören Sie selber der Verbindung aller Guten zum Guten an?»

Der junge Mann, knabenhaft noch, blaß über seinem dunkelgrünen goldbordürten Leibrock und unter dem Puder der Haartracht, senkte die gewölbten Lider und schob die volle Unterlippe unzufrieden vor. Irgendeine Erinnerung sang in George auf. Ach, wo doch nur . . . Richtig – jener vornehme Knabe in der Petersburger Eremitage – ihm sah der Graf ähnlich. Mein Gott, dies lag bald zwanzig Jahre zurück. Er machte eine fast zärtliche Bewegung gegen seinen jungen Nachbarn: «Belieben Sie nur zu fragen, Graf», sagte er, «meine Erfahrung steht völlig zu Ihren Diensten!»

Der Graf, ohne aufzusehen, die Hände ungeduldig bewegend, sprach nun schnell und leise: «Ich bin Mitglied der Loge zu den drei Weltkugeln in Berlin. Ich bin aber nur ein einziges Mal mit Hippel dort gewesen, eben, als man mich aufnahm. Immerhin, ich bin im Bilde, was die Maurerei angeht. Jedoch, mein Herr Professor», jetzt blickte er George fest an und sprach lauter, als er wahrscheinlich beabsichtigte – «was ist es mit der strikten Observanz? Was ist es mit der Rosenkreuzerei? Wozu dient die Alchimie? Dies alles wünsche ich zu erfahren», endete er in scharfem Flüsterton und behielt dabei Hippel im Auge, der jetzt von Knigge verfallen war und seinem Zögling keinerlei Aufsicht schenken konnte. Müller, von seinen beiden Nachbarn im Stich gelassen, saß mit seinem gewöhnlichen Lächeln unbeteiligt da, George versuchte, mit seiner Person die Worte des Grafen aufzufangen, war aber überzeugt, daß Müller zuhörte und alles verstand. «Sie setzen mich in Verlegenheit», brachte er hervor, «ich wüßte nicht, von welchem Belang diese Dinge für Sie sein könnten.» Er überlegte, durchaus im unklaren darüber, welche Art von Aufklärung hier erlaubt und zulässig sein möchte.

«Da unser Freund in Verlegenheit zu sein scheint», hörte er da zu seinem Schrecken Müllers Stimme reden, machte eine Gebärde, als wollte er Schweigen gebieten, ließ mit einem hilflos empörten Blick zu Canitz hinüber aber die erhobene Hand wieder sinken, «so gestatten Sie mir, Graf, Sie ein wenig zu unterrichten.»

Müller lächelte fast schalkhaft, er saß zurückgelehnt, nur den Kopf ein wenig vorgebeugt und seitlich gewandt; seine schönen Hände, die mit den Flächen nach oben auf dem Tischtuch lagen, bewegten sich zuweilen leicht.

«Die Alchimie, Graf, nach der Sie fragten, wenn mein Ohr mich nicht täuschte, ist eine Wissenschaft, deren Beherrschung jeder von uns sich angelegen sein lassen müßte, denn sie geht darauf aus, uns armen Sterblichen alles zu verschaffen, wonach unsere innersten Wünsche stehen. Gold nämlich im Überfluß und langes Leben durch die Erfindung des Aurum potabile, das einstweilen nachweislich nur Moses, Elias und Esra besessen haben. Ist's nicht so, meine Herren?»

Er sah sich unbefangen-behaglich im Kreise um und schien sich dessen gar nicht bewußt zu werden, daß ein verdrießliches Schweigen seinen Worten folgte, während nun die Diener Teller wechselten und den neuen Gang herumboten. Erst als sich die Türen hinter den Aufwartenden geschlossen hatten, denn es gehörte zu den Gesetzen des engeren Zirkels im Hause des Kammerherrn, daß die Speisenden während der Tafel sich selbst bedienten, brach Canitz in die Worte aus:

«Ich bin auf das peinlichste überrascht, Sie, mein Wertester, dem ich mit Fug eine gerechte Mäßigung in allen Fragen der Wissenschaft meinte zutrauen zu dürfen, von einer so wichtigen Materie leichthin und nahezu mit Frivolität handeln zu hören!»

«Mit Spötterei!» fiel Sömmerring über den Tisch hinüber ein.

«Tja, Tja . . .» keuchte der Kammerherr unter ruckweisem Vorstoßen des Kopfes und blickte Müller mit vorwurfsvoller Erwartung an.

«Oh!» machte Müller liebenswürdig erstaunt, richtete sich gerade auf und wandte sich dem alten Herrn mit vollendeter Verbindlichkeit zu. «Verehrtester, ich bitte aufrichtig um Vergebung. Indessen, da weder Moses, noch Elias, noch auch jener Esra, dessen Verdienste mir eben nicht gegenwärtig sind, nachweislich noch unter uns weilen, glaubte ich mich berechtigt, ihren Besitz der Tinktur anzuzweifeln und mithin überhaupt das Vorhandensein jenes Lebenselixiers.»

«Niemand», fügte er unschuldig lächelnd hinzu, «möchte das Geschenk einer solchen Wunderessenz lebhafter begrüßen als ich. Denn, meine Freunde – ich liebe das Leben!» Er hob sein Glas und trank dem Freiherrn von Knigge zu, der ihm mit einem kaum merklichen Lächeln

Bescheid tat, einem Lächeln, das er nun mit der breiten weißen Hand gleichsam von seinen Zügen wegwischte, als er das Glas absetzte und mit seiner etwas fetten Stimme bedächtig sprach:

«Moses, Elias und Esra mögen zuversichtlich in der richtigen geistigen Verfassung gewesen sein, die den wahren Adepten ausmacht. Indessen waren sie allem Anschein nach nicht darauf bedacht, den flüchtigen Geist zu materialisieren, und auch nicht im Besitz der Chimie, als eines Mittels, Lapis philosophorum zu kristallisieren und somit seine Bedingungen auf den Körper anwendbar zu machen. Denn, meine Herren», und er wälzte bedeutungsvolle Blicke von dem Hauptmann Richers zu dem Leutnant Greve, zwischen denen er seinen Platz hatte und die mit dem sprungbereiten Ausdruck begieriger Lehrlinge dasaßen, «'s ist der Geist – der flüchtige Geist, der in der wahren Chimie eingefangen wird. Der Geist ist's, der lebendig macht . . .» er aß nachdenklich und hingebungsvoll einen Bissen – «ja, ja, und das Fleisch ist schwach.»

«Rather!» bemerkte Richers zustimmend. Der kleine Graf richtete seine schräg geschnittenen, etwas schwimmenden Augen wieder auf George, zu dem er das meiste Vertrauen zu haben schien. «Die Herren», sagte er in seinem harten rollenden Französisch, «scheinen der Ansicht zu sein, daß die Alchimie eine schwierige Wissenschaft sei, bitte, Monsieur le professeur. Ist es Ihnen bereits gelungen, Gold herzustellen?»

George hantierte hastig mit seinem Besteck. «Graf», sagte er mit unverhältnismäßiger Inbrunst, «die Goldmacherei ist eine Nebenfrage für den wahrhaft Strebenden.»

«Oh! und ich denke es mir so hübsch. Haben Sie von dem Grafen Cagliostro gehört? Er soll in St. Petersburg gewesen sein . . .»

«Der sogenannte Graf Cagliostro ist ein Nekromant und huldigt der schwarzen Magie – ohne Zweifel . . .» rief Sömmerring mit etwas atemloser Stimme über den Tisch hinüber, sah errötend um sich und blieb mit einem hilfesuchenden Blick an George hängen. «Ich meine nämlich . . .»

George aber, in Erregung, dem Grafen zugewandt und Müller ins Auge fassend, sprach hastig wie von einer sonderbaren Eingebung überfließend: «Trachtet am ersten nach dem Reiche Gottes – so wird euch solches alles zufallen. Den *Seinen* gibt es der Herr schlafend. Alles ist euer – ihr aber seid Christi!»

Auf diese Worte, die eine ungeduldige junge Prophetenstimme in den Kreis geschleudert zu haben schien und die für eine Minute körperlos strahlend von der Gewalt ihres Geistes im Raum hingen, war es still geworden, bis Herr von Hippel von seinem Teller aufsah und mit einem gutmütigen Lächeln sagte: «Der Herr Professor ist bibelfester als man das heutzutage bei den Herren von der reinen Wissenschaft anzutreffen pflegt.» Und, über den Tisch gelegt, begann er, Sömmerring, der ihm, seiner westpreußischen Mundart wegen, als ein halber Landsmann erscheinen mochte, eine breite Geschichte von einem kurländischen Pastoren und einem litauischen Bauern zu erzählen, die auf einen derben Scherz hinauslief.

«Rosenkreuzerei», sagte er sodann zu von Knigge, indes die Bedienten wieder um den Tisch gingen. «Wart, wart, Freund – was hab ich doch davon gehört? Nichts Gutes, wie mir scheint!»

«Sie sind ohne Zweifel unterrichtet», gab Knigge gleichmütig liebenswürdig zurück.

«Bitte, mein Herr», sagte der kleine Graf, durch das Klappern der Teller gedeckt, jetzt leise zu Müller, ihn aufmerksam mit glänzenden Augen ansehend: «Ich habe gehört, daß es in den Kreisen der Rosenkreuzer Zauberei und Teufelsanbetung gebe . . .»

«Ach, mein Graf», Müller schlug einen Ton herzlicher Ergebenheit an, «was hört man nicht alles in dieser bösen Welt! Zauberei und Teufelsanbetung! Ich wollte, ich hätte einen Rosenkreuzer bei der Hand, um Ihnen ganz seine Ungefährlichkeit darzutun! Schauen Sie sich unseren Forster an, werfen Sie einen Blick auf unseren liebenswürdigen Wirt! So und nicht anders würde ein Rosenkreuzer auch aussehen – oder etwa wie der wackere Doktor Sömmerring dort drüben, wennschon im Opus mago-cabbalisticum zu lesen steht, daß der ‹doctor-Titul gleichfalls ein Malzeichen des Tieres oder des Weibes Jesabel sei›.»

«Ich verstehe nicht ganz»; warf der Graf mit verklärtem Lächeln ein.

«Ist auch nicht nötig, ist ganz und gar nicht nötig, Verehrter, denn das Mago-cabbalisticum kann kein Sterblicher verstehen, sowenig wie die Aurea catena Homeri. Dies interessiert Sie aber gar nicht, Graf. Sie wünschen über die Rosenkreuzer in praxi zu hören, und da sage ich Ihnen, wenn sich schon die heutigen Rosenkreuzer für die Brüder der alten Pythagoreer und Gnostiker zu halten belieben, so tun sie das ohne Recht, denn es fehlt ihnen der Mut, Mysterien zu feiern; und wenn die Templer Schafskleider umnahmen, wenn sie in die Welt gingen, so sind die Rosenkreuzer von heute höchstens Schafe in Wolfskleidern – sie beißen nicht, Graf! Und da Ihnen dies alles wahrscheinlich orphische Worte sind, so will ich mich zum Schluß ganz kurz und klar fassen: es ist zuviel Wasser in diesen Wein geschüttet! Die Rosenkreuzerei von heute ist ein öffentliches Geheimnis und eine Angelegenheit braver Bürger.»

«Ich weiß nicht, warum Sie einen Gegensatz zwischen der Rosenkreuzerei und den Qualitäten des Bürgertums zu wünschen scheinen, mein Werter», sagte Prizier verschnupft, als fühlte er sich persönlich getroffen.

Herr von Hippel trommelte mit den Fingern auf dem Tischtuch und bemerkte von oben herab: «Sie haben da recht beruhigende Observationen gemacht, mein Herr. Mir sind böse Dinge zu Ohren gekommen, die in den Rosenkreuzerlogen ihr Wesen haben sollen.» Er hob die Hand vor den Mund und raunte dem Freiherrn von Knigge über den Tisch hinüber ein Wort zu, das mit Achselzucken aufgenommen ward. Müller wandte sich kalt ab.

«Magie im höheren Sinne, Chimie und ein verborgener Staat, der die Begebenheiten der Welt dirigieret, sind mit der Hauptzweck dieser segensreichen Verbindung, Graf. Lassen Sie sich nicht irremachen!» Der Kammerherr sprach böse und kurzatmig und sah mit geröteten Augen scheel nach Müller hin, um dann unruhige Blicke über seine Gäste wandern zu lassen.

«Ich weiß nicht, warum wir uns alle so exaltieren», sagte jetzt Müller, irgendwie gelöst durch die Wellen ausgesprochenen und verschwiegenen Widerspruchs, die ihn trafen. Er gab seine lässige Haltung auf und faßte Sömmerring lächelnd ins Auge, der ihn finster betrachtete, soweit seine Gesichtsbildung diesen Ausdruck zuließ. «Wir sind auf dem Wege, über eine harmlose Frage unseren wißbegierigen Gastes einen Wortkrieg zu entfesseln, als seien wir verschiedener Meinung über das Wesen einer Gesellschaft, während wir es tatsächlich doch nur über ihre Erscheinungsformen sind.»

«Belieben Sie sich ein wenig deutlicher auszudrücken, Herr Professor», sagte Herr von Hippel einigermaßen mürrisch. «Die Institution der Maçonnerie ist eine ehrwürdige, sanktioniert durch den Beitritt allerhöchster Herren und Souveräne. Was darüber ist, das – soll vom Übel sein . . .»

«Die Institution der Maçonnerie», sagte Müller und blickte angestrengt auf die Kerzen des Armleuchters vor sich, kleine goldene Funken standen in seinen braunen Augen, «die Institution der katholischen Kirche, die Institution des Luthertums, und – wie mich deucht – auch die der Rosenkreuzerei sind Ordensbildungen, sind Kristallisationen innerhalb des wogenden Ozeans von Geist, der sich nach Christi Tod aus seinen Schranken befreit in die Welt ergossen hat. Der erste Orden, meine Freunde», er sah sich mit einem seltsamen, nahezu schüchternen Lächeln im Kreise um und sprach sehr sanft, «der erste Orden war der Orden der Brüder vom reinen Willen. Er war – und er *ist.* Er hat keine Gebräuche und Statuten, es gibt keine Grade in ihm, weder blaue noch rote. Dies ist die unsichtbare Bruderschaft. Wir werden in sie hineingeboren, oder wir finden sie nie. Wer ihr angehört, erkennt den Bruder am Klang der Stimme oder am Lächeln des Herzens – ich weiß nicht – aber verbunden über alle Grenzen und Weiten sind die Brüder vom reinen Willen . . .»

«Schwärmerei eines Freigeistes!» murrte Prizier.

«Sie unterschätzen geflissentlich den Wert der festen Konventikel, mein poetischer Freund!» warf von Knigge mit einem rätselhaft hohnvollen Ausdruck über den Tisch, «moralische Übungen sind für die Seele erfunden wie der preußische Drill für den Körper. Gesetzt den Fall – nun, aber ich will ganz allgemein bleiben. Sagen Sie uns: ist jener – reine Wille ein Präservativ gegen die Versuchungen des Fleisches?»

«Wollen Sie mit jenen wie Nicolai und Lessing keine Christen mehr haben, sondern nur Menschen – Menschen ohne Vorurteile, weder in Moral, Religion noch Politik? Meinen Sie nicht, daß Sie sich damit auf der Suche nach der Wahrheit die Mittel abschneiden, sie zu finden?» Sömmerring fragte es leidenschaftlich, seine Neigung zum Stottern vergessend und überwindend. Und indem nicht Müller, sondern der Kammerherr die Frage auffing und nachdrücklich über den Wert der Demut, der Notwendigkeit der Verachtung alles dessen, was die schnöde Welt beobachtet, zu dozieren begann, wandte sich Müller an George, der ihn stumm anblickte, und sagte mit unterdrückter Stimme:

«Die unsichtbare Bruderschaft,
Zu der ich auch gehöre,
Hebt Nacht für Nacht zu neuer Kraft
Mein Herz durch ihre Chöre . . .

Ist dieser Vers Ihnen irgendwo auf Ihren Fahrten begegnet, mein weitgereister Freund? Weiß Gott, woher er stammt . . .»

«Beachten Sie dies, Graf und –» zu Richers und Greve gewendet – «auch Sie, meine Herren, wenn anders Sie ein Interesse an diesen Fragen haben: bei der Rosenkreuzerei kommt es meines Wissens – nun, meines Wissens! ich habe –» Canitz ließ seine Augen wandern, «nehmen Sie an, ich hätte einmal jemand gekannt, der mich ein wenig eingeweiht hätte – also, es kommt darauf an, Gott nahe zu kommen und in ihm konzentriert alles zu übersehen, was in anscheinend unbegreiflicher Unordnung da vor uns liegt.»

Redend erhob er sich, die Linke auf den Tisch gestützt und sich gegen seine Gäste verneigend. Man folgte seinem Beispiel.

«Innige Vereinigung im Geiste mit diesem höheren Wesen», sprach der Kammerherr weiter, die eine Hand auf der Schulter des jungen Russen, mit der anderen das eigene Kinn umspannend und angestrengt vor sich hin blickend, «das ist's, was der Jünger anzustreben hätte. Und der Weg dazu? Eine grenzenlose, eine seraphische Liebe zu Ihm, wie auch zu den Brüdern; beständige aszetische Gemeinschaft im Geist und in der Wahrheit und – hm, hm –» er starrte nachdenklich ins Leere – «endlich kontemplative sowohl als auch praktisch experimentierende Erforschung der Natur!» schloß er triumphierend und sah sich nach Forster um. «Nun, ist's nicht so, mein Freund?»

In der Tat, George erkannte mit einigem Staunen eigene Wortreihen wieder, einem Vortrag entstammend, den er vor nicht allzulanger Zeit im vertrauten Kreise gehalten hatte.

«Die Herren scheinen mir sonderbar unterrichtet», sagte Herr von Hippel, der ein wenig hastig neben seinen Zögling getreten war. Der Kammerherr meckerte vergnügt.

«Eine kleine Tabagie, meine Herren», rief er aus, «wie wär's mit einer kleinen Tabagie und einem Spielchen? Und begeben wir uns der großen Fragen!»

Bierkrüge und Tonpfeifen, ein Kartentisch warteten im Nebenzimmer, einem kahlen Raum. Von Hippel blieb seinem Grafen zur Seite, zog Richers und Greve heran und brachte das Gespräch auf Pferde. Canitz saß mit Knigge und Prizier beim L'Hombre und fluchte gelegentlich unwirsch. George und Sömmerring bildeten stumme Zuschauer. Müller lehnte an der Wand unter einem Bilde des preußischen Königs und sah melancholisch und angewidert aus. Wieder mußte George an den Petersburger Knaben denken – warum nur? War's die Vorstellung des Königs, von dem jener Knabe damals zu ihm gesprochen hatte, ja, und dies, daß er damals so sehr gewünscht hatte, der Knabe *möchte* zu ihm sprechen? Währenddessen war von Hippel, wohl in der Überzeugung, seinen Zögling endgültig und wirksam in die zulässigen Bahnen zurückgeleitet zu haben, an den Kartentisch herangetreten, hatte sich einen Stuhl neben den des Kammerherrn gezogen, rittlings darauf Platz genommen und begleitete das Spiel mit seinen Bemerkungen. Wohl, dachte George, es mag nicht immer selig sein, einen Erben zu hüten. Und indem er sich selbst, von Sömmerring gefolgt, der Ecke näherte, in der die jungen Leute saßen, war er bemüht, sich in der Überzeugung zu bestärken, daß er seinen Platz aus Interesse für den Russen wechselte und nicht etwa, weil Müller jetzt dort an dem holländischen Kachelofen lehnte, einer Erzählung Greves zuhörend. Und es war durchaus nicht immer noch die Beschreibung der Reitschule in Hannover, der der Knabe mit glühenden Ohren lauschte! Nein, hier in dieser Ecke unter dem tröpfelnden Wandleuchter, wo es nach Tabak, Leder und ein ganz klein wenig nach Stall roch – denn, wie schon erwähnt, der Hauptmann und der Leutnant, sie waren zu Pferde von Hanau herübergekommen und saßen nun einmal da, wie sie gekommen waren, in Reithosen und hohen Stiefeln – hier war im gedämpften Ton der Begeisterung die Rede von der Marquise, hier klang der Name Cagliostros auf, hier ward die wunderbare Geschichte von dem Polen Sendivogius erzählt, der, ein Rosenkreuzer ohne Furcht und Tadel, im Besitz des Steins der Weisen gewesen war.

Graf Puschkin, wieder mit Augen von dem Glanz derer eines Kindes, das nie für wahrscheinlich gehaltene Märchen von Blutzeugen erhärtet hört, wandte sich an Müller: «Und Sie, Monsieur», sagte er dringlich, «ein Mann der Wissenschaft, Sie halten es auch für möglich, Gold zu machen?»

«Mein Gebiet, Graf, ist das der Weltgeschichte. Ich habe zu hören und – aufzuzeichnen. Indessen, hier stehen zwei Männer vom Fach, zwei Naturforscher. Nehmen wir ihr Urteil an!»

Ja, Müller lächelte. Und gequält wiederholte George oft gesprochene Worte, deren Inhalt auf einmal einen seltsam schalen Geschmack hatte: «Die Wissenschaft in der Hand jenes Glaubens, der Berge versetzen kann, was vermöchte sie nicht, meine Herren?»

Eine halbe Stunde später unter den kalt funkelnden Januarsternen zwischen Sömmerring und Müller eilig durch die Gassen schreitend, sagte George mit einem etwas gewaltsamen Atemholen: «Die Brüder vom reinen Willen – ich habe nicht ganz verstanden – ist es eine Institution?»

«Mon Dieu – nein, Freund! Sie haben nicht verstanden.» Müller lachte kurz auf.

«Also», George tastete, «eine Idee – ein Einfall – ein Wunsch?»

«Es gibt Ideen mit dem Charakter von Tatsachen», sagte Müller, wieder mit jenem ungeduldigen Auflachen, indem er den Kragen seines Mantels hochschlug. «Aber wenn Sie es denn gesagt haben wollen: die Brüder vom reinen Willen sind die Menschen, denen das Gesetz ihres Lebens in Harmonie mit dem Gesetz des Universums eingeboren ist – und wenn es Grade unter ihnen gibt, so mögen die unter ihnen die größten sein, die dieses Gesetz in sich am reinsten vernehmen. Aber ich weiß nicht, ob wir uns verstehen . . .»

George und Sömmerring schwiegen. Müller mochte Mißtrauen fühlen und seufzte ungeduldig auf. Diese drei Männer, alle noch diesseits der Grenze der Dreißiger, schritten miteinander durch die Nacht, von den durch sie kreisenden Strömen verwandter Ideen und Leidenschaften mit aller Heftigkeit der Jugend angezogen und abgestoßen.

«Sie wissen nichts vom Bunde und ahnen nicht, wie sehr Sie im Herzen der Unsere sind!» Georges Stimme schwankte ein wenig und klang werbender, als er selbst es vielleicht wünschte.

Müller zögerte.

«Ich empfinde die Schönheit des Bundes», sagte er vorsichtig, «und glaube, daß ihm anzugehören die moralische Glückseligkeit stärkt. Lassen wir die Chimie beiseite – auf sie kommt es nicht an . . .»

«Oh, ein wahres Wort!» rief Sömmerring begeistert.

«Freund!» George legte eine bebende Hand auf Müllers Arm. «Sie werden der Unsere! Ich ahnte es! Jetzt! In dieser Stunde! Kommen Sie mit uns!»

Er nahm Schweigen für Zustimmung. Er ging weiter, die anderen durch seinen Schritt zur Eile mitreißend. Sie erreichten das Haus, in dem er wohnte. Er schloß auf, und ohne weitere Verabredung folgten ihm die beiden anderen die dunkle steile Treppe hinauf, an der Wand entlangtastend. In Georges Zimmer angelangt, wo die aufflammende Kerze ihm die blasse gespannte Miene Sömmerrings, die verschlossene Müllers zeigte, entledigten sie sich ihrer Mäntel. George räumte mit fliegenden Händen einen Tisch ab, holte zwei Bronzeleuchter und entzündete feierlich die Wachskerzen, legte eine Bibel zwischen sie und entnahm dem Schrank endlich einen eingewickelten Gegenstand, ein Kruzifix aus Elfenbein, das er enthüllte und aufstellte. Mit fremder Stimme sprach er: «Meine Freunde! Christus sagt: wo zwei oder drei beisammen sind in meinem Namen, da bin ich mitten unter ihnen . . .» Und zwischen den beiden anderen niederkniend, die gefalteten Hände auf die Kante des Tisches gestützt, begann er zu beten.

Vom Flüstern anschwellend zum gedämpften Schrei riß seine Stimme sein Herz auf. Entsetzen quoll hervor, Angst, Not, Einsamkeit. Er enthielt sich keines Geständnisses. Und sei es aus Scham, sei es aus Hingerissenheit – flüsternd fiel Sömmerring, stammelnd fiel Müller ein, die drei Stimmen, verborgenste Gedanken in Worte sammelnd und ausstoßend, stiegen nebeneinander auf und vereinigten sich in eine steile Rauchsäule des Opfers. Diese drei, die Häupter zurückgeworfen, die Augen verzückt aufgeschlagen, die Lippen verkrampft, wie sie dort knieten, sich haltlos in den Hüften wiegend im Sturm der Anbetung – sie wurden eins im Rausch. Ihre gefalteten Hände lösten sich, tasteten nach einander. Sie umschlangen einer des anderen Schultern, aneinandergelehnt, Schläfe an Schläfe fühlten sie eine unfaßbare Vermischung ihrer Wesenheit. Und wie der Sturz der Worte nachließ, wie er mählich in Seufzern verebbte, verharrten sie dennoch kniend, blieben sie umschlungen, bis ihre Arme in Ermattung niedersanken und Forster sich als erster wieder erhob, bebend und in den Knien wankend, die Augen getrübt.

Und da, in diesem Augenblick, als er die beiden anderen unsicher ansah, war es ihm klar, daß dies nicht der Weg gewesen war, Müller zu gewinnen, Müller, der dort abgewandt stand und die Schnallen seiner Beinkleider anzog, die sich beim Knien gelockert hatten. Verzweifelte Ernüchterung überkam ihn. Er verbarg sie hinter einem gleichgültig gesellschaftlichen Auftreten, das seltsam von dem eben erlebten Taumel abstach.

Sie sprachen nicht mehr viel. Fröstelnd, die Kerze in der Hand, begleitete George die beiden die Treppe hinunter. Die Wände glitzerten von Eiskristallen, der Atem rauchte.

«Noch eines war's, was ich fragen wollte, Freund», sagte Müller, auf den letzten Stufen stehenbleibend und zu George aufblickend. «Die Seherin – sie hatte ganz im Anfang ein Wort für Sie, das Sie zusammenzucken ließ . . . Was war es? Darf ich es wissen?»

«Ach, Teuerster!» George schritt an ihm vorbei und vollends hinunter, vor sich hin lächelnd, während er an dem Schlosse der Haustür hantierte. «Was sie da sagte, war nicht gerade vom Geist eingegeben und im Grunde ridikül.»

«Und was war es – wenn ich doch fragen darf?»

George hielt die Tür auf und erschauerte in dem eisigen Luftzug, sein schmales Gesicht leuchtete geisterhaft blaß.

«Sie sagte – nun, damit Sie etwas zum Lachen haben – sah mich an und sagte – zu mir: Mon pauvre ami – Au revoir à Paris!»

Wann war er nur je erwacht, *ohne* diesen Druck zu spüren, diesen dumpfen, fürchterlichen Druck auf seinem Herzen? Mochte es in seiner frühesten Kindheit gewesen sein, vielleicht auch auf der Wolga – vielleicht in den ersten Wochen der Südseereise – jene Morgen jedenfalls, die er sorgenlos begrüßt, jung, froh und erwartungsvoll, ihr Licht ward aufgetrunken von der grauen Winterschwermut, die nun einmal das Übliche zu sein schien.

Was für Gestirne, dachte George an diesem Märzmorgen verzweifelnd, während er sich überstürzt ankleidete, was für Gestirne mag ich über mir haben? Lag denn sein Leben ganz im bleiernen Schatten des Saturn? Was aber das schlimmste war, er empfand es heute wieder mit fürchterlicher Klarheit, das war dieses: sein Unglück kam nicht mehr von außen her! Früher war es – nun ja, er stöhnte auf und riß an seinen Schnallenschuhen – früher war es eben der Vater gewesen, der diesen Druck ausübte, der Vater und seine Unrast, der Vater und seine Arbeitswut, die wie mit der Hetzpeitsche hinter ihm gestanden hatte. Schließlich, in diesen letzten Jahren, der Vater – und seine Schulden; vielleicht auch – der Vater und seine unverhüllte Eifersucht auf die Erfolge des Sohnes, obgleich es ein seltsamer geheimer Triumph war, diesem nackten Neid immer wieder zu begegnen. Eben noch, bei seiner Anwesenheit in Halle, wie hatte der Alte es ihn immer wieder merken lassen, daß er, George, mit seiner Bearbeitung und Veröffentlichung der Südseereise im Grunde schmarotzt habe – schmarotzt! «Ich habe die Südseereise beschrieben», murmelte George vor sich hin, knöpfte an seiner Weste und lief erregt in dem engen Alkoven auf und nieder – wohl, er wußte ganz gut, daß er sich scheute, sein Arbeitskabinett zu betreten, weil eine Unordnung darin starrte, deren er kaum noch Herr zu werden vermochte – «ich habe sie beschrieben auf seinen eigenen, hundertmal als Befehl ausgesprochenen Wunsch, weil die verfluchten Engländer – Cook nehme ich aus – Herrgott, verzeihe mir den Fluch . . .!» (Er zog ein Notiztäfelchen und bemerkte sich unter vielen Aufzeichnungen ähnlicher Art: den 28. März frühe, geflucht.) «Weil also die Engländer ihm seine eigene Arbeit zu veröffentlichen verboten. Ich habe sie geschrieben, um ihn aus dem Schuldturm zu retten und uns alle vor dem Verhungern. Ich habe ihm durch meinen Fleiß und meine

Konnexionen Unabhängigkeit und die gesicherte Position in Halle verschafft. Macht alles nichts: ich habe schmarotzt, schmarotzt, schmarotzt! So! Und wer hat denn auf der Reise das Material sammeln dürfen, wer hat Tagebuch geführt?» Er lächelte böse und sah in den Spiegel.

«Sie werden weiterhin für Ihren Herrn Papa arbeiten dürfen, Mr. Forster», sagte er schneidend zu der graugekleideten, schlanken und ebenmäßigen Figur da im Glase, die ihn so tödlich ernst aus kummervollen grauen Augen anstarrte. Gestern war ein Brief aus Halle gekommen: der Vater bat, o nein, der Vater *ersuchte* um hundertfünfzig Gulden. Es war nicht der erste Brief dieser Art. Woher das Geld nehmen, schrie es in George, woher?

Und nach einem Augenblick des Händeballens, nach einem krampfhaften Schütteln, das seinen ganzen Körper durchlief, zog er wiederum das Notiztäfelchen und machte unter demselben Datum eine weitere Eintragung: Gehaßt!

Indessen – was ging der Vater ihn noch an? Hatte er kein Geld, so würde er eben keins hinschicken. Empfand er solche Briefe denn im Grunde tiefer als Mückenstiche? Nein, nein, das Schlimmere war es eben, daß sein Leid nicht mehr durch äußere Verhältnisse kam, daß er stumpf geworden war gegen das beständige Rütteln des Schicksals. Das Schlimmere war, daß er sich selbst zum Leid geworden war und – das. Er überschritt entschlossen die Schwelle zum Nebenzimmer und sah mit trostlosem Blick auf das Durcheinander von Büchern, Schriften und wissenschaftlichen Geräten, das Tische, Stühle, ja den Fußboden bedeckte. Keine innere Sammlung, kein Entschluß, keine zusammengeraffte Arbeit war noch möglich in dieser Umgebung, und diese Umgebung war ein Abbild seines Kopfes. So dünkte es ihn. Er blieb an der Tür stehen, lehnte die Stirn an den Rahmen und überließ sich der Ratlosigkeit.

Die Sache war diese: George Forster, Forster der Jüngere, der Forster den Älteren an europäischer Berühmtheit zweifellos überragte, dieser Verfasser einer Reisebeschreibung, die ebensowohl in den Büchereien ernsthafter Gelehrter als in den Händen von Fürsten, Weltleuten und Damen zu finden war; dieser liebenswürdige Mann, dessen Jugend den Reiz seiner interessanten Persönlichkeit noch erhöhte, den man allenthalben – ach, in Paris, in Antwerpen, in Berlin, an diesen und jenen kleinen Höfen – verwöhnt und umworben hatte; diese Freundesseele, die man mit Betrübnis scheiden sah, wo immer sie je ihr sanftes Licht gespendet hatte – George kurzum, dem Joche entronnen, und freier Herr seines Lebens, George sah sich nach drei, vier Jahren dieser Freiheit auf einmal einer sonderbaren, einer erschreckenden Erkenntnis gegenüber. Wo war der Mann, für den er sich gehalten hatte? Wo war der Dalrymple Ebenbürtige, der geistige Sohn Cooks, straff, klar, von jener biegsamen und stählernen Schaffenskraft, von jener durchsichtig arbeitenden Gehirntätigkeit, er, der in einer Atmosphäre strahlender Geistigkeit seine Bestimmung erfüllte, jede Viertelstunde ausnutzend für den großen Zweck der eigenen segenverbreitenden Vervollkommnung? Mein Gott, dieses dumpfe Geschöpf hier unter dem Türrahmen, das bleich aussah und trübe, umschattete Augen mit geröteten Lidern hatte, wie der Spiegel es ihm soeben höhnisch gezeigt, sich in diesem Augenblick kaum anderer Zustände bewußt, als einer bedrückten, von ziehenden Schmerzen gepeinigten Körperlichkeit und einer quälenden Schuldenlast, die ihm der Anblick der halb ausgepackten Bücherkiste dort am Boden eindringlich ins Gedächtnis rief, dies also, dies war der George Forster, von dem er sich einst unbedenklich das Höchste versprochen hatte! Er war pünktlich auf die Minute, er war reinlich, sparsam, akkurat bis zum Peniblen gewesen, solange er unter dem Vater arbeitete, der das Gegenteil von alle diesem gewesen war. Und nun? Er begann herumzuhinken und mit verzweifeltem Herzen Ordnung zu machen; nun, hier sah es aus wie bei einem Säufer, schlimmer als in der Petersburger Wohnung des Vaters, wo er auch nie Herr über die Gegenstände geworden war und den Vater dafür so verachtet hatte! Aber trank er denn, spielte er, hatte er irgendein Laster? Hier lagen unbezahlte Rechnungen – Rechnungen über Landkarten, kolerierte Stiche, Bücher, über den blauen englischen Frack, der so hübsch war, über einen Degen zum Galakleid – zwischen den Manuskriptseiten angefangener Arbeiten. Hier lag ein Spitzenjabot – er hatte es längst vermißt! – in einen Folianten eingeklemmt, und auf der Schreibkommode stand ein einzelner Schuh. Stöhnend sortierte er, schuf freilich Anhäufungen gleichartiger Papiere, stellte Bücher auf und stäubte sie ab; vergrub zwischendurch den Kopf in den Händen und tat das, was er «sich Rechenschaft ablegen» nannte. Er hatte keine Laster, bei Gott! Er hatte zu keiner Zeit seines Lebens so bewußt gegen schlimme Anlagen gekämpft, so meinte er, sich der selbstzerfleischenden Beichten im Kreise der Logenbrüder erinnernd und der unbarmherzigen Kritik, die sie aneinander übten. Durfte er sich's nicht eingestehen, daß Menschen ihn liebten? War die Freundschaft, deren er genoß, ihm nicht Bürgschaft für seine moralischen Qualitäten? Was war's denn mit dieser Unordnung, die er in seine Lebensführung einreißen sah, mit dieser Dämmerung, die nun schon seit Monaten unbeweglich über seiner Seele lagerte? Und standhaft sich abwendend von der Einsicht in die eigentlichen Gründe seines Zustandes (gekleidet in ein von grausam unbefangenem Gelächter begleitetes Wort des Vaters aus den letzten Weihnachtstagen in Halle: «Die Rosenkreuzerei mitsamt der Alchimie ist eine Sünde wider den Heiligen Geist, mein Sohn!»), jene Klarheit von vorhin erfolgreich verdunkelnd, machte er eine saubere Aufstellung. Schuld an seinem Unglück war einfach der Geldmangel, die schlecht dotierte Stelle, die er innehatte, er, der seinem Ruf und Rang

Schuld an seinem Unglück . . .

... war einfach der Geldmangel – dachte George Forster. Es kommt auch umgekehrt vor: Schuld am Geldmangel ist mitunter irgendein Unglück.

Und Schuld am Mangel an Unglück kann Geld sein, wenn es einem nicht daran mangelt. Geld trägt schon zum Glück bei – es muß nicht, aber es kann.

doch ein einigermaßen elegantes Auftreten schuldete und der kostbare Arbeitsmittel nötig hatte. Ganz zu schweigen von den Ansprüchen, die der Vater immer noch an ihn stellte, und die er, er wußte es gut genug, trotz aller harten Vorsätze immer wieder berücksichtigen würde, denn – konnte er die *Mutter* leiden lassen? Er brauchte also Geld, mehr, als er je durch seine Arbeit verdienen konnte, nun – und Gott hatte ihm ja den Weg gezeigt, dachte er eigensinnig und blätterte, ohne zu wissen, in der Aurea catena Homeri, die vor ihm auf dem Tisch lag. Gott, der die Seinen erhörte über Bitten und Verstehen und vor dem die wissenschaftliche Erfahrung nichts galt, sondern das Wunder.

Hier rührte ihn irgendeine Erinnerung an, kaum spürbar, wie der Schatten eines vorüberhuschenden Vogels. Er wurde unruhig, faßte sich an die Stirne, blickte um sich. Was war es nur? Wo hatte er doch etwas erlebt, was sich zu seinem jetzigen Erleben verhielt wie der Keim zur Frucht, ach, etwas Ungreifbares – da – wo war es doch? Und plötzlich fiel Licht auf einen Heckenweg der Vergangenheit wie aufflammender Blitz, und da sah er sich stehen, einen blühenden Kirschbaum umschlingend, geschüttelt von einem Ausbruch des Gebetes, *eines Gebetes um Gold: und da war ihm Gold aus dem Schmutz der Straße geworden!*

Die Wirkung dieser Erinnerung war überwältigend. Er griff mit beiden Händen an die Schläfen, öffnete den Mund zu lautlosem Gelächter, stammelte, schluchzte auf wie erlöst. Ein Zeichen, ein Gleichnis, eine Verheißung; ein Pfand für Gottes Güte hatte er besessen, ach, aus so frühen Tagen schon. Der Herr, der mich aus Ägypten geführt hat, dachte er erschöpft und beseligt. Ja, er war auf dem rechten Wege. Er senkte das Haupt, er faltete die Hände. Er dankte stumm.

Oh, aber daß dieser Teufel nicht von ihm weichen wollte, auch jetzt nicht, da er leichten Herzens an die Tagesarbeit gehen wollte. Daß es wiederum begann ihn anzugrinsen und ihn höhnte mit der fahrigen Hast der eigenen Bewegungen und ihn hetzte in der Erkenntnis, daß er ausgeliefert sei an eine dunkle Macht, ein Verirrter, ein Narr, ein – woher kam ihm nur dies Wort? – ein herrenloser Hund! –

«Der Professor zu Hause? Ist nicht zu Hause? Ist verreist? Schon wieder verreist? Ist in Göttingen? Potztausend – in Göttingen! So, so – in Göttingen!»

Diese Feststellungen, keineswegs in Wirklichkeit ausgesprochen und belauscht, sondern lediglich hervorgebracht von der etwas überreizten Gehirntätigkeit Georges, der, soeben der Postkutsche entstiegen, über das holprige Pflaster des Göttinger Marktplatzes eilte und in eine der winkligen Straßen einbog, die zur Bibliothek führten, bewirkten, daß er sich in bescheidener Weise erheitert fühlte. Wer mochte jetzt in Kassel dem wackeren Mühlhausen, seinem Bedienten, solche Fragen vorlegen und sich in Betrachtung versunken wieder von seiner Türe entfernen? Vielleicht Runde, der Jurist? Die Herren von der Anatomie, Stein und Bollinger? Nun, die würden versuchen, Sömmerring auszufragen. «So, so – in Göttingen! Schon wieder in Göttingen ...» Ja doch, da war man wieder einmal in Göttingen, hatte hinter sich den kleinen gestohlenen Reiserausch einer Nachtfahrt und jetzt das Gefühl, weit weg von Kassel in einer erstaunlich anderen Luft zu sein ... Zudem hatte man die Nacht sehr seltsam verbracht, hatte einen Reisegefährten gehabt, dessen Bekanntschaft eine Akquisition von unschätzbarem Wert ergab, einen jungen Mann, den George zunächst für einen Herrn von Adel gehalten und der sich alsdann freilich unter dem Namen Meyer vorgestellt hatte. Jedoch, was für ein artiger, interessanter Herr Meyer! George blickte sich einmal vorsichtig um, auch Herrn Meyers Reiseziel war Göttingen gewesen. Indes, Herr Meyer war verschwunden. Ja, also da war man wieder einmal in Göttingen, und George fragte sich, ob diese kleinen Reisen, mit denen er alle paar Wochen einmal aus Kassel ausbrach, etwas wie Fluchtcharakter trügen? Atmete es sich nicht freier, sobald der Burgfriede jener Stadt hinter einem lag, klärte sich einem nicht der Kopf, vergaß man nicht dies und jenes, Zustände, Gedankengänge, die aus der Ferne auf einmal unwesentlich, ja lächerlich scheinen wollten, so bedrohlich sie einen bis gestern umdrängt hatten? Oh, es gab Gründe genug, nach Göttingen zu fahren, übergenug! Hatte Kassel eine wissenschaftliche Bibliothek von einigem Belang aufzuweisen? Reichten seine Sammlungen, seine Institute auch nur entfernt an die der Universität heran? Hatte Kassel Männer wie einen Heyne, einen Lichtenberg? Oh, also Gründe genug, und kein Vorwand nötig, um diese häufigen Fahrten zu entschuldigen! Wenn nur nicht in einem selber tief innerlich das lächelnde Bewußtsein gelebt hätte, daß alle diese triftigen Gründe eben eigentlich doch nur Vorwände waren! Denn letzten Endes gab es allein zwei Erklärungen für die magnetische Kraft von Göttingen, und die eine davon war, daß diese Stadt außerhalb jedes magischen Zirkels zu liegen schien, daß die Luft hier dem unerbittlichen Gedanken, der demütigen Arbeit, der exakten Forschung dienlicher war. Daß – George verhehlte es sich keineswegs – die Männer, die er hier verehrte, gewissen geheimnisvollen Bemühungen, denen man in Kassel mit leidenschaftlich verbohrtem Ernst oblag, gleichmütig gegenüberstanden, ohne Zustimmung, aber auch ohne Spott, ja, wie einer ganz und gar belanglosen Angelegenheit. George war aber in dieser Stunde der Ankunft, während er seinen Mantelsack im «König von England» abgab und bald darauf an einem Pult im Gewölbe der Bibliothek lehnend sich Notizen machte, in seinem Geiste weit weniger mit diesen Begründungen beschäftigt als mit der Erinnerung an jene ungewöhnlichen Nachtgespräche. Vor allem ward er nicht müde, einen Satz hin und her wendend auszuspinnen, den der elegante Fremde mit lässiger Schwermut in die Mondesdämmerung hineingesprochen hatte, die Hände zwischen den Knien verschlungen, vorgebeugt und das schöne Gesicht zu den Gestirnen erhoben: «Jedes Leben, mein Herr Professor, hat zwei Pole, die Geburt und den Tod. Es entfernt sich von dem einen, um sich dem anderen zu nähern. Von einem bestimmten, immer individuellen Zeitpunkte an hört die anstoßende Wirkung der Geburt auf – und beginnt die Anziehung des Todes . . .» Und ich – dachte George aufgewühlt – und ich? In seiner Einbildungskraft, die ihn mit ihrer sonderbaren Symbolik so gewalttätig meisterte, wie je zuvor, nahm die Vorstellung des abstoßenden Pols die Gestalt nicht der ihn Gebärenden, sondern die seines Erzeugers an: Ha, es war der alte König Minos, pausbackig und puderperückig, der ihn da hinausschleuderte in die Bahn, ihm nachblickend, wie er dahinfuhr, mürrischen Angesichts, unzufrieden, ihn aus der Hand gelassen zu haben. George, zerstreut kritzelnd, und die Blätter der Bücher, die er für seine Arbeit nötig hatte, lässig wendend, lächelte vor sich hin bei seinen Gedanken, und blickte nun seitlich geneigten Hauptes hinaus in die grüne Dämmerung der Kastanienbäume. Ja, ich bin dir entronnen, dachte er, heute frei von Bitterkeit und sommersüßen Blutes froh; dein Anstoß war nicht schlecht, aber du hast keine Gewalt über mich. Ich fahre nun dahin . . . Er schrieb weiter. Siebenundzwanzig Jahre, dachte es dabei in ihm fort, und er dehnte sich in den Schultern – ich bin noch jung. Und während er, zum Abschluß gekommen, seine Papiere ordnete und die Bände auf ihre Plätze zurückstellte, ging es ihm durch den Sinn: wann wird mein Tod beginnen, mich zu locken – und in welcher Gestalt . . .?

Aber sein Herz, das heute so voll Lächelns war, ließ auch diese Frage im Licht untergehen. Er entzog sich diesen Gedanken, er hörte statt aller Antwort den Namen Therese in sich aufklingen – Therese – und immer wieder Therese . . .

Es war Juni. In den Gärtchen an der Leine blühten die Zentifolien. George Forster ging, Therese Heyne aufzusuchen. –

Er, der die malaiischen Urwälder kannte bis in die verborgenste Blüte ihrer dampfenden Erdspalten; der sich den lauen Wassern der Südsee hingegeben hatte und vergeblich geworben um das starrende Geheimnis der Antarktis – George Forster kannte nicht die Frau. Er hatte unter Männern gelebt, solange er denken konnte. Was hatte die Mutter, was hatten die Schwestern bedeuten können in dem Ozean von Männlichkeit, den Reinhold Forster darstellte? Verschlingt nicht das Meer die süßen Gewässer der Ströme? Ja, im salzigen Wind männlicher Art hatte George gelebt; Männer hatten ihn erzogen, geknechtet und neben ihm gearbeitet; Männer hatte er bewundert und zu Freunden begehrt; männlich, geistig, hart und herbe war sein Frühling gewesen. Es gab gewisse einsame Erlebnisse seines Körpers, die er vergaß, sobald der

Aufruhr der Nerven sich gelegt hatte. Die fürchterliche sinnliche Erregung der zweiten Polarfahrt war eins dieser Erlebnisse gewesen; dies war der erste und, wie ihm geschienen hatte, der letzte Ausbruch von in ihm wallenden Gluten gewesen. Der Herd war erschöpft, jahrelang hatte er es nicht anders annehmen können. Er war der Zärtlichkeit fähig und bedürftig, er trieb die Freundschaft bis zur Schwärmerei. Frauen? O ja, mehr als eine hatte sich ihm genähert, seit Europa ihn wieder hatte, mehr als eine, angezogen von dem exotischen Duft seines jungen Ruhmes, von der Milde seines Geistes, seiner brüderlichen Freundlichkeit; diese und jene vielleicht auch von dem Gerücht, daß er gelegentlich tahitianische Kuriositäten als Souvenir verschenkte. Dies, er wußte es selbst genau, waren angenehme Erfahrungen gewesen, aber ganz und gar ohne die tiefe Magie seelischer Berührung, wie sie seine Begegnungen mit Männern wie Jakobi oder Sömmerring – ohne den geheimen stachelnden Reiz einer aus rätselhaften Gründen bekämpften gegenseitigen Anziehung, wie ihn sein Verhältnis zu Müller hatte; frei endlich von dem Glück – ja, er gestand es sich ein in Stunden zermalmter Demut – von dem Glück sklavischer Abhängigkeit, das er trotz allem unter dem Joch des Vaters empfunden. Diese Begegnungen waren – verwundert sann er machmal darüber nach – ihm niemals mehr geworden wie die Erinnerung an Bäume, Blumen und Schmetterlinge. Und war es einmal mehr gewesen, so war es begleitet gewesen von körperlicher Angst, die Flucht befahl – Angst, die aus irgendwelchen Abgründen das Bild der Starostschenka heraufbeschwor und das der Tatarenfrau in Kasan, zugleich mit einem Duft nach Patschouli, nach asiatischem Lack, Holzkohlenrauch und irgendwelcher erstickenden menschlichen Ausdünstung. Hierher gehörten auch die Träume von neuseeländischen Weibern, die ihn von Zeit zu Zeit überfielen wie ein Alp. Kurz und gut, er haßte diese Offenbarungen der Natur. Völlig ohne Erfahrung, wie er war, ahnte er doch, daß sie Anforderungen an seinen zarten Körper stellten, denen er sich keineswegs gewachsen fühlte.

Dennoch hatte er eines Tages die Grenze überschritten und jenes Land betreten, unerforscht und rätselvoller als alle Urwälder der Welt. Oh, nicht von heut auf morgen; aber er entsann sich nicht der Stadien dieser jahrelangen Reise, auf der er, sich selbst dessen kaum bewußt, ein junger Mann von einigen Ansprüchen in bezug auf Kleidung, Bedienung und Auftreten geworden war. Er wußte deutlich nur um die letzte Erfahrung auf diesem Wege: denn Karoline Michaelis, so meinte er, sei die Frau gewesen, bei der er zum erstenmal eine Ahnung des Aufschwungs Leibes und der Seele gespürt habe, dessen er fähig war. Es mag dahingestellt bleiben, inwieweit er sich irrte, wie wenig er imstande war, die Grade zu ermessen, die sein Gefühl durchlaufen hatte, um zu reifen. Diese Karoline jedenfalls, die ihn ein seltsam reizendes neues

Gefühl geistreichen Schmachtens gelehrt hatte, ein Glück, das einen leichten Anhauch von Entsagung hatte: also *dies* war es – nun ja, es *war* ein Glück, immerhin . . . Diese Karoline war drauf und dran gewesen, ihn an den Rosenketten ihrer achtzehn Jahre sanft triumphierend mit sich fortzuführen, als – ebenfalls achtzehnjährig, mit ein paar kurzen, herrischen Schritten und böse funkelnden Augen – Therese dazwischengetreten war, ihre Herzensfreundin Therese, und jene Rosenketten ganz ohne alle Rücksichtnahme mit festen kleinen Händen zerrissen hatte.

Göttingen – das war die einzige Stadt unter dem Himmel Europas, die diesen bezaubernden Schimmer hatte, die diesen Rauschduft atmete, die Erregungen ausstrahlte, jenes Fluidum, das einen geliebten Körper umgibt. Eine kleine staubige Stadt an einem träge schleichenden Flüßchen, voll satter professoraler Bürgerlichkeit, das mochte Gott wissen! Dennoch – die Stadt der Gärten voll Geißblattblauben und Rosen. Die Stadt geheimer Dichtertrunkenheit und öffentlicher Tollheit, die Stadt der Jünglinge, der Schwärmer, der Poeten. Genug! Göttingen – das war die Stadt der Frau. –

George, an diesem Juninachmittag den Platz vor der Bibliothek eilig überquerend, empfand einen sommerlichen Taumel, der ihm alle Gedanken raubte. Jenes Gartenhäuschen dort, das sein geschwungenes Dach mit der Bekrönung des spitzen Pinienapfels über die Mauer des Heyneschen Gartens reckte, von blühenden Rosen umrankt; jene Taxushecken, auf deren starrem, dunkelgrünen Polster sich wuchernder Jasmin in der Überfülle seiner weißgoldenen Blumen wälzte; die Linden, weingelb überlüht, diese Luft, süß, schwer und warm – hatte er das alles irgendwo auf Erden erlebt? Er fühlte ein Stechen am Herzen, seufzte auf und ging langsamer. Wohl, dachte er, und blickte sich um wie ein Träumender, dies alles ist – wie Karoline. Therese aber – wieder ging er schneller, der Schmerzen in der Brust uneingedenk – Therese war inmitten seiner voll aufgeblühten Empfindung wie eine zärtliche Knospe, die sich nicht erschließen wollte, war stachelnd wie die tahitianische Ananas, war – wie dieser kurze warnende Schmerz in ihm, auf den er doch mit einer seltsamen Neugier wartete. Er seufzte wieder, schloß die Augen einen Atemzug lang und lächelte mit verzogenem Gesicht. Stellte er sich Therese nicht immer vor, wenn er Schmerzen hatte? Therese *war* ein Schmerz. Doch dieser Schmerz tat wohl.

Er war der Mann, der Deutschland mit der anderen Hälfte der Erdkugel verband; einer von den paar Männern, die sich an den Fingern herzählen ließen. Wer immer es erreichte, ihm die Hand zu drücken, tat es wohl zuweilen in dem Gefühl, einen Urwaldbaum anrühren zu dürfen; seine Augen, die so viele Wunder gesehen hatten, strahlten den Zauber einer anderen Sonne, heftigerer Sterne aus. Abenteuer umflatterte ihn in der Vorstellung der Gesellschaft, der stete Glanz unerhörter

Leistung umgab ihn wie eine Gloriole. Zudem; er plauderte allerliebst, er hatte eine beziehungsvolle Art, in Frauenaugen zu blicken, er stand in anmutiger Haltung an Türpfeiler gelehnt und über Stuhllehnen geneigt, und diente jedem Salon zur begehrten Zierde. Er war, mit einem Wort: ach – der junge Forster! Ja, selbst in seinem eigenen Bewußtsein schaltete sich das Ich bisweilen völlig aus und seine Stelle nahm der junge Forster ein, eine interessante Persönlichkeit von hohem Reiz, ein Mann von großen Meriten, dessen Gesamteindruck es sicherlich vergessen ließ, daß er pockennarbigen Antlitzes war und seine Zahnreihen vom Skorbut böse mitgenommen. Der sonderbaren rauschartigen Glückseligkeit, mit der ihn diese innere Verwechslung mit dem eigenen Spiegelbilde erfüllte, zum Trotz, kannte er einen Zustand entsetzlicher Müdigkeit, in dem die Frage, ob denn kein Mensch um seine wahre Gestalt wisse, wie ein Schrei. Ein Mensch – o ja, es gab einen solchen Menschen! Aber mit Blindheit geschlagen, gleich allen, deren Gestirne ihnen Irrgang vorschreiben – geschlagen mit dieser erstaunlichen Unempfänglichkeit für das eigene Glück, legte George seine Hand in die von Karoline Michaelis wie in die einer Schwester und ergriff die kleine bräunliche von Therese Heyne mit einem Zucken seines Herzens, das sich in einem kurzen Laut, halb Stöhnen, halb Gelächter, befreien mußte. Ah, nun war er da – nun, Gott sei Dank!

Die beiden Mädchen waren ihm Arm in Arm durch die Rabatten entgegengekommen. Er wandelte neben ihnen zurück, dem kleinen Lusthause an der Gartenmauer zu. Er begrüßte die Professorin, Thereses heitere junge Stiefmutter, er begrüßte den Professor, lächelte, tat Ausrufe, gab das Rätsel auf: mit wem er wohl heute nacht gefahren sei? – denn Meyer hatte ihm Grüße an das Haus Heyne aufgetragen; empfand dunkel eine unerklärliche Beunruhigung, als er die Wirkung des Namens seines Reisegefährten auf den Gesichtern der Mädchen sah, eine aufflammende Überraschung, die sogleich wieder von einer nicht ganz echten Gleichgültigkeit niedergehalten wurde; vergaß das augenblicklich, indem er eine Tasse Kaffee aus Theresens Händen entgegennahm, und fand ungesucht die zierliche Wendung, auf die er sich vorher mühsam besonnen hatte, bittend, sie möge als Gegengabe für diese Schale morgenländischen Rauschtranks dies Gewand der Insel aus dem Meere des Mittags allergnädigst aus seinen Händen anzunehmen geruhen. Das Stück schimmernden Aotobastes, das er bei diesen Worten aus dem mitgebrachten Päckchen befreite und über den Schoß des Mädchens breitete, ward mit einem kleinen Jauchzen begrüßt, und George hörte nichts als Freude aus Theresens wortreichem Dank, den er mit einem Handkuß abzuwehren trachtete, taub dafür, daß hier und in der erregten Heiterkeit, die sich ihrer in der Folge bemächtigte, ein Triumph mitschwang. Denn – hatte er es ganz vergessen, daß er vor einem Jahr Karoline ein ähnliches Geschenk gemacht hatte? Karoline war nun nicht mehr die einzige Besitzerin eines Ballkleides aus der Südsee. Oh, Therese war an diesem Nachmittag ausgesucht zärtlich zu der etwas schweigsamen Freundin, und die Professorin war ein wenig kühl zu George und sehr holdselig zu den beiden Mädchen – aber wer sollte das wohl beobachten? Heyne nicht, der nahm seinen jungen Freund alsbald mit stiller Gründlichkeit für die Frage in Anspruch, inwieweit die Homer-Übersetzung des wackeren Voß die bis dato vorliegenden Versuche von Bodmer und Stolberg überrage ... George selbst – oh, auf keinerlei Weise – so innig zerstreut er durch das Gespinst der Philologensätze hindurch auf das Geplauder der Damen lauschen mochte ... Gewiß, jawohl, der gute Voß war nicht gerade mit peinlichster Genauigkeit vorgegangen, hatte sich gar getraut, in den Homer hineinzudichten ... Therese, dachte George erschüttert, ist gar nicht schön; ihr Kopf scheint zu schwer für die Zierlichkeit ihrer Gestalt. Was ist das, dachte er, Therese hat eine bräunliche Hautfarbe, ihre Nase ist zu kurz, ihr Mund nicht klein. Wenn Therese nicht jung wäre und ohne das Feuer ihres beweglichen Geistes in den großen, etwas vortretenden Augen – Therese wäre häßlich! Dennoch: Therese! Oder gerade darum: Therese! Soeben kam sie mit ihren kleinen festen Schritten den Gartenweg hinunter, sie hatte im Hause etwas zu besorgen gehabt, und wie sie nun stehenblieb, die Gesellschaft anblitzend und ihn vor allen andern, ausrufend, man werde jetzt zur Weender Mühle aufbrechen und dort zur Nacht speisen – war da einer im Zweifel, daß es so geschehen müsse, obgleich zuvor kein Mensch daran gedacht hatte, dies zu unternehmen? Seufzte nicht die Professorin ergeben – nun ja, sie würde bei den Kindern bleiben; eilte nicht Heyne, sich mit Hut und Stock zu versehen? Daß George die heilige Stätte noch nicht kannte, an der vor zehn Jahren der «Hain» sich begründet hatte, nein, das war unverzeihlich. Und so wurde hinausspaziert; das Glück wollte es, daß der Professor Lichtenberg, auf seinem Abendgang begriffen, sich ihnen anschloß und Heyne mit Beschlag belegte. Die beiden Männer gingen voran, George, am rechten und linken Arm die jungen Mädchen, hinterdrein. Die sanfte Landschaft, von dem stillen Gewässer durchzogen, tat sich ihnen auf, der Himmel war weit, von silberrandigen Wolken erfüllt; sie schwiegen, und dann seufzte eines von ihnen den Namen Klopstock. Die Herzen wurden ihnen groß, sie blickten sich in die Augen, gewiß, daß kein Fühlender diesen Boden betreten konnte, ohne der Jünglinge zu gedenken, die vor kaum einem Jahrzehnt im Angesicht dieser Eichen für Gott, Vaterland und Tugend erglüht waren; so sprach Therese es schwärmerisch aus und drückte des Freundes Arm gegen ihre Brust, während Karoline sich von ihnen löste und Blumen und grüne Zweige brach, um sich und die Gefährten zu bekränzen. Er war George nicht fremd, dieser Ton; er fand einen

Widerhall in seinem Herzen dort, wo im Elysium seines Innern der Tempel für Jakobi errichtet war; er kannte diese sanfte Wollust des Gedankens, die gern in Tränen schmolz, und gab sich ihr unbedenklich hin. Als der Höhepunkt des Gefühls erreicht war, als sie wirklich im Schatten der Bäume dort im Weender Talgrund standen, die dem Schwur der Bundesbrüder zugerauscht hatten, da wurden sie freilich ein wenig ernüchtert. Denn hier lagerte bereits eine kleine Gesellschaft, und bei näherem Zusehen blieb kein Zweifel, daß es der unglückselige Monsieur Bürger war, der hier inmitten seiner beiden Frauen des schönen Abends genoß. «Dieser Anblick», äußerte Therese im Weitergehen voller Wehmut, «bringt einem die Hinfälligkeit aller edlen Vorsätze und Schwüre recht ins Bewußtsein.» Denn Bürger, wennschon kein Mitglied des ursprünglichen Bundes, galt er nicht in Göttingen als der letzte dort wohnende Vertreter jener Dichtergeneration? Und nun entweihte er mit seinem Treiben selbst jenen Boden göttlichster Erinnerung! Übrigens war Bürger so übel nicht, darüber waren Karoline und Therese sich ganz einig. Die Frauen waren es, die ihn herabzogen, diese schlechterzogenen Schwestern, selbstverständlich. Der Arme!

«Ei was! Der Arme!» Der Professor Lichtenberg hatte die letzten von Therese in getragenem Ton ausgesprochenen Worte gehört, denn jetzt ließ man sich im Grasgarten der Mühle um einen der langen rohen Brettertische nieder. Lichtenberg zog sein seidenes Schnupftuch und begann eifrig wedelnd die Mücken von seinem geröteten Antlitz abzuwehren. «Ein Mann, der auf den Hund oder auf das Frauenzimmer kommt, hat das immer sich selbst zuzuschreiben, Demoiselle Thereschen, merk Sie sich das! Ist's nicht an dem, mein weitgereister Freund? Die Bestie unter dem Fuß halten – wie? Den Hund, den Hund, meine Lieben – oh, kein Echauffement! Exküsieren Sie, Karolinchen!» Er schlug derb auf Karolinens vollen Arm.

«Ein Mückchen sog sich satt
An Linchens süßem Blut.
Es stirbt in Trunkenheit,
Wie sanft solch Tod wohl tut!»

«Freund! Freund!» Heyne schwenkte entsetzt die Hand an seinem Ohr.

«Nun, das ist Bürgers Dunstkreis», redete Lichtenberg unbekümmert, «da dichten auch die Steine. He, Mamsellchen –» dies galt dem aufwartenden Mädchen. «Mir eine Milch – und wenn Ihr ein wenig Beerenobst habt ...»

«Wir, die wir unsere Kräfte in Geist umsetzen, und Ihr, Wesen gleich Sylphen und Schmetterlingen», fuhrt er fort, als die anderen ähnliche Wünsche geäußert hatten, «müsssen unseren Körper aus leichten Speisen, flüchtigen Essenzen aufbauen. Im Ernst, teure Freunde» – er legte den Goldknauf seines Stockes an die Nase und blickte Heyne und George eindringlich beschwörend an, «es helfen uns einige weiche Eier, eine Tasse starken Kaffees, ein wenig Gallerte von Kalbfleisch meist eher zu einem Gefühl der Sättigung und der Rekonvaleszenz als eine derbe Mahlzeit. Oh, ich bin kein Kostverächter. Aber ich habe meine Erfahrungen gemacht . . .»

In diesem Augenblick gab es einen kleinen Aufstand unter den jungen Leuten, Therese rief halblaut: «Karoline!» und es war ersichtlich, daß sie unter dem Tisch der Freundin einen Stoß mit dem Fuß gab. George aber hatte sich erhoben und blickte freudigst einem Herrn entgegen, der sich dem Tische näherte, den Hut in der Hand und augenscheinlich überrascht, aufs angenehmste überrascht, hier Bekannte anzutreffen.

«Wer von uns beiden, mein Wertester», sagte er lächelnd zu George, nachdem er die beiden älteren Herren begrüßt und den Damen seine Reverenz bezeigt hatte, «wer von uns beiden hätte es vor zwölf Stunden geahnt, daß uns so bald ein freundlicher Gott die Gelegenheit geben würde, unsere zufällige Bekanntschaft fortzusetzen?» George, der bezaubert auf seinen eleganten Reisegefährten von heute nacht blickte, konnte nicht umhin, dessen Worten zuzustimmen. Wurde Heyne schweigsam, seit Meyer neben ihm saß? Blickte Karoline mit kühlem Mißtrauen auf die Freundin, als die Bemerkung vom Gott dieser Gelegenheit fiel? Oh, George nahm dies durchaus nicht wahr. Aufgeregt gleichermaßen durch das Gegenüber Theresens wie durch die Gegenwart des neuen Bekannten, geriet er in einen leichten Rederausch, um, endlich zu sich kommend, zu bemerken, daß niemand außer Heyne und Karoline Anteilnahme für seine Pariser Erlebnisse aus dem Jahre 78 zu haben schien. Und hatte er nicht eben ganz scharmant von dem alten Franklin erzählt? War denn Therese je in einer Gesellschaft in Paris gewesen, zusammen mit dem großen Franklin, hatte sie schon gewußt, was für ein umgänglicher alter Scherzbold das war, der sich «Papa» nennen ließ und von oben bis unten grau in grau gekleidet ging? Nein, gewiß nicht! Dennoch, sie mußte während solcher interesanter Erzählungen – ja, und wäre es nicht eben George gewesen, der erzählte! – sie mußte sich in ein Geflüster mit Herrn Meyer vertiefen, und Lichtenberg schien das letzte Tageslicht zu benützen, um auf seiner Schreibtafel etwas auszurechnen. George sah sich unsicher um und verstummte; Unbehagen überkam ihn. Was half es, daß Heyne ihn auf den Rücken klopfte und «trefflich, trefflich!» ausrief? Daß Therese ihm jetzt plötzlich einen tiefen Blick und ein Lächeln schenkte? Daß Meyer ihm aufs liebenswürdigste sein schönes, festes, rosigblondes Gesicht mit den kühlen, spiegelnd blauen Augen zuwandte und etwas Scherzhaftes von seinem Neid auf Georges Erinnerungen verlauten ließ? Als aufgebrochen wurde, reichte er ausdrücklich Karoline den Arm und schritt mit ihr hinter den anderen her, sah die Nebel über den Wiesen wogen und den Mond groß und rot aufsteigen. Das Mädchen an seiner Seite plauderte; der junge Erzbischof von Osnabrück war kürzlich in Göttingen gewesen; hatte man in Kassel von ihm gehört und wußte man, was für ein hinreißender Kavalier dieser junge Kirchenfürst war? Er hatte draußen in Weende einen veritabeln bal champêtre gegeben und sich dabei belustigt wie ein Knabe. Ja, Karoline bereute es jetzt bitter, sich durch eine tugendhafte Erwägung um den Besitz einer solchen Erinnerung gebracht zu haben; denn sie war nicht zu diesem Fest gegangen, obgleich sie unter den geladenen Damen gewesen war. «Wie kommt es nur, mein Freund», sagte sie mit allerliebstem, sinnendem Ernst, «daß es meist unsere Tugenden sind, die uns hinterher Reue kosten?»

George lächelte ein wenig bitter.

«Es nützt nichts, sich dergleichen vorzuhalten, teure Freundin», sagte er, den Blick auf das vor ihnen herschreitende Paar, Meyer und Therese, geheftet. «Nehmen wir uns vor, bei zukünftigen Gelegenheiten weniger gewissenhaft zu sein!»

Karoline seufzte. George bemerkte es nicht. Vom Fluß herüber kam das Quarren der Frösche und nun – zagend, wie stammelnde Sehnsucht – der Ton einer kunstlosen Flöte. Die Ebene klagte.

George schlug einen schnelleren Schritt an, um gleich wieder einzuhalten. «Seltsam!» sagte er schwer aufatmend und drückte die Hand auf seine Brust. «Seltsam, daß ich zu manchen Zeiten das Gefühl habe, als hinge mein vergangenes Leben mit der Schwere eines Jahrhunderts an mir. Als müßte ich eilen, irgend etwas einzuholen . . . Oh, Karoline, sollte dieser Abend Symbol meiner Zukunft sein?»

«Welch trübe Ahnungen, bester Freund!»

Und nach einer Weile setzte das Mädchen wie gegen ihren Willen hinzu: «Meyer ist gewiß ein unendlich liebenswürdiger Mensch von Geist und Kenntnissen. Aber, glauben Sie mir – Therese weiß zu unterscheiden . . . Sie weiß es, so gut wie ich . . .»

Die letzten Worte kamen so verloren hintennach. Ach, George überhörte sie völlig. Therese wußte zu unterscheiden! War diese Versicherung nicht Grund genug, Karolines Hand an die Lippen zu ziehen?

Nein, ich träumte nicht, denn ich schlief ja noch gar nicht! dachte George, gewaltsam die Augen öffnend und im Mondlicht jede Einzelheit seines schlichten und dennoch komfortabeln Logierzimmers im «König von England» wahrnehmend. Rechnet man denn im Traum? dachte er weiter. Herrn Meyers Stimme hatte dicht an seinem Ohr soeben gesagt: «Nunmehr beginnt die Anziehung des Todes . . .» und «Ich bin siebenundzwanzig Jahre alt», hatte George hierauf erwogen, «folglich siebenundzwanzig und siebenundzwanzig macht vierundfünfzig . . .»

«Bergab brauchen Sie nur die halbe Zeit, Herr Professor!» hatte da jemand anders gesagt, und George hätte darauf schwören mögen, Therese vernommen zu haben.

Von der Johanniskirche schlug es eins.

«Natürlich habe ich geträumt», seufzte George schlaftrunken, und – «Therese weiß zu unterscheiden!»

Er lächelte in die Dunkelheit hinein und sank in Schlummer zurück, die Hand über die Augen gelegt zur Abwehr feindlicher Gewalten, wie einst, als er ein kleiner Knabe war.

Ein Mann, der eine Familie begründen will, bedarf der Mittel, um sie standesgemäß zu erhalten, das steht außer aller Frage. Ein Mann, auf dessen geistige Kundgebung ganz Europa mit liebender Ehrfurcht lauscht, und – innerhalb des eigenen Bewußtseins ist ein solches Zugeständnis wohl erlaubt? – er *war* ein solcher Mann! hatte die Verpflichtung, das kostbare Triebwerk seiner Schaffenskraft ununterbrochen zu speisen und in Gang zu halten. Er bedurfte also der Bücher, der Kupfer, der Landkarten, der Instrumente, der Gesteinsproben, der Kuriosa aller Art; bedurfte kurzum der Arbeitsmittel im weitesten Ausmaß. Ein Mann, der sich in der Welt bewegt und der alle Tage gewärtig sein kann, vor irgendeinen hohen Herrn treten zu müssen, er darf sich äußerlich nicht vernachlässigen; er hat auf eine soignierte Erscheinung zu achten, auf eine gewisse solide Eleganz, für die das Leben in England ohnehin den Grund gelegt hatte; er bedarf, da ihm selbst seine Geschäfte keine Zeit für dergleichen Peinlichkeiten lassen, einer geschulten Bedienung.

Dies alles zusammengefaßt und ruchlos nackt ausgedrückt: ein Mann von solchen Ansprüchen bedarf des Geldes. Wenn er kein Geld hat, wird er, verlockt durch den Kredit, auf den er überall und ohne Anklopfen trifft, Schulden machen. Schulden aber werden ihn, infolge übler Erfahrungen aus frühen Tagen, nächtlich drücken wie ein Alp. Hat er gleich von früh auf gelernt, daß man, um seine Bedürfnisse zu befriedigen, eben Geld bedürfe, komme es aus welcher Quelle es wolle, falls sie nur ehrlich sei, so ist er doch durch Schaden so klug geworden, zu wissen, daß manche Quellen die Eigenschaft haben, sich selbsttätig zu vergiften. Er wird also andere untrügliche und ursprüngliche Quellen suchen, und dies tat George Forster, einer kindlichen, trotzigen Gläubigkeit voll. In diesem Gang des Labyrinths hallte das Heulen des Minotaurus sehr süß, ganz Gold und ganz Therese. Daß sie nur wieder vernehmlich war, diese Stimme der Gefahr, diese Lockung ins Ungewisse, der zu folgen süßer Schwindel war, ein Taumel des Geistes und Blutes, der Rausch, der erst wert war, Leben zu heißen! Daß man nur wieder unter Projekten einherging, Aussichten erwog, auf dem Schachbrett die Möglichkeiten Verdienst und Beziehung gegen bestimmte armselige Figuren ausspielte!

«Im Vertrauen, Freund», sagte George zu Sömmerring, den Blick in seltsamem Strahlen auf die Türme der Stadt gerichtet, die vor ihnen in der Morgensonne blitzten, «ich konnte von je nicht glücklich sein, ohne die Veränderung vor Augen, den Aufstieg, die Wendung zum Guten. Eine Unruhe ist mir angeboren – oder anerzogen.»

«Dies verdankst du deinem Herrn Papa», bemerkte Sömmerring trocken.

«Wie dem auch sei», gab George unberührt zurück, «in diesem Augenblick der ungeheuren Spannung fühle ich meinen Fuß nicht, der mich auf dem Hinweg so unerträglich molestierte.»

Er blieb stehen, lüftete das Seidentuch, das ein irdenes Gefäß in seiner Rechten verhüllte, und blickte angelegentlich hinein. «Ohne Zweifel», murmelte er, «ohne allen Zweifel! *Materia prima – materia prima . . .*» Dies letzte flüsterte er kopfschüttelnd, verklärt, sah auf und beeilte sich, Sömmerring einzuholen, der mit mürrischem Gesicht weitergegangen war und seinen Stock auf eine betont unentwegte Art und Weise durch die Luft schwenkte. «Du bist verstimmt», sagte George unwillig, «nun, ich begreife dich nicht . . . Jetzt auf der Schwelle der Gebetserhörung . . .»

Sömmerring blickte zur Seite.

Sie waren beide in derben Kleidern, hatten vollständig durchnäßtes Schuhwerk und sahen auch sonst mitgenommen aus wie Männer, die vor Tau und Tag zu irgendeiner harten Arbeit aufgebrochen waren. Sie hatten eine Morgenwanderung hinter sich, eine Forschungsfahrt, eine kleine wissenschaftliche Expedition, die von Erfolg begleitet gewesen war.

Im *Opus mago-cabbalisticum* steht geschrieben: «Wenn der nitrosulphurische Zunder, woraus Blitz und Donner entstehen, in unserem Luftkreis keine wässerigen Dämpfe oder Wolken antrifft, die ihn zusammentreiben und einschließen können, so bleibt dieser auf die sublimste Art gleichsam in einer geistlichen Gestalt in unserer Luftregion hin und wieder zerteilet, dessen grobe Teile aber werden durch ein schleimiges merkurialisches Wasser globulieret, und des Tages über durch die Sonnenstrahlen entzündet, daß dieselben des Nachts bei hell gestirntem Himmel den Fixsternen gleich scheinen, bis ihr Schwefel verzehrt ist, da sie dann wieder auf die Erde fallen; und ein solches Meteorum heißt der Pöbel Sternschnuppe.»

Dieser Sternschnuppensubstanz, diesem geheimnisvollen Stoff voll unabsehbarer Verwandlungskräfte waren sie auf der Spur gewesen, hatten sie gesucht wie es angegeben war: an einem Frühlingsmorgen nach einem nächtlich warmen Gewitterregen, ehe noch die Sonne ihre Strahlen darauf geworfen hatte. Wie die Kraniche waren sie im hohen

Gras einer sumpfigen Wiese vor dem Dörfchen Weckerhagen umhergestelzt, in stoischer Gleichgültigkeit gegen einen bäuerlichen Volksauflauf, der sich jenseits des Rains auf der Landstraße ansammelte. Und es war geglückt! Wasserblau, gallertartig und zähe, kugelig und wie von Fett strotzend hatte es in Vertiefungen des Erdbodens gelegen, sie hatten sich klopfenden Herzens darüber hergemacht und die Gefäße gefüllt. Sagte ein Bauernjunge, der, seine Neugierde nicht länger beherrschen könnend, herangekommen war, grinsend: «Das mache die Frösch . . .?» Das Volk war roh! Und das war recht gut. Nur dem Eingeweihten, dem Magier lächelte die Natur ohne Schleier ins wissende Auge.

«Konnte jener Flegel dich in deinem Glauben wankend machen?» fragte George heftig. «Bist du der Gnade so wenig wert?»

Sömmerring wandte ihm die kleinen, ein wenig schräg gestellten Augen bekümmert zu. «Der Kerl sprach etwas aus, was ich längst vermutete», sagte er in klagendem Westpreußisch, «diese Materie ist als die Ablagerung gewisser Kröten, Frösche oder Schnecken zu betrachten, mit ihrem Fortpflanzungsgeschäft zusammenhängend, wenn nicht alles täuscht. Es entspricht dies Beobachtungen, die ich als Knabe auf den Wiesen an der Weichsel gemacht habe. Man betrügt uns. Als ich uns dort im Grase hocken sah und deines Weltruhmes gedachte, überkam mich Scham. Ich hätte weinen können!»

«Schweig!» herrschte George ihn an. «Du hast keine Demut! Uns ziemt zu glauben und zu gehorchen!»

Er schritt stürmisch vorwärts, die Lippen zusammengepreßt; Sömmerring folgte verkniffenen Gesichtes. Lerchen träufelten ihren Gesang über die jungen Saaten, am Wege lockten Ammern in den Apfelbäumen. Ländliche Fuhren überholten sie, von Bauern in blauen Kitteln geführt; Mädchen, die kurzen, gefältelten Röcke wippend, Lasten auf den Köpfen tragend, schritten schwatzend vorbei; in den Straßen der Stadt empfing sie das Gewimmel eines Markttages. Die Professoren Sömmerring und Forster rannten finster hindurch. Die ersten Worte, die einer von ihnen nach jenem Gespräch auf der Landstraße hören ließ, sagte George, sagte sie ein wenig atemlos zu dem Hofrat Prizier, der ihnen schwarzbekittelt in seinem Arbeitsgewölbe in den Kellern der Residenz entgegentrat. «Wir haben sie!» sagte er in herausforderndem Ton und reckte die Hand mit dem irdenen Töpfchen aus. Nun, war er etwa nicht vom Glück überströmt? Was galt's nun noch, als aus jenem astralischen Subjekte die kostbare, die unschätzbare *tinctura universalissima*, den Stein der Weisen, auszuscheiden, sie von ihrem Fluch zu reinigen und zur Übervollkommenheit zu bringen?

George, erregt in dem weiten Gewölbe auf und nieder schreitend und blitzenden Auges über Sömmerring hinwegsehend, wiederholte sich krampfhaft die Verheißungen des Annulus Platonis. Reichtum – Weisheit – ein Leben über Jahrhunderte hinaus . . . war's nicht so? Prizier hantierte mit Tiegeln und Retorten; auf dem Herd in der Ecke blukte ein Feuer auf. Sömmerring hatte einen schwarzen Kittel über seine Kleider gezogen und arbeitete auf einmal schweigsam und angespannt. Der Blasbalg fauchte zwischen seinen Händen. Ich sollte mehr von der Chimie verstehen, dachte George träumerisch, seiner Ermüdung nachgebend, an einem der schießschartenähnlichen Fenster lehnend und den ganzen Aufwand des Adepten betrachtend, Hunderte von Büchsen und Fläschchen, von ihrem Inhalt rubinen, smaragden, schwefelgelb glühend. «Ich sollte die einfachsten Grundlagen meiner Wissenschaft besser beherrschen», redete jene unbeaufsichtigte Stimme noch einen Augenblick lautlos weiter, «was bin ich mehr, als der vom König Minos dressierte Pudelhund?» «Den Seinen gibt's der Herr schlafend!» fiel sich George hier selbst heftig ins Wort und dachte zugleich: «Ist's meine furchtbare Müdigkeit, die mich immer wieder nach diesem Wort greifen läßt, gerade nach diesem?» Er näherte sich Prizier, der mit fanatischem Gesicht und feierlichen Gebärden an einem Tisch hantierte, Essenzen auf die grauweiße Sternschnuppensubstanz tropfte und ihre Wirkung mit fiebernden Augen beobachtete. Seiner Verpflichtung endlich eingedenk, fuhr George nun auch in ein Arbeitskleid und tat Handreichung, murmelte gewisse Sprüche und suchte mit Gewalt das zu übertönen, was seit Sömmerrings Worten auf der Landstraße unaufhaltsam in ihm reden wollte. Mein Gott, dieser Sömmerring, der jetzt so hingegeben auf Priziers Finger sah, als hinge seine Seligkeit von dem Erfolg seiner Bemühungen ab! Was hatte er ihn angerührt, ihn, den so gern und glücklich Schlafwandelnden? George, vergessend den Geist zur Sache zu zwingen, ließ die Augen wiederum wandern. Und da plötzlich – war's ein Wort, das gefallen war, ein Geräusch, der flüchtige Duft irgendeines Arkanums, eine kaum gespürte Blutwallung in seinem Gehirn? – plötzlich überkam ihn das rätselhafte Behagen, das er einst in frühen Morgenstunden in des Vaters Kabinett hatte empfinden können, ehe die Tagesarbeit begonnen hatte und wenn alle Gegenstände, Bücher, Papiere, Schreibfedern, so sachgemäß und rüstig dagestanden hatten, als würden sie sich sogleich selbständig in Tätigkeit setzen, das ihn einst wie ein Rausch überkommen hatte bei dem Aufenthalt in Dalrymples Arbeitsraum und aus dem er auf der Reise Kraft gesogen beim Anblick von Cooks rechteckig aufgestelltem und blinkendem Gerät. Nun – Prizier war kein Cook, er war kein Dalrymple. Er war dem Vater in keiner Weise vergleichbar. Jedoch, er stand hier als der Meister und Sömmerring und er selbst als gläubige Schüler. Handreichung tun und gehorchen, sich von der Stimmung dieses Raumes, diesem magisch-wissenschaftlichen Aufbau, dem ausgestopften Krokodil an der Decke, dem grinsenden Totenkopf dort auf der schweinsledernen Bibel unter dem Kruzifix in das selig verantwortungslose

Gefühl des Zauberlehrlings hineinsteigern zu lassen, dies war das verlockende Spiel einer Phantasie, die sich selber ernst zu nehmen liebte. George war für Minuten völlig glücklich. Verzückte Sammlung aller Strahlen des Gefühls auf den einen Brennpunkt gelang ihm: so wie göttliche Schöpfungs- und Verwandlungskräfte sich niedergeschlagen hatten in dieser köstlichen Masse, diesem wahren *sperma astrale*, dem Weltensamen, so meinte er einen übermenschlichen Grad aller Spannkräfte des Gemüts erreicht zu haben – als eine schroffe Bewegung Priziers, der das Prüfgläschen gegen das Licht erhoben hatte, ein unwilliger Laut ihn herausriß. «Nichts!» stieß Prizier hervor und warf das Glas klirrend auf den Tisch. Und «Nichts!» wiederholte eine andere Stimme und eine Gestalt trat mit lautlosem Schritt neben George, ihm die Schulter berührend, daß er mit einem unwillkürlichen Schrei zurückfuhr. Woher war sie gekommen, aus welchem Schatten des Gewölbes? «Du hier, Bruder Manegogus?!» murmelte George erschüttert und blickte auf Sömmerring, dessen Hände schlotterten.

«Ich hier – jawohl, Bruder Amadeus! Wann wäre ich nicht um euch?»

Eine entsetzliche Kälte, ein Unlustgefühl sondergleichen überkroch George, als er den Ankömmling anblickte, der nun an Priziers Stelle an der Breitseite des Tisches lehnte, sich aufstützend und seine lange, flache, bis zum Halse schwarz eingeknöpfte Gestalt vornüberschwanken ließ. Das im Gegensatz zu der niederen Stirn und der geringen Nase schwere eckige Kinn schob sich höhnisch vor, die rechte Hand hob sich, um geballt auf die Tischplatte zu fallen, daß die Gläser erklirrten.

«Und ich sage euch, es fehlet am Glauben!» sagte die verschleimte Stimme, «am Glauben fehlt es! Ich weiß nur noch nicht, bei welchem von euch!» Die breiten Kiefern mahlten, die Äuglein gingen lauernd zwischen Sömmerring und George hin und her. «Wo das Gebet lau ist, schläft der Glaube ein. Wachet und betet. Die Oberen sind unzufrieden mit euch. Strafe droht. Hat einer von euch – Geheimnisse verraten?»

Und während Sömmerring den Kopf hängen ließ wie ein gescholtener Knabe, war in George auf einmal der Ekel stark genug, daß er den Mann dort hinterm Tisch nicht anders sah, als er war. Die Enttäuschung über das mißglückte Experiment hatte ihn ernüchtert wie ein Sturz kalten Wassers.

Was will mir der Schleicher, der verfluchte Pfaffe? dachte er in kalter Empörung, indem er zurücktrat und sich des Arbeitskittels entledigte, als sei er allein ...

«Ich bin nunmehr doch der Überzeugung, Herr Hofrat», sagte er zu Prizier, der mit untergeschlagenen Armen und stieren Augen an der Wand lehnte, den Mann, dem eine letzte Hoffnung fehlgeschlagen ist, mit der mimischen Begabung seiner französischen Herkunft darstellend – sagte es in leichtem Ton, als berühre er längst Vermutetes, «daß es sich hier nicht um eine Verdichtung des *spiritus mundi* oder der *terra virginea* handelt, sondern – um den Laich von *bufo vulgaris*, der gemeinen Erdkröte. Darf ich mich für heute empfehlen? Du kommst noch nicht, Sömmerring? Nun, auf ein andermal! Gehorsamster Diener allerseits!»

Der Bogen war überspannt worden.

Was europäischer Ruhm und Fürstenfreundschaft, Glanz der Wendekreise um mein armes Haupt und südliches Inselmeer zu meinen Füßen! dachte George Forster, und er dachte mit Pathos, der großen Stunde angemessen. Wäre ich ihr genaht, ein bescheidener junger Gelehrter – etwa ein Sömmerring, schaltete er ein, «beiseite» denkend, wie die Helden im Schauspiel beiseite sprechen – unbekannten Namens, ohne einen anderen Ruhm als den meiner Redlichkeit und eines fühlenden Herzens; wäre ihr genaht an der Hand ihres wackeren Vaters etwa, die eigene Hand auf der Brust und die Augen zu Boden geschlagen . . . George verlor sich dermaßen in dieser Vorstellung, daß er sich selbst in der sparsam amöblierten Wohnstube des Hauses Heyne stehen sah vor Therese, die in einer zuchtvollen Haltung nähend am Fenster saß und den Alten wohlwollengetränkte Worte über sich reden hörte. Er blickte träumerisch über den Brief hinweg, in dem er gelesen hatte, und bewegte ekstatisch den Kopf . . . Dann – ja dann könnte ich es glauben, dies Glück! O Götter, aber warum zweifle ich?!

Er sprang auf und ging mit langen Schritten in dem Kabinett auf und nieder, in dem alles zum Aufbruch gerüstet stand, die Kisten dort mit seinen Büchern, Instrumenten, Sammlungen; die ledernen Reisekoffer, der Mantelsack, noch nicht zugeschnallt, des letzten Eigentums harrend. Ach, dieser gute, treue Mantelsack, in London für die Pariser Reise gekauft und nun, mitgenommen und abgerieben wie er war, von all den einsamen Fahrten der letzten Jahre erzählend, letztlich von den nächtlichen Ritten nach Göttingen! George berührte ihn gedankenverloren und zärtlich mit der Hand. Es ging nun einmal Reiz und Zauber ohnegleichen von den Dingen aus, die der Reise dienten!

Merkur muß über mir stehen so gut wie Saturn, dachte er inbrünstig, und der Rausch des Reisefiebers ließ ihn wieder lächeln, so haltlos, wie sich ein Mensch nur in der Dunkelheit oder völligen Einsamkeit dieser seltsamen Grimasse überläßt. Und, wohl empfindend, aus welcher Quelle dieses unendliche Lächeln sich speiste, trat er ans Fenster, um im letzten Schein des Aprilabends Theresens Brief von neuem durchzulesen.

Durch Jahre hindurch kannte er nun diese flüchtigen, launisch bewegten Schriftzüge, kannte sie aus kurzen Billetts, rasch hingeworfenen Grüßen, spielerischen Fragen nach seinem Wohlergehen, Einladungen; kannte sie aus langen, schwärmerischen Episteln, Antworten auf Ergüsse seines eigenen gepreßten Herzens, aus einem Briefwechsel, bei dem es dem Anschein nach um eine Vertiefung in Gott und Welt und um die wahre Glückseligkeit des Herzens gegangen war; der ein behutsames Abtasten seelischer Grenzgebiete, ein zartes Ausforschen von Wegen in die rätselvollen Landschaften des fremden Ichs hatte bedeuten sollen und der – George nahm vielleicht an, er allein sei sich dessen bewußt gewesen, Mann, der er war, mit einer Vorstellung von der schmetterlingshaften Ziellosigkeit weiblichen Gemütslebens, geeignet, ihn beliebig in Rührung zu versetzen – der von Anfang an das gewesen war, was Spiel und Tanz den Geschlechtern sein muß, Werbung von der einen, Hinhalten auf der anderen Seite. Und nun, überrascht, ja, überwältigt trotz aller Gewißheit seiner Hoffnung, in diesem Augenblick, da er sich Gott übergeben hatte, um nach Litauen zu gehen, an die Universität Wilna, wohin sein Gönner, der Hofrat Czempinski in Warschau, ihn an die Universität empfohlen hatte, nun sah er sich am ersten Ziele der Wünsche, auf die dieser Briefwechsel aufgebaut gewesen war: er las, mit ungläubigen Augen und zitterndem Herzen zum drittenmal den Satz, daß Therese Heyne «demütigen Herzens geneigt sei, die zukünftigen Schicksale ihres liebsten Freundes zu teilen, wie immer sie auch fallen möchten». Er las diese fast allzu deutliche Antwort auf eine verhüllte Anfrage seines letzten Briefes, und endlich, endlich spürte er den Schauer Leibes und der Seele, auf den er gewartet hatte, der doch eintreten mußte, vergaß zu zweifeln, fühlte sein Blut heiß und gewalttätig steigen, wußte, dies, ja, dies *war* eine Angelegenheit des Blutes, und all die Jahre hindurch bei dem ganzen Aufwand von Geist, Papier und Tinte hatte es sich zunächst um diesen einen Augenblick gehandelt . . . Drückte in einem kurzen Taumel oder aus Folgerichtigkeit, oder, weil er sich diesen Augenblick der Erfüllung nun einmal von jeher so vorgestellt, den Brief erst an die Lippen und dann ans Herz, blickte verzückt in die Wolken und bekämpfte bei alledem in sich die bittere Enttäuschung über den Schluß des Briefes, der als Wunsch des alten Heyne den Satz enthielt, daß auf ein Wiedersehen, etwa jetzt auf der Durchreise, zu verzichten sei. «Der Vater meinte, daß wir fernerhin korrespondieren möchten und uns einstweilen im brieflichen Austausch unserer Seelen genügen lassen. Ich bin gewöhnt, mich seinem Willen zu fügen, auch dort, wo es mir schwerfällt, und ich bin überzeugt, der beste Sohn der Welt, als den ich meinen Forster kennenlernen durfte, muß mir hier recht geben . . .» so schrieb Therese und: O ja, dachte George bitter, der unaufhörlich zärtlich gehorsame Sohn, wie sollte er nicht? Gewiß, Therese war jung. Aber wußte Heyne denn nicht, wie er, George, verzehrt von Glut und Einsamkeit war?

In einem Jahr, stand da noch, in einem Jahr, wenn er sich in Polen eingelebt habe und zu Besuch nach Deutschland kommen würde . . .

Nun, wußte dieser alte Mann mit seinem Schatz sicher erworbener gleichwertiger Jahre auch, was ein Jahr mehr für den hieß, dem die Jahre bisher Unrast, Qual und Heimatlosigkeit bedeutet hatten? Noch ein Jahr der Verlassenheit, des Leids, des Verlangens, der Askese? Gut, gut, er würde sich fügen; aber dies war hart!

Auf dem Flur schepperte die Glocke, die Wirtin schlurfte draußen vorüber, um zu öffnen. Morgen bin ich fort, dachte George unbewußt. Ach, er würde wenigstens die Alltäglichkeit dieses Ortes abstreifen! Nun kam Sömmerring, der Teure, um den letzten Abend mit ihm zu verbringen. Und indem er den Freund in der letzten Dämmerung umarmte – «Bruder!» flüsterten beide im Einklang ihrer Bewegung –, fühlte er die Frische des Frühlingsabends auf seinen Wangen und ließ die Hände niedergleiten mit der wehen Empfindung, als müsse er etwas Unwiederbringliches fahren lassen. Was widersinnig war; indessen, wer war ihm in seinem Leben bis jetzt das gewesen, was Samuel Sömmerring war? «Lassen wir das Licht!» sagte Sömmerring mit belegter Stimme, «Teufel auch, liegt denn auf jedem Stuhl etwas? So. Und dies ist nun unser letzter Abend.»

«Ich habe dir etwas zu sagen, Bester!» sagte George.

«Ich dir auch.» Sömmerrings Stimme klang erregt. «Ich habe sie nicht!» – «Was? Wen hast du nicht?»

«Guter Himmel! Da fragst du! Worauf warten wir denn? Die Exemptuspatente!»

«Die Exemptuspatente! Gut, gut», murmelte George zerstreut, «du bist noch eine Weile hier, du wirst sie mir nachsenden.»

Es handelte sich um die Bestätigung ihres Austrittes aus jener geheimen Gesellschaft, deren Mitglieder sie bis vor kurzem gewesen, deren Ziele ihnen weltbewegend erschienen waren, so wie die Entdeckung, daß ihr Aufbau Scheinarchitektur und hohle Kulisse sei, sie erschüttert hatte, gleich dem Zusammenbruch eines Tempels. Indessen – dies alles sank ja von George wie ein altes Kleid.

«Verzeih mir», sagte er etwas lebhafter, «ich gebe dem allem keine große Importanz mehr. Die Exemptuspatente. Nun ja. Und wenn wir sie schließlich auch nicht bekämen . . .»

«So würden wir aller Orten als wortbrüchige Brüder und Verräter unseren Steckbrief haben und der Verfolgung und Rachsucht der Oberen ausgesetzt sein! Du fürchtest sie nicht mehr? Nun, du würdest sie wieder fürchten lernen!» Sömmerring rang die großen Hände. «Unglückliche, Blinde, die wir in dies Verhängnis rannten! Manegogus haßt uns. Er wird uns Stein um Stein in den Weg rollen.»

«Er ist ein Narr», sagte George ruhig, «bleibe ja kalt und gelassen in allem, was ihn betrifft! Höre mich an!»

Er trat ans Fenster und legte einen Augenblick die Stirne an die kühle

Scheibe. Messerscharf stand die Firstlinie des Daches drüben gegen den grünlich-klaren Himmel. Alte Dächer, dachte er, ich seh euch nicht wieder im Sonnenlicht! Ach, die Orte, die er schon hinter sich hatte versinken sehen!

«Du kennst meinen Charakter», begann er, sich ins dunkle Zimmer zurückwendend, «es waren nicht Vorspiegelungen, Bestechungen mit angenehmen Aussichten auf Wohlleben und dergleichen, die mich verführten ...»

«Nein, bei Gott», beruhigte er sich selber, «denn die Hoffnung auf Gold, sie war mir aus den edelsten Gründen teuer. War es nicht so?»

«... sondern Wahrheitsliebe, brennender Durst nach Überzeugung von gewissen Wahrheiten und der schwärmerische Hang, sie für wahr zu halten – das war's doch einzig, was mich die vier Jahre hier laborieren ließ! Darum habe ich an meiner vermeintlichen Geistesreinigung gearbeitet, mich kasteit, allen unschuldigen Freuden des Lebens entsagt, habe voll redlichem Enthusiasmus in unseren Versammlungen geredet, bin bei den Bundesbrüdern die Runde gegangen, habe sie ermahnt und angefeuert, habe Geld und Ruhm in die Schanze geschlagen, kurz, alle Kräfte aufgeboten, um das Ziel zu erringen, welches man uns als erreichbar angezeigt hatte. Und nun, da ich endlich eingesehen habe, daß mich diese Verirrung nicht nur jene fünfhundert Taler bar gekostet hat, sondern gewiß mehr als fünfzehnhundert an verschwendeter Zeit und unschätzbare Summen an Kenntnis, die ich mir in den vier Jahren hätte erwerben können, und so viel an Freuden des Lebens, die meinen Kopf hätten aufhellen, meinem Herzen hätten Schwung geben können – seitdem ich mich und auch dich als so betrogen erkannt habe, seitdem» – und er stieß den Stuhl, dessen Lehne seine Hände umfaßt hielten, heftig auf den Boden – «seitdem erlaube ich es mir, eine schlechte Sache schlecht zu nennen und ihre Vertreter zu verachten. Ja, Sömmerring, für mein Leben fluche ich der Schwärmerei! Freimaurerei und Rosenkreuzerei sind abgetan für mich. Meine Natur ist dem Mystischen entgegen. Es war nicht Frömmelei, die mich zum Betbruder machte. Es war – etwas anderes ...!»

«Du meinst?» fragte Sömmerring zaghaft aus dem Dunkel.

«Ach, genug! Ich habe viel entbehrt, Bruder. Bittrer als andere. Ich weiß es jetzt.»

Therese! dachte er, in einem plötzlichen Aufruhr des Herzens – Therese!

Gleich darauf lächelte etwas in seiner Stimme, als er abschließend sagte: «Die Arbeit, Freund! Die Wissenschaft! Und – die Brüder vom reinen Willen über alle Welt verstreut! Oh, er hatte recht, jener Müller!»

«Ein Treuloser!» murrte Sömmerring, «wo mag er sein?»

«Gleichviel!» sprach George. «Mein teurer, einziger Sömmerring, was ich dir zu sagen hatte, es war dies: ich bin mit Therese einig.»

Nach diesen Worten blieb es sonderbar still. George, jetzt mit dem Rücken am Fenster lehnend, erblickte drüben im Spiegelglas seinen Schatten von einem trüben Abendrot umflossen und den Querbalken des Fensterkreuzes zu seinen Häupten.

«Du bist mit Therese einig», wiederholte Sömmerring sodann. Es gab ein Geräusch, als bewegte er ruhelos die Hände, riebe sie aneinander; ein trockenes, aufreizendes Geräusch.

George, im tiefsten Herzen erkältet und von einer rätselhaften, ohnmächtigen Angst überfallen, raffte sich zusammen und rief in erkünstelt zornigem Ton: «Das ist alles, was du mir zu sagen hast? Nun, beim Himmel ...»

«Versteh mich richtig, versteh mich richtig!» sagte die Stimme aus der Dunkelheit hastig in hilflosem Ton. «Ja, dein Glück liegt mir am Herzen wie mein eigenes, Bruder. Heißer noch, angelegentlicher. Und deshalb, gerade deshalb ...»

«Sömmerring!» sagte George beschwörend. «O Forster!» seufzte der andere, «Forster – ist sie denn deiner auch wert?»

«Therese?» fragte George zurück, und der Ton seiner Stimme sagte, daß er lächelte, «Therese?»

«Ja – Therese!» Sömmerring kam herüber und legte mit einer unbeholfenen Gebärde seine Hände auf Georges Schultern – es war ja dunkel. «George, wir kennen sie beide, und es gab eine Zeit, da durfte man noch in deiner Gegenwart ohne Rückhalt über sie sprechen. Aus jener Zeit mußt du dich entsinnen ... Nun – sie galt für eins von den Mädchen, deren größte Freude es ist, wenn sie Sklaven an ihren Triumphwagen schleppen können. Und unter diesen Sklaven einen Fürsten zu haben, einen Forster –»

«Oh, schweige!» George wandte sich ab.

«Ich schweige nicht», sagte Sömmerring mit verzweifelter Rücksichtslosigkeit, ein wenig stotternd und mit dem Zeigefinger eifrig unterstreichend. «Diese Liaisons mit dem jungen Rougemont, mit Meyer haben die Sperlinge auf den Dächern beredet und du allein warst taub und blind.»

«Was will das sagen?» gab George hastig zurück, «habe nicht auch ich –? Denke an Philippine, an Karoline Michaelis – nun, willst du mir nicht auch sagen, ich sei Theresens nicht würdig? Nun?»

«O George!» sagte Sömmerring, vor so viel Harmlosigkeit verlegen. «Aber das waren Spielereien, schöngeistige Korrespondenzen ...»

«Nun, und ...? Willst du etwa andeuten, daß Theresens Beziehungen zu jenen Männern weiter gingen? Und selbst wenn sie sich ihnen näher attachiert gehabt hätte –» er redete lauter als nötig, wie einer, der sich selbst übertönen will – «was willst du ihr vorwerfen?»

«Nichts, als daß sie gleichzeitig mit dir *und* jenen Hohlköpfen ihr Wesen hatte!»

«Ach, du kennst sie nicht. Sie ist so jung. Sie ist beweglichen Geistes. Du solltest ihre Briefe lesen, Freund – du würdest zufrieden sein. Was ich dir sagen könnte, es würde mich beschämen; aber sei beruhigt – es ist kein Mann mehr für sie vorhanden außer mir. Meyer ist mir Freund und Bruder, und sie, Sömmerring, sie wird mir einst Freundin und Gehilfin sein, wie sie mir jetzt die einzig Begehrte und Geliebte ist.» Er sank dem Freunde an die Brust.

«Vergib mir, vergib mir!» stammelte der ergriffen. «Ich weiß, ihre Qualitäten sind außergewöhnliche. Du bist der Mann, sie zu lenken. Sei glückselig! Ich bin es mit dir.» –

Es klopfte. Mühlhausen, der Bediente, kam herein; der Schein des Leuchters in seiner Hand fiel auf ein verschnupftes, verweintes Gesicht.

«Ja, ja, Mühlhausen! Sein guter Herr!» Sömmerring klopfte ihm auf die Schulter. «Aber warum folgt Er ihm nicht?»

«O Herr! So in die finstere Polackei! Ja, wenn der arme Mühlhausen nicht Weib und Kind hätte!»

«Lassen wir die Sentiments! Seien wir Männer!» Forster trat aus dem Nebenzimmer, eine triefende Flasche in der Hand; Mühlhausen, der den einfachen Abendimbiß auf den Tisch gesetzt hatte, entfernte sich.

«Ich habe hier eine Bouteille Johannisberger, Freund. 's ist immerhin ein guter Tropfen zum Abschied, und einstweilen bist du den Hochheimer ja noch nicht gewöhnt, du Rheinländer!»

Sömmerring war wie George im Begriff, Kassel zu verlassen. Er folgte einem Ruf Seiner Eminenz des Kurfürsten an die Universität Mainz. George füllte die Gläser. Sömmerring sah ihm schmunzelnd zu.

«Ich gedenke ein guter Preuße und Lutheraner zu bleiben unter den Verführungen Roms», sagte er. «Der Hochheimer soll ein Reservat der Herren Domdechanten sein.»

George setzte sich. «Oh, du wirst Freunde unter ihnen gewinnen. Tritt nicht zu schroff auf. Ein Mann von Welt betont seine Überzeugung nicht. Er hat sie – das genügt.»

«Daß wir beide unter die Pfaffen fallen müssen! Und warum nicht am selben Ort! O George, Wilna könnte mich nicht locken, du weißt es. Aber ich werde alles dransetzen, dich an den Rhein zu bekommen!»

Sie hoben die Gläser. «Tu es!» sagte George angeregt. «Auch ich werde für dich arbeiten. In Prag – in Wien – wo du willst. Bruder, Konnexionen und Konnaissancen sind alles!»

«Du hast sie durch deinen Namen.» Sömmerring sah auf seinen Teller. «Woher sollte ein bescheidener Jünger Äskulaps sie haben, wenn nicht durch seinen Freund und Bruder?»

«Oh, schweige!» rief George, «du bist eine Hoffnung deiner Wissenschaft, du weißt es. Weißt du auch, wieviel Protektion wir dem Bunde verdanken?»

«Du magst recht haben.» – Sömmerring sah sich unruhig um. «Indessen wünschte ich dennoch . . .»

«Du nimmst es zu tragisch. Ich werde es unterwegs zunächst nie ableugnen, einer Loge anzugehören. Kenntnis von Geheimnissen gibt ein Air. Und in Leipzig will ich dem Schrepferschen Zirkel näher treten. Wissenschaftshalber, verstehst du.»

«In Leipzig –» Sömmerring lenkte ab. «Du wirst auch nach Halle kommen?»

«Jawohl», erwiderte George verdüstert, «ich muß wohl. Die Götter mögen über meinem Reisegeld wachen. Aber auch ohne das – ich werde fest bleiben. Ich habe jetzt andere Rücksichten zu nehmen.»

«Du wirst den Deinen Mitteilung von deiner Liaison machen?»

«Um Gottes willen! Das geschieht erst in einem Jahr, wenn ich mir Therese hole. Der Alte möchte mir Berge in den Weg legen. Freilich, für ihn ist der Packesel dann endgültig verloren!» Er lachte kurz auf. Sie tranken sich zu. Sömmerring legte sich über den Tisch und griff nach Georges Hand.

«Mein George», sagte er mühsam mit schwimmenden Augen, «du bist die beste, uneigennützigste Seele von der Welt. Du bist der wahre Amadeus.»

«Sömmerring, Sömmerring!» George bedeckte die Augen mit der Hand. «Laß uns nicht weich werden!»

«Doch, doch!» Samuel Sömmerring schluchzte beinahe. «Du bist's! Und nun bist du den Alten glücklich los – und da kommt diese Frau . . .»

George richtete sich auf. «Sömmerring!» rief er, «deine Freundschaft verführt dich! Laß mich annehmen, es ist der Wein! Laß mich annehmen, es ist der Wein!»

Sömmerring verbarg das Gesicht in den Händen. In der Tat, er vertrug nicht mehr als ein Glas.

«Schick mir einen Elenskopf aus Polen, Bruder», bat er kläglich, «das Gehirn in Weingeist! Auch einen Bärenkopf besäß ich gern. Mein Gott, mein Gott, du gehst ja in die Wildnis!»

George kam um den Tisch herum. George streichelte den gefällten Riesen. George tröstete ihn. Aber da war nichts zu machen.

«Du – du bist nun einmal zu gut dafür, um nichts zu sein als das weiße Tuch für das Schattenspiel der anderen!» schluchzte Sömmerring.

George sah mit sonderbar auflauschendem Ausdruck über diese Worte hin ins Leere.

George durchwachte diese Nacht; er hatte es nicht anders erwartet. Hingegeben an das Rauschen seines Blutes lag er da, und daß es rauschte, daß es endlich wieder einmal mit Hochdruck durch seine Adern stürzte, ach, er wußte es wohl, das war nicht Theresens Brief allein, der das machte. Dieser Brief mit seinem hinhaltenden Schluß hatte eher etwas in ihm zurückgestaut; ja, wenn er sich denn nun nicht sogleich von dem vollen Aufstrom seiner Seligkeit an ihre Brust tragen lassen durfte, so sollte dieser Strom wenigstens Mühlen treiben, gut, gut. Forster war nicht der Mann, sich haltlos einer Enttäuschung zu überlassen. Und da er denn nun in der fürchterlichen Dunkelheit nicht weinte vor bitterer, maßloser Enttäuschung darüber, daß er sein Mädchen morgen abend in Göttingen nicht sehen sollte, wie er mit zweifelloser Sicherheit angenommen hatte; daß er nicht, ehe er noch einmal in eine so gramvolle Einsamkeit und Fremde ging, ein Wort, eine Gebärde der Zärtlichkeit mitnehmen würde, nicht ihr Haar, nicht diese flaumige bräunliche Haut ihres Halses einmal berühren durfte – oh, seltsames Verlangen, wunderliche Wünsche mußten nun zurück in das stumme innerste Herz! – da kam dieser verzweifelte Trotz, dieses hohnvolle Lebensgefühl über ihn: *dennoch* wollte er glücklich sein! Und nun stand ja diese Reise bevor, dieser angenehme Umweg nach dem Ort der neuen Pflichten, der über den Harz, über Dresden, Prag und Wien führen würde und zwischendurch die freundliche Einschaltung eines Badeaufenthaltes in Teplitz voraussah. Nein, sein Herz klopfte nicht allein unter dem Druck jener bittersüßen Erfüllung; es war der wohlbekannt Frühlingssturm der Projekte und des Reisefiebers, der das Schiff an der Ankerkette tanzen ließ, diese verworrene gläubige Erwartung größter Dinge und Ereignisse hinter der nächsten Wegbiegung, zum erstenmal empfunden, als der Vater damals mit der Wolgareise schwanger ging. Er wurde nun hellwach, fühlte die letzte Neigung einzuschlafen, entweichen, wälzte sich herum, stemmte den Kopf in die Hand und starrte mit leise brennenden Augen in die Dunkelheit. Wohl, Kassel war erledigt. Oh, Gott im Himmel sei Dank, diese Leidensstation lag hinter ihm, nie wieder betreten würde er diesen Gang des Labyrinths. Und mit einer Art phantastischer Fröhlichkeit der alten Vorstellung erliegend, warf er sich zurück und lachte lautlos auf. Ja, drinnen heulte der Minotaurus und hier – hier ging er, George Forster, der gemeint war, nicht mehr ein kleiner, demütiger Knabe, nicht mehr ein dürftiger, überarbeiteter Jüngling, auch nicht der dumpfe Schwärmer der letzten vier Jahre – nein, hier ging ein freier, zielbewußter und nebenbei ein berühmter und à la mode gekleideter, kurz, ging ein Mann, ein ganzer Mann seinen Weg hinein in neue lockende Windungen der dunklen singenden Riesenmuschel. Sich selbst hellsichtig aus dem Nichts erschaffend, gewahrte er sich, wie er in Clausthal mit dem Berghauptmann von Trebra in die Bergwerke einfahren würde, fühlte seine Kenntnisse der praktischen Gesteinskunde mühelos durch Anschauung um das vermehrt, was man von Polen aus für die Anwendung auf dortige noch zu hebende Bodenschätze von ihm verlangt hatte; sah sich diese genußreiche Art des Studiums in Freiberg bei dem berühmten Inspektor Werner fortsetzen, zwischendurch in Leipzig und Dresden seinen Kreis bedeutender Bekanntschaften und ergebner Freunde durch die einfache Tatsache seines Auftretens erweitern, in Teplitz allerliebste Beziehungen anknüpfen und sodann durch verschiedentliche Triumphbögen in Österreich eingehen. Besonders von Wien versprach er sich viel und – da er ja noch nicht gebunden war – so würde er sich mit der Freiheit des Weltmannes bewegen. So nahm er sich vor, fühlte aber sogleich aus irgendeinem Winkel der Erinnerung Beschämung sich ankriechen. Was war das doch nur? War's jener Vorsatz auf die Schönen von Tahiti, den er damals im Eise des Pols gefaßt – und nie ausgeführt hatte? Mit Ernst gebot er derartigen störenden Erinnerungen Einhalt, legte sich auf die andere Seite und überzählte im Geist die Empfehlungsbriefe und Adressen, die er mit sich führen würde. Ein Wolkenbruch von Namen ergab sich; das gesamte geistige Deutschland, soweit es an jenen Straßen ansässig war, hatte er sozusagen in der Tasche, und das, was jetzt nicht an seinem Wege lag – er schloß erschrocken die Augen ... Oh, nur nicht diesen Hexensabbat von Erscheinungen heraufbeschwören, die seit der Rückkehr aus der Südsee an ihm vorübergezogen waren! Gab es denn *eine* einigermaßen hervorragende Existenz, von deren Bedingungen er nicht einen Begriff hatte, wenn er sie nicht schon persönlich kannte oder im Briefwechsel mit ihr gestanden hatte? Jetzt bin ich wie der Vater war, damals in Nassenhuben, als er soviel korrespondierte, dachte er mit kindlichem Vergnügen und jener Unumwundenheit innerster unbeobachteter Gedankengänge. Nur, daß ich jünger bin als er damals, und dennoch – mehr!

Pater meus major est me! fügte er freilich sofort hinzu, sich gleichsam bekreuzigend aus alter Gewohnheit. Und das schwere Federbett von der Brust wegschiebend, dachte er aufseufzend und mit einem dumpfen Gefühl in der Brust: Er hat die Gesundheit, er steht wie ein Baum, Gott weiß, wohin er es noch bringt, wenn er noch einmal anfängt. Ich aber ...

Aber das sollte ja in Teplitz besser werden. Sein armer Leib, immer wieder von rheumatischen Schmerzen geplagt, von rätselhaften Schwären verunziert, mit ständigem Kopfweh und chronischen Koliken geschlagen, er sollte sich erneuern durch und durch. Und eingestandenermaßen: sein Geist schien abhängig von den Gezeiten jenes Giftes, *das seit den Skorbuttagen im Südmeer in seinem Blute auf und nieder stieg!* Er arbeitete besser, wenn es ihm nicht allzu gut ging – oh, er wußte es mit heimlich asketischer Inbrunst – zu viel Gesundheit vertrug sich nicht mit seiner Einsamkeit! Später vielleicht – in einem Jahr, wenn er Therese besaß.

Der Schwung der Erregung hatte nachgelassen, er fühlte es. Er fror plötzlich, er zog die Decke über sich. Er war doch müde.

Er wollte ja Therese nicht nur, um dies wahnsinnige Verlangen seiner Sinne zu stillen, nicht nur zur Gefährtin seiner Arbeit! Er brauchte einen Menschen neben sich, endlich. Endlich wollte er diese Verstoßenheit, diese körperliche Verlassenheit vergessen können, wie er es einst, ach, vor undenklichen Zeiten gekonnt hatte, wenn er des Nachts die Atemzüge der Schwester neben sich hörte. Er wollte jemand haben, der still und zärtlich um ihn waltete, nichts von ihm verlangte als das, was er in Einfalt geben konnte, ohne Aufwand von Geist und Willen. Es sollte ihm geschenkt werden; da war dieser Brief . . . Er tastete in der Dunkelheit nach ihm und drückte ihn an sein Herz. Nur noch ein klein wenig Geduld; nein, er wollte nicht murren! Diese Menschen, diese schrecklich emsigen, erwartungsvollen, klugen, geistreichen Leute, die auf ihn blickten und vor denen man sich dauernd Haltung geben mußte – ahnten sie, daß Forster, der jüngere Forster wohlgemerkt, der Ruhm Deutschlands! hier in der Dunkelheit des Alkovens weinte wie ein Kind? Oh, nichts weiter sein dürfen als das duldende, menschenliebende Geschöpf, als das Gott einen gewollt hatte; geliebt um seines Wesens, nicht um seines Wissens, seines Namens willen, so sehr geliebt, daß die Leute den Forster nur allzu gern immer um sich gehabt hätten – wie selig mußte es sein! Aber wenn es nur einen, einen solchen Menschen gab, der ganz ihn kannte! Oh, er war freilich zu weich, sein eigener Herr zu sein! War er vielleicht nicht glücklich gewesen als Sklave seines Vaters? Und dies, was Sömmerring da gesagt hatte, dies mit dem weißen Tuch und dem Schattenspiel – traf es nicht zu?

Er fuhr empor und griff sich mit den Händen an den Kopf. Wie, sollte er nicht lieber gleich die Pistole nehmen? Dies war Selbstmord. Es war die Müdigkeit, nicht wahr, ach, nicht wahr? Die Angst vor den Fährnissen der Reise, für die er, trotz aller inneren Unrast, nicht geschaffen war. Angst vor dem tagelangen Fahren auf schlechten Straßen, den Nachtherbergen voll Schmutz und Ungeziefer, vor Nässe und Kälte. Es war – ach, es war die Angst des im Labyrinthe Verirrten, des Ausgelieferten, Verlorenen. Aber nun kam ja Ariadne – nun kam – Ariadne . . .

Entwirrung – Klärung – Vereinfachung! Er würde arbeiten, sich ausströmen an die Welt. Zunächst kamen nun Briefe, Tagebücher . . . Liebevoll, sorgsam, geduldig wollte er sein . . . Als Mühlhausen eine Stunde später mit dem Leuchter in der Hand und dem Reiserock über dem Arm zum Wecken eintrat, fand er seinen Herrn fest schlafend, die Linke über die Augen gelegt, einen lächelnden Zug um den armen häßlichen Mund. –

Zweiter Teil

Ariadne

Las dieser letzte Satz seines Briefes sich etwa so, als wollte er, George, sich beklagen? Da sei Gott vor! Nicht einmal vor sich selbst tat er das, geschweige denn dem guten Sömmerring gegenüber! Ganz im Gegenteil! Er überlas noch einmal die letzten Zeilen. Malte er da nicht ein Bild häuslichen Glücks, daß es dem armen Teufel, der immer noch allein hauste, beim Lesen ganz verlassen zumute werden mußte? Und diese Worte, die er eben geschrieben hatte: «Therese ist trotz ihres Zustandes von unbegreiflicher Beweglichkeit des Körpers und des Geistes . . .» die fielen doch gar nicht aus dem Rahmen heraus, klangen doch nicht anders als die Feststellungen über seinen eigenen Gemütszustand, seinen Tageslauf, seine Arbeiten! Es störte ihn doch auch gar nicht, störte ihn nicht im geringsten, dachte er und horchte hinaus, daß das Haus von früh bis spät widerhallte von Theresens Geschäftigkeit! Was tat sie jetzt wieder? War es eigentlich möglich, daß eine Frau mit zwei Mägden bei der Tätigkeit des Wäschenähens – ja, es entstanden Hemden für ihn, zwölf neue Taghemden, fühlte er mit gebührender Erschütterung, und die zwölf alten waren ausgebessert worden! – daß sie bei dieser sitzenden Tätigkeit einen derartigen Aufwand von Geräuschen machte, die für den Außenstehenden nicht unmittelbar zur Sache gehörten? Daß zunächst Lieder gesungen worden waren, heimatliche deutsche Lieder, die Liese, die Getreue aus Göttingen, in fühlender Erinnerung an den fernen Geliebten anstimmte, nun, das mochte angehen. Indessen schien es ihm doch, als sei Therese ein wenig unmusikalisch; wenn sie mit ihrer tiefen Stimme einfiel, wurde die Melodie immer so seltsam unkenntlich. Dann gab es einen zornigen Aufschrei und heftige Scheltworte. Aha, Marischa, das polnische Mensch, hatte wieder einmal etwas versehen! Wenn es, dachte er ein wenig gepeinigt, nur nicht wieder zu Maulschellen kommt, die hinterher gleich mit Küssen null und nichtig gemacht werden! Therese handelte oft so – unmittelbar. Nun fiel etwas Schweres dumpf hin, ein Ballen Leinwand etwa – war das ein Grund, derartig zu kreischen? Und warum wälzten sich jetzt mehrere erwachsene Menschen auf dem Fußboden herum? Therese lachte und schimpfte, plattdeutsch und polnisch durcheinander; nun kam auch noch Joseph, der Hausknecht, mit frischem Holz für den Kamin die Treppe hinaufgepoltert, das würde einen neuen Anlaß zur Heiterkeit geben. Joseph, der seine Pflichten für acht Taler Lohn, einen Schafpelz und ein Paar Stiefel jährlich unvollkommen erfüllte, war von polnischem Adel und darum trotz seiner Schmutzkruste in den Augen Lieses von Glorie umgeben. In den nächsten Minuten steigerte der Lärm sich ins Ungeheure. Der Joseph schien mit Jubel aufgenommen worden zu sein, wie Merkur unter den Grazien; das Holz krachte, der Joseph schien unglaublich scherzhaft und Therese leutselig; jemand begann auf einem Kamm zu blasen und – war es möglich? – wurde jetzt der neulich begonnene Unterricht Liesens im Mazurkatanzen fortgesetzt? Nun fehlte nur noch Michael, der Bediente und Gemahl der Marischa, um den Zirkus zu vervollständigen. George wurde nun ein wenig unruhig. Nun, Therese – Therese amüsierte sich, Therese war zwanzig Jahre alt, es fehlte Therese hier an einem passenden Umgang. Er wußte, jetzt saß sie da und hielt sich die Seiten vor Lachen. Warum auch nicht, warum auch nicht; sie verlangte ja nicht, daß er, George, dabei war. Und es störte ihn nicht, oh, es störte ihn nicht im geringsten; er arbeitete doch eben nicht, er erledigte Korrespondenzen ... Nur, es war ihm im Augenblick nicht möglich, seine Gedanken zu sammeln. Also: Therese ist trotz ihres Zustandes von einer unbegreiflichen Beweglichkeit ... Freilich, wohl war sie das. Wenn sie nur um Himmels willen nicht wieder selbst tanzen wollte, wie neulich, als sie den bösen Fall tat! Ob er doch einmal hinüberging? Nun kam der Michael wahrhaftig ... Er brachte jemanden mit, er geleitete einen Besuch ... Aber das ging doch nicht! George sprang erregt auf, drüben verstummte jäh der Lärm, und gleich darauf ließ sich eine lachende Stimme in Wiener Mundart vernehmen. Ach, die Langmayer! Da ging Therese plaudernd mit ihr über den Flur ins Wohnzimmer, die Männer liefen die Treppe hinunter, Liese fing wieder an zu singen, schmachtend, langgedehnt: «Wenn ich ein Vöglein wär ...» Ja, nun war Ruhe, und nun konnte er weiterschreiben. George starrte nach dem Fenster, vor dem in der grauenden Dämmerung die Flocken tanzten. Gedämpft durch die Schneeluft klang das Angelusläuten von der Universitätskirche herüber. Sie schneiten ein. Meilen über Meilen, grenzenlose Flächen weit breitete es sich um Wilna wie Leichentücher, und Deutschland lag auf einem anderen Stern. George machte Licht. Es war gefährlich, in der polnischen Winterdämmerung nach Deutschland hinzudenken. Im Reich des Geistes gab es keine Trennung. Er wollte korrespondieren, wollte weiter Sömmerrings brüderliche Seele beschwören, sich an ihr erwärmen!

«Therese ist von unbegreiflicher Beweglichkeit ...»

Ob sie nun Hemden zuschnitt oder winzige Wäschestücke für das erwartete Kind – den Jungen natürlich, den Jungen! – nähte . . . Ob sie in der Küche Fleischklümpe drehte und zugleich der Marischa aufklärende Vorträge über den Wert der Sauberkeit beim Zubereiten der Speisen hielt (oho, Georgie, hätte die Miß Therese nichts gelernt, so äße die Panji Forstrova und ihr ganzes Haus jetzt mit den Schweinen! Pfui Teufel, selbst die Steckrüben fraßen diese Barbaren ungeschält!) . . . Ob sie mit ihren knospenden Hyazinthen am Fenster plauderte und Le Cœur aimable ermunterte, baldigst aufs aimableste zu duften und La Beauté blanche ein wenig anbetete (es waren auch Küchenkräuter, Kerbel, Kresse und Petersilie, mit in die Töpfe gesät –, die Schönheit allein macht nicht satt, Georgie!) . . . Ob sie mit des Bischofs Gärtner, Feureißen, einem wackeren Landsmann und gutem Hannoveraner, Pläne machte für die Bestellung der Beete im Frühjahr und Betrachtungen über die moralische Minderwertigkeit des Katholizismus einfließen ließ: Feureißen würde doch sein Kind, das Kind, das seine Frau, eine katholische Ermländerin, erwartete, nicht etwa den Pfaffen in die Hände fallen lassen («oh, Feureißen!») und sich alsbald von der Weitherzigkeit Feureißens überwältigt zeigte, der ihr treuherzig versicherte («oh, liebe Madam!»), es käme ihm zunächst darauf an, sein Kind zu einem Ehrenmann zu erziehen (auch er erwartete einen Jungen, natürlich!), alsdann würde es jedem Bekenntnis Ehre machen . . . Ob sie, mit riesigen Überschuhen bewehrt, durch den kniehohen Schnee watete, um irgendwo irgendein vorteilhaftes Geschäft abzuschließen, das dem Haushalt zugute kam, in Holz, in Ölfarbe für die Wände, in Fleisch (es mochte ein Edelmann seinen Wald abgeholzt, mochte eine Jagd veranstaltet haben, woher aber wußte Therese dergleichen immer früher als andere Leute? George staunte). Ob sie ihre Möbel, ihre allerliebsten, nagelneuen Möbel abrieb und blitzblank putzte, ob sie eine Liste der Leute aufsetzte, die nun demnächst endlich einmal eingeladen werden mußten (schon wieder? dachte George), denn freilich, die Menschen hier waren horribel, ohne Erziehung, ohne Geschmack, indessen, was blieb einem übrig . . Ob sie Journale las oder einen neuen Roman, in die Ecke des grünen Kanapees gekuschelt, die Füße unter den Rock gezogen, die Hände ins Haar gewühlt, lachend und weinend, Gott und Georgie anrufend, oder ob sie, an dem kleinen Mahagonibüro sitzend, Korrespondenzen erledigte, ihre unübersehbaren Korrespondenzen . . . Therese war trotz ihres Zustandes von einer unbegreiflichen Beweglichkeit des Körpers und des Geistes!

Denn George begriff nicht. Er begriff nicht ganz. Er war so glücklich, wenn es still um ihn her war, um ihn und um Therese. Er war im geheimen und unerachtet häufiger nachdrücklicher Seufzer über die geistige Einöde, in die er verbannt sei, einverstanden mit Wilna, einverstanden mit der Entfernung von den deutschen Freunden, sonderlich freilich von den Göttinger Freunden Theresens; er nahm im innersten Herzen den lächerlichen Zustand dieser Pseudo-Universität leicht und leicht den unvermeidlichen Umgang mit den Paters, den Exjesuiten, seinen Herren Kollegen. Er war gerührt und begeistert von seiner Wohnung, er liebte den großen winkligen Gebäudekasten des ehemaligen Klosters, in dem sie sich befand wie der Kern in der Nuß; er wollte von der Welt nichts weiter, als eben dieses Asyl seiner Zärtlichkeit. Er hatte seinen Briefwechsel einschlafen lassen, er hatte seit der Hochzeit im August bis in den Winter hinein nur das Notwendigste an Arbeit erledigt, ruhend, wie Langmayer fröhlich behauptete, auf Amors Wolken und den Lorbeeren des Erfolges, den sein Memoire an die Regierung zugunsten der naturwissenschaftlichen Institute der Universität gehabt hatte.

Diese Denkschrift hatte ihn im vorigen Winter beschäftigt. Er hatte seine ganze Enttäuschung über die vorgefundene Lotterwirtschaft und den verrotteten Pfaffenbetrieb, über den Mangel an Anschauungsmaterial und den Zustand der geringen Sammlungen darin niedergelegt, hatte sich stringenter Beweise bedient, war scharf, war deutlich gewesen wie einer, der den Fuß schon über die Schwelle gesetzt hat, um wieder davonzugehen. Was hätte auch daran gelegen, wenn sie auf ihn verzichtet hätten, anstatt seine Ansprüche zu erfüllen! Hatte er nicht noch jenes Kaiserwort im Ohrt, mit dem damals in Wien Joseph die Audienz abgeschlossen hatte: «Sie werden in Polen nicht bleiben . . .» Oh, Wien! Oder auch Prag – selbst Budapest! Nun, das waren wieder Projekte gewesen. Hingegeben an die negative Arbeit der Verurteilung der gesamten Wilnaer Einrichtungen, eine Arbeit, die zugleich zur Begründung eines etwaigen Rücktritts hätte dienen können, hatte er dem alten Laster des Plänemachens gefrönt wie nur je und sich hinweggeholfen über die tote Zeit der Sehnsucht und Erwartung. Den überraschenden Erfolg seiner Vorstellungen, die Bewilligung aller seiner Forderungen durch die Regierung, hatte er auf der Hochzeitsreise in Warschau einheimsen können. Und, nun wohl – jetzt gab es keine Pläne mehr. Jetzt war nur noch Therese, und Therese bedeutete in den ersten Monaten des Besitzes eine seltsame Auflösung aller Lebenskräfte, bedeutete, so hatte er schwindelnd gedacht, die Mündung des Stromes in den Ozean und den Untergang der Flamme in der Glut. Über sein Pult gebeugt, fühlte er Theresens Atmen in dem toten Holz unter seinem Arm, fühlte die eigenen Glieder wie den Körper seines Weibes. Manchmal sann er, irgendwo hingelehnt, ein Buch in der Hand, die schwimmenden Augen ins Leere gerichtet, seinem ganzen Leben nach. Dies war der Sinn, fühlte er erschüttert; der Sinn der Sinnlosigkeit. Alles hatte sein müssen, damit dies eine sein konnte. Dies war das Ziel, die Erlösung aus allem Irrsal, diese lebende, zur stummen Raserei gesteigerte Hingabe an ein anderes Leben und das Hinnehmen dieses Lebens so natürlich wohlig, wie das Kind die Muttermilch sog. Ach, Therese! daß er sie hatte finden dürfen, sie, die einzig seinen Sinnen Antwort zu geben vermochte; sie, deren Blut ihm die Essenz aller Süßigkeit der Erde bedeutete. War er soweit, dann merkte er, daß er sein Kabinett verließ, und lächelte. Wo war Therese? Er ging durch das ganze Haus, er suchte sie in der Küche, im Garten, bei der Langmayer und wo er sie auch fand, sie verstand sein wortloses Drängen, verstand es hinter seinen belanglosen Vorwänden. Sie lächelte. Sie folgte ihm. Und da war dies grüne Kanapee, und da war Therese an seiner Seite, seinem Herzen nahe, sein Gesicht lag an ihrer Brust, er atmete ihren Duft; da waren ihre Hände, ihre Arme . . . Sie wehrte ihm nicht. Er hörte sie manchmal «Georgie!» flüstern, er fühlte ihre kleine unruhige Hand über sein Haar gleiten. Er suchte ihre Augen und fand sie voller Tränen, abgewandt, aus Fernen heimkehrend zu ihm. «Du weinst?» stammelte er befremdet. «Mein Freund!» sagte sie sanft, und während er nun aufschluchzte und meinte, es sei aus Seligkeit, weil er jenes Gefühl grenzenloser unerklärlicher Angst und Fremdheit nicht wahrhaben wollte, das ihn überschauert hatte, trocknete sie ihre Tränen, und ihn aufmerksam betrachtend, fragte sie spielerisch ernsthaft, mit der Hand ihm die Brauen glättend: «Ist's auch mein Tod, an den du denken mußt, mein Freund, der Tod deiner Therese, du Armer?»

Auch dies begriff er nicht. Therese dachte immer an ihren Tod. Therese war des Morgens vor Tage auf, trillerte wie eine Lerche – und dachte an den Tod. Therese hielt in aller Frühe eine Heerschau über ihr Gesinde ab, gab die Losung für den Tag aus, verteilte die Arbeit, nicht ohne die Marischa in scherzhaften Wendungen, die durchs ganze Haus schallten, von ihrer Meinung über ihren mangelnden Reinlichkeitssinn unterrichtet und den Joseph ob seiner Trägheit bedroht zu haben – und dachte an den Tod. Therese saß mit ihm am Frühstückstisch, ihre Hände bewegten eine Strickarbeit, ihre Augen hingen gebannt an den Seiten eines französischen Buches; beim Umblättern fand sie Zeit, einen Bissen, einen Schluck zu nehmen, ihm einen Blick, ein Wort zu schenken, sei es, «Forster, mein Engel!» oder «Iß, mein Georgie!» – und dachte an den Tod. Therese tanzte treppauf, treppab durchs Haus, kramte in Schränken, klimperte auf dem Klavizimbel, sortierte Sämereien, betrachtete ihre Souvenirs und Silhouetten, ordnete ihre Schmucksachen, lief mit der Langmayer in die Kirche, einem Hochamt beizuwohnen, brach in sein Kabinett ein, um sich sowohl über die Langmayer – «sie verpolackisiert, Georgie, es ist eine Schande!» – als über den Katholizismus aufzuhalten – «Pfaffenglanz, Affentanz!» – Therese rief: «Ich störe dein Werk, vergib mir!» eilte lachend hinaus – und dachte an den Tod. Es mochte ein Fest geben, eine der Assembleen, die ihn so schrecklich langweilten; etwa fetierte ein Würdenträger seinen Namenstag mit einer Schmauserei und Musik. Therese machte aufs sorgfältigste Toilette, Therese putzte ihn – George – aufs gewissenhafteste, daß er auch nicht im kleinsten gegen die Mode verstieß, Therese strahlte an seinem Arm durch die Gemächer, war huldvoll, war graziös, funkelte vor Belustigung über die schwarzen Dohlen, die Herren Paters, die nun wahrhaftig in ihren langen Weiberröcken zur Polonäse antraten, neben sich die schillernd sich brüstenden polnischen Damen. Therese kokettierte nichtsdestoweniger wahllos, sowohl mit den Schwarzröcken als mit den polnischen Granden, wanderte von einem Arm an den anderen und bezauberte selbst Monseigneur, den Bischof, bis zu folgender Unterhaltung, an die sie sich in den nächsten vier Wochen unter großem Gelächter alle paar Tage erinnern mußte, die, dies war nicht zu bezweifeln, in jeden ihrer zahlreichen Briefe eingeflochten wurde:

«Mais en conscience, Madame», hatte Seine Eminenz hinter der scherzhaft vorgehaltenen Hand gefragt, «quel âge avez-vous donc?»

«En dix ans, mon Prince (nein, Georgie, dieser alte violette Suitier!), je ne vous dirai plus la vérité. Aujourd'hui j'ose la dire – j'ai vingt et un ans passé.»

«Comment! Mais vous avez l'air d'un enfant de treize ans!»

«Ha ha ha, Georgie, und das mir, einer Frau, die nächstens Mutter sein wird. ‹Grâce à ma conduite folle, grâce à ma conduite folle, Monseigneur!› hab ich gesagt, ha ha!!»

Solche und ähnliche Erlebnisse hatte Therese in Hülle und Fülle – indes, sie dachte an ihren Tod. Sie litt zeitweise unter den Widerständen, die ihr Körper der Entwicklung seines neuen Zustandes entgegensetzte, unter Anfällen von Übelkeit, unter einer krankhaften Abneigung gegen gewisse Speisen; sie beobachtete, peinlich berührt, daß Hals und Arme an Fülle einbüßten, je schwerer die Last ihres Leibes ward. Sie ließ sich die Ader schlagen – «Unnützerweise, Freund, doch es beruhigt sie und wird nicht schaden», sagte der wackere Langmayer zu George; sie litt an Blutandrang zum Kopf, an Schwindel, an einem Zittern der Knie. Sie litt nicht im verborgenen, o nein, das Haus erfuhr es, daß sie litt, doch schien dies Leiden mehr oder weniger ebensogut ein Anlaß zum Bewußtwerden der Daseinswonnen und eine Art von Genuß zu sein, wie ihr niemals gebrochener Tätigkeitsdrang. Es war dies nicht der Grund, daß Therese an den Tod dachte, fühlte George, und daß sie ihre Briefe zu Abhandlungen über die letzten Dinge werden ließ, Abhandlungen, die sie ihm gelegentlich vorlesen mußte, wenn sie besonders wohlgelungen schienen. Da saß sie vor dem geliebten kleinen Mahagonibüro, das er ihr zur Hochzeit geschenkt hatte, samt all den Erinnerungen bitterer und süßer Arbeitsstunden unter allen Himmelsstrichen, die es barg – sie hatte es *The Resolution* getauft, um die Meere des Gefühls darauf zu befahren – da saß sie, die Füße auf dem Kohlenbecken, vorgebeugt auf die Schreibplatte, den Blick schwimmend zum

Fenster erhoben, die Feder an den Lippen. Er ging behutsam durchs Zimmer, oh, er hatte ja nicht herantreten wollen, es hätte nicht dieser Bewegung bedurft, als wollte sie das Geschriebene vor seinen Blicken schützen! Sie schrieb, sie korrespondierte; auch er tat das, gewiß, wennschon nicht so – pflichtgetreu wie sie. Da waren die Eltern; eine Frau, eben noch selbst Kind in der Hut zärtlichster Eltern und nun in der sarmatischen Wildnis, in dieser Lage, sie bedarf ihrer Mutter! Da waren die Freundinnen, Musen und Grazien auf dem Parnaß, der Göttingen hieß, und unter denen sie nicht die Letzte gewesen war; da war – jener, der Assad genannt wurde. Jener, der in einer Mondnacht zwischen Kassel und Göttingen einst das seltsame Wort von dem Pol der Geburt und dem des Todes gefunden hatte, der sein schönes Gesicht so fern, so beruhigend fern von Wilna durch die Welt trug und seine Bonmots immerhin verschwenden mochte, wo es ihm beliebte, da er denn nicht darauf versessen schien, sie Briefen anzuvertrauen, grâce à Dieu! Warum aber bedurfte jener, der Assad genannt wurde – und warum wurde er so genannt? «O Lieber, weil er so um sich werben ließ wie Lessings Tempelritter, ehe er Zutrauen faßte.» «Und das sagst du mir?» «Aber – Georgie . . .» Warum bedurfte jener so häufiger, so ausführlicher Berichte über das Leben, die Gefühle, die Todesnähe Theresens, Berichte, unter deren Abfassung *The Resolution* schwankte wie nur je im Südwestpassat? Warum mußte von ihm gesprochen werden, abends, wenn George bei Therese auf dem grünen Kanapee saß und Archenholtzs «England und Italien», aus dem er vorgelesen hatte, sinken ließ, weil er schon seit einer Weile fühlte, daß Theresens arbeitende Hände ruhten und sie ins Kerzenlicht sah? Er hatte vielleicht gedacht, Therese sähe so still ins Kerzenlicht, weil sie müde sei und wünschte, auch er, George, möchte bald ein wenig müde werden. Wollte er nicht gerne müde sein, müde mit Therese? Aber da wandte sie ihm die Augen zu, und ihr Mund hatte jenes unbestimmte fortgleitende Lächeln, als sie sagte: «Georgie, ist das nicht zum Lachen? Assad spricht in seinem Brief – dem Brief, weiß du, vor vier Wochen – von meinen zukünftigen Kindern, und in demselben Brief nennt er mich eine Vestalin!»

Was, so fragte sich George, nachdem er etwas von contradictio in adjecto gemurmelt hatte, was gingen Assad (und zum Teufel, er hieß einfach Herr Meyer!), was also gingen Herrn Meyer Theresens zukünftige Kinder an? Und meinte er etwa, sie kämen durch Überschattung des heiligen Geistes zustande? Ich kenne die Frauen nicht, erklärte George sich selbst, jetzt erst erfahre ich, mit welcher Zärtlichkeit sie der Freundschaft die Treue halten. Mochte denn das Wohnzimmer ein Tempel des Gedenkens sein! Er trug die Silhouetten seiner Eltern, seiner Freunde herbei, um sie neben denen von Theresens Teueren aufzuhängen. Er war der letzte, das Glück des Erinnerns, des Sichversenkens in die Seelen der fernen Geliebten zu verdammen, und gab es ein edleres Vergnügen als mit Therese in Wonne und Wehmut zu vergehen vor dem Bilde eines Jakobi, vor den Zügen seines Sömmerring, Tränen zu vergießen in den Gefühlen, wie sie der Anblick des Pastells heraufbeschwor, das ein Abglanz war der vom Tode berührten Schönheit jener unglücklichen Auguste, die an Theresens Herzen gestorben war? Oh, er wollte nicht ausgeschlossen sein von Theresens Freundschaftstempel, wollte mit ihr anbeten, schwärmen, sich entzükken, Balsam finden für die Wunden der Vereinsamung unter diesen bunten polnischen Tieren, wollte mit ihr vereinigt sich hinschwingen in den Kreis der ihm verwandten Seelen. Hatte er nicht dieselben Bedürfnisse des Herzens wie sie? Sie waren doch eins, eins auch in diesen Dingen? Indessen – warum mußte Meyers Schattenriß dort allein in der Fensternische hängen, wo Therese ihn vor Augen hatte, wenn sie an ihrem Tischchen saß und *The Resolution* sie nach Deutschland trug? Warum stand ein Topf mit Immergrün auf einem Brettchen darunter, warum hauchten Hyazinthen, Goldlack und Tazetten den langen Winter und den grauen zögernden Frühling hindurch ihren Duft zu Assads schönem, hochmütigem Profil empor, wie Opferrauch? Wenn er mein Freund wäre, dachte George einmal, als er vor Tisch in das Zimmer gekommen war und es noch leer gefunden hatte, und betrachtete das Bild mit sehnsüchtiger Erbitterung. Aber er ist nicht mein Freund! Er wußte es trotz aller Grüße und Komplimente, die ihm mit jenem unbegreiflichen Lächeln ausgerichtet wurden – Meyer war nicht sein Freund. Nie war ein Mensch von dieser gleitend geistreichen Art und dieser Selbstverständlichkeit des eleganten Auftretens, nie war so ein beneideter sorgloser Plauderer sein Freund gewesen. Sie schienen Geheimnisse zu wissen, diese Menschen, deren Erwerbung ihn seine zwangvolle Jugend hatte versäumen lassen. Mit Aufbietung aller Kräfte konnte er ein paar Stunden, einen Abend lang Schritt mit ihnen halten; immer aber fühlte er, daß er Blöcke wälzte, wo sie mit Bällen spielten. Ja, ihre Zustimmung, ihre Bewunderung, empfand er sie nicht meist wie Heuchelei, wie Hohn? Waren sie nicht Feinde, glatte, glänzende Feinde, die hinter der Maske des Gönners ihren Neid auf den bitter erworbenen Ruhm verbargen? Nein, Meyer war nicht sein Freund. Aber ich will ihn lieben, dachte George, mit einer fanatischen Umschaltung des Willens, ich will ihn lieben, denn ich gehöre Theresen. Ich gehöre Theresen, dachte er verzweifelt, und was wäre ich, wenn ich mein Herz nicht in ihres fügte, wohin es immer gehen möge?

Assad also, morgens, mittags und abends. Assad um Mitternacht, in Augenblicken, da die Welt völlig versunken zu sein schien vor dem Glück der gegenseitigen Nähe. Ja, Assad selbst in solchen Augenblikken! «Der arme Assad, Georgie, er ist immer so allein!»

Therese, hatte George bei Gelegenheit dieses Ausspruches sich selbst innerlich zugerufen – er mußte etwas in sich überschreien; es war da nichts zu jammern für sein Herz, o nein! – Therese ist ein Kind, wahrhaftig, sie ist ein Kind! Und sich herumwälzend, daß er nahe neben ihr lag, den Kopf in die Hand gestützt und ihr eindringlich in die Augen blickend, sagte er: «Therese, Assad ist gar nicht allein. Du bist seine Freundin, ja, wir lieben ihn, aber wir sind nicht die einzigen, die das tun. Du weißt es doch. Assad hat viele Freunde.»

«Assad hat viele Freundinnen», fuhr er fort, mit uneingestandener Genugtuung bemerkend, daß Theresens Augen sich weiteten und sie seinen Worten entgegensah mit einem hilflosen Beben ihres Mundes, das ihm ein sonderbares Gefühl der Macht über ihr Herz gab, ein sehr seltenes, berückendes Gefühl – «du weißt es doch, wie wir alle in Göttingen es wußten: Assad fliegt von Blume zu Blume, er ist ein schöner Schmetterling.»

«Meinst du?» fragte Therese tonlos, und ihre Augen wanderten; «ja, du magst recht haben . . .»

Sie duldete seine Liebkosungen. Er fühlte müde kleine Hände seinen Nacken streicheln und überließ sich besinnungslos der Zärtlichkeit, die aus seinem Herzen brach. Er lag, veratmend, neben ihr, die Stirn an ihrer Schulter, fühlte sein Blut so sanft, wußte: nun kommt Schlaf – da hörte er ihre Stimme:

«George», flüsterte sie, «du und Langmayer, ihr glaubt es nicht. Aber wenn ich dennoch stürbe . . .»

«Therese!»

«Ich weiß, Freund, ich weiß – du ertrügest es nicht. Und ich muß leben, deinetwegen. Aber dennoch – was ist unser Wille? Und *wenn* ich stürbe und du gehst allein nach Deutschland zurück – geh zu Assad, George, er wird dir wohltun, er wird um mich weinen. Er kannte mich gut – obschon ich weiß, er hat viele Freundinnen . . .»

Therese dachte an ihren Tod. Therese dachte an Assad. Aber nun atmete sie im Schlummer wie ein Kind, und George wachte und starrte ratlos in die Nacht.

Des Morgens frühe mit der Sonne auf, einen Gang durch das Gärtchen getan, Zwiegespräch gehalten mit den guten Geistern der Erde; den Teller voll Obst mit Milch, seien's Himbeeren, seien's Erdbeeren geschluckt, wie es der wackere Sömmerring verordnet hatte zur Reinigung des Geblütes; ausgeruhten Kopfes alsdann am Schreibpult gestanden und bis zum Frühstück die Übersetzung der Reisebeschreibung Cooks um ein paar saubere Seiten gefördert: das war der Auftakt zu jedem fruchtbaren Arbeitstag, nun seit Monaten schon! Das kurze Beisammensein mit Therese am Tisch, von gutem Gespräch belebt, etwa über die Frage, ob Therese, die Tochter – da war sie, da schrie sie, da näßte sie Windeln nun fast schon ein Jahr lang und war kein Junge und doch so unbegreiflich lieb! – ob dieses annoch lallende Würmchen würde Polnisch lernen müssen oder nicht. Und da Polnisch soviel hieß wie katholisch, bewahre sie also der Himmel! Ja, die Pfaffen strichen ums Haus wie die Aasgeier, wollte Therese beobachtet haben, da war besonders so ein langer, dürrer mit spitzen Ohren und knolliger Nase, der versuchte seit gestern die Liese in Gespräche zu verwickeln, wenn sie das Kind spazieren trug, näherte sich ihr mit Blumen in der Hand ...

«Es war der Pater Liborius, er brachte mir ein paar Zypressenzweige für die Raupen von Deilephila euphoribae und konnte unsere Wohnung nicht finden», sagte George begütigend.

«Gleichviel. Es sind alles Vorwände! Wölfe in Schafskleidern!» grollte Therese. Nun, von solchen Gesprächen, die auch um die Politik der Kaiserin gegen die Türken oder um die Heiratsprojekte des guten zögernden Sömmerring oder um die Anmaßung des Herrn Kant in Königsberg, über die Verschiedenheit der Menschenrassen mitreden zu wollen, oder um die Schlamperei der Langmayer – ein ergiebiges Thema! – gehen mochten, von solchen Gesprächen also erfrischt und gestärkt nach je einem Kusse auf die Stirnen von Weib und Kind wieder das Kabinett aufgesucht, Folianten gewälzt, Papier gefalzt, mit der Feder geraschelt; Material zusammengetragen für die Elementarlehre des Naturreichs für Schulen, zu der der große Camper in Harlem ihn angeregt hatte, an den Ausarbeitungen der Vorlesungen über Mineralogie im kommenden Semester geschrieben ... Zwischendurch auf und nieder wandelnd mit sich selbst über Mendelssohns «Morgenstunden» deräsoniert, sich im Geiste mit Lessing und Jakobi darüber auseinandergesetzt und sich in der Stille der eigenen Klarheit gefreut; auch sich Notizen gemacht für einen Brief darüber an Sömmerring: Lavatern abgetan, der ein Schwärmer war und blieb, zu Cagliostro gehörte, zu Schrepfer, Gaßner und ähnlichen. Endlich noch vor Tische den Bisonskopf, den der junge Studiosus von Howen am Morgen gebracht hatte, zum Versand an Sömmerring präpariert und mit Langmayer ein weniges über die Struktur des Wiederkäuerschädels geschwatzt – ha, war das nicht exemplarisch der Vormittag eines Mannes im Zenit seiner Kraft, auf der Höhe des geistigen Schaffens? Im Sommer schien auch in Polen die Sonne und reifte die Saat; ein Mann, mochte er in der Welt stehen, wo ihn das launische Schicksal hinwarf, er fand seinen Wirkungskreis, und Befriedigung quoll einzig aus dem stolzen Gefühl des eigenen Busens. Die Welt, die ihn eine Weile vergessen zu haben schien, hatte sich seiner mit Heftigkeit wieder erinnert, wie ihn dünkte; und wenn die Nachmittagsstunden nach kurzer Ruhe der Abfassung populärer gelehrter Aufsätze für die deutschen Journale, sei's für die Göttinger Anzeigen, für Bertuchs «Journal für Luxus und Mode» oder für Lichtenbergs Kalender, und der Erledigung der Korrespondenzen gewidmet waren, so war's knappe Zeit zu nennen, gemessen an der Überfülle dieser Arbeiten. Immerhin, er beherrschte jetzt die Materie. Es war Methode in seiner Art, den Stoff zu überschauen und zu gliedern, sein Stil war geschmeidig und ein brauchbares Werkzeug, um die spröde Masse der Wissenschaft in Anschauung umzusetzen. Industria lapis philosophorum! dachte er, mit einem verlorenen Lächeln auf seine Niederschrift gebeugt; freilich, jetzt wandelte er Blei in Gold! Therese – das Kind – sie wollten leben und sollten es gut und sorglos. Therese brauchte nicht zu wissen, wie sehr ihn die Ansprüche des täglichen Verbrauches auf einmal überstürzten. Therese sollte leben wie die Lilien auf dem Felde und die Vögel unter dem Himmel! Eine Hütte, ein Gärtchen mit Bohnen, Erbsen, Kohl und Spinat; eine Rosenlaube und Astern, ein Stückchen Feld, eine Ziege im Stall, grobe Schuhe und ein kamelottenes Kittelchen – freilich, so schwärmte sie, dachte er gerührt. Nicht besser wollte sie es haben, arbeiten wollte sie Tag und Nacht für ihn und das Kind! Wer aber kannte das Idyll von der Hütte und dem Stückchen Land und der Ziege im Stall besser als er? O nein, er war nicht Reinhold Forster, der sein Weib arbeiten ließ wie eine Magd; o nein, Wilna sollte kein zweites Nassenhuben sein! Und dann – er lächelte ein wenig – «eine Hütte» sprach sie, und: «Georgie, der Michael frisiert wie ein Stallknecht, ich kann seine Hände nicht an mir ertragen und die Marischa ist so schrecklich katholisch und schmutzig. Ob wir uns nicht doch den Mühlhausen aus Kassel verschreiben?» Und: «Georgie, ich wollte es nur gesagt haben, es steht eine Chaise zum Verkauf beim Starosten Rubinski – sie, die Rubinska ließ es mir sagen. Nun, ich will dir nicht zureden, aber die große Kutsche hängt so schlecht in den Federn, das Röschen weint bei den Stößen, wenn wir spazierenfahren . . .» Und: «Georgie, der Schwarz fährt zur Messe nach Leipzig, ich gebe ihm Auftrag für ein Stück Bielefelder Leinen, du brauchst Nachtkamisöle, Georgie. Und – nun ja, meinst du nicht auch, man könnte eine neue Kaninchenkatze für mich brauchen?»

Die Kaninchenkatze war Theresens Muff. Sie hatte sich im vorigen Winter immer die räudige Katze schelten lassen müssen, weil sie irgendwo einen kleinen abgeschabten Fleck hatte. Die Langmayer besaß einen Zobelmuff.

«Man könnte mit der räudigen Katze einen herrlichen Fußsack füttern», sagte Therese nachdenklich, «man kann nicht genug Fußsäcke haben!» Und plötzlich umschlang sie ihn von rückwärts, legte ihre Wange an seine, lachte ein wenig und «Georgie», flüsterte sie, «darf die neue Kaninchenkatze aus Zobel sein?» –

George ließ die Feder rascheln, rascheln, rascheln. George lächelte über seiner Arbeit, hustete, hielt inne, hob den Kopf, lauschte auf die Geräusche im Hause. Röschen weinte, aber nur einen Augenblick. Dann ging die Wiege, dann lachte Therese, dann jauchzte das Kind.

George lächelte wieder, er lächelte bewußt und ächzte gleich darauf ein wenig, ohne es zu wissen, während er fortfuhr, zu schreiben. Der Affenbrotbaum, oh, ein ergiebiges Thema! War es nicht verdienstlich, die deutsche Leserwelt über den Affenbrotbaum und seine Eigentümlichkeiten zu unterrichten, und trug dann für ihn dieser Wunderbaum nicht seltsame Früchte, Nachtkamisöle und eine Kaninchenkatze aus Zobel?

Ich werde Spener um einen Vorschuß bitten müssen, wohl oder übel, dachte George, während er aus der ihm mühelos gehorchenden Anschauung heraus die Sätze halb mechanisch entstehen ließ; er bot es mir ja selber an.

Spener war der Buchhändler in Berlin, in dessen Hand die Fäden von Georges wissenschaftlichen Arbeiten zusammenliefen; ein Mann, der wohl wußte, was er an seinem Forster hatte.

Oh, mein Teurer, dachte George weiter, aber glauben Sie nicht, daß ich mich als Ihr Sklave in den Bergwerken der Wissenschaft zugrunde arbeiten werde!

Seitlich blickend, hing er eine Minute der Erinnerung seiner Einfahrten in die Harzer Bergwerke mit Trebra nach, damals auf der wunderschönen Reise nach Wien – seltsames Labyrinth im Bauch der Erde, oh, aber still – so still! Erzadern blinkten, irgendwo tropfte Schlaf ...

Therese wußte nicht, was Arbeit war. Therese hatte hundert Handfertigkeiten, die sie übte wie Wandeln und Atemholen. Therese pflegte ihr Kind unter Tanz und Gelächter, Therese hatte geistreiche Einfälle und ließ sie spielen wie Schmetterlinge. Therese schwärmte und weinte süße Tränen und schrieb Briefe – Briefe – Briefe ...

Nein, Speners Sklave war er nicht – Speners Sklave nicht.

Aber was wurde eigentlich aus ihm, fragte er sich manchmal dumpf und staunend, aus ihm, der aus dem Reich der großen Geister, das Deutschland bedeutete, verschwunden war in die polnische Nacht, unter ein Volk von weniger als neuseeländischer Kultur, dessen geistige Gestirne bisher Pfaffen, französische Vagabunden und italienische Taugenichtse gewesen waren? Dessen Adel die unbedenklichste Roheit mit französischer Superfeinheit verbrämt zur Lebensart erhoben hatte, in seinen prunkstarrenden Assembleen das Pharao als einzige Motion der Köpfe betrieb, von Konversation nichts ahnte, Kunst und Wissenschaft verachtete – was wurde aus ihm in dieser Atmosphäre, ohne geistig ebenbürtige Freunde, ohne Austausch? Was konnte aus ihm werden als der Sklave einer Arbeit, die, er wußte es wohl, nur zweiten Ranges war?

Ein Abendessen im kleinen Kreise guter Freunde, ein Zusammensein in Heiterkeit und Herzlichkeit bei vorzüglichem Essen und gutem Gespräch; bis Mitternacht bei dampfendem Punsch um den summenden

Samowar gesessen, gelacht, gesungen, ein Spielchen getan – dies, sinnierte George, als er an einem Januarabend Anfang 1787 bei Kerzenlicht noch einmal an seinem Pult stand und Ordnung unter den Papieren machte, wozu er vorhin in der Eile nicht mehr gekommen war, dies ist's, was nach einem angestrengten Tage wahrhaft Erholung und Harmonie des Gemüts verschafft! Er pfiff mit vergnügtem Gesicht ein wenig vor sich hin; er hatte den Spleen gehabt und seine Satire gegen Polen spielen lassen, trotz der Gegenwart von Régnier und Strzecky. Langmayer hatte ihn grob und ehrlich unterstützt und wahrhaftig, Régnier hatte den früheren Kammerdiener nicht verleugnet und war geschmeidig auf den Ton des Gastgebers eingegangen, bis ihn ein Wort von Langmayer auf die Nase traf, wie die Eichel den Bauern, der unter der Eiche schlief: O ja, Land miserables, wo es genügt, hohe Herren gut rasiert zu haben, um Professor der Chirurgie zu werden! Régnier, der ehemalige valet de chambre des Fürstbischofs und nun sein, eines Forsters, Kollege an der Alma mater, haha, er hatte zum erstenmal seiner gaskognischen Schlagfertigkeit entraten, und es hatte der ganzen Gewandtheit Theresens, der ganzen erschrockenen Milde des Präsidenten bedurft, um die Konversation wieder in harmlose Bahnen zu leiten, etwa – Himmel, wie weit holte der gute alte Mann aus! – zu den Sternen der südlichen Hemisphäre und der Aurea australis. Da war George nun freilich ins Schwärmen geraten, und dann hatte er wieder einmal des eigenen Wesens Schatz verspürt, aus dem heraus er unerschöpflich geben konnte, hatte wieder die Augen des ganzen Kreises gläubig und hingerissen auf sich gerichtet gesehen, besonders die der Langmayer und der Régnier, die, aufgeplustert nebeneinander auf dem grünen Kanapee sitzend, bisher unermüdlich miteinander geklatscht und gekakelt hatten und den Zwischenfall überhaupt nicht bemerkt . . . Lieber Gott, das waren doch gute Kinder, die Langmayer in ihrer allerliebsten Rundlichkeit, die immer so viel Heimweh nach Kipfeln und Backhendeln hatte und ihn mit ihrer Mundart und Molligkeit an die kleine Mimi Born denken ließ – die Langmayer eben, mit der alle Unterhaltungen unfehlbar auf den elegischen Schluß hinausliefen: «Es gibt halt nur ein Wien, geltens, Herr Professor?» Und die Régnier, deren erstes Kind so alt war wie das Röschen, schien schon wieder in der Erwartung; das rührte ihn heute so. Régnier war au fond doch ein braver Kerl, wennschon mehr ein Feldscher als ein Mann der Wissenschaft, und er gönnte ihm sein häusliches Glück. Häusliches Glück überhaupt, das war's, was einzig die Erde zur Heimat machen konnte, möge diese Zufluchtsstätte liegen, wo immer sie wolle, meinetwegen auf Feuerland! Nein, unterbrach er sich selbst erschrocken, aber jedenfalls, auch in Polen ließ es sich leben und sterben, wenn einer in des anderen Liebe den Schlüssel zum Paradiese besaß. Seit Therese das Kind hatte, seit sie in der körperlichen Prüfung des Wochenbettes durchaus nicht gestorben, sondern mit verdreifachten Lebenskräften daraus hervorgegangen war, war sie da nicht durchströmt von Zufriedenheit, schien sie nicht völlig aufzugehen in dieser Verzückung für das kleine Wesen, schwiegen nicht seit langer Zeit alle Wünsche nach Deutschland zwischen ihnen? Das Kind, dachte er, in Zärtlichkeit verloren, o ja, das Röschen! Freilich, es sollte nach Deutschland, wohin es gehörte, sobald seine Seele erwacht war, sollte nicht hier verkümmern zwischen Sarmaten und Römlingen! Einstweilen war ihm wohl, wo nur die Sonne schien, und – auch in Polen schien die Sonne, und der Garten der Kindheit blieb hold und heimatlich im Schoße der Erinnerung. War nicht ihm selbst sein dürftiges Nassenhuben eine Insel des Friedens und der Reinheit, trotz allem?

Der späten Stunde vergessend, begann er, mit den Händen auf dem Rücken auf und nieder zu schreiten. Wärme überkam ihn, Gefühl des Besitzes, der Wurzelhaftigkeit. Er musterte die Bücherreihen, streichelte die Geräte, die Möbel, die so schweigsam und bescheiden ihm dienten, mit den Augen. Er liebte sie, er pflegte sie durch Ordnung, auch das kleinste Ding hatte seinen festen Platz. Er hatte es erreicht, daß sein Tag sich mit federndem Rhythmus abspielte. Weit hinter ihm lag das Nebelmeer der Schwärmerei mit seinen Untiefen, er war ein Mann geworden, er stand fest, er breitete sich aus. In dieser sonderbaren Stunde fühlte er sich jeder Arbeitslast gewachsen. Er wollte nun Ernst machen mit der Ausübung der medizinischen Praxis, womit er in innerer Unsicherheit immer noch gezaudert hatte, obgleich er sich schon vor zwei Jahren auf der Hochzeitsreise in Halle den dazu nötigen Doktortitel geholt hatte.

Langmayer hatte ihm heute wieder zugeredet, es zu tun, vielleicht nur, um Régnier zu sekkieren, der der Vorstellung eines neuen Konkurrenten mit säuerlichem Schweigen begegnet war. Nun, ich werde ja nicht begehren, zu operieren, mein Herr Professor und Bartscher, dachte George vergnügt, wohl wissend, welche Art der Praxis ihm in der Gesellschaft von Stadt und Umgegend blühen würde: Damenpraxis, leichte, aber einträgliche Fälle! Zweihundert bis dreihundert Dukaten für eine glückliche Kur waren durchaus nichts Ungewöhnliches, er wußte es von Langmayer; zwanzig bis fünfzig Dukaten waren gemeine Einnahmen. Gott möge ihm verzeihen, wenn er's nicht rein aus Liebe tat; aber Polen einst schuldenfrei verlassen zu können, war das nicht auch ein gottgefälliges Ziel?

Ich muß es Therese erzählen, daß ich mich entschlossen habe, vielleicht, daß es sie freut, dachte er, die Kerzen löschend und in der Dunkelheit den vertrauten Weg ins Schlafzimmer suchend. Ob sie noch wachte? Wie scharmant sie heute abend wieder die Wirtin gemacht hatte! War nicht Strzecky, dieser alte Abbé, völlig verliebt in sie gewesen, und hatten nicht die Régnier und die Langmayer neben ihr gesessen wie schwerfällige Lummen neben einem blitzenden, wippenden Strandläufer? Am Ende hatte sie am Klavizimbel gesessen und übermütig trommelnd ihn und die ganze Gesellschaft zu unauslöschlichem Gelächter hingerissen, während die Régnier den Präsidenten in seinem langen Priesterrock nach dem Marsch aus den Deux Avares durchs Zimmer führte, verschämt-feurig mit den großen Kirschenaugen rollend, während der Alte so zierlich trat wie eine Dohle im Schnee und zu seiner eigenen Entschuldigung etwas vom Wandel der Sphären dozierte und den König David namhaft machte. «Habens eine Ahnung von ein Jesuitel!» hatte die Langmayer atemlos gekreischt. Ja, Therese, sie war ein Genie der Geselligkeit, es machte ihr Pläsier, die Leute durcheinanderzubringen, und daß sie glücklich war, lag auf der Hand. Ich bin's, der sie glücklich macht, dachte er noch gerade voll Zufriedenheit, die Klinke schon niederdrückend, nachdem ein feiner goldener Streifen am oberen Türrand ihn belehrt hatte, daß drinnen noch Licht brannte. Und, so dachte er in irgendeiner Unterströmung seines Wünschens, die Régnier ist schon wieder in anderen Umständen . . .

«Therese!» rief er halblaut und erschrocken aus und war mit zwei Schritten neben ihr, «was ist dir, Kind?»

Sie saß auf dem Bettrand, die Ellbogen auf den Knien, das Gesicht in die Hände vergraben. Jetzt, da er, ratlos, den Arm zart um ihre zuckende Schulter legte, wandte sie sich hastig ab, warf sich in die Kissen und schluchzte weiter, schluchzte wie von Eruptionen einer körperlichen Verzweiflung geschüttelt, schluchzte wie ein Mensch, der sich nun einmal auf Gnade und Ungnade einer dunklen Gewalt überlassen hat, die er sonst zu bändigen pflegt. Ja, hingegeben schluchzte Therese, hingegeben an diesen Ausbruch einer wilden Traurigkeit, darin rasend, taumelnd, schreiend in einer Art bacchantischer Gelöstheit, mit den Händen schlagend, den Kopf drehend und zurückwerfend, Laute ausstoßend, hohl, drohend, anklagend, als stände sie nackt vor Gott und wiese ihm ungeheures Elend – so schluchzte Therese, Therese, die ein Kind war, lachend sonst, schwärmend, spielend, Therese, die glücklich war, die er glücklich machte, Therese . . .

George, in namenlosem Entsetzen, zurückgebogen nach dem Fußende des Bettes, die Arme steif von sich gereckt, die Hände ineinander gerungen, erstarrt in der eisigen Strömung dieser fürchterlichen Offenbarung, George stammelte hilflos, mit kleiner Stimme jammernd: «Therese! Aber Therese . . .»

«Oh!» rief Therese. «Oh! Oh!»

Irrsal. Verlassenheit. Beschwörung.

Und dann weinte sie stiller.

George gewann Zeit, sich zu sammeln, aber er ließ seine Augen wandern und fühlte, daß er nicht wußte, was er hiervon halten sollte, daß er müde war und daß ihn fror. Da stand sein Bett, schneeweiß, einladend aufgedeckt – wie, wenn er sich geschwind auszöge und die Erklärung von Theresens Kummer unter der Federdecke liegend empfinge? Unsicher indes, wie Therese dies aufnehmen würde, drängte er solchen Wunsch zurück und begann ganz leise den Rücken der Halbliegenden zu streicheln, indem er in die Kerzenflamme starrte und mit dem Gähnen kämpfte. Und fast erschrak er, als das Weinen plötzlich aussetzte und Therese sich so schnell aufrichtete, daß seine Hand von ihr abglitt wie abgeschüttelt.

«George!» sagte Therese und ihre kleinen festen Fäuste mißhandelten ein feuchtes winziges Taschentuch. «George!» wiederholte sie, tief Atem holend und noch einmal aufschluchzend. Er suchte mit einem scheuen Blick ihr gerötetes, entstelltes Gesicht und sah schnell wieder weg. «George!» rief sie zum drittenmal und der Batist zerriß: «Ich – halte dies – nicht mehr aus!»

«Aber was denn, Therese – komm doch nur!» bat er verzweifelt und suchte sie an sich zu ziehen. Aber sie stand auf, machte sich an der Wiege des Kindes zu schaffen, stand dann am Nachtschränkchen, putzte mit bebenden Fingern das Licht und wiederholte: «Ich halte es nicht mehr aus! Und was doch nur? Was doch nur? Dieses Land – diese – Stadt – diese Menschen! Und dies, daß du dich hier behagst! Du! George Forster!»

«Ich?» fragte George und fuhr sich mit der Hand über das Gesicht. «Ich – oh – ich . . .»

«O Georgie!» rief Therese leidenschaftlich, und auf einmal war sie zu seinen Füßen und umschlang seine Knie. «Es geht nicht länger! O Georgie! Laß uns . . . .»

Das Röschen rührte sich in seiner Wiege und stieß einen kleinen Laut aus. «Still! Das Kind!» machte George.

«Das Kind!» sagte Therese böse, stand mit einer sonderbar verächtlichen Bewegung auf und trug geschäftsmäßig das Licht in eine andere Ecke des Zimmers. Dann trat sie an das Fußende des Bettes, auf dem er saß, so daß er sich zu ihr umwenden mußte, und die Arme aufstützend und ihn fest und beobachtend anblickend sagte sie nun in leichtem und nüchternem Ton: «Es geht nicht länger, George. Wir müssen von hier fort. Du bist es dir selber schuldig.»

«Therese», sagte George müde, «du vergißt, daß ich für sieben Jahre verpflichtet bin. Therese, und – wir sind doch jetzt ganz froh.»

«Froh!» stieß sie hervor, «froh! Wenn ich mein besseres Selbst vergesse, bin ich froh.» Und da er schwieg und mit einer haltlosen Geste die Hände öffnete und schloß, den Blick von ihr abgewandt, fuhr sie fort: «Wenn ich vergesse, daß ich einmal in einem Zirkel von Menschen gelebt habe, in dem das Gespräch nicht einzig auf Dienstboten und Essen roulierte. In dem die großen Geister unserer und anderer Nationen wie Hermen in einem Tempel standen und täglich frisch bekränzt wurden. Wo Seele die Seele erkannte und verstand im Augenblick des Sichfindens . . .»

«Jawohl – Assad!» flüsterte ein böser Geist George ins Ohr. Und als ahnte sie seine Gedanken, schloß Therese ein wenig allzu emphatisch: «Karoline! Philippine! Fiekchen! Schlözer und seine herrliche Tochter! Wen soll ich noch nennen? O George, du hast mit uns in Göttingen gelebt, du kennst die Wonnen eines Umgangs mit Lichtenberg, mit – mit Assad . . .»

«Und», fuhr sie nach einer kleinen atemlosen Pause hastig fort, als wollte sie ihn hindern, zu antworten, «du behagst dich hier mit einem Langmayer, einem Régnier beim L'hombre und bist es zufrieden, diese polnischen Gänse in der Botanik zu unterrichten.»

Dies letzte bezog sich auf einen Zyklus populär-wissenschaftlicher Vorträge, den George in diesem Winter vor einem Kreis von Damen aus der Gesellschaft hielt. Er errötete und sagte unwillig: «Du vergißt, daß es nicht mein eigener Wunsch war. Und ich habe Gründe, derartiges nicht von der Hand zu weisen.» Er stockte. Therese, ging es ihm durch den Sinn, sollte leben wie die Blumen auf dem Felde . . . Er hob den Kopf und sah sie mit einem bittenden Lächeln an.

«Therese», sagte er, «hab ein wenig Geduld! Die Jahre gehen schnell herum, glaube mir!»

«Und deine Freunde vergessen dich!» rief sie heftig. «Die Welt stand dir offen, vor zwei Jahren noch! Wer schreibt heute noch an dich? Sömmerring – Sömmerring – wer sonst? Spener höchstens und die Herausgeber der Journale, für die du Fronarbeit tust . . .»

«Sömmerring freilich ist eine treue Seele», murmelte George bitter. Oh, hatte Therese nicht recht?

«Georgie, Georgie», flüsterte Therese und war wieder zu seinen Füßen, die Arme auf seinen Knien, das Gesicht zu ihm erhoben, «laß uns fortgehen von Wilna, Georgie!»

«Deine Locken . . .» er spielte mit ihrem Haar, er lächelte, süß gelöst von ihrer warmen Nähe. «O Therese! Weine nie wieder so!»

«Laß uns fortgehen von Wilna!» wiederholte sie eindringlich, die Augen mit tödlich-ernstem Flehen in seine vertiefend, die ihnen auswichen. «Ich komme um in Wilna. Ich – komme um in mir selbst.»

«O Therese – und du warst doch immer so fröhlich, seit das Röschen . . .»

Therese sah ihn eine Weile an, prüfend, stumm. Dann sagte sie: «Fröhlich, Georgie? Du sagst es. Kein Zweifel, daß du es auch glaubst.»

Und gesenkten Hauptes, nach kurzem Schweigen, leise: «Die Mutter sagte manchmal zu mir:

Wenn dein Herz von Wunden blutet,
Lügt oft deine Stirne Ruh' –»

«Therese!» rief George kummervoll.

«Georgie?» Sie hob den Kopf. Ihre Augen blickten bewegungslos, klar, rätselhaft, Spiegel tiefer Brunnen. Ein nie bemerkter Zug von Qual spannte die Brauen.

Therese, dachte George erschüttert, war doch gestern noch ein Kind. Bin ich denn blind gewesen?

Er zog sie empor, nahm sie in die Arme, bettete ihr Haupt an seine Schulter. «Geliebte», flüsterte er angstvoll, «Einzige, sage doch – ist es dies allein, was dich unglücklich macht – dies allein?»

Therese hielt die Augen geschlossen.

«Ja, Georgie. Dies – allein . . .»

«Wir wollen fort von Wilna, Therese», redete er leidenschaftlich, und sein Atem bewegte ihr Haar, «du hast recht, ich verkomme hier, du hast recht, es ist ein übles Zeichen, wenn man anfängt, sich hier zu goutieren. Du hast recht, du hast hundertmal recht – und ich dachte nur – ich kalkulierte – aber gleichviel . . .»

Er starrte über sie hinweg, seine Augen brannten, sein Herz hämmerte. Ein Frösteln schüttelte seinen Körper.

«Du bist müde, Guter», murmelte Therese auf einmal schläfrig und lächelte. Er küßte zerstreut die kleinen Finger, die ihm das Jabot lösten. Er war nachdenklich, entledigte sich der Kleider, ohne es zu wissen.

«Therese», begann er wieder, als er neben ihr lag, und im Dunkeln zog er sie an sich, «es ist gut, daß dies kam, oh, du hast mich geweckt. Es war etwas eingeschlafen in mir, Therese, hörst du, und vielleicht war es das – das, was mich deiner Liebe erst würdig machte, machen konnte, Geliebte: dies, daß ich wagen und opfern konnte für dich. Ist es so, Therese . . .» bettelte er in der Dunkelheit und fühlte es wieder, dies müde, beschwichtigende Streicheln kleiner Hände, das alles andere tat, als ihn beruhigen. Er stemmte sich auf den Ellbogen und neigte sein Gesicht auf ihres.

«Vor zwei Jahren, kleines Mädchen», prahlte er mit leisem Lachen und spielte zärtlich mit ihrem Stirnhaar, «als ich so verzweifelt war, weil ich nicht wußte, woher das Geld nehmen, um dich aus Göttingen zu holen, nicht wußte, ob mir die Erziehungskommission den Vorschuß bewilligen würde – da war ich noch ein Kerl, da hatt ich noch Projekte! Ja, was meinst du, wenn der Forster nicht gekommen wäre, dich zu holen, wenn er verschwunden wäre wie die Maus im Heuhaufen . . .»

«Ich wollte alles verkaufen», fuhr er träumerisch fort und warf sich zurück, «Bücher, Mineralien, Herbarien, und dann, unter dem Vorwand, nach Deutschland zu gehen, wäre ich geradewegs nach Konstantinopel gefahren und hätte dort mein Glück versucht, als ein Kerl, der meist alle europäischen Sprachen spricht und just nicht auf den Kopf gefallen ist.»

Er verstummte einen Augenblick und: «ein Leuchtöl, destilliert aus Hammelfett» ging es ihm unerklärlicherweise durch den Sinn, und: «Man muß es dem Großtürken anbieten ... Jawohl, dies war der Studiosus Betzel in Petersburg gewesen!

«Von Konstantinopel aus», sprach er langsamer, gleichsam behutsam, um nicht auf Erinnerungen zu treten, «wär ich weitergegangen, nach Persien – nach Indien ... Wär unter einem warmen Himmel wieder aufgetaut, lebendiger, geistiger – jünger geworden, und wäre, entweder ein Wiedergeborener mit frischem Ruhm bekränzt oder gar nicht zurückgekehrt – zu dir ...»

«Georgie!» Therese hatte sich nun ihrerseits halb aufgerichtet und tastete nach seinem Gesicht. «Georgie!» sagte sie schmeichelnd, «ach, kenn ich dich wieder, mein Georgie?» Und, ihre Arme um seinen Hals werfend, leidenschaftlich: «Du solltest nicht immer – nur übersetzen, Freund!»

«Nicht immer – nur übersetzen, Therese?» fragte George sanft, «oh – kleine Therese!»

«Nicht tagelöhnern – schaffen solltest du, George, die Welt erobern, große Projekte ausführen ...»

«Große Projekte, Therese?» Er hielt sie gegen seine Brust gepreßt, er fühlte ihr schnelles hüpfendes Herz wie einen gefangenen Vogel gegen seines stoßen. Er lächelte schmerzlich, sie sah es ja nicht.

«Ich werde», sagte er hastig atmend, «mich bemühen, gib acht – ich – habe Pläne, habe Aussichten. Du sollst sehen, man hat den Forster nicht so schnell vergessen, als du denkst. Therese – bist du mir auch gut?»

Sie hatte sich zurückgleiten lassen, ach, und wieder waren da ihre sanften kleinen Hände.

«Ja doch, Georgie, ja!» sagte sie, als tröste sie ein Kind, «ja, ach Georgie – und so müde ...»

Sie gähnte leise. Sie zog die Decke bis ans Kinn hinauf. «Gute Nacht!» murmelte sie. Es war gar kein Zweifel, daß sie halb schon schlief.

Der harte Kern hatte endlich keimen, Wurzel schlagen wollen: er war aus dem Erdreich gerissen, betastet und wie spielend fortgeworfen worden. Kristalle wollten zusammenschießen in dampfender Mutterlauge; eine achtlose Hand hatte die Lösung gerüttelt und aufgerührt. Und so würde es immer gehen, dachte George, und dachte es ohne Bitterkeit. Denn war dies nicht eigentlich erst Leben, dies, daß man nicht ausharrte in einem dunklen Gang des Labyrinthes, sondern vorwärts stürmte, einem halb nur geahnten Lichtschein zu, der – Gott mochte es wissen – den Ausweg in die Freiheit verhieß? Nun, welchen Schwung verlieh nicht der Entschluß, Wilna zu verlassen! Welche Pedanterie war es gewesen, sich an einen Vertrag halten zu wollen, der ihn in seinen besten Jahren an eine Galeere schmiedete! Therese war eine gute Tänzerin, sie wirbelte ihn hinweg über alle Bedenken, und welche Stunden von Mokerie und Ausgelassenheit hatten sie nun zusammen, wie verschworen und eines Sinnes waren sie jetzt inmitten des *vulgi stulti*, der sie fressend und saufend in träger Geselligkeit umgab, wie eine Herde Kühe, die wiederkäuend mit runden Augen auf das Schauspiel zweier von Geist und Jugend beflügelter Menschen glotzte? Hatte er in dem letzten Jahr viel gearbeitet, so arbeitete er jetzt mehr als je; es ging ihm von der Hand, als stünde er an einer gut geölten Maschine, und der Cook rückte täglich einen Bogen vor. Dies war nun noch einmal eine Übersetzung, dachte er, wenn er nachts mit fiebernder Stirn und kalten Händen am Pult stand; aber auch die letzte. Therese sollte sehen, wie es war, wenn er die Schatzkammern seines eigenen Geistes erst einmal auftat, erntete in den Gärten, die nun endlich reife Früchte bieten mußten. Nicht zum Dozenten, zum freien Schriftsteller fühlte er sich berufen. «Schermesser sind nicht gemacht, um damit Klötze zu schnitzen», schrieb er an Sömmerring, frohen Selbstgefühls voll.

Nein, er wollte nicht mehr Kraft und Zeit vergeuden. Aber freilich war es gut, immer in Amt und Brot zu sein, gut, einem freigebigen Herrn zu dienen ... Es galt, einen Gönner zu finden, dem es lohnend schien, ihn hier loszukaufen, oder dessen Macht ausreichte, mit seinem Wunsch nach Forsters Diensten allein diese verfluchte Last von nahezu 6000 Gulden Vorschuß zu löschen, die er der Erziehungskommission nun einmal schuldete. Therese hatte recht: hier mußt er als Mann von Welt politisch und mit kühler Überlegung seine Möglichkeiten und Vorteile abschätzen und gegeneinander ausspielen. Therese setzte abends «das Schachbrett» auf, wie sie diese Beschäftigung übermütig nannte, hohe und höchste Gönner aufmarschieren zu lassen und zu prüfen. Da war, wenn man die große Zahl der ihm gnädig gesinnten Fürsten wegließ, die hier nicht in Betracht kamen, da sie höchstens Louisdors und Schnupftabaksdosen, aber keine gut dotierten Ämter zu vergeben hatten, zunächst einmal der Landgraf von Hessen, von Kassel her in unliebsamem Angedenken; indes, die Verleihung einer Professur der Naturwissenschaften an der Universität Marburg lag in seinen Händen. Die tätige Liebe des wackeren Sömmerring war am Werk, hier sowohl als bei seinem eigenen Herrn, dem Mainzer Kurfürsten, für George zu arbeiten, und – so sagte Therese – beide Plätze hatten ihre Meriten, Mainz freilich ungleich größere, da es sich unter dem Krummstab des Barons Erthal zu einem kleinen Musenhof, vergleichbar dem von Weimar, entwickeln zu wollen schien und – «mein Georgie!» – es lag linksrheinisch, es war fast schon Paris! In Berlin war der vortreffliche Gleditsch verblichen, Friede seiner Asche! Gewiß war es opportun, dem Minister von Herzberg die *Opera botanica* zu schicken und diesem Beschützer von Kunst und Wissenschaft zu seiner Erhebung in den Grafenstand zu gratulieren; oh, kein Wort von dem erledigten Lehrstuhl, man rief sich in Erinnerung, weiter nichts. Die größten Figuren aber, mit denen Therese agierte, saßen im Norden und im Süden auf den Thronen des deutschen Reiches und Rußlands. Und es war zweifellos, daß es auf St. Petersburg ankam und auf St. Petersburg allein! Denn, so meditierte diese erstaunliche kleine Person ihm gegenüber am Tisch ernsthaft: wo Frauen regieren, hat ein Mann von Verdienst alle Chancen, und darum, von der großen Katharina ganz abgesehen, kam es darauf an, die Aufmerksamkeit der Fürstin Daschkow, des weiblichen Direktors der Akademie der Wissenschaften, auf sich zu lenken! In Therese, dachte George voll abgründigen Staunens, als er sich an einem dunklen Wintermorgen im Reisewagen auf der Fahrt nach Grodno sah, wo es Gelegenheit gab, sich dem Ambassadeur der Kaiserin, Herrn von Stakelberg, vorstellen zu lassen, in Therese steckte etwas von einer Katharina, einer Daschkow und mehr von einem Diplomaten als in mir, Sömmerring nun, und sagen wir einmal: dem Vater zusammengenommen! Und dann dachte er daran, wie der Vater im mausgrauen Rock nach Danzig gefahren war, mit der Absicht, den Vorgänger des Herrn von Stakelberg, den weiland Herrn von Rehbinder, in die Tasche zu stecken, und wie er heimgekommen war in der Überzeugung, daß ihm dies gelungen wäre. Oh, die alten Zeiten und der Vater! Und jetzt kollidierte man mit ihm auf Schritt und Tritt, denn nicht nur um Marburg bewarb sich der Alte ebenfalls, auch in Berlin, wo, wie George jetzt durch Spener gehört hatte, er, der Sohn, auf die Liste der für Gleditschens Stelle Vorgeschlagenen gesetzt war, war Forster *senior* auf dem Plan erschienen und hatte bei seiner Ernennung zum auswärtigen Mitglied der Akademie die Erfahrung machen müssen, daß George diese Ehre gleichzeitig widerfuhr! Nein, ich triumphiere nicht, dachte George, sich erschrocken von seinen Gedanken abwendend, und fühlte doch, daß eine kalte Befriedigung sein Herz vorübergehend hart und glänzend gemacht hatte. –

Es gibt Dinge, die einem niemals allein und losgelöst, sondern immer nur in der Verbindung mit anderen Gegenständen einfallen; so konnte sich George nicht an den Londoner Nebel erinnern, ohne an ein gewisses kleines Federmesser zu denken, das ihm in jenen bösen Jahren vor der Südseereise ein zärtlich geliebter Besitz und ein Trost gewesen und später verlorengegangen war. Er konnte auch den Namen Surinam nicht hören, ohne die Erscheinung des Hofrats Kotelnikow vor sich zu sehen. Ebenso gab es Menschen, die ihm nur paarweise oder gar in Gruppen ins Gedächtnis traten, Larry und Mahaine etwa, Sömmerring mit dem Hintergrund des ganzen Kasseler Kreises, der ihm einigermaßen widerwärtige Nikolai in Berlin mit seinem Gegenspiel, dem herzlich verachteten Schrepfer in Leipzig, die Musiker Neumann und Naumann in Dresden und – nun, Gott möge ihn davor bewahren, dachte George, daß er jetzt seine ganze wimmelnd bevölkerte Erinnerung wachrief, um sich die ihn ein wenig quälende Tatsache zu erklären, daß er nicht an den Vater denken konnte, ohne daß Therese dies stattliche Gestirn umkreiste – nicht sich in das Wesen seines Weibes versenken, ohne daß die gleiche Konstellation sich ungerufen einstellte. An diesem Junimorgen, da er wie gewöhnlich mit Sonnenaufgang erwacht war und nun auf der Seite ruhend, die Hand unter die Wange geschoben, im gedämpften Licht die neben ihm Schlummernde betrachtete, stieg irgendeine mächtige Woge in ihm und wahrnehmend, wie ihre Brust sich hob und senkte und die Kante ihres Hemdes am Halse von den zuckenden Schlägen des Pulses bewegt ward, dachte er sonderbar erregt: wie wehrlos sie ist! Und sich selbst vortäuschend, dieser Gedanke stiege aus der Lust, sie an sich zu reißen, fühlte er gleich darauf erschrocken, daß etwas wie gehässige Neugier in ihm sprach und ihm zeigte, daß Therese häßlich sei, doppelt häßlich jetzt in diesem Augenblick des Schlafes mit dem haltlosen Unterkiefer und dem Ausdruck unbedingter trotziger Hingabe an die Dumpfheit der Betäubung. Sieh keinen Toten und keinen Schlafenden an, sie können sich nicht verstellen! dachte George, sich unruhig herumwälzend und die Hände hinter dem Haupte verschränkend. Und da war's wieder. Erinnerung arbeitete in ihm, deren er sich nicht bewußt zu werden wünschte, unwillig gab er ihr endlich Raum und erkannte: so hatte er oft, unzählige Morgen der Vergangenheit gelegen, und den schlafenden Vater angesehen, hatte gedacht – lächerliche Gedanken eines Knaben! – aber etwa so: Wenn ich nun aufstünde, leise, heimlich – das kleine Federmesser vom Tisch holte, das kleine, blanke, liebe und mit seiner Spitze einen sauberen behutsamen Schnitt durch jenen tanzenden Adamsapfel dort zöge ... Aber dies möchte Wahnsinn heißen, wenn es nicht so lächerlich wäre, sagte er sich, indem er sich nun plötzlich eilig erhob, das Gesicht zu einer unbewußten Grimasse verzerrt. George Forster mit der Erinnerung an Mordgedanken! George Forster mit der Lust – und in einem letzten Nachgeben an jene dunkle Versuchung und mit einem scheuen Blick auf die Schlafende gab er es sich verzweifelnd zu – ja, George Forster mit der Lust, sein Weib, seine Therese zu quälen. Ach, nicht zu töten! Aber einmal mit seinen Zärtlichkeiten den Blick ergebenen Duldens, den Blick unbeteiligter, stiller, ja vielleicht manchmal freundlicher Verwunderung wandeln zu können in einen gebrochenen, schwimmenden; die in allen Lagen beherrschte Rede dieses Mundes auflösen in ein hilfloses Stammeln! Einmal Therese *fühlen* zu machen! Er dachte: *einmal*, das ist dann, als ob eine Tür endlich aufspringt! Einmal – das heißt dann, für immer im Paradiese sein! Er zog sich hastig, geräuschlos und unglücklich an. Er verließ die Kammer und durchschritt mit gesenktem Kopf den Vorraum. Mein Gott, er war ein Narr, ein Undankbarer, sagte er sich, als er nun in seinem Kabinett hastig den Teller auslöffelte, den ihm Marischa gebracht hatte. Diese morgendlichen Verstimmungen waren ebenso eine Folge skorbutischer Schärfe in seinem Geblüt, als die fortwährenden Anfälle ziehender Schmerzen, als diese kleinen lästigen Ausschläge, die entzündeten Augen, die peinigenden Koliken. Die Säfte reinigen! Das war der Schlüssel auch zur Harmonie der Seele. Hastig schluckte er seine Erdbeeren in Milch, Obst auf nüchternen Magen, wie es ihm Sömmerring verordnet hatte, und das Therese nie versäumte, ihm hinstellen zu lassen, in der Form, wie die Jahreszeit es bot. Sorgte sie nicht rührend für ihn? Ja, er *war* ein Narr! Wenn jetzt der Druck der Enttäuschung auf ihr lastete, daß bisher alle Pläne, von Wilna fortzukommen, gescheitert waren, wenn dieser Druck sie matt und teilnahmslos machte – war das nicht nur natürlich? Was verlangte er denn von ihr? Er schob den Teller zurück. Obst am frühen Morgen, mir zuwider wie nur je, dachte er angeekelt. Ach, mein Gott, er verlangte ja nur nach ein wenig Zärtlichkeit und Wärme, schrie es verzweifelt in ihm auf. Trugen sie denn die Enttäuschung nicht gemeinsam? Litt er nicht, wie sie unter dieser Umgebung ohne Geist und Feuer, mußte sie nicht endlich überzeugt sein, daß er Ruhe und Gesundheit dransetzte, um aus diesem stagnierenden Froschteich herauszukommen, daß die satte Zufriedenheit der Kollegen, die kleinlichen Eifersüchteleien und Kabalen ihn bis zur Verzweiflung peinigten? Litt er denn immer noch nicht sichtbar genug, um der Gemeinschaft *ihres* Leidens endlich teilhaftig zu werden? Denn, nicht wahr, dies war's: er *wollte* leiden, um ihrer würdig zu sein, um bei ihr zu sein, wohin ihr Herz sie immer trug – nur *bei* ihr und *mit* ihr! Und um den Dämon Lügen zu strafen, der ihm so den Spiegel vorhielt und hämisch raunte: brächtest du selbst denn die Größe auf, Freund, um so zu leiden wie sie, unmittelbar aus Gottes bitterer Hand? sprang er verzweifelnd auf und rannte hinaus, fort von den schon ausgebreiteten Büchern und Papieren, der still lockenden und drohenden Welt der Arbeit, in der Vergessen und Zufriedenheit war.

Ein botanisches Gärtchen von Qualität! ging es ihm durch den Kopf, als er in dem Schattenwinkel hinter dem Hause war, wo er die für die Demonstrationen in den Kollegien notwendigen selteneren Pflanzen ziehen sollte und wo er nun zwischen den Rabatten auf und nieder ging, dumpf eingedenk, daß die unzähligen Fenster des weitläufigen Gebäudes auf ihn niederblickten und daß hinter einem möglicherweise die Langmayer stand und in der lieben Wiener Mundart sagte: «Maria und Josef – der *arme* Mann!» Hätte er nur gewußt, warum sie ihn immer bedauerte, ihn, der vor der Welt so glücklich war! Dies aber, was ihn jetzt quälte und ruhelos machte, da er nun einmal wieder den Vater und Therese in seinen Gedanken vermengt hatte, war eine Erinnerung von der Hochzeitsreise her, die über Halle hierher gegangen war. Selbst in dem Bewußtsein, wieder in den Bannkreis des Vaters zu treten, hatte er dieses Mal ohne inneres Widerstreben, ja mit einem gewissen Frohlokken die Schwelle des Elternhauses überschritten. Er kam ja nicht allein, wer konnte ihm jetzt noch etwas anhaben? Die Erlebnisse der ersten Tage des Zusammenlebens waren noch unentwirrt um ihn und Therese, sie bedeuteten einstweilen noch die holde Unordnung zerrissener Kränze, die noch nicht verwelkt waren, es war im gesicherten Besitz noch das atemlose Zittern ungestillter Sehnsucht in ihm, und sie war von jener bräutlichen Schmiegsamkeit gewesen, mit jenem weinenden Lächeln der Hingebung, der Bereitschaft, das ihn rührte und toll machte zugleich. Sie waren im Gasthof abgestiegen; Therese machte sich schön, sie hatte das Kleid aus jenem weißen Aotobast hervorgeholt, den George ihr einst geschenkt, hatte es angezogen, um, wie sie mit Munterkeit sagte, den alten Eroberer von Tahiti zu ehren. George hatte ihr geholfen, hatte Hefteln und Bänder geschlossen, die Handspiegel gehalten, damit Madame sich von allen Seiten betrachten konnte; hatte zwischendurch vor ihr gekniet und diese lieben, wunderlich kleinen Füße gestreichelt – mußten sie nicht müde sein von der Reise? Aber ja, sie mußten doch, wenn man auch beständig gefahren war! Wie war es denn möglich, daß ein Mensch sein Leben lang auskam mit Füßchen, nicht größer als eine gewöhnliche Männerhand? Kurzum, er hatte sich verliebt und ungeschickt betragen, bis Therese: «Aber, mein Freund!» gesagt hatte; ja, das hatte sie schon damals zuweilen getan. Am Ende hatte er mit ihr am Arm den Gasthof verlassen und hatte sie ganz übermütig vor Stolz und Wichtigkeit durch die Straßen geführt, selbst elegant genug, wie er sich dünkte, im neuen blauen Tuchrock nach englischem Schnitt, Hut unterm Arm und Hand am Degenknauf. Blickten die Mutter und Fieken nicht schon am Fenster nach ihnen aus? Er gab Theresen noch einige Verhaltungsmaßregeln; sie sollte sich nur nicht fürchten, sagte er tröstend, der alte Herr, nun ja, er habe seine Wunderlichkeiten, aber er sei kein Menschenfresser. Sei kein Menschenfresser, wiederholte er sich selbst innerlich staunend; wer hatte ihn denn je dafür gehalten, für einen Menschenfresser? In wenigen Tagen würden sie wieder allein miteinander sein, sagte er, nur, nicht wahr, ein paar Stunden täglich während dieser kurzen Zeit müßten der Pietät zum Opfer gebracht werden, und die Mutter, ach, die Mutter würde sich so freuen! Er redete so viele Worte der Beruhigung und der Vorbereitung, daß Therese endlich ganz verwundert zu ihm aufsah und sagte: «Aber George, ich fürchte mich doch gar nicht!» und er sich besann, freilich, er hatte nicht bedacht, daß Therese Heyne gewohnt war, mit den sonderbarsten alten Knaben zu plaudern, daß sie – und war das nicht einer der Züge, die er so leidenschaftlich an ihr bewunderte? – eine kleine Dame von Welt war, gewohnt sich in alle Situationen zu schicken. Kindlich genug betrachtete er ihre Eigenschaften als eine

Verstärkung, eine Erweiterung der eigenen Person. Der Vater würde sehen, der Vater würde staunen, was da endgültig aus ihm, George, geworden war, er würde es nicht mehr wagen ...

Was würde er nicht mehr wagen? George wußte es bald selbst nicht mehr, was eigentlich er sich von diesem Besuch für eine Wirkung versprochen hatte – etwa die einer Parade vor dem Feind, einer friedlichen Parade in voller Rüstung mit Fahnen, Standarten und blitzend neuen Waffen: Hier das Haus Forster *junior* auf immerdar? Da stand ein Riesenstrauß bunter Astern mitten auf dem runden Tisch und dahinter, rötlich wie der herbstliche Mond, leuchtete Reinhold Forsters massiges Gesicht unter dem schimmernden Toupet und selbstverständlich! er hatte auch einen blauen englischen Frack an und wie füllte er ihn aus mit Brust und Schultern! Da saß er, ließ seine großen Augen rollen, blies die Backen auf wie nur je und spielte den *galant-homme*, sich herabneigend zu der kleinen zierlichen Schwiegertochter und seine gewaltige Hand auf ihre schmale legend, und das schon in der ersten halben Stunde der Bekanntschaft! George, an der anderen Seite des Tisches zwischen Mutter und Riekchen sitzend, sich der Verpflichtung innerlich bewußt, sein neues Glück in die erloschenen Augen der Mutter strahlen zu müssen, die an ihm hingen, fühlte eine nie geahnte Erregung des Herzens. Plaudernd und lachend, als hätte er Wein getrunken, rief er Therese an, sie möge seine Erzählung von der Hochzeit ergänzen! Was für eine Robe hatte ihre Mama getragen, wie waren die allerliebsten Carmina gegangen, die ihre kleinen Stiefgeschwister rezitiert? Dies alles interessiere brennend die Damen. Zugleich wühlte er hastig, fieberhaft nach einer Frage, die er dem Vater wie eine Schlinge umwerfen könne. Ja – wie war das mit seiner Promotion, was für Visiten waren zu machen, welcher Anzug war angebracht? Sonderbar bemüht, der Mittelpunkt des Kreises zu werden, kein Sondergespräch aufkommen zu lassen, redete er nach rechts und links, was ihm gerade in den Sinn kam, die Augen immer wieder beschwörend auf Therese gerichtet: einen Blick, ein kleines Freimaurerzeichen des Verständnisses, der Zusammengehörigkeit wollte er haben; nicht dies gleichmütige, abgleitende Lächeln! Verzweifelt machte er Anspielungen auf kleine gemeinsame Erlebnisse der letzten Tage: «Weißt du noch, in Weimar ...?» sagte er, und: «Therese, wie war die Aussicht aus unserem Fenster in Eisleben, du erinnerst dich, haha!» Erreichte aber nichts, als daß sie ihn erstaunt fragend und nachdenklich anblickte und daß Riekchen eifrig fragte: «Wie war das denn, erzähle doch!» Allmählich verstummte er, zerbröckelte seinen Kuchen mit den Fingern und starrte vor sich hin aufs Tischtuch. «Mein Georgie», hörte er die Mutter neben sich und fühlte ihre leise Hand auf dem Ärmelaufschlag, «bist du nun froh?»

Er wandte ihr die Augen zu.

Der Vater neckte Therese. Der Vater nannte sie: «Frauenzimmerchen, scharmantes, durchtriebenes!» Der Vater reichte ihr mit Grandezza den Arm, um sie in den Garten zu führen. Die anderen folgten. «Zwischen diesen ehrwürdigen Zeugen des Geistes», sagte Reinhold Forster im Kabinett verweilend mit einer weiten Handbewegung auf die Bücherborde deutend, «hat Ihr George seine ersten schüchternen Schritte auf dem Pfade der Wissenschaft getan!» Alle waren stehengeblieben. Dort standen der Vater und Therese. Hier stand George, den Kopf ein wenig gesenkt, den Mund mit einem schmerzlichen Versuch zu lächeln halb geöffnet, die Augen schweifend; Mutter und Schwester hinter ihm in der demütigen Haltung liebender Einfalt. Der Vater aber legte den Arm plötzlich mit einer großen Gebärde um Therese, die mit einem gurrenden Lachen zu ihm aufsah, und mit der Linken erst auf sich selbst, dann auf den Sohn deutend, rief er mit dem alten wohlbekannten Dröhnen des Brustkastens: «Gegängelt, gegängelt, gegängelt ist er gegangen! Frauchen, Frauchen, nun kriegt Sie die Zügel in die Hand! Hat Sie auch die Forsche dazu?»

Versunken niederstarrend auf ein Beet mit Heilkräutern, sah er die beiden wieder stehen, mit den Köpfen nickend. Hatte nich auch Riekchen, hatte nicht selbst die Mutter lachen müssen? Ein Scherz, mein Gott, ein Scherz im Familienkreise!

Er ging ins Haus zurück, von neuem betäubt durch diese Erinnerung, von der fürchterlichen Bedeutsamkeit, die sie in seinen Augen gewann, je öfter er sie hin und her wandte: hier hatte er gestanden, allein, und dort – dort war Therese gewesen – Therese neben dem Vater.

Ein paar Stunden später am Fenster stehend, unfähig zu arbeiten unter dem fürchterlichen Druck des seelischen Schweigens, das zwischen ihm und Therese sich ausbreitete, einem ratlosen Zustand körperlicher Angst hingegeben und mit einem Gefühl von Abneigung und Ekel das Treiben der Gänse um den Tümpel auf dem weiten grasbewachsenen Platz zwischen seinem Wohnhause, dem Universitätsgebäude und der blendenden Fassade der Kirche gegenüber beobachtend: in diesem Augenblick sah er durch die weiße Verödung der Mittagsstunde aus der Richtung der Posthalterei her einen Mann stracks auf sein Haus zukommen, trat einen Schritt zurück, griff sich an die Stirn, lachte glücklich auf und stammelte: «Nun, endlich!» obgleich er sich sofort dessen ganz bewußt war, daß nicht der geringste Anlaß vorlag, in diesem Manne den Schicksalsboten zu sehen. Als er eine Stunde später das Wohnzimmer betrat und sich Therese gegenüber am gedeckten Tische niederließ, war eine Frische und Straffheit in seinen Bewegungen und lag, während sie die Suppe löffelten, ein nicht zu bändigendes Lächeln auf seinem Antlitz, daß Therese schließlich nicht umhin konnte, die Lider zu heben. «Was gibt's, Forster?» fragte sie ein wenig gereizt.

Freilich, buchte er heimlich, was hatte er auch fröhlich zu sein, wenn es ihr zu schmollen beliebte? Und: «Was ist's mit dem russischen Kapitän? Wieder einen Gast auf den Abend? Du weißt, ich habe nichts im Hause.»

Spielerisch, als sei er gänzlich unberührt von ihrem larmoyanten Ton, gab George lächelnd zur Antwort: «Oh, wie du willst, meine kleine Therese! Es ist ein Kapitän Mulowsky aus Cherson von der Marine der Kaiserin, und gewiß ein etwas verwöhnter Herr. Ich – werde mit der Langmayer sprechen, meinst du nicht? und zum Soupieren mit ihm hinübergehen. Sie wird sich's zur Ehre anrechnen, denk ich.»

Therese, die an ihm vorbeigesehen hatte wie ein trotziges Kind, blickte ihn plötzlich voll und mißtrauisch an: «Zur Langmayer? Aber geh du nur und verderb dir wieder den Magen an ihrem fetten Zeug! Es ist eine Sache des Geschmacks, ob man sich dabei behagt oder nicht.» Und da das milde Strahlen gar nicht aus Georges Augen weichen wollte, blickte sie ihn noch einmal prüfend und nicht begreifend an und sagte dann langsam, mit einem Unterton ungläubiger, zögernder Ahnung: «Georgie – was – wollte dieser Kapitän?»

«Oh – nichts . . .»

George zerschnitt vergnügt das Fleisch auf seinem Teller, «gar nichts weiter Besonderes. Er hat mir – im Namen der Kaiserin – nun, etwa dreitausend Rubel Gehalt versprochen und Deckung aller meiner hiesigen Schulden . . .»

«O George – Georgie!»

«. . . wenn ich mich bereit erkläre, eine Entdeckungsexpedition nach der Südsee mitzumachen. Er brachte einen schmelzenden Empfehlungsbrief vom Ambassadeur mit. So ist es! Ja, Therese!»

Glückselig lachend breitete er beide Arme aus. «So ist es!» rief er noch einmal, «so ist es! O Therese – das Leben ist mir neu geschenkt!» Und im selben Atemzug neben ihr kniend, sie umschlingend: «Oh, vergib! Aber verstehe, verstehe! Dies – dies ist noch einmal eine Tür ins Freie. Und ich komme wieder, ich komme wieder, Kleine, Geliebte. Und du wirst mich lieben, und wir werden selig sein!»

Therese, seltsam über diese gestammelten Worte hinweglauschend, ihm zugewandt, die Hand auf seiner Schulter, sagte langsam: «Georgie, dies ist mir wie ein Traum.» Und nach einem Stocken, während er lächelnd zu ihr aufsah: «Wie sagtest du? Dreitausend Rubel Gehalt? Wie – ist das zu verstehen, mein Georgie?»

«Oh», sagte er ein wenig erstaunt, «es war eine meiner Bedingungen, es war . . . Nun, ich werde jährlich zweitausend Rubel unterwegs ausgezahlt bekommen, Liebe. Es ist eine Abwesenheit von drei bis vier Jahren vorgesehen . . .» er legte mit zarter, ängstlicher Gebärde den Arm um sie.

«Zweitausend», wiederholte sie ein wenig ungeduldig, nun, und – und . . .?»

«Tausend», sagte George irgendwie verwundert, «wirst du jährlich bei einem noch näher zu bestimmenden deutschen Bankier für deinen und unseres Kindes Unterhalt erheben. Du wirst in Deutschland leben, selbstverständlich!»

«Ach!» Therese beugte sich vor, um ihn zu streicheln – oder war's, um ein sonderbares Lächeln zu verbergen, das haltlos um ihren Mund flackerte? «Wie gut von dir! Georgie – aber wirst du denn auch eine Pension haben, wenn du zurückgekommen bist?»

«Ich werde mir die Hälfte meines Gehaltes auf Lebenszeit ausbedingen», erwiderte er, bemüht, ihren wandernden Blick zu fassen, «und» – setzte er langsam hinzu – «komme ich nicht wieder, Therese, so sollst du diese Pension bis an dein Lebensende haben. So werde ich mich bemühen, es durchzusetzen.»

«Oh, Georgie, Georgie! Wer spricht davon?» rief sie nun und preßte seinen Kopf an ihre Brust mit einem Aufschluchzen, wie ihn dünkte. «Oh, wie kannst du an so etwas denken? Es ist nur – der Vater – er ist immer so penibel in derlei Fragen. Du weißt ja, damals, als du um mich angehalten hattest, eh du nach Wilna gingest, er wollte nicht, daß wir uns noch einmal sähen. Erinnerst du dich?»

«Ich erinnere mich», sagte George plötzlich von Bitterkeit übermocht.

«Es war», flüsterte Therese, «daß er meinte, du würdest mich nicht erhalten können. Er dachte, du würdest es bald selber einsehen, und dann würde es gut sein, daß wir uns nicht wiedergesehen hätten, weißt du. Ach, er sprach soviel von Versorgung und Pension, da ist das so in meinen törichten Kopf gekommen. Wie, Georgie – du weißt doch, daß deine Therese keine Rechnerin ist?»

Spielend, zärtlich flocht sie ihre Finger in seine. «Drei bis vier Jahre? Ach, George! Aber es gilt deinen Ruhm und die Wissenschaft! Du sollst sehen, wir werden tapfere Frauen sein, das Röschen und ich!»

George hatte sich erhoben. Er sah auf sie nieder mit seinem unsicheren Blick gütevollen Staunens, er wandte sich ab, er schritt im Zimmer auf und nieder.

Tapfer? Tapfer? dachte er ratlos. Sie – freut sich ja! Sie freut sich – daß ich gehe . . .

Sie freute sich nicht, daß er ging, befahl George nach einer Viertelstunde der Verzweiflung in seinem Kabinett seinem Herzen zu glauben, nachdem er sich an der alten Vorspiegelung gestärkt hatte: Therese ist ein Kind! Therese war ein Kind, und das Neue dieser Aussichten, die unfaßbare Veränderung des Daseins, die bevorstand, hatten sie verwirrt. Wie hatte er sich so täuschen können? «Der Mut meiner unvergleichlichen Therese unterstützt mich in allem», schrieb er gleich darauf am Schluß eines in fliegender Eile an seinen Schwiegervater hingeworfenen Briefes mit den Neuigkeiten dieses Tages und fügte ein Erkleckliches an Beruhigungssätzen über die Sicherung von Gegenwart und Zukunft hinzu. Oh, wie sehr recht hatte ein Vater, sich um das Glück seiner Tochter zu sorgen! Mein Röschen! dachte er in Bewegung. Nur ein Vater konnte ein Vaterherz verstehen! Indes, nun die Rührungen beiseite geschoben! Es galt, sogleich an Sömmerring zu schreiben, den er dem Kapitän als begleitenden Arzt vorgeschlagen hatte, galt, Jubel auszuströmen in die Brust des Getreuen, der wie kein anderer begreifen würde, was dies hieß, was dies zu bedeuten hatte, als wissenschaftlicher Leiter mit unbeschränkten Vollmachten einer Expedition vorzustehen, die mit fünf Schiffen ausgerüstet als eine Kriegsflotte der Aufklärung gegen die Rätsel des Erdballs ziehen würde. Rausch und Taumel überkamen ihn bei der Versenkung in die Macht, die da auf einmal in seine Hände gelegt war. Einen Astronomen, Unterärzte, Zeichner, Jäger, Ausstopfer, Gärtnerburschen, ja vielleicht auch Bergleute galt es anzuwerben. Jetzt sollte manch einer es erleben, daß er gut daran getan, dem Forster Dienste zu erweisen, daß der Forster sich zu erinnern verstand! Er beschloß und notierte es sich, daß er eine gehörige Summe fordern wollte, um seinen Mitarbeiterstab durch Verleihung kleiner Geschenke und Pensionen geschmeidig zu erhalten. Schlug er etwa den guten alten Wales in London – er würde doch noch leben? – als Astronomen – den jungen, ihm so treu ergebenen Dr. Mayr in Prag als Botaniker vor? Und welche Aussicht, dem Bruder Karl eine Stelle als *surgeon's mate* zu verschaffen! Konnte er als Sömmerrings Gehilfe nicht Unschätzbares profitieren!? Der Vater, dachte George, schier atemlos von dem Wirbel seiner Gedanken, der Vater wird's nicht zugeben! Und wie ein Wolkenschatten zog die finstere Gestalt des eifersüchtigen König Minos über die Gefilde seines Glücks. Gleich darauf riß er Schiebladen auf und begann, planlos Papiere herauszunehmen, durchzusehen, zu vernichten. Aber dies hat Zeit! dachte er plötzlich beschämt und tat alles wieder an seinen Ort. Besser war's, eine Liste der zur Fahrt nötigen Bücher und Instrumente aufzustellen, oder mit allem Fleiß seine der russischen Regierung vorzulegenden Bedingungen noch einmal durchzuarbeiten, oder ein Verzeichnis der Gegenstände zu machen, die vor der Abreise hier zu verkaufen waren. Denn natürlich dachte er nicht daran, unnötigen Ballast in die befreite Zukunft hineinzuschleppen, und was war nicht alles Ballast in diesem Augenblick! Die Hälfte seiner Bücher und Sammlungen gewiß, und der größte Teil des Ameublements! Das alles würde in den nächsten Monaten für gutes Geld loszuschlagen sein, unter der Hand und ganz ohne Aufsehen, denn er mußte seine Vorbereitungen heimlich betreiben, bis die russische Regierung mit der Erziehungskommission abgerechnet und ihn losgekauft hatte. Himmel, Therese würde doch nicht etwa schon mit der Langmayer geschwatzt haben! Er rannte hinüber, auch in dem unbewußten Verlangen nach Röschens kleinem Apfelgesicht. Wenn ich wiederkomme, dachte er mit jähem Erschrecken, ist mein Röschen fast sechs Jahre alt! Nein, Therese hatte mit keiner Seele geschwatzt, sie saß im Gärtchen, das Kind an der Brust, den Blick ganz still auf ein Beet voll blühenden Lavendels gerichtet. Ich *will* doch nicht an den Vater denken und an seine ridikülen Passionen! dachte George, den es von jeher ein wenig verstimmt hatte, daß Therese die Vorliebe für dieses Kraut mit dem Alten teilte und daß denn dieser Duft der Duft aller guten und bösen Tage zu sein schien.

Therese hob den Blick zu ihm, und da sah er, daß ihre Augen voll Tränen standen: «Wir kommen nach Deutschland, wir kommen heim!» flüsterte sie gebrochen, und da war es auch um seine Fassung geschehen. Er kniete neben ihr, er küßte ihre Hände; das Röschen jauchzte und griff in seine Haare, sie lachten und weinten miteinander. «Alles wird gut, alles wird wieder gut!» zog es befreiend durch sein Herz. Unendliches wollte besprochen sein, im Umsehen war der Abend da, und mit ihm noch einmal der Kapitän, zunächst zugeknöpft wie ein Engländer. Aber der Tee schmolz sein russisches Herz, er begann zu fabulieren; Katharina war seine Himmelskönigin, und er wollte ihr den Erdkreis erobern. Er sei ein natürlicher Sohn des Fürsten Czernitscheff, des Vizepräsidenten des Admiralitätskollegiums; der Herr Geheime Rat sollte nur fordern, fordern, fordern, es würde alles unterschrieben werden. Drei Küsse besiegelten den Bund, als die zukünftigen Weggesellen sich trennten. «Dieser Mann», sprach George noch vor dem Einschlafen in die Dunkelheit hinein, von seinem aufgewühlten Herzen getrieben, «wird mir Freund und Bruder werden. Ihn und unseren Sömmerring an meiner Seite wissend, kannst du getrost mich ziehen lassen, Therese. Therese – aber schläfst du denn schon?»

Nun, da er dem Abgott seiner Jugend geopfert hatte, in dem Augenblick, da die Übersetzung der Cookschen Reisebeschreibung als ein stattliches Konvolut bereitlag, an Spener abgesandt zu werden einschließlich seines Aufsatzes, der mehr war als eine bloße Würdigung, der eine Huldigung war und ein Dank des armen kleinen George aus den fernen Tagen – einschließlich auch der allergnädigst akzeptierten Widmung an des Kaisers Majestät zu Wien, die Therese durchgesetzt hatte – ja, als ob mit diesem Zeitpunkt das Schicksal freie Hand bekommen hätte, so hatte es ihn ergriffen und dorthin gestellt, wo sein Held gestanden hatte, mitten in ein Leben der Tatbereitschaft und des Wirkens. Er hatte so lange im Schweigen Gottes gelebt, daß er mit ungläubigem Staunen wahrnahm, wie alles sich so glatt abwickelte; wie die Kommission ihn, obschon mit unendlichen Ausdrücken des Bedauerns, der Höflichkeit und Versicherungen seiner Unersetzlichkeit losließ und das russische Geld einsteckte. Daß er es kaum fassen konnte, als er die Kisten mit seinem persönlichen Eigentum – welche Wäscheausstattung hatte Therese in den wenigen Wochen zustande gebracht! – nach Kopenhagen abfertigte, wo sie Mulowsky, mit seiner Flottille von Petersburg kommend, gleich an Bord nehmen sollte. Daß ihm die Gedanken stockten bei der Vorstellung, daß, wenn er Therese nach Göttingen gebracht hatte, wo sie bei den Eltern bleiben sollte, er dann im Oktober zusammen mit Sömmerring nach London gehen und dort die letzten, wichtigsten Vorbereitungen treffen würde! Er, nun so großer Dinge gewürdigt, ward in diesen Wochen von einem blinden Triumphgefühl getragen, als habe er dies alles hart erkämpft und nicht nur – herangeduldet. Er vergaß alle seine körperlichen Leiden oder sie gingen unter in dem Aufstrom von Kraft, der durch seine Adern brauste. Er sang und pfiff bei der Arbeit: ach, *The Rakes of Mallow* und Larry droben im Takelwerk! Seine Phantasie spielte, er spürte bis ins Mark den stählenden Atem der Wogen, roch Salzwind und Teer, Kaffeesäcke und fremde Hölzer, Gewürze und Tiere, sah vor Augen die wilden, schönen Menschen der Inseln, spürte ihre erregende Ausdünstung, dachte an die Starostin, an die Tatarin, lief zu Therese, um sie an sich zu pressen und ihr etwas ganz Überflüssiges von dem häßlichen Kreischen der Papageien in den Urwäldern Surinams zu erzählen, von Schlingpflanzen, Affennestern, Giftschlangen und Vöglein Kolibris, die aus Becherblüten Honig tranken, sagte träumerisch und unverständlich: «Also so – so war es dem Vater zumut, damals, ich nichts begriff . . .» und ward nur in den Nächten manchmal von Zaghaftigkeit überfallen, in den Nächten, wenn bei der süßen, leisen Musik der Atemzüge von Weib und Kind ihn die Vorstellung überkam, daß die großen Winde draußen über den Meeren tanzten und kein Erbarmen hatten und nicht wußten, daß einer zurückkommen mußte zu Therese und zu dem kleinen, kleinen Kinde.

Dann wieder überkam ihn das Glück ausschließlich in Gestalt der Vorstellung, daß diese Hölle von Wilna nun zu seinen Füßen lag. «Denn», sagte er in Langmayers runde Augen hinein, «es *war* eine Hölle für mich, Freund, und alle meine Anpassung an meine unwürdigen Verhältnisse nur eine Form der Verzweiflung.»

Langmayer, demütig zustimmend, wagte zu bemerken, daß jede Hölle ihm durch seine Miezi zum Paradies werde, ein Argument, das George überhörte. Daß er nahe daran gewesen war, hier auch sein Paradies zu finden, wennschon nur in seiner Phantasie, nun, wen ging das etwas an? Er, der zurückgefunden hatte auf den harten männlichen Weg der Dalrymple und Cook, er hatte sein Paradies im Reich der Ideen und nicht zwischen Tisch und Bett. Er opferte sein Behagen der Wissenschaft – wußte Herr Langmayer, was es damit auf sich hatte? Zugleich empfand er es Tag und Nacht mit einem Taumel des Entzükkens, daß Therese einen neuen Menschen in ihm entdeckt zu haben schien, daß sie seine rastlose, beschwingte Tätigkeit mit einer heimlichen Bewunderung begleitete, die sich in kleinen Zärtlichkeiten Luft machte. Daß sie seine Pläne ausbauen half und sich nach seinem Sinne einrichtete; so verzichtete sie ohne weiteres auf ihren Wunsch, die Jahre der Trennung in Gotha bei den Freunden Reichardt zuzubringen, da es ihm lieber war, sie in Göttingen zu wissen. Er ging unter in der seligen Täuschung einer endlich erreichten vollkommenen Vereinigung. Die Abschiedsvisiten lagen hinter ihnen, auch die letzte, feierlichste beim Fürstprimas im Lustschloß Werki, eine Stunde vor Wilna; sie verbrachten die letzte Nacht in den Gastbetten der guten Langmayers, sie konnten nicht einschlafen und zählten sich die Wonnen des Wiedersehens, die auf dem Wege bis nach Göttingen lagen, auf. Und hingerissen und verführt von der schelmischen Anmut, die die unbändige Freude ihr gab, in der hellen nordischen Sommernacht auf sie niederblickend, die in seinem Arm lag, sagte George in irgendeiner unbedachten Eingebung, so wie man ein Spielzeug vor einem Kinde tanzen läßt: «Nun, und Assad – Assad! Therese?» und erschrak gleich darauf vor dem Ernst, der auf ihre Züge fiel wie Reif.

«Assad?» fragte sie langsam, «nun – liebst denn du ihn nicht, George?»

«Assad ist mein Freund und Bruder, Kind!» sagte George und küßte ihre Schulter, «ich weiß es ja, wem du gehörst . . .»

«Ich weiß es ja», wiederholte er tröstend und fragte sich zugleich, wen eigentlich er trösten müsse? «Wir beide lieben Assad, ja, wir beide!»

«Schwerlich, schwerlich!» sagte George, denn ihm dünkte, dies müsse eine passende Antwort sein auf das, was Lichtenberg soeben zu ihm gesagt hatte, etwas, das zweifellos den Inhalt gehabt hatte, daß die Familie Forster keinen Zeitpunkt hätte finden können, geeigneter zu einer festlichen Heimkehr nach Göttingen, als diese Tage des Universitätsjubiläums im September 1787, des Taumels sämtlicher Fakultäten. Denn dies war's doch, womit alle Menschen bisher ihre Gespräche mit ihm eingeleitet hatten, und was sollte Lichtenberg denn anders gesagt haben zu ihm, der hier an der Wand des Saales lehnte und allem Anschein nach entzückt in das Getriebe des Tanzes sah? Möglicherweise aber hatte Lichtenberg auch gefragt, warum er, George, nicht teilnähme am Tanz; und mit erhobener Stimme, um sich durch das Gefiedel der Muskanten hindurch verständlich zu machen, setzte er hinzu, während ein Lächeln an seinem Gesicht zerrte und er mit der Hand zur Schläfe fuhr, hinter der dieser boshafte Schmerz wieder einmal wütete: «Ich bin durch meinen Aufenthalt unter den Wilden denn doch um die Erwerbung einiger Vorzüge gekommen, Verehrtester, in deren Besitz der deutsche Europäer sich glücklich fühlt. So bin ich niemals konfirmiert worden und verstehe mich nicht auf die Kunst des Tanzens.»

«Ich stellte mir soeben vor», fuhr er einigermaßen geschwätzig fort und ließ seine brennenden Augen unruhig durch die Reihen der Tanzenden schweifen, «was für einen Effekt wohl der neuseeländische Hundetanz machen möchte, ausgeführt von den Greisen der vier Fakultäten, haha!» Er nahm Lichtenberg am Arm und zog ihn mit sich fort. «Vergebung, Freund, ich habe heute abend ein wenig den Spleen und meine Imagination ist schon wieder so ganz in der Südsee. Ich denke daran, daß ich bald die halbe Wölbung des Erdballs zwischen mein Weib und mich gelegt haben werde, und bedaure es ein wenig, nicht mit ihr tanzen zu können. Nehmen wir zusammen ein Glas Wein!»

«Nehmen wir ein Glas Wein! Nehmen wir es auf Georgia Augusta und auf Ihren neuen Ehrendoktor! Den Sie sich wahrlich verdient haben, Freund! Nicht allein durch das Faszikel der süperben Präparate magellanischer Pflanzen, um das Sie Ihre Sammlungen beraubt und die unseren bereichert haben! Auch nicht allein durch Ihren Vortrag, der freilich *magnifique* wirkte nach dem langweiligen Blumenbach! Immerhin danke ich den Göttern, daß wir den offiziellen Teil hinter uns haben!»

«Ich fragte Sie, lieber Freund, soeben nach dem jungen Eluyar, mit dem Sie, wie Therese mir erzählte, in Dresden zusammengetroffen sind, und Sie haben mir darauf ‹schwerlich, schwerlich› geantwortet», hub Lichtenberg schmunzelnd von neuem an, als sie in einer Ecke des Nebenraumes saßen. «Sie haben mir sodann ausführlich Ihr Bedauern darüber geäußert, nicht tanzen zu können, und ich erwidere Ihnen nunmehr, sachlicher als Sie, daß ich dies Bedauern nicht teilen kann, und es nur mit Beifall begrüße, Sie gleich anderen vernünftigen Männern ihre Lust beim Weine anstatt bei jenem würdelosen Gehüpfe suchen zu sehen. Der Tanz steht unter den Belustigungen den triebhaften Liebesspielen der Tiere am nächsten. Ihre Wilden bringen das zweifellos noch unbefangener zum Ausdruck als wir.»

«Sie wackeln mit dem Steiß und gehaben sich auch sonst sehr deutlich», sagte George und spähte düster nach der offenen Tür, an der die Paare bunt vorüberwirbelten, «aber unser Tanz ist im geheimen tausendmal schamloser, glauben Sie mir!»

«Und wie war's mit dem jungen Eluyar?» Lichtenberg blickte an ihm vorüber.

«Der junge Eluyar ist ein edler Mensch und mein Freund! Oh, Sie erinnern mich an göttliche Stunden», George wandte sich dem anderen nun voll zu. «Er war bei unserer Rückkehr aus dem Exil der erste Gruß eines geistigen Europa an mein verschmachtetes Herz! Gebildet im schönsten Sinne, feurig und dennoch gelassen. Ich hatte nicht erwartet, bei einem Spaniolen diese Gründlichkeit der Kenntnisse anzutreffen, diese Beschlagenheit auf allen Gebieten. Er war zudem in einer ähnlichen Lebenslage wie ich – es kürzlich war», sagte George nun zögernd und starrte wieder nach der Tür, «soeben verheiratet und in den ersten Erfahrungen der Seligkeit mit einer geliebten Frau. Wir tauschten unsere Herzen aus . . .»

«Ihre Fähigkeit zum Enthusiasmus hat in Polen nicht gelitten.»

«Oh, er ist dort geschont worden und hatte keine Gelegenheit, sich abzunutzen, dieser Enthusiasmus, Freund, wie glauben Sie, daß mir zumute ist, wieder redliche Seelen um mich zu wissen und nicht mehr Jesuiten?»

«Ich würde an Ihrer Stelle mich dieser Gewißheit nicht allzu optimistisch überlassen», Lichtenberg kniff, seinen Wein kostend, vergnügt die Augen halb zu, «der Jesuitismus ist trotz Herrn Nicolai und der streitbaren Kurländerin weniger eine ausrottbare Ordensangelegenheit als eine allgemeine Eigenschaft der menschlichen Natur. Der Jesuitismus ist», sagte dieser Filou und bewegte schalkhaft den Zeigefinger, «sonderlich ein Grundbestandteil der weiblichen Natur, und ein verheirateter Mann ist dem nun einmal ausgeliefert. Der Weise rechnet damit.»

«Oh, ich verkaufe meinen Glauben an das Herz nicht um Ihre Menschenkenntnis!» rief George voll Bitterkeit und fuhr im selben Augenblick leicht zusammen. Wie von einer Woge der Musik hereingespült war aus dem Saal ein Paar in dies Kabinett geeilt und beim Anblick der beiden einsamen Zecher in plötzlichem Zaudern stehengeblieben, als hätte es den Ort verlassen geglaubt.

«O Therese!» sagte George sonderbar langsam und erhob sich schwerfällig, «du suchtest mich? Mein lieber Meyer – nehmt doch Platz. Ihr – seid erhitzt – Ihr wünscht etwas zu trinken?»

Und stehend neben seinem Stuhl verharrend, blickte er in unschlüssiger Hilflosigkeit auf Therese nieder, die da schon gegenüber von Lichtenberg saß, mit unruhigen Händen ihre Frisur ordnete und den leichten silbergestickten Schal um die zarten Schultern zog.

«Wir stören das erste Sichwiederfinden zweier schöner Geister, ich wette!» rief sie aus und ließ ihre Augen zwischen Lichtenberg und George wandern.

«Warum stehst du so gebrochen da, mein Freund?» Und bemüht, dieses sonderbare Gespräch stummer Blicke zwischen George und Wilhelm Meyer zu beenden, Meyern, der ebenfalls noch stand und sehr aufrecht mit einem rätselhaften Erzengellächeln seiner blauen Augen auf den in sich gebückten George sah, drängte sie: «So setzt euch doch! Wie ist dein Kopfweh, George? Ach, Assad, wenn du das Fenster schließen wolltest, dieser kühle Luftzug tut unserem Freunde unmöglich gut! Oh, unser deutscher Walzer, George – was sind alle Mazurken dagegen! Du erlaubst doch, Lieber?»

Sie führte sein Glas an die Lippen, sie lächelte ihn an, ihre Hand suchte seine. Eine Woge von Entzücken sprengte den Reifen, der um seine Brust gelegen hatte; er lachte, er stürzte den Rest des Weines hinunter und setzte das Glas mit solchem Schwung und Nachdruck nieder, daß es zersprang. Er saß neben ihr, er hielt ihre Hand fest; er redete, eifrig, demütig: «Ich bin glücklich, dich hier zu wissen, Assad. Wenn der Ozean um mich brandet, wird der Gedanke mich stärken: Therese ruht im sicheren Hafen, treue Freunde schützen mein Weib und mein Kind.»

«Komm doch häufig zu uns, Teurer», sagte er in das seltsam ratlose Schweigen der anderen hinein. «Sieh, wie wir leben, nimm dir ein Beispiel an unserem Glück! Ich werde dir dankbar sein, wenn du Therese auf ihren Spaziergängen begleitest, ich bin von meinen Reisevorbereitungen übermäßig in Anspruch genommen. Lies ihr vor, ich werde dabeisein, wenn ich kann. Höre, Assad . . . aber du willst gehen? Warum geht er denn, Therese?»

Mit einer kurzen Entschuldigung war Meyer aufgesprungen und hinausgeeilt, in dem Augenblick, als die Musik aufhörte und die Menge der Tanzenden plaudernd und lachend hereinströmte. «Er scheint da doch irgendwo interessiert zu sein», sagte George, ihm nachblickend, «was meinst du, Therese, ist es eine von den Gatterers oder am Ende gar die gelehrte Dorothea?» Aber da nun der alte Heyne, am Arm die Professorin Wrisbach, an den Tisch trat, den Schwiegersohn auf die Schulter schlug mit dem Ausruf: «Hier verbirgt sich das Turteltaubenpaar, ei, ei, da kann man freilich lange suchen!» und: «So lob ich mir's, Töchterchen, hast dem *petit maître* den Laufpaß gegeben und deinen Forster gesucht!» so ward Therese der Antwort völlig überhoben. –

Er wollte nicht zu Professor Büttner gehen, wie er daheim zu Therese gesagt hatte; er fühlte sich heute weder den Anforderungen einer gelehrten Konversation noch der Hundeatmosphäre im Studio des Alten gewachsen. Er ging auch nicht zu Heyne. Ihm war nicht nach tabaksqualmumwölkten philologischen Erörterungen zumute, und er hatte keine Lust, sich von jedem Besucher – und immer waren dort Besucher! – auf die Schulter klopfen und beglückwünschen zu lassen zu seiner Heimkehr aus Sarmatien, zu seinen Aussichten, zu – seinem Weibe. Warum überhaupt, meditierte er irgendwie erregt und weit ausschreitend, warum fühlte sich jetzt jedermann nicht nur gedrungen, sondern auch berechtigt, ihn auf die Schulter zu klopfen, sei's im Ton der Rede oder mit der Gebärde? War er etwa jünger geworden? Hatte er eingebüßt an Verdienst, an Haltung, an Würde? Warum hatte Karoline Michaelis, die nun des wackeren Böhmer Gattin und aus ihrem Klausthal am Harz nur vorübergehend nach Göttingen gekommen war, ihn gestern beim Wiedersehen im Hause Gatterer so besorgt betrachtet, so aufmunternd zu ihm gesprochen, als sei er mütterlicher Betreuung bedürftig? Und: «Guter Forster!» hieß es allenthalben, «der gute Forster» an allen Ecken und Enden, und: «Forster, mein Guter!» rief ihn Therese über den Tisch hinüber an. Hatte er sich denn je im Leben dieser Bezeichnung weniger wert gefühlt als gerade eben? «Karoline freilich», schaltete er mit einem Aufatmen in seine Gedanken ein, «wird wohl jeden streicheln und betreuen wollen, dem sie ein wenig gut ist. Und ich glaube, sie war mir ein wenig gut, einst, ehe ich ...»

Seine Gedanken wurden zu Vorstellungen. Er sah einen Frühlingsgarten, sah Therese, sah Karoline vor sich stehen. Zog er Vergleiche? Lächerlich! Sie war die Doktorin Böhmer, er war Thereses Gatte. «Was bin ich noch?» dachte er angestrengt, während seine Füße im Herbstlaub rauschten und sein Blick unruhig den Himmel suchte zwischen den entblätterten Wipfeln der Kastanien, und wußte im Hintergrunde seines Bewußtseins ganz wohl, welche Antwort er von seinen Gedanken erwartete, welches Spiegelbild er zu sehen wünschte. «Den jungen Forster» etwa, wie einst, als diese Formel eine Vorstellung von Tapferkeit, Geist und Gunst der Götter ausdrückte, «den Pionier der Kultur», gewiß! und den «Bannerträger der Aufklärung in die Nacht der Barbarei». Indessen kam nur eine Antwort mit der Aufdringlichkeit eines repetierenden Uhrwerkes, und seine Einsicht ließ nicht ab, ihm zu versichern, er sei Theresens Gatte und Herrn Meyers Freund und Bruder.

«Zu viel der Ehren», höhnte er sich selber und riß den Mantel am Halse auf, denn er fühlte seine Stirne feucht werden in der dampfenden Schwüle des warmen Oktobernachmittages. Er nahm den Hut vom Kopf, und gesenkten Hauptes schritt er weiter. Es war die quälende Spannung, in der ihn die Erwartung einer Nachricht aus St. Petersburg hielt, einer Nachricht über die endlich erfolgte Ausreise des Kapitäns Mulowsky, die zugleich das Signal für seine und Sömmerrings Abreise nach London sein sollte – diese quälende Spannung war es, an der sich seine Gedanken stauten. Nun war Therese mit dem Kinde untergebracht in der hübschen kleinen Wohnung bei Pastor Wagemann am Wall; seine Angelegenheiten waren geordnet, seine Koffer standen gepackt, er konnte jeden Tag aufbrechen. Aber anstatt der ersehnten Post kam böse Zeitung über böse Zeitung. Die Welt summte von Kriegsgerüchten, England hatte den Krieg an Frankreich deklariert und hier, in dem sturmgeschützten Göttingen, saß er nun, bebend vor Ungeduld, und fühlte ohnmächtig die Verwicklungen europäischer Interessen, die alle Fürstenpläne wissenschaftlicher Art im Keime erdrosseln mußten. Wie, wenn Frankreich Anschluß an Rußland suchte – wenn Katharina diesen Augenblick zur Überrumpelung der Pforte geeignet finden sollte? Nein, er selbst war wohl nicht mehr als ein gelegentlich nicht ohne Glück radotierender Kannegießer, aber hatte nicht ein Mann von politischem Weltblick wie Schlözer gestern bedenklich geäußert, es sei augenblicklich die unglaublichste Konjunktur *in politicis*, die je gewesen? Frankreich sei ganz von beiden Kaiserhöfen gewonnen, England aber habe vernehmlich ausgerufen, es würde nie zugeben, daß die Türken aus Europa vertrieben würden? Was würde dies alles ihn kümmern, wenn er nicht gewußt hätte, daß Katharina in Pallas mehr die Kriegsgöttin als die Beschirmerin der Wissenschaft ehrte, daß – nun, kurz und übel – sie einen wissenschaftlichen Plan mit Achselzucken aufgeben würde, wenn die Mittel dafür einem militärischen zugute kommen konnten! Hier saß er also, mußte sich einen guten Forster heißen lassen und hätte am liebsten jedem den Rücken gekehrt, der ihn fragte: «Nun, und wann brechen Sie auf, wann reisen Sie, mein Bester?» Der Betrachtungen anstellte über sein, des guten Forster, und über Theresens Los ... Da hatte er nun um die Vermittlung Zimmermanns in Hannover nachgesucht, des Leibmedikus und ständigen Korrespondenten Katharinas; aber dieser Don Pomposo, wie ihn Lichtenberg nannte, regte sich nicht und rührte keine Feder. Ob er einmal nach Hannover fuhr? Wenn ihn doch niemand mehr fragen wollte! Wenn doch diese aufgeregten Briefe von Sömmerring ausbleiben möchten! Eine Arbeit, jawohl, das wäre Rettung! Kollegien belegen, Anatomie und Chemie treiben, jeder Minute abgewinnen, was sie nur bieten konnte! Doch hier lief er auf den Wällen von Göttingen spazieren, hier lief er, weil er es zu Hause nicht aushielt, weil da etwas Unsichtbares in der Luft lag, eine beständige Frage, eine Enttäuschung, ein Warten – das Warten, daß er doch gehen möge, wenn nicht in die Südsee, so doch wenigstens auf die Wälle! War es nicht so? Oh, Therese sprach es nicht aus, im Gegenteil ... Aber war die einsame Wanderin, die ihm dort entgegenkam, nicht die Doktorin Böhmer? Und während er vor der im raschen Gange Stockenden stehenblieb und sich verneigte, nicht wissend, daß die bitteren Gedanken der letzten halben Stunde sein Gesicht noch verzogen, erinnerte er sich, gestern empfunden zu haben, Karoline habe die sanften, warmen Hände einer Schwester oder einer Mutter, erinnerte sich eines irrenden Wunsches, diese Hände auf seiner Stirn zu fühlen. Karoline lächelte an ihm vorbei: «So einsam, Freund, und ohne ein Ziel? Oh, ich sah Sie von weitem kommen, und Sie gingen nicht wie einer, der ein Ziel, kaum wie einer, der einen Ausgangspunkt hat.»

«Ich verstehe nicht ganz ...»

«Oh, grübeln Sie nicht, es ist Spielerei mit Worten. Sehen Sie, ich habe einen Ausgangspunkt, und ich habe ein Ziel, und mein Weg beschreibt den Kreis der Schlange, die sich in den Schwanz beißt: ich komme aus Klausthal und gehe wieder nach Klausthal. Sie aber – Sie kommen aus der weiten Welt und gehen wieder – hinaus ...»

«Habe ich nicht auch mein Klausthal?» fragte er, sonderbare Unruhe im Herzen. Er hatte gewendet und schritt an ihrer Seite, langsamer nun, den Weg zurück, den er gekommen war. Sie ließ den Blick seitwärts gleiten.

«Oh, nennen wir es Klausthal, gut! Klausthal», sagte sie mit unerklärlichem Lächeln, «Klausthal ist ein Ort von großen Meriten, denn er betrachtet mich als sein Zentrum, sein schlagendes Herz. Klausthal, verstehen Sie – mein Klausthal – kann nicht leben ohne mich, und das ist's, was mich an – Klausthal fesselt. Etwas wie die Verantwortlichkeit eines Fürsten für ein ihm ergebenes Land. Nein, lieber Freund, ich glaube – ein Klausthal haben Sie nicht.»

George hörte und dachte: Sanfte Stimme und: Oh, wie die gelben Blätter auf dem schwarzen Wasser schwimmen! Aber er antwortete nichts.

«Der Ort, der Ihnen Klausthal sein könnte oder den Sie dafür halten ... Verzeihen Sie mir, ich liebe es, ein wenig zu phantasieren und bin kein gelehrtes Frauenzimmer wie Dortchen Schlözer», unterbrach sie sich heiter und sah mit lachenden Augen auf in seine kummervoll forschenden. «Nun, ich habe etwas von den Ideen des Herrn Kant über die Entstehung des Kosmos gehört, und es hat mich amüsiert. Also Ihr Klausthal ist kein Granitfelsenort wie meins, sondern ein feuriger Stern, feurig und flüssig, noch nicht recht bewohnbar, ist's nicht so? Ein Ort voller Eruptionen und Lavaströme. Für einen Naturforscher recht interessant.»

«O Karoline, dies war maliziös!»

«Lieber, Verehrter! Ich bin erschrocken. Es war nicht böse gemeint, Forster! Eines Tages taucht ein Eiland aus den dampfenden Wassern. Sanfte Matten ...»

«Pisangwälder, ich weiß ...»

«Apfelbäume, Blumen, heimische Wälder, oh, nichts Exotisches, Freund!» plauderte sie eifrig, als erzähle sie einem Kinde von Weihnachten.

«Ein Haus?» fragte er bittend.

«Ein Haus zwischen Hecken, es gehört dem Forster allein!» tröstete sie strahlend.

«Ein Klausthal!» murmelte er.

«Klausthal!» bestätigte sie zögernd, und ihre Augen gingen blicklos in die Ferne. Und plötzlich fragte er wie erwachend:

«Karoline, sind Sie glücklich – in Klausthal?»

«Wie anders?» fragte sie ruhig, und unter der Tür ihres elterlichen Hauses reichte sie ihm lächelnd die Hand. «Forster, gibt es nicht für uns eine Verpflichtung zum Glück?» –

Wohl, sie hatte ihm noch Abschiedsworte gesagt und dies, daß sie einander wiedersehen würden, in Jahren, alte und weise Leute geworden, wie es sich von selbst verstand. Was ihn aber bewegte, ihm – endlich, endlich einmal wieder! – den federnden Schwung der Gedanken gab, es war dies Wort von der Verpflichtung zum Glück. Er, ein Mensch ohne die Fähigkeit, eine Melodie annähernd richtig wiederzugeben, verdankte dennoch der Musik gelegentlich ähnliche Wirkungen, wie sie ihm jetzt durch dieses Wort geschehen waren: nach der Versenkung, ja nach dem schwelgenden Untertauchen in die Wehmut der Erinnerung an erlittene Unbill, das Aufströmen schmerzlichen Trostes, des Lebenwollens *trotz alledem*. Und welche Aufforderung zur ritterlichen Askese, welch herausfordernder Widerspruch zwischen Zustand und Gebärde lag in diesem Ausdruck, den die Freundin ihm spielend hingerollt hatte wie einen Ball! Nun – und sie selbst? Wie kam sie, die ewige Heitere, zu solchen Erkenntnissen? Aber danach fragte er jetzt nicht viel in seinem soldatischen Rausch der Leidens- und Sterbebereitschaft unter blanker Montur und bei erklingendem Marsch. George, der kleine Knabe von dazumal, der das Spiel nie gekannt hatte und einen so sonderbaren Aufwand mit den Werkzeugen seiner Fronarbeit am Schreibtisch trieb, aus dem verzweifelten Hunger seiner Phantasie nach buntem Symbol heraus – George, der Mann, er brauchte das tönende Wort. George stürmte vorwärts durch die engen, dämmerigen Gassen, in denen Kinder lärmten und Frauen schwatzend vor den Haustüren standen; George fühlte dies, daß das Bewußtsein des eigenen Wertes allein zum Glück, zur Verachtung der äußeren Umstände, zur Haltung verpflichte, und in diesem Gefühl schon meinte er zu besitzen, was er wünschte.

Warum aber erlahmte sein Schritt, je näher er seiner Wohnung kam? Warum stieg er die Treppe so zögernd, warum verharrte er auf dem letzten Absatz, den goldlackierten Knauf des Geländers mit der Hand umklammernd, und sagte sich: «Das Röschen freut sich, wenn ich komme. Das Röschen wird sich freuen ...»

Sollte sie bis zu seiner Abreise warten, um sich in der Göttinger Gesellschaft einzuleben? Nun, war es nicht etwa freundlicher, er begleitete sie in die Häuser der Freunde und pflanzte sich Keime der Erinnerung an den verschiedenen Teetischen, damit sie erblühen und duften konnten, wenn er erst fort war? Sollten die Fakultäten und ihre Damen annehmen, er sei ein Tyrann und verlangte, sie sollte in der Heimat freiwillig das geistige Hungerleben von Wilna fortsetzen? Gewiß, das war seine Absicht doch nicht! Liebte er seine Therese? Hier wurde: Georgie! geflüstert mit einem gewissen Lächeln, das lockte und verhieß, und das ihn wehrlos machte, er wußte es wohl. Er glaubte diesem Lächeln. Er hatte Grund, ihm zu glauben – aber warum war er denn nicht selig unter diesem lauen Sturmwind des Gefühls, der so jäh und stoßweise aus Therese aufgebrochen war und sein Blut fächelte?

War es der nahende Abschied, der ihr Herz endlich in Wallungen brachte? Aber dieser Abschied zog sich hin, kein Mensch konnte auch jetzt, zu Ende November, sagen, ob bis Weihnachten, bis zum Frühling oder bis übers Jahr. Katharina hatte den Türken den Krieg erklärt, dies war im Grunde so gut wie die Gewißheit, daß dem wackeren Mulowsky samt seinen fünf Schiffen eine andere Verwendung blühen würde als jene Entdeckungsfahrt. Indessen blieben bestimmende Nachrichten aus St. Petersburg immer noch aus, und obwohl George in seiner verzweifelten Ungeduld bereits begonnen hatte, mit dem jungen Eluyar Verhandlungen über ein neues Projekt anzuknüpfen, und sein Geist genußreich mit der Ausarbeitung der Forderungen beschäftigt war, die er im Falle des Gelingens der spanischen Regierung zu unterbreiten gedachte, so hing sein Herz doch immer noch mit schmerzlicher Hoffnung an dem Auftrag der Kaiserin, dessen Erfüllung ihm seines Rufes würdiger schien, als die Annahme einer höheren Beamtenstelle unter spanischem Regiment. Denn darum handelte es sich. Er sollte mit Weib und Kind als sachverständiger Erforscher der Bodenschätze nach den Philippinen gehen. Da er aber nun zu wissen glaubte, was er wert war und welcher Summen eine Regierung fähig war, die ihren Kopf auf einen bestimmten Mann gesetzt hatte – oh, ihn konnte niemand mehr übervorteilen! – so forderte er so raffiniert und phantastisch, daß der junge Eluyar erschrocken zurückwich und dieser schöne Plan sich sogleich als totgeboren erwies. Abschied und Trennung also lagen im Nebel vor ihm, in ungewisser Entfernung; möglicherweise barg dieser Nebel nichts als ein Zusammenleben unter veränderten Umständen. Warum aber dann dieser Aufwand des Gefühls bei Therese? dachte George, ungläubig und mißtrauisch, reizbar geworden in der kaum noch erträglichen Erwartung einer Entscheidung. Warum dieser Singsang vom Morgen bis zum Abend wie in der ersten Wilnaer Zeit, diese heitere Geschäftigkeit um ihn her, da er nicht mehr gewöhnt war, daß nach seinen besonderen Wünschen gefragt wurde; warum dieser angelegentliche Drang, sich mit ihm in Gesellschaft zu zeigen und, womöglich an seiner Seite sitzend, seine Hand festhaltend mit – Meyer zu konversieren, der sich zu ihnen gesellte, ruhig, wie durch ein Naturgesetz bestimmt? Er fühlte das wohlbekannte erregte Beben dieser manchmal so hilflosen kleinen Hand, fühlte, wie die Pulse in ihr zuckten und tanzten, blickte ratlos auf, sah Meyers undurchdringliche Augen auf sich gerichtet, auf sich und nicht etwa auf Therese – und senkte den Kopf in ratloser Bestürzung, in quälender Beschämung für sie, die da zwischen ihnen plauderte und lachte und nun nach Meyers herabhängender Linken griff, als würde ihre Hand magnetisch hingerissen. Die Kette ist gebildet, dachte George dumpf. Spürte sie denn nichts von den Strömen, die nun durch ihre Hände aufstiegen? Hielt ihr Herz es aus, daß in ihm Haß gegen Haß zuckte? Aber da war kein Haß, wußte George, wieder zu Meyer aufblickend und erkennend: da war Mitleid, und ein sehr kühles Mitleid, und nur in ihm selber war dieses böse, drohende Gefühl, das ihn jetzt hastig aufstehen ließ und Therese veranlaßte, ihm zu folgen.

So war es an dem Abend bei Professor Michaelis gewesen, in dem Hause, das ihm lieb war durch irgendeine unbewußte Erinnerung an die ferne Karoline. «Du bist böse, Georgie?» hatte Therese in der Dunkelheit des Heimwegs zaghaft gefragt. Woher kam ihr auf einmal diese Zaghaftigkeit, ihr, die nie gezögert hatte, ihn zu verletzen, weil eben sie es bisher noch nie für möglich gehalten hatte, daß ein Wort von ihr ihn verletzen *könnte*, so sicher war sie immer ihres guten Willens gewesen? «Therese», sagte George gequält, «es ist dies, daß du dich auffallend viel mit Meyer abgibst. Kennst du denn nicht die Göttinger Klatschmäuler? Es ist nicht meinetwegen, bei Gott – ich weiß ja, ich bin ja sicher . . .» log er und dachte dabei: Therese ist ein Kind, Therese wußte nicht, aber jetzt ahnte sie, wie es um sie steht, und wenn sie völlig zu sich kommt, was soll dann aus uns werden?

Und wie um es zu verhindern, daß sie sich rechtfertigte, in tödlicher Angst vor Auseinandersetzungen, sagte er heftig:

«Ich bin um deinen Ruf besorgt, meine Teure. Du verspielst mit ihm auch den meinen. Und es ist meine Pflicht, dich zu warnen.»

Die Stimme aus dem Dunkel neben ihm kam warm und süß – so wie Theresens Gesicht und ihr Körper in diesen letzten Monaten erblüht waren; wie Rosenduft im Juni, warm und süß: «Du selbst hast mir und ihm das Du vorgeschlagen und den geschwisterlichen Kuß erlaubt, Georgie, damals, an unserem Hochzeitsabend, erinnere dich. Und, o Georgie – er ist mir wie ein Bruder und nennt mich seine Schwester – und du ludest ihn ein zu kommen, so oft er wollte, zum Essen, täglich, und mir vorzulesen. Wo ist denn da das Böse, Georgie – wo?»

Er schwieg, denn er erstickte den Schrei, der in ihm aufstieg. Therese, wußte er zerbrochen, hat noch nie geliebt bis jetzt. Und Therese ist dennoch mein Weib geworden – und ich liebe sie. –

Mulowsky schrieb so voll höflichen Bedauerns, Biedermann, der er war, und beteuerte am Schluß seines Briefes den Gewinn, den er trotz des Fehlschlagens dieser schönen Pläne durch die Bekanntschaft mit dem Begleiter und Freunde Cooks gehabt habe. George würde einen ähnlichen Brief in gefaßtem Tone zurückschreiben; er entwarf ihn in Gedanken, als er in der Dunkelheit des Dezemberabends den Weg nach Hause suchte, von Heyne kommend, dem er das endgültige Scheitern seiner großen Aussichten nun doch hatte mitteilen müssen, ehe dieser böse Tag ganz zu Ende ging. Er entwarf den Brief, fieberhaft bemüht, seinen Geist zu beschäftigen und nicht in der fürchterlichen Leere der Zukunft zerflattern zu lassen und einer Versuchung zur Empörung zu erliegen, auf die, er wußte es wohl, er kein Recht hatte, denn: wem wollte er denn diese Vorwürfe machen, die aus ihm quollen wie schwarze Galle? Wem die wahnsinnige Verzweiflung seines Herzens vor die Füße werfen, daß dies nun wieder nichts sei, daß man ihn wieder genarrt habe – der Kaiserin Katharina etwa? Er war doch kein Kind, das den Stuhl schlug, an dem es sich gestoßen hatte, aber, mein Gott, wer, wer hatte denn schuld, daß er immer und immer auf Sandbänke fuhr, wenn er die Segel spannte? Denn dies war nicht mehr begreiflich ohne Schuld; dies war Verhängnis, Strafe, Gericht! Gott versagte sich ihm, Gott schwieg und setzte allen seinen Hoffnungen – unschuldigen Hoffnungen gewiß, aus dem Willen zur Arbeit, zum Wirken, zur großen Tat geboren – ein stummes, hartes Nein entgegen, wie eine Mauer, an der er hin und her irrte, schreiend ein Tor in die Gnade begehrend. Ich habe, dachte er mit bitterer Unbarmherzigkeit gegen sich selbst, die Stimme übertönt, als sie leise zu mir zu sprechen begann, damals in Wilna, als ich in demütiger Handlangerarbeit anfing, mich glücklich zu fühlen. Denn dies ist's, was er mir zugewiesen hat: Knechtschaft und nicht Freiheit; leiden und nicht herrschen. Und wer mich anders sieht, der ist mein Feind! rief er halblaut, die geballte Faust gegen die Stirne pressend. Es gab keinen Menschen, der ihn so geliebt hatte, wie er wirklich war – außer vielleicht der Mutter. Ach, die Mutter! Er ging nun ganz langsam, ganz gelöst, hingegeben an die Erinnerung der einzigen, still atmenden Liebe, die um ihn gewesen war wie Frühlingssonne um den Baum. «Du wolltest nichts von mir», murmelte er, «*du wolltest nichts, als geben dürfen . . .*» Und wäre dies nicht Glück? fragte er plötzlich, das Antlitz lauschend erhebend, als habe er von irgendwoher Anruf und Botschaft empfangen – wäre dies vielleicht – *das* Glück? –

Ob er das Röschen nicht mit hinaufnehmen wollte, hörte er die Stimme der Pastorin Wagemann in die sonderbare Stille seines Herzens hinein fragen, kam zu sich und erkannte, daß er schon im Treppenflur des Hauses stand, auf dem Absatz vor der geöffneten Tür der Wagemannschen Küche, aus der heraus es festlich und schmalzkuchenhaft duftete. Die ganze Familie, um den riesigen Backsteinherd versammelt, schien sich dem Opferdienst der Zubereitung eines Silvestergebäcks zu weihen; selbst der Pastor stand da in Schlafrock und Pantoffeln und auf jedem Arm ein Kind, von denen eins das Röschen war und schlief, den kleinen Kopf vertrauend auf die Schulter des freundlichen Würdenträgers gelegt. Die Demoiselle Tochter sei von der Liese heruntergebracht worden, die noch einen Gang machen zu müssen vorgegeben hätte, und die Frau Geheimrätin habe ja Besuch, kam die Erklärung, in der George irgend etwas störte. Er machte sich klar, daß es dies unnötig eingeschobene «ja» sei – die Frau Geheimrätin habe ja Besuch . . . Aber was lag denn nur in diesem unschuldigen Wörtchen, fragte er sich in der Erschöpfung seines Gehirns vergeblich, indem er, Dankesworte murmelnd, dem Pastor das Röschen abnahm und sich auf einem hölzernen Stuhl niederließ. «Oh, hier ist es warm», sagte er und blickte um sich, «und so wie zu Hause, wissen Sie, als ich ein Knabe war.»

«Ich denke an Nassenhuben, wo mein Vater Pfarrer war», erklärte er, bemüht, unausgesprochene Fragen zu beantworten; wenn man ihn doch nur ein wenig verweilen lassen wollte, ein wenig Zeit gewinnen! Jener Besuch dort oben mußte doch gewiß jetzt gehen, und dann brauchte man ihm nicht zu begegnen! – «Dort war die Küche auch so groß und niedrig, und um den Rauchfang herum hingen die kupfernen Pfannen. Auch so ein Dreifuß stand manchmal über den Kohlen und der Schmalztiegel darauf», sagte er zu dem ältesten Knaben, der an ihn herangetreten war und ihm ernsthaft zuhörte. «Nun, du bist schon groß und verständig, du mußt dem Herrn Papa wohl schon gehörig assistieren? Exzerptieren, katalogisieren, Manuskriptlein kopieren . . . Haha, jaja, ich kenne es, mein Sohn; wir kennen es!»

Seine Hand, die er hob, um den blonden Kopf zu streicheln, griff ins Leere. Der Knabe war einen Schritt zurückgewichen.

«Ich spiele lieber», erklärte er, mit großen Augen auf den Fremden blickend. «Der Vater hat mir einen hölzernen Degen gemacht und lehrt mich exerzieren.»

«Der Vater gedenkt selbsten gern der entschwundenen Kindheit», redete der Prediger verlegen und rieb die Hände ineinander, «wer ein Paradies besessen hat, wünscht es seinen Kindern auch zu schaffen, wie der Herr Geheimrat es unschwer verstehen werden.»

«Freilich – freilich wohl», murmelte George und sah in Röschens schlummerndes Gesicht.

«Der Herr Geheimrat sollte in dein Kabinett eintreten, Friedrich, du solltest mit ihm hineingehen. Er sitzt hier so hart, und die Kohlen rauchen, und die Lampe riecht so schlecht. Und ich und mein Schmalztopf – lieber Himmel, der Herr Geheimrat ist bessere Gesellschaft gewöhnt. Es könnte eins von den Kindern hinaufgehen, es melden wegen dem Röschen, und daß es ins Bett muß. Die Frau Geheimrat hat ja Besuch . . .»

«Ich muß hinauf!» George erhob sich hastig. Was hatte er hier unter Fremden Zuflucht gesucht? Und warum Zuflucht? Und warum ging er jetzt die Treppe so zaudernd und doch so leise, als beschleiche er ein Wild? Und warum wankten seine Knie? Hatte Therese ihn nicht geküßt, als er ging? Und was – was hatte sie doch gesagt:

«Du bleibst zum Abendbrot bei den Eltern, George?»

Therese – erwartete ihn noch nicht zurück. –

Meyer hatte, den Pelz überwerfend, den Hut in der Hand, das Zimmer verlassen, nachdem er, in steifer Haltung und mit starrem Blick vor George hintretend, sich sonderbar tief vor ihm verneigt hatte. George, das schlafende Kind in den Armen, war regungslos unter der Tür stehengeblieben.

Therese, in dem erbarmungslosen Lichtkreis der beiden Armleuchter auf dem Kanapee sitzend, hatte die Hände vors Gesicht geschlagen und duckte sich zusammen, als könne sie so den Zustand ihrer aufgelösten Frisur, den ganzen Zustand dieser selbstvergessenen Stunde verbergen.

Er war mit dem Röschen ins Nebenzimmer gegangen und hatte es auf sein Bettchen gelelgt, in seinem wahnsinnig triumphierenden Schmerzgefühl, daß er recht gehabt, ja, daß er dies erwartet und gewußt habe, doch noch eine peinigende Beschämung für sie empfindend und den Wunsch, ihr Zeit zu lassen. Er hatte gemeint, entsetzlich ruhig zu sein. Er war zu ihr zurückgekehrt, die nun mit angstvollen Augen zu ihm aufblickte, hatte gesagt: «Es ist nun genug. Ihr könnt euch haben. Ich fahre morgen mit dem Postwagen nach Berlin. Du wirst dann von mir hören.»

«O Georgie – oh! Ich weiß nicht, was du willst! Verzeih mir doch!»

«Du hast die Ehe gebrochen vom ersten Tag an!»

«Ich weiß nicht, was du willst!»

«Ich – o mein Gott! Ich war ein Narr, ein blinder Narr, weil ich vertraute.»

«Es ist Freundschaft allein!»

Er war um den Tisch herumgekommen, hatte sein Gesicht dem ihren genähert und, ein Lächeln zeigend, das er noch fühlte wie ein tierisches Entblößen der Zähne, hatte er in ihre entsetzten Augen hineingefragt:

«Und – war's also auch – Freundschaft allein, daß du mir das Röschen geboren hast?»

«George!» hatte sie aufgeschrien, «jetzt vergißt du dich!»

«Wer hat sich wohl vergessen – wer? Und geh du nur zu deinem Vater und klag mich an! Ich werde ihm schreiben!» –

Ich werde ihm schreiben, dachte er, während er Stunden um Stunden in der Ecke des Postwagens hockte, die Füße auf dem treuen Mantelsack, in Decken und Pelze gehüllt, ein einsamer, unseliger Reisender durch den ringsum starrenden Winter. Ich werde ihm aufzählen, was ich erduldet habe, dachte er, heimgesucht und übermocht von all den Stunden furchtbarer Ahnungen und Einsichten aus den letzten zwei Jahren, deren Leiden er schweigend in sich abgetan und die er so gern verleugnet hätte. Ach, immer noch. Denn da war diese irrsinnige Sehnsucht, jetzt, gerade jetzt, Therese in seinen Armen zu halten und im Gefühl ihrer Nähe zu erblinden im Überschwang der Zärtlichkeit. Da war eine Bereitschaft, zu verzeihen und zu vergessen, ja, die Schuld auf sich zu nehmen, gegen die sein wunder Stolz vergeblich stritt – wenn nur ihre kleinen Hände sich um seinen Nacken klammern wollten, und er sie hilflos werden wußte vor ihm. Da war die weinende Erkenntnis, vorwärts zu müssen, immer noch, die Gänge wurden enger und gewundener, ihre Wände dünner, und die Stimme des Minotaurus wirbelte schwirrend und dröhnend, betäubend und unwiderstehlich, griff sausend nach seinem Herzen, lockte, sog. Ungeheure Leere war in seinem Gehirn. «Ich bin ein nackter Mensch – oh, nur ein nackter Mensch», dachte er, dachte es ohne Grauen, voll der Wollust des Versinkens. «Und Ariadne?» lächelte er stier. «Sie kam, aber ihre Hand glitt aus meiner. Ich finde hinein – sie findet hinaus – sie findet hinaus . . .»

Die Räder der Diligence nahmen das Lied auf.

Zwei Monate später befand er sich auf derselben Wegstrecke, Göttingen wieder zugewandt. Gewaltsam hatte er seine Gedanken in diesen letzten Stunden vor der Ankunft mit den Ergebnissen des Berliner Aufenthaltes beschäftigt, hatte Unterhaltungen von Wert und Inhalt, wie sie sein Gedächtnis aufbewahrt hatte, memoriert und Betrachtungen daran geknüpft, hatte sich mit Biester und Nikolai in dem Handel gegen Starcke einig gewußt und in der Erinnerung an seine Besprechungen mit Spener alle guten Kräfte in sich lebendig werden gefühlt. Fuhr er nicht selbst nach den Philippinen, oh, so würde er sich ungleich müheloser in diese Breiten versetzen, indem er für Spener die Geschichte vom Schiffbruch einiger Engländer auf den Pelewsinseln, erzählt von Mr. Keate, ins Deutsche übertrug. Aber nicht etwa, daß er ausschließlich zu übersetzen gedachte! Da waren botanische Kuriosa, die auf seine Feder warteten, um liebevoll und sauber beschrieben zu werden; da war, in undeutlichen Umrissen zwar noch, aber doch schon monumental am Horizont sich aufbauend, das Werk über die Geographie der Südsee, über alles Denkwürdige, was zwischen China und Peru zu finden war, das er der Welt schuldete. Dies alles hatte er vor und noch viel mehr. Ein freier Mann nunmehr, da die Kaiserin in großmütiger Weise trotz ihres Verzichtes auf seine Dienste ihn aus seinen polnischen Verpflichtungen gelöst und ihn für seine Wartezeit entschädigt hatte – eine Anstellung in St. Petersburg, die ihm angeboten worden war, hatte er abgelehnt – ein Mann, dem keine Kette mehr am Fuß klirrte, hatte er seine Zukunft in der Hand, und nie wieder würde er sich an die Galeere schmieden lassen. Die Stelle des Universitätsbibliothekars in Mainz war durch Müllers Aufstieg in das Ministerium des Kurfürsten soeben frei geworden, Sömmerring hatte ihn sogleich davon benachrichtigt, Müller begünstigte ihn. Er gedachte sich zu bewerben, gedachte im nächsten Monat nach Mainz zu reisen, um sich dem Kurfürsten vorzustellen, gedachte . . .

Ich will es ihr leichtmachen, durchbrachen seine Gefühle hier endlich die mühsam aufgeworfenen Dämme der nüchternen Überlegung, will sie in meine Arme nehmen, will zu ihr sagen: Es ist alles gut, mein Liebling, weine nicht, nichts soll uns wieder trennen.

Allein im Wagen, wie er auch diesmal wieder war, drückte er den Kopf in die Fensterecke und überließ sich seinen Gefühlen.

Dies also war das Ergebnis eines mit tödlich bitterem Pathos geführten Briefwechsels zwischen ihm und dem Schwiegervater und schließlich auch zwischen ihm und Therese. Nicht nur, daß er zurückkehrte zur Versöhnung bereit, bereit, selbst Meyern zu vergeben, wenn dieser nur zunächst seinen Weg nicht kreuzen wollte; hier saß er wiederum wie auf der Hinreise, gebrochen, nach Versöhnung seufzend, lechzend nach der Wonne, vergeben zu dürfen. Hier saß er, tränenüberströmt, sein Herz taute wie draußen die Erde; hier saß er, dem Augenblick entgegenbebend, da er sie wieder sehen, hören und fühlen würde ...

In den Göttinger Gärten blühten die Veilchen. Er ahnte es, er atmete den Duft; er ging an der Mauer entlang, über die das Gartenhäuschen sein spitzes, mit dem Pinienapfel gekröntes Dach hob, ging und dachte: Ach, noch ein paar Schritte ...

Sie sollten sich im Hause der Eltern wiedersehen. Nun kam die Gartenpforte, der Pfad zwischen den Buchseinfassungen der Beete, die Glasveranda – ach, der Klingelzug ...

«Meine geliebten Kinder!» sagte der alte Heyne und erhob segnende Hände, «meine geliebten Kinder!» Oh, würde er denn nicht hinausgehen? Er ging hinaus, im langen grünen Hausrock, ein wenig schwankend vor innerer Bewegung, und nun – wo war Therese? Er hatte sie wohl beim Eintritt gesehen, ihre schlanke kleine Silhouette mit dem ein wenig zu großen Kopf gegen das helle Fenster gelehnt. Jetzt erst kam sie auf ihn zu, und er erkannte, sie trug das Kleid aus tabakfarbenem Kaschmir, mit den weißen Säumchen, das er nicht sehr liebte, eine gestickte Schürze und ein Falbelhäubchen auf den *à la hérisson* frisierten Haaren.

Dies alles nahm er seltsam deutlich wahr und bemerkte selbst, daß die Ärmel dieses – von ihm also nicht sehr geliebten – Kleides nach der neuesten Mode enger gemacht und verlängert worden waren; sah, daß ihre Gesichtsfarbe auffallend frisch, ihre Lippen sehr rot waren, daß da, indem sie mit einem unbegreiflichen schwebenden Tänzeln auf ihn zukam, ein Zug von süßlichem Leiden, von irgendeinem unaufrichtigen Märtyrertum in ihrem Gesicht war, so stark, daß der Blick ihrer Augen ein wenig verschoß, wie das dem Blick ihres Vaters angeboren war; sah dies alles mit einem Zurückbeben des Herzens, ahnte über sich schwebend den kommenden Schlag, machte eine Bewegung, ihrer Umarmung auszuweichen, ihr zuvorkzukommen ... Erkannte, es sei zu spät, ergab sich und empfing die Worte: «Ich habe dir verziehen, George!» schweigend, auf ihre Hände gebeugt, einer Versuchung, auf seine Knie zu fallen, mühsam widerstehend. –

Er hatte sich, so meinte er, bei der Einrichtung dieser seiner beiden Arbeitsräume in der neuen Wohnung zu *Mainz* – einem weitläufigen Hause in der Klarengasse, nahe der Großen Bleiche und dem provisorischen Bibliotheksgebäude, der alten Bursche – recht eigentlich von dem Grundsatz bestimmen lassen, daß der äußere Mensch ein Symbolum, ein Ausdruck und ein Abbild des inneren sein sollte oder doch wenigstens von dem Idealzustand dieses Unsichtbaren. Kleidete er sich in diesem Sinne mit peinlicher Gewissenhaftigkeit tadellos bis ins kleinste und unterschied zwischen Haus- und Arbeitsrock, zwischen Besuchs- und Straßenanzug, als sei er durch irgendwelche ihm allein bekannte Dienstordnung an ein strenges Reglement in diesen Dingen gebunden, so wollte er auch hier unter den zur Arbeit nötigen Gegenständen die Ausstrahlungen eines Geistes wirksam sehen, der so klar und exakt war wie ein segensreiches Gestirn. Er lächelte. Er ging mit gleitenden Schritten zwischen den beiden Stuben hin und her und sah sich um. Die tahitianischen Rindenmatten an den Wänden in allen Abstufungen von Weißgelb bis zu Braunschwarz mit ihrer seltsam geometrisch-phantastischen Ornamentik taten ihm wohl. Die Kästen mit den Mineralien, den Konchylien, den Insekten standen rechtwinklig aufeinandergetürmt mit Inhaltsvermerken versehen da. Übersichtlich geordnet lagen in ihren neuen Gestellen, die der Meister Hefele so überaus sauber angefertigt hatte, die Mappen mit den Herbarien, den Kartenwerken. Und während George vor seinem besten Schatz, dem großen Kartenwerk von Dalrymple, ein wenig verweilte, wandte er sich plötzlich wiederum lächelnd aus der Tiefe des Raumes den Fenstern zu: Oh, nun wußte er, warum hier alles stand, wie es stand! Warum dort der lange Tisch vor die drei Fenster gerückt diese Einteilung trug, die eines Schreibplatzes in der Mitte, eines Ortes für die Zeichengeräte, für Winkel und Zirkel, für Stifte und Farbnäpfchen zur Rechten, für das Mikroskop zur Linken . . . Oh, er wußte ganz gut, wen er selbst sich hier vorspielte! Er lächelte darüber, er, der einzige Mitwisser dieses nicht ungeschickten Darstellers der Rolle cines großen Menschen und ausgezeichneten Gelehrten . . .

Gleich darauf wandte er sich ärgerlich von seinen eigenen Gedanken ab und ging zu dem hölzernen Barometer an der Wand, befragte die Quecksilbersäule durch Beklopfen und stellte an ihrem ruckweisen Sinken eine Übereinstimmung mit der Bedeutung der ziehenden Schmerzen in seinem Fuß fest.

Es wurde Herbst. Es wurde Herbst, und noch war es nicht erprobt, wie seine Gesundheit dem Klima des Rheinlandes standhalten würde. Das Geräusch der Haustür, die Schritte eines Ankömmlings auf den Steinfliesen des Flurs enthoben ihn diesen sorgenvollen Betrachtungen seines müden Kopfes. Auf einmal stand er nebenan am Pult, über einen angefangenen Brief an Jakobi gebeugt. Müller, falls denn er es sein sollte, der ihn aufsuchte, nun endlich aufsuchte, durfte ihn nicht müßig antreffen. Indes, auch als Eindruck für den jungen Huber, den die Magd nun zu seiner leisen Enttäuschung anmeldete, war es günstiger, als werktätiger Forster hier zu stehen, denn als träumender.

«Ich bin enchantiert, mein lieber Freund», sagte George, dem Gast entgegengehend und die tintennasse Feder von der Rechten in die Linke wechseln lassend, um Hände schütteln zu können. «Sie stören mich ganz und gar nicht. Sie erlauben nur, daß ich eine Schlußzeile . . .»

«Diese Bücher werden noch anders geordnet», redete er, eilig schreibend, Sand streuend, falzend, siegelnd, «ich habe bestimmte Prinzipien der Anordnung, die ich nun auch amtlich wirksam zur Geltung bringen kann.»

Er trat neben den Besucher, zog ein Buch aus der Reihe und reichte es ihm. Der junge Huber, schlank, von wenig guter Haltung, schwarz gekleidet wie ein Abbé, blätterte die Titelseite auf und richtete dann sein blasses Gesicht mit dem Ausdruck liebenswürdiger Ratlosigkeit auf Forster.

«Übrigens sind mir einstweilen die Hände völlig gebunden», fuhr dieser fort. «Solange die Entscheidung über ein neues Bibliotheksgebäude höchsten Ortes nicht getroffen ist, lohnt es sich nicht anzufangen. Mein Gott, es verkommt alles in Staub, es ist nichts zu übersehen, es existiert kein Katalog. Müller muß sich wahrhaftig kaum . . . Aber lassen wir das. Er hatte Besseres zu tun. In der Tat, wer hätte das nicht? Was ich Ihnen da in die Hand gab, mein Teurer», sagte er und nahm Huber das Buch nachsichtig wieder ab, «es ist eine interessante Reisebeschreibung des Engländers George Keate, die ich zu übersetzen gedenke. Ich weiß, ich weiß, Ihre Neigungen gehören der schönen Literatur und mehr den Franzosen als den Briten.»

«‹Soll›, sprach er, ‹soll mein Albion vergehen . . .›» murmelte Huber und strich sich mit der Hand verlegen über die Stirne.

«Sie meinen? Oh, Sie zitieren einmal wieder und vermutlich Ihren Abgott, diesen Herrn Schiller, von dem ich noch sowenig weiß. Nun, dem werden Sie abhelfen. Aber, was ich sagen wollte – die schöne Literatur samt einer Tasse Tee finden wir drüben bei meiner Frau. Und außerdem vermutlich Demoiselle Dieze und den jungen Herrn von Humboldt aus Berlin, hier durchreisend nach Paris.»

«Ich bin so dankbar», sagte Huber mit seiner bedeckten Stimme, «so namenlos dankbar für dies Geschenk der Götter, das Ihr Wohlwollen mir bedeutet! Mainz war öde für mich, ich fand keinen Anschluß, weder bei Hofe noch in den gelehrten Kreisen. Ich bin ein Schwärmer . . .» Er lächelte inbrünstig vor sich hin und hob dann die schweren Lider zu einem schnellen scheuen Blick in Forsters Gesicht. «Gewürdigt des Umgangs mit einem Körner, einem Schiller, kann ich den seichten Frivolitäten eines Heinse keinen Geschmack abgewinnen.»

«Und doch liebte ihn Fritz Jakobi!»

«Es wäre unbegreiflich, fänden sich nicht im ‹Woldemar› Fingerzeige für gewisse Stationen des Geistes, die Jakobi durchlaufen hat. Er war nicht immer, der er ist.»

«Nicht immer der tiefgrabende philosophische Kopf, als den ich ihn jetzt kenne; da haben Sie recht. Aber wollen wir nicht hinübergehen?»

«Ach, ein Gespräch zu zweien ist so unendlich viel fruchtbarer!»

«Sie sind wirklich ein Schwärmer! Und gar nicht neugierig auf die Dame des Hauses?»

«Ich werde mich glücklich preisen!» sagte Huber und legte die Rechte aufs Herz, indem er seine große Gestalt sonderbar in den Schultern fallen ließ und Forster folgte wie ein Verurteilter.

Nachdem der neue Gast der Hausfrau und der Demoiselle Dieze vorgestellt worden war, verneigten sich der Legationssekretär der sächsischen Botschaft, Herr Huber, und der Doktor beider Rechte, Herr von Humboldt aus Berlin, auf das artigste voreinander und gerieten alsbald in ein höfliches Gespräch über den Wert des Reisens, sonderlich einer Reise nach Frankreich, dem Fiekchen Dieze mit schiefgeneigtem Kopf und leicht geöffnetem Munde andächtig lauschte, während Therese sich an dem sausenden Samowar zu schaffen machte, um frischen Tee zu bereiten, und George unruhig im Zimmer auf und nieder wandelte. Da lehnten die Bildnisse der Großeltern Theresens und sein eigenes, von Tischbein gemaltes, immer noch in einer Ecke an der Wand. Die Gardinen waren glücklich aufgesteckt; Hammer, Nägel und Schnüre jedoch lagen noch auf Stühlen und am Fußboden herum. Die Bücherkiste mit der schönen Literatur stand noch unausgepackt am Fenster, aber es war darin gekramt worden, und die letzten Göttinger Almanache waren aufgeschlagen auf dem Tisch zwischen den Tassen. Das war nun einmal Therese; er dachte es ergeben und wußte nicht, daß seine Blicke zwischen ihr und den jungen Männern, denen sie jetzt mit ihren hastigen Bewegungen den Tee reichte, hin und her gingen. Das war nun einmal Therese, und so würde es auch noch morgen, auch noch in acht Tagen hier aussehen. Denn, nicht wahr, Umzug war Umzug und gab ein Recht auf Unordnung. Allerdings würden wie von Anfang an in allen Ecken Gläser und Vasen mit buntem Laub, Herbstastern und Veilchen stehen. *«The Resolution»*, aufgeklappt und mit beschriebenen Bogen bedeckt, würde von Tätigkeit und Mitteilungsbedürfnis zeugen, wie die umhergestreuten Bücher und Journale von Lesehunger, die angefangene Näharbeit dort von häuslichem Fleiß. Und ganz allmählich und schonend würde die Umzugsunordnung eben von der gewohnten, alltäglichen überwuchert und abgelöst werden, in der Therese sich nun einmal *à son aise* fühlte. Nun, er hatte ja seine eigenen Räume. Der junge Humboldt sah übrigens vorzüglich aus, auffallend viel besser als Huber, auf dessen weißem Enthusiastengesicht irgendein Zug von Unfertigkeit oder Kindlichkeit lag. Dennoch, er fühlte sich zu Huber hingezogen, mehr als zu dem breit und fest gebauten Jüngling mit dem unerschütterlichen Blick der blauen Augen und diesem starken runden Kinn. Oh, er hatte diese Art von Physiognomien mißtrauen gelernt; Erinnerung dunstete durch seine Gedanken wie Krankheit. Er rückte seinen Stuhl nahe an Hubers heran und legte ihm die Hand auf den Arm. «Ein wahrer *petit maître*, ein ganzer Mann von Welt, dieser Herr aus Preußen, nicht wahr?» flüsterte er ihm kopfnickend, mit leicht verzerrtem Munde zu und besann sich sogleich unter dem gutwilligen, aber leicht befremdeten Lächeln, dem er begegnete. Wohin geriet er immer? Er war wahrhaftig krank in seiner Seele und nicht mehr imstande, einen Menschen rein zu genießen. Therese unterhielt sich, Therese unterhielt sich gut, und sollte er nicht froh sein, sie nach Monaten wieder einmal unbefangen lachen zu hören? Was saß er denn hier und grübelte darüber nach, daß ihr Lachen nicht mehr so war wie früher – daß da ein neuer Klang, ein pathetischer Ton in ihre Art zu sprechen gekommen war?

«Finden Sie Theresen verändert?» fragte er Fiekchen halblaut. Hatte sie, die als Kind, ehe ihr Vater nach Mainz berufen worden war, Theresens Gespielin – die später als junges Mädchen häufig mit ihr zusammen gewesen war, dies auch bemerkt, dies, daß da eben nicht Therese saß, nicht Therese, die heitere, junge, lachende, glückliche, sondern ihr Haupt, ihr Haar, ihr Antlitz, ihr Körper, ihre Kleider, hinter denen ein fremder Wille, eine fremde Stimme, ein fremdes Gelächter gespenstisch agierten? Oh, mein Gott, was sollte denn dieser betrübte, ratlos zustimmende Blick des guten Sophiechens, dies: «Ich kann mir nicht helfen – ja – ich finde es auch!» Und George sagte laut, irgendeinem Schicksal, wie ihn dünkte, frech unter die Augen lachend: «Schöner geworden, nicht wahr – schöner geworden, Mamsell Fiekchen!? Ja, ja, die Ehe tut Wunder! Die Ehe tut Wunder, guter Freund, und Sie sollten sich auch bald entschließen zu heiraten», wandte er sich an Huber. «Ich höre, daß Sie mit der Demoiselle Stock verlobt sind. Ich lernte sie in Dresden kennen – welch ein Mädchen, welche Qualitäten an Kopf und Herz! Sie sind sehr zu beglückwünschen, wissen Sie das auch?»

Huber, dunkel errötet, ließ einen hilflosen Blick zu Fiekchen und dann zu Therese gleiten. Diese, obschon in einem Wortgefecht mit Humboldt, schien gehört zu haben, um was es sich handelte, und rief mit einem sonderbar verächtlichen Ausdruck über den Tisch hinüber: «Du mußt einen artigen Sklaven nicht an seine Ketten gemahnen, George!»

«Oh, oh», stammelte Huber, verzückt lächelnd, «es ist nicht das, nicht das!»

«Rosenketten also?»

«Ja, ja! Da band ich sie, da band sie mich mit Rosenketten . . .»

«Daß der Alte je so amouröse war!»

«Klopstock – Klopstock, nicht wahr?» Fiekchen sah mit großen Augen zwingend in Hubers hinein; dieser aber, seine Augen mit einer Art stiller Standhaftigkeit auf Therese richtend, sagte langsam, von einem Lächeln durchleuchtet:

«Weisheit mit dem Sonnenblick,
Große Göttin, tritt zurück,
Weiche vor der Liebe!
Nie Erobrern, Fürsten nie,
Beugtest du ein Sklavenknie,
Beug es jetzt der Liebe!»

«Ach, das ist Ihr Schiller!»

Therese griff ungeduldig nach einem der Almanache auf dem Tisch und blätterte darin. «Ich kann den Enthusiasmus für ihn nicht teilen . . .»

«Und doch ist er dem Geheimnis der Glückseligkeit so nahe», sagte George vor sich hin. «Er läßt seine Liebe aufgehen in dem großen Brand seines Herzens für die Menschheit. Er vermag es.»

«Mein Freund?»

«Oh – du meintest?» – «Ich meinte, ob du zu Ende wärest mit dieser Meditation und ob ich um Gehör für meinen wackeren Bürger bitten darf?»

Sie las. Sie las die Elegie «Als Molly ihn verlassen hatte», erntete ergriffenes Schweigen, einen lyrischen Seufzer Hubers, fühlte sich offensichtlich gelöst, blätterte, begehrte ein Licht, las weiter. George sah auf sie hin und fühlte seine Brust unter ihrer Stimme erzittern wie den Resonanzboden einer Geige; die Schärfe in ihm zerging, er atmete leicht und glücklich; er staunte, daß sie schön wirkte, einzig durch den jetzt seelisch entzündeten Glanz ihrer Augen. Er sah es wohl, daß sie sich wieder und allen seinen Bitten entgegen geschminkt hatte; daß ihr Anzug, dies grüne, weißgestreifte Hauskleid, im Widerspruch zu jenem Aufwand der Eitelkeit stand – er war nicht blind dafür. Dennoch – hier war Therese – und hatte sie sich verändert, jetzt zeigte sie es nur im Ausdruck einer Tiefe der Empfindung, deren sie erst fähig hatte werden müssen. Und George, in einem törichten Frohlocken, dachte in diesen Minuten nichts, als: Sie ist mein, ich modelte ihr Herz. Die Blicke der beiden jungen Männer, die, betroffen oder hingerissen, verrieten, daß nicht nur er allein dem rätselhaften Zauber dieser nicht schönen Frau erlag, gaben ihm ein Triumphgefühl des Besitzes. Einer jener verhängnisvollen Täuschungen nachgebend, die ihn in diesem Abschnitt des

Lebens zuweilen überstürzten wie Lichtströme das Land an einem wolkentreibenden Apriltag, meinte er sich eins mit ihr zu fühlen, eins in einer reinen, geistigen Luftschicht, in die sie durch den Dunst niederer Ebenen hindurch gemeinsam sich emporgekämpft hätten. Hier, nun wohl, standen sie Hand in Hand auf der Schwelle eines neuen Lebens; dieser Abend, der erste in Mainz, der ihnen Gäste zugeführt hatte, war von der Musik unsichtbarer Genien umspielt, Musen und Grazien hatten ihr Haus in ihre Hut genommen. In den Stand der Gebenden, Austeilenden, Überströmenden eintreten dürfen, ja, er war gewürdigt worden, es war nun an der Zeit! Mochten Menschen wie Müller hochmütig oder abgewendet fernbleiben! Hatte er auf ihren Umgang gehofft, er war der Enttäuschung wohl gewachsen. Wenn nur jene kamen, die noch nicht des eigenen Geistes satt waren, wenn sie nur kamen, bereit, ihm seine Fülle abzunehmen, er wollte sie wohl nähren, und Theresens anmutiger und schöner Geist sollte sie laben wie der Flor eines Gartens. Huber sollte den Freund an ihm finden, den er suchte; gerührt blickte er auf ihn, der dort mit einem gläubigen Ausdruck knabenhafter Begeisterung an der Vorlesenden hing. Ihm war, als sähe er sich selbst, zehn Jahre zurück, und fast wollte es ihn mit wehmütigem Neid überkommen: hatte denn je über ihm so das Göttergeschenk der Freundschaft eines Älteren, Gereiften geschwebt, hatte er sich nicht von je einsam seinen Weg suchen müssen, führerlos und Gott allein verantwortlich? –

Da Therese nun zu lesen aufhörte, stand er auf und eilte in sein Zimmer, von dem Bedürfnis überkommen, auch etwas zu geben, und sich erinnernd, daß Humboldt ihn nach seinen eigenen Arbeiten gefragt hatte. Er hatte vorher in dem botanischen Kollegium geblättert, das er den Wilnaer Damen gelesen hatte. Es waren doch recht artige Perioden darin, besonders in den Vorlesungen, die von der Generationstheorie handelten. Er traktierte das Ding so aus dem Handgelenk, leicht, fast amüsant, ohne doch im geringsten aufzuhören, der Forster zu sein. Er kehrte zurück, das Manuskript in der Hand, fand das Röschen, das inzwischen hereingebracht worden war, auf Humboldts Knien sitzend und diesen bemüht, den ernsthaften kleinen Mund des Kindes zum Aussprechen seines Namens zu bewegen: «Wilhelm!» sagte er ihm lächelnd vor, «Wilhelm!»

«Wilhelm . . .» wiederholte Therese; sich vorneigend und im Schatten der Zimmertiefe verweilend erkannte George im Innersten betroffen den spähenden, ruhelosen Blick ihrer Augen, den bebenden Ton ihrer Stimme, und wußte plötzlich, was da vorhin ihrem Lesen Klang und Zauber gegeben hatte: es war ihr verborgenes Herz gewesen, das unablässig jenen Namen anrief, unablässig – ihn, den er selbst so gewaltsam hinter sich in die Vergessenheit getreten hatte. –

Er hatte nicht mehr vorgelesen. Er ging in seinem Zimmer auf und nieder, im Schein der Kerzenflamme glitt sein Schatten an der Wand entlang, der Schatten eines alten Mannes, von dem sein Auge müde abschweifte. Sein Kopf schmerzte, seine Glieder waren schwer. Die anderen waren noch hinaus in die klare Herbstnacht gegangen, um die Sterne sich im Rhein spiegeln zu sehen. Er scheute die feuchte Luft, er war zurückgeblieben; er ging hier zwischen seinen Büchern auf und ab in der Gesellschaft eines müden, gebückten Schattens. «Oh – du hast wieder Schmerzen, lieber Freund?» hatte Therese gleichmütig gesagt. Ja – glaubte sie ihm nicht einmal die Schmerzen mehr?

«Ich habe vielleicht allzuoft in meinem Leben in derartiger Gesellschaft sein dürfen, um dies als ein besonderes Glück zu schätzen», erwiderte George lächelnd auf die Frage Theresens, wie er es denn ertragen könne, hier oben auf der Galerie unter den Geduldeten zu sitzen. Er hatte den Arm auf die Brüstung gestützt und blickte von der Seite in ihr Gesicht, das angeregt und unzufrieden zugleich auf die glänzende Versammlung unten im Akademiesaal des Schlosses hinabspähte. Das Scherzo einer Haydnschen Symphonie hub soeben mit den rasch sich folgenden Einsätzen der Streichinstrumente und Flöten an, als begänne ein lustiger Wettlauf leichter Kinderfüße über eine Frühlingswiese. Therese hielt eine Antwort auf der Zunge zurück, seufzte ungeduldig auf und schloß die Augen, gelangweilt oder genießend. George, musikmüde, wie stets gegen Ende eines Konzerts, sah zu Sömmerring und Wedekind hinüber, die an ihrer anderen Seite saßen, beobachtete ein wenig die amtlich gesammelten Mienen, mit denen die beiden Mediziner den Genuß dieser kurfürstlichen Samstagsveranstaltung entgegennahmen, ließ seine Augen über die andächtigen oder zerstreuten Mienen der hier oben sitzenden bürgerlichen Gesellschaft schweifen, nickte dem kleinen eleganten Professor Dorsch zu, der auf seinem Stuhl wippend mit seiner Dose spielte, tauschte mit Fiekchen Dieze einen Blick lächelnden Einverständnisses über die neben ihr sänftlich eingeschlummerte Frau Mama, geriet selbst ein wenig ins Gähnen und starrte zum Plafond des Saales empor, der, von den olympischen Ausgeburten Januarius Zickschen Geistes bedeckt, ihn einlud zum Verweilen zwischen Wolkenhügeln und den rosigen Nacktheiten unbefangener Göttinnen. Er fühlte sich irgendwie bedrängt von dem atmenden Schweigen dieser orphisch gebannten Menschheit, als sei er der einzige Wache unter lauter Bezauberten. Dennoch wußte er: da saßen sie nun und enthielten sich der Worte, der Bewegungen, schillerten in den Farben ihrer Kleider, ihrer Edelsteine, im Glanz ihrer leuchtenden Haut, wie Frau von Coudenhoven dort unten an der Seite des Kurfürsten und der Kreis ihrer Damen; hatten scheinbar sich selbst und die Welt vergessen und verhielten sich in dem strahlenden Licht der Kronleuchter reglos, als sei die Mainzer Hofgesellschaft nichts als ein pflanzenhaftes Produkt der Natur, von pfauenhafter Buntheit; zuckten aber mit unzähligen Herzen, dachten mit unzähligen Häuptern, konnten den Augenblick der Entzauberung nicht erwarten, da das Orchester verstummen würde; brüteten über den Sätzen, mit denen sie sich selbst wieder vernehmen lassen und hören würden: ganz gut, Herr Haydn, ganz gut, aber Sie hatten allzulange das Wort!

Sieh, der Kurfürst beugte sich bereits zu seiner Freundin hinüber und flüsterte ihr etwas zu. Die Symphonie, ohne Pause in das Rondo hineinstürzend, verwirbelte in Kreiseltänzen wie ein lerchenhaft enteilender Himmelsbote, von dem in Raserei verfallenden Kapellmeister gejagt. Überall bewegten sich die Köpfe, die Schultern, kam Leben in starre Gesichter, wurde Beifall bereitgestellt. Der Koadjutor Dalberg tauschte Kennerblicke mit Heinse, und Müller, der bis jetzt in sich versunken, den *chapeau bas* unter dem Arm, an einem Fensterpfeiler gelehnt hatte, hob plötzlich den Kopf und sah ohne umherzusuchen zu George auf, der ihm mit einem grüßenden Lächeln begegnete. Nun – dies war wieder etwas, wie die ab und zu gewechselten französischen Billets sachlichen Inhaltes, etwa über ein Buch aus der Bibliothek, die manchmal so emphatisch schlossen, *«tout à vous, de cœur et d'âme»*, oder geheimnisvoll verhalten mit dem lateinischen *«Tuus»*, *«Totus tuus!»*, das wie eine Schwurformel der Verbundenheit klang. George, noch immer an der einsamen Gestalt dort unten hangend, die sich längst von ihm abgewandt hatte, gab sich mit einem unbewußten Seufzer nach. Er verstand diesen Mann so wenig wie nur je. Er sah ihn ab und zu im Fluge bei Frau von Coudenhoven, wenn er ins Schloß kam, um dem jungen Coudenhoven das wöchentliche Privatissimum zu lesen. Hier fand er Müller zuweilen, plaudernd und anscheinend ganz *à son aise* in dieser Atmosphäre höfischer Geselligkeit, in der George nur beklommen atmete. Im übrigen lebte er einsiedlerhaft, amtlichen Geschäften und wissenschaftlichen Arbeiten hingegeben, ließ jeden Besucher abweisen und – nun ja, er lächelte George zu und schrieb ihm Billetts, aber er entzog sich seinem Umgang und schien es nicht wissen zu wollen, daß ungehobene Schätze in dem Gebirge lagen, das zwischen ihnen beiden sich türmte. –

«Wir werden», flüsterte George Therese zu, «mit Huber nach Hause gehen müssen, er machte mir vorher ein Zeichen, er sieht auch jetzt hinauf. Aber du sahst wohl schon?» Und mit uneingestandenem Befremden bemerkte er ein Lächeln in ihrem Gesicht, das dem Legationssekretär galt, der, im schwarzen Hofkleid, die Hand am Degen, hinaufgrüßte.

Therese wandte sich an Wedekind. «Wo ist Ihre Schwester, Hofrat?» fragte sie, Sömmerring ungeduldig, wennschon mit lächelndem Kopfnicken den Umhang abnehmend, den dieser mit umständlicher Höflichkeit bemüht war, ihr um die Schultern zu legen. «Wo ist Meta? Ich wünschte sie mir für den Heimweg – oh, wer kann immer unter Männer atmen?»

Sie lachte kurz auf, George, Sömmerring und Wedekind nacheinander mit den Blicken streifend und nun Huber entgegensehend, der heraufgekommen war und sich der abflutenden Menge entgegendrängend den Weg zu ihnen suchte. In der Umrahmung des russischen Baschliks wirkte ihr Gesicht zart; in den Augen lag noch das innerliche Lodern, das Musik hier stets entfachte. Wedekind sagte in langsamem Hannoveranisch: «Meta fühlt sich nicht disponiert, unter Menschen zu gehen. Sie hatte Briefe, die sie aufgeregt haben, sie bekam Kongestionen. Ihre Affäre zieht sich hin.»

«Herr Forkel ist ein Oger», sagte Therese leichthin, «welcher redlich Denkende besteht auf einem Besitz, der nur noch auf dem Papier Existenz hat? Ist er denn ein Sklavenhalter? Was meinen Sie, Huber?»

«Daß unsere Freundin frivoler redet als sie denkt.»

«Ah, mon Dieu! comme il est cérémonieux!»

«Ich werde Meta heute abend noch zur Ader lassen», sagte Wedekind steif, indem sie die Treppe hinunterschritten, «es wird ihr den Kopf klären. Forkel ist in seinem Recht.»

«Ich bin nicht dafür, den Weibern soviel Blut zu entziehen», gab Sömmerring den Auftakt zu einem medizinischen Gespräch, das auf der Straße fortgesetzt wurde. Forster schritt stumm nebenher, von unerklärlicher Traurigkeit befallen. Er dachte: «Mitunter steigen Worte aus Abgründen auf und verraten alle Schrecken der verborgenen Tiefe. Sage ich auch zuweilen solche Worte?» Er wünschte, stehenzubleiben und sich Therese und Huber zuzugesellen, die hinter den drei Herren gingen, aber er tat es nicht. Er schritt gesenkten Hauptes, kraftlos. Sömmerring war bei seinem Lieblingsthema, der Schädlichkeit der Schnürbrüste für den weiblichen Körper, angelangt. Huber dahinten sagte soeben in seiner zögernden Sprechweise zu Therese:

«Jeder Mann, er sei denn von Natur ein Mönch, wird der geliebten Frau eher einen Fehler des Herzens oder ein Versagen des Kopfes nachsehen, als einen körperlichen Defekt, der sich dem Bewußtsein zu jeder Minute aufdrängt.»

«Und wer ist jetzt eben frivol zu nennen?» hörte George zu seiner Befriedigung Therese fragen. In der Tat, durfte der Verlobte eines köstlichen Mädchens, wie es die ein wenig bucklige Dora Stock war, so sprechen?

«Ich bin nicht frivol. Ich bin ein Unglücklicher.»

«Und warum erzählen Sie mir das? Oh, ich verstehe. Ich scheine Ihnen stark genug, um andere zu tragen. Aber ich warne Sie, mein Freund. Ich bin weder stark noch mitleidig. Vielleicht, daß ich es einmal war. Oh – vielleicht . . .»

«Warum sich immer eines kalten Herzens rühmen?»

«Werden einer Frau die Fehler des Herzens nicht leichter verziehen?»

George blieb jäh stehen.

«Du solltest in der kalten Nachtluft nicht sprechen, meine Liebe», sagte er und zog ihren Arm durch den seinen, «der Hornung ist ein tückischer Monat für eine zarte Brust.»

Er redete hastig, sich selber unbewußt. «Huber, Sie kommen mit uns. Sie teilen unseren Abendtisch. Ich weiß, Sie haben einen neuen Akt in der Tasche, Sie brennen darauf, ihn uns mitzuteilen, wie wir es kaum erwarten können, ihn zu hören. Ist's nicht so, Therese? Ich habe einen herrlichen Brief von Jakobi, ich muß ihn Ihnen mitteilen, er rouliert ganz auf den Begriffen des Wahren, Guten und Schönen . . .»

Denn dieser Huber war ein Mensch, dem man es nachsehen mußte, daß er den Inhalt seines Busens zutage brachte, wie das Meer Muscheln, Schätze und Leichen an den Strand schwemmt, sei dieser Strand nun inselhaft lieblich umgrünt wie das Herz einer Frau oder eingedämmt und stark wie die Brust des männlichen Freundes. Therese, meinte George zu fühlen, war ganz mit ihm einig, daß diesem Menschen geholfen werden müsse, der seine Fülle so schlecht bändigen konnte und der weder in seiner Lebensführung noch in seinen poetischen Versuchen irgendwelche Form besaß. Freilich, Therese machte absonderliche Erziehungsversuche an ihm, suchte durch Herbe und Spott zu wirken, wie ihn dünkte, belohnte zuweilen mit Lächeln und der Süße eines Augenaufschlages, wie er beobachtet zu haben meinte, aber hatte doch, dessen war er sich gewiß, nicht den richtigen Weg eingeschlagen, Wirkungen zu erreichen. Güte, Vertrauen und Hingabe waren es, die hier zu gewinnen hatten. Leise, unmerklich, mit dem magischen Flötenspiel eines freundlichen Hirten, war dieser Verirrte herauszulocken aus der Wildnis. Begann er nicht schon, den Geschmack an der wüsten Gesellschaft zu verlieren, an die er verfallen gewesen war? Vermied er nicht neuerdings sein Wirtshausleben mit Schauspielern und Dichterlingen und saß Abend für Abend an Theresens Teetisch, ein schweigsamer Gast, solange anderer Besuch anwesend war, beredt, sobald man, selbdritt, das Gespräch auf ihn, auf sein Leben, seine Pläne, seine Arbeiten kommen ließ? Oh, ihn nicht verspotten, nicht an ihm zerren, ihn nicht mit ihrem raschen Witz vergrämen sollte Therese, dachte George brüderlich. Dieser da kam, um Wärme und Rat, um Halt zu finden; und so kam er zu ihm, zu George, so war er, endlich, endlich, die in unsäglicher Einsamkeit wortlos vom Schicksal erflehte Seele, die seiner bedurfte, seiner ganz und gar. Er gab es sich selbst nicht zu, daß die eigentliche Befriedigung darin lag, vor Therese entfalten zu können, wessen er fähig war, wenn denn ein Mensch kam, der seiner bedurfte, Gab es sich nicht zu, daß er diese Rolle des Hilfreichen, Geduldigen,

Unermüdlichen so eifrig spielte, damit sie erkennen sollte, er war nicht der, als den sie ihn mehr und mehr zu sehen beliebte, der unablässig Fordernde, der, dessen Liebe nichts wußte, als daß der andere ihm gehörte und ihm zu dienen hatte. Ahnte sie es, daß sein Bemühen um Fremde ein Werben um sie selber war? Ahnte sie es und ließ ihren Spott deswegen spielen, wo es sich um Huber – ihre Gleichgültigkeit, wo es sich um andere Hilfsbedürftige handelte, denen er Beschäftigung vermittelte, denen seine Person, sein sanfter, tätiger Geist mählich zur wohltätigen Lebenssonne wurde, um die zu kreisen neugewonnene Ordnung bedeutete? Verneinte sie diese Menschen, die ihn nicht anders wollten, wie er war, die ihn gut hießen, weil *sie* ihn anders wünschte und weil sie im geheimen jede seiner Äußerungen und Taten entwertet sah in dem Lichte des Verdachtes, daß alles geschah, nicht nur, um vor ihr zu bestehen, nein, um auch als der Bessere, der Größere, der von ihr Geopferte zu erscheinen? Hatte sie es erkannt, daß in diesem Zusammenhalten aller Tugenden, in der unablässigen Ausübung von Treue, Redlichkeit und Menschenliebe der letzte verzweifelte Widerstand seiner Seele sich kundgab, gegen sie, von der er sich doch abhängig wußte wie vom täglichen Brot, in der sonderbaren, scheuen und wählerischen Not seiner Sinne vor ihr so bedürftig, wie der Verschmachtende in der Wüste vor der einzigen Oase? Wußte sie es, wie verzweifelt er sich an die Bestätigung seiner selbst klammerte, die ihm von anderen ward, weil er sonst begonnen hätte, sich mit ihren, mit Theresens Augen zu sehen: als einen Würdelosen, der bettelte oder sein Recht erzwang, wo es ihm nicht frei und liebend gewährt wurde? Und wie übte er ihn aus, diesen Zwang, fragte er sich mit einiger Bitterkeit und starrte böse grübelnd zu ihr hinüber, die dort in der Schattenecke des Zimmers saß und mit diesen nie ruhenden kleinen Händen an ihrer langen Halskette zerrte und spielte, während Huber die großtönende Phraseologie seines Dramas mit gaumiger Stimme vorüberwälzte. Hieß das Zwang ausüben, zärtlichen Wünschen nicht Halt zu gebieten, wenn sie nicht auf Willkommen, nur auf – Duldung stießen?

Oh, über die beständigen Monologe, in denen er sich rechtfertigte, die stummen Auseinandersetzungen, die kein Echo hatten! Oh, über die nicht endende Apologie, dem Forum des eigenen Gewissens gegenübergestellt, das ihn anklagte, weil er Glück nur nahm und immer nur nahm! Und warum, warum blickte Huber, nun, da er geendet hatte und nach der Anstrengung des Lesens im Stuhl zusammensank, mit einem ängstlich heischenden Blick zu Therese hinüber, deren Antlitz, jetzt vorgebeugt im Kerzenlicht, still war, als lauschte sie den letzten Versen nach? George erhob sich, mit einem überstürzten: «Vortrefflich, lieber, teurer Freund – indessen ...» die Aufmerksamkeit an sich reißend, und, im Zimmer auf und nieder gehend, begann er eine Kritik des Gehörten zu entwickeln. Diese Auftritte, meinte er, seien vorzüglich aufgebaut, jedoch so sehr vom Gefühl überwuchert, daß der Gang der Handlung unter Blumen – und er möge nur verzeihen! – auch unter Unkraut, blühendem Unkraut verschwände. Daß – «ist's nicht so, Therese? Nicht wahr, da sehen Sie, sie gibt mir recht!» – nun, daß den Hörenden eine leise Übermüdung überkäme, daß seine Gedanken abschweiften, daß – redete er, verzweifelt wahrnehmend, wie Huber Therese unablässig anblickte, und wie sie ihre Augen in seinen spielen ließ – daß er, wenigstens *er*, nicht hätte folgen können.

«Doch ist's nicht schön», sagte Therese, in diesem Augenblick ihn ansehend mit einem Ausdruck bittender Demut, der ihn rätselhaft erschütterte – «ist's denn nicht schön, mein Freund, des Herzens Überfluß zu sehen?» Und, sich mit den Schultern windend, als spüre sie Schmerz oder Druck, eine Bewegung, die ihr in den letzten Monaten zur Gewohnheit geworden war, fuhr sie fort, abgerissen, verlegen sprechend: «Das Herz – ach, nur das Herz einmal reden zu hören, George! Ein Herz zu sehen, golden, feurig – ist das nicht besser als Kunst?»

«Aber ich rede wie ein Kind», sagte sie, plötzlich sehr gefaßt, stand auf und füllte die Tassen neu; «hören Sie nicht auf mich, Huber, hören Sie auf George. Er – weiß viel besser, was nottut.»

Sie stand neben ihm, die Hand auf seiner Schulter; er fühlte ihre Finger heiß und bebend an seinem Halse hingleiten. Den Arm um sie gelegt, von irgendeinem Triumphgefühl durchschüttert, das unvergleichlich viel stärker war als die Einsicht, es handle sich hier um die wirksame Darstellung eines lebenden Bildes oder die Vorführung einer Parabel, lächelte George in die mit dem Ausdruck seelischer Mühsal auf ihn gerichteten Augen Hubers hinein und dozierte weiter. –

«Du solltest», hörte er Therese nach einer halben Stunde leise und leidenschaftlich sagen, als er das Wohnzimmer noch einmal betrat, nachdem er den Gast hinausgeleitet und die Haustür hinter ihm abgeschlossen hatte, «du solltest diesen jungen Menschen nicht so oft kommen lassen, mein Freund! Wenn nicht um deinetwillen, so seinetwegen.»

Sie stand in der Fensterecke, als sei sie dorthin geflüchtet, den Arm auf *«The Resolution»* gestützt, und sah ihm blaß und feindlich entgegen. Er erkannte nur, daß ein aufgeregtes Herz ihre Augen seltsam dunkel leuchten ließ, daß sie noch in diesem weichen Kleid aus maisgelbem Seidenmusselin war, das sie zum Konzert getragen hatte. Er tat ein paar Schritte auf sie zu, blieb stehen, lächelte und sagte: «Ich verstehe dich nicht.»

«Du wirst nie zu sehen lernen!» rief sie und schlug die Hände vors Gesicht. Dann, mit jenem unerklärlich schnellen Übergang aus der Erregung in die Ruhe, in den sie ihm gegenüber jetzt so oft verfiel, sagte sie wieder ganz leise und sehr gehalten: «Du solltest ihn nicht so oft ins Haus bringen. Siehst du denn nicht den Zustand seines Herzens? Ich habe eine unselige Anziehung, ich ...»

Sie stockte, blickte George, der sich ein wenig näherte und immer noch lächelte, unsicher an und vollendete hastig: «Ich habe nichts dazu getan, George, bei Gott. Aber schaffe ihn fort – ja? Oh», schloß sie ein wenig pathetisch und drängte die Hände gegen seine Schultern, denn nun war er bei ihr, «George, George, liegt denn ein Fluch auf meinem Leben?»

«Du siehst Gespenster, Therese. Er ist jung, seine Schwärmerei kennt keine Grenzen. Wie dein Herz klopft!»

Und überwältigt wie von einer endlichen Erfüllung, blind, trunken, nicht fähig, diesen Blick voll Schicksalsangst, der seinem auswich, zu deuten, murmelte er, sie an sich ziehend: «Was willst du doch? Er ist gebunden und du – du bist doch mein.»

Therese, abgewendeten Antlitzes in seinen Armen hängend, die Brauen verzerrt, flüsterte: «Ja. Ich bin dein. Und ich müßte wohl noch Kinder haben ...»

In dem Schweigen, das folgte, war nichts als das unstete Flackern der beiden niedergebrannten Kerzen, das den Raum mit dem Tanz schwankender Schatten füllte.

«Sey doch jeder vergnügt, wenn er sein kleines Plätzchen gefunden hat, aus dem er in die Welt hinausgucken und über sie lachen kann», so las George in der zierlich behäbigen Handschrift des alten Heyne; las diesen Satz zum zweitenmal, nachdem er den kurzen Brief des Schwiegervaters, datiert von einem Frühlingstag des Jahres 1789, beendigt hatte, las in der Einsamkeit seines Kabinetts, versuchte zu lächeln und fühlte sich zugleich dermaßen geschüttelt von Abwehr, Überdruß und Herzeleid, daß er das unschuldige Papier krampfhaft mit der Hand zerknitterte, es hinwarf, das Gesicht in den Händen begrub und dann aufsprang, um, die Hände auf dem Rücken verschränkt, im Zimmer auf und ab zu laufen. Gewiß – oh, aber ohne jeden Zweifel: er hatte sein kleines Plätzchen gefunden! Er besaß ein Weib, ein gehorsames Weib – in zärtlichem Gehorsam ihm ergeben, war's nicht so? – das nun, da die Stürme erster Jugend besänftigt waren, sich anschickte, in allen Stücken dem Ideal Salomonis ähnlich zu werden und das ein zweites Pfand seiner Liebe unter dem Herzen trug. Er besaß das Röschen, das ihm an den Rockschößen hing, wenn er sich nur zeigte, und das soeben – horch! – sein Stimmchen draußen mit dem Gurren der Tauben auf dem Dachfirst mischte, draußen, wo im Vorgärtchen Narzissen und Tazetten unter der Maiensonne blühten; er besaß ein Haus und nicht nur Narzissen, Tazetten, Goldlack und dergleichen törichte Schönheit, sondern auch einen Garten vor dem Tor, wohl fünfzig Schritt im Quadrat, wo er Salat zog und Erdbeeren, von Kohl und Wurzeln ganz zu schweigen. Er besaß Malchus, den Knecht, und Mareiken, die Magd, mochten sie gleich andere Namen tragen; besaß Tauben, auch Hühner, der Ankauf einer Ziege war geplant. Ei, hatte er nicht wahrhaftig sein kleines Plätzchen, und was hinderte ihn denn, nun in die Welt hinauszugucken und über sie zu lachen? Klausthal, dachte er, von irgendeiner Erinnerung gestreift; das hieße wohl, mein Klausthal gefunden haben. Indessen ...

Er blieb am Fenster stehen und starrte schwermütig hinaus über den überschwenglich blühenden Kastanienbaum und den festlich schönen Bau des Bassenheimer Hofes gegenüber. Der Geist, der solche Formen schaffen konnte, der die Quadern dem Gesetz der Schwere selig entfremdete und es ihnen verlieh, daß sie Rhythmik, heitere Ordnung, schwingende Gelassenheit ausströmten, dieser Geist – oh, dieser Geist! Er dachte nicht ganz zu Ende. Er dachte nur mit einem verzweifelten Aufwand von Pathos: Verflucht das kleine Plätzchen und die Zumutung, über eine Welt zu lachen, die ich aus den Fugen reißen möchte, um sie neu aufzubauen, reinlicher, gerechter, weiser und beseelt von dem Glauben an mich, an meines Herzens Kraft und Würdigkeit! –

Nun, da der Andrang des Blutes zum Kopfe nachließ, sammelte er sich, wandte sich ins Zimmer zurück und versuchte, sich selbst die Gründe der Erregung klarzumachen, die ihn dermaßen überwältigt hatte. Heyne war ein alter Mann, sagte er sich begütigend, der sein Leben lang in den geschützten Niederungen der Philologie gehaust und keine anderen Stürme kennengelernt hatte, als leidige Universitätsintrigen und kleinstädtische Familienkabalen. Er war nun auf der Höhe seiner sechzig Jahre geläutert genug, sich über diese Anfechtungen erhaben zu fühlen, erfreute sich seines abgeklärten Zustandes, für den er Gleichnisse fand, angemessen dem Verhältnis des Gegensatzes, den er für ihn bedeutete – ein kleines Plätzchen also, aus dem man herausguckte und lachte – und wünschte denen, die er liebte, die Annehmlichkeiten einer solchen Gemütsverfassung nahezubringen. Aller Welt gut werden, schrieb er auch wohl einmal, das sei die Basis des inneren Friedens, und dann tat er mit ein paar lächelnden Greisenworten «die Schimäre» ab, als müßte jeder ins Große wirken. Oh, vor ein paar Jahren noch, in Wilna, da wäre sein Wort Musik für mich gewesen, dachte George. Damals, als wenigstens ein Mensch, als Therese noch das Große von mir erwartete und mich ermüdete mit ihrer Ungeduld und ihrem ungestümen Fordern. Damals, als er, sonderbar übersättigt von frühem Ruhm, bereit war, auf Lorbeeren auszuruhen, die nicht erstritten, sondern wie es ihn jetzt dünkte, tändelnd am Wege gepflückt waren. Heute aber – man hat sich mit mir abgefunden, das ist entsetzlich! Das ist entsetzlich! hallte es in ihm wider, während er, von dem selbsttätig in ihm arbeitenden Pflichtbewußtsein getrieben, die zur Übersetzungsarbeit nötigen Bücher und Bogen auf dem Tisch anordnete und auf den letzten Satz im Manuskript starrte. War es ihm nicht immer als das einzig mögliche Ziel erschienen, ins Große zu wirken – so oder so? Er hatte nie darüber nachgedacht, freilich; sein eigener Wille, so glaubte er zu erkennen, war immer abgelöst worden, in der Jugend durch den leidenschaftlichen Tätigkeitstrieb des Vaters, in dem sein eigener aufging, wie die Kohle in der Flamme, und dann durch dies zweischneidige Geschenk der Götter, durch den Ruhm in frühen Mannesjahren. Es war süß, unter den freundlichen Augen der Menschen zu leben, süß nach so bitteren Jahren – diese wehmütige Bestätigung der Erinnerung flüsterte er sich zu, dieser Satz hob und senkte seine Flügel über der Arbeit der nächsten halben Stunde, in der er geschäftsmäßig englischen Text in deutsche Sätze umbaute, bis er die Feder hinwarf und, verzweifelt den Kopf hebend, der Frage ins Auge blickte, deren Gegenwart er in den letzten Wochen unablässig gefühlt hatte, wie die einer unsichtbaren, erbarmungslosen Gottheit. Nicht länger ließ sie sich in Nebel bannen. «Was tat ich?» schrie er auf, vernahm die eigene Stimme unselig fremd, sah um sich und flüsterte erschrocken: «Ja, was tat ich denn, diesen Ruhm zu rechtfertigen? Ja, was baute ich denn auf diesem kolossalen Fundament des Glücks? Mein Gott, mein Gott, ich *sollte* doch ins Große wirken – war das denn nicht dein Ruf?

Oh, alter Mann auf deinem Bänkchen in der Gartenlaube! Bist du je so gerufen worden? War dir die Kindheit der Vorhof der Zucht und der Entsagung, so daß du, ein Knabe noch, geschulten Geistes und männlicher Arbeit gewöhnt, dort schon standest, wo für andere die Jugend gipfelt? Wurden dir da die Tore der Welt auseinandergerissen und taumeltest du hinein in die Fülle der Erde, in das Sprachengewirr der Völker, umwirbelt vom Schall ihrer tausendstimmigen Musikinstrumente, vom Staub ihrer Herden; von ihren Gerüchen umdampft, ihrer Buntheit geblendet, von ihren Weibern verlockt, von ihren Göttern bedroht? Rollten Steppe und Strom sich auf als Teppich deiner Füße? Waren die großen Städte deine Herbergen? Beugte das Meer gebändigt seinen Nacken, dich sanftmütig zu tragen und dir seine Inseln zu schenken? Gingen dir Helden voran und zur Seite, dir zu zeigen, wie sie gemeistert wird, die erschreckliche, wonnevolle, bestürzende Fülle – und mehr noch: ward es dir gegeben, *die Helden zu erkennen und zu wissen, daß ihnen gefolgt werden muß?* Oh, alter Mann – dein Ziel war stets der nächste Meilenstein! Wie solltest du die wahnsinnige Raserei der Reue kennen und verstehen, die in der Brust eines Mannes tobt, wenn er sich an den Grenzmarken der Jugend sieht und endlich wahrnimmt, daß er aus allem Reichtum, der ihm zu Füßen lag, nichts errafft hat als die Phantome der Erinnerung? – Dies war der Zustand des Herzens, in dem George Forster sich seit einigen Monaten befand. Wie bin ich hierhergekommen, fragte er sich verzweifelt, wenn er sich Tag für Tag vor dem Chaos der Bibliothek sah, das er ordnen, für dessen Unterbringung er Räume, Repositorien, ja womöglich ein ganzes Gebäude schaffen sollte, für das er rennen und laufen, mit den Universitätsprofessoren konferieren, Sitzungen anberaumen, beim Kurfürsten antichambrieren mußte. In seiner Vorstellung war ein Berg, der aus Büchern bestand und unaufhörlich von innen heraus bücherquellend wuchs. Die Bücher rollten, rutschten, wollten ihn erdrücken; er mußte sich mit beiden Armen gegen sie stemmen, sie polterten um ihn herum nieder, wölkten den Staub von Jahrhunderten, drohten ihn mit ihrer Ausdünstung zu ersticken. Er griff hinein, blätterte Titelseiten auf, schaffte irgendwo einen kleinen freien Raum, stapelte die hier, jene dort auf; kam auf den Gedanken, daß es sich lohnen würde, doppelte Exemplare auszuscheiden, um die Menge zu verringern, suchte diese Absicht durchzuführen und geriet in einen peinlichen, nagenden Kampf mit seinen Hilfskräften, mit diesem Heer der Unverantwortlichen, der tückischen, trägen Zwerge, die ihn zwingen wollten, nichts anderes in ihnen zu sehen als die Teile einer Maschine, die, hämisch, wie es seiner trostlosen Überreizung dünkte, die Hände ruhen ließen, wenn sein Antrieb einmal aussetzte. Die schlampig arbeiteten, wieder zerstörten, wo er meinte, Grund gelegt zu haben, Verzeichnisse anfertigten, die nichts taugten, nach Hause gingen, wenn die Glocke schlug, und sich nicht weiter kümmerten . . .

Während er bis in seine Träume hinein Bücher schmeckte, sah und fühlte, Handschriften und Erstdrucke und Widmungsstücke an tote Kurfürsten und Folianten und Elzevirs . . . Und da wälzte sich ein neuer Haufe heran, lebendig kriechend wie ein Heerwurm, die Bücher aus der Kartause, die der Kurfürst angekauft hatte, und die nun auch noch untergebracht werden mußten. Und niemand war bereit, ihm Platz einzuräumen; das Kuratorium der Professoren schien sich gegen ihn verschworen zu haben – gegen den Ausländer und Protestanten, natürlich! Sein Vorschlag, die ehemalige Jesuitenkirche für diesen Zweck auszubauen, ward verworfen wie ein Angriff auf das Heiligtum. Der Kurfürst bekannte seine Ohnmacht. Müller, wenn er sich denn einmal sprechen ließ, zuckte die Achseln, sagte: «Ja, mein teurer, lieber Freund . . .» und redete vom Stein des Sisyphus. Und dieser Stein, er sank zurück auf seine Brust und war der Alp seiner Nächte. Ich kenne ihn aber, dachte er ächzend, ich kenne ihn doch, seit ich lebe, diesen Alp der Bücher! Oh, ich kenne ihn, seit ich so klein war und plötzlich lesen konnte und das Spielen aufhörte! Dennoch – war es denn möglich, daß dies das Ziel und Ende gewesen war, sollte er sich darein ergeben, von diesem Gebirge täglich eine Handvoll abzutragen, sollte er zufrieden sein mit der satten Selbsttröstung, sein Bestes getan zu haben? Wer hatte denn sein Bestes getan, der nicht die Pfänder einlöste, die in der Jugend von Gott empfangen waren! Diese Pfänder, die er besaß, in den unmittelbaren Erlebnissen der bunten glühenden Welt und des frühen Ruhms, sie quälten ihn auf einmal wie Verpflichtungen, für die noch aufzukommen war. Ein berühmter Jüngling, und nur ein berühmter *Jüngling*, das ist wie eine schöne Tänzerin, dachte er angeekelt. Aber das leere Altern des Jünglings ist unverzeihlicher. Taube Blüten; Erlebnisse, die nicht Frucht und Leistung gezeugt hatten; mit fünfunddreißig Jahren von den Zinsen einstmals mühelos oder zufällig erworbener Güter leben und sich nur noch mit kleinen Handfertigkeiten beschäftigen, mit Übersetzungen – (o Therese! O jene Nacht in Wilna und das Wort, damals belächelt: «Nicht immer nur übersetzen, George!») – und mit dem Registrieren von Büchern! Diese Erkenntnis, plötzlich hereingebrochen, vielleicht, weil die Öde seines Herzens nun dunkel genug war, nachdem die Hoffnung auf jenes unerhörte Einssein mit Therese, die fast zehn Jahre alles andere überschienen hatte, niedergebrannt und, wie er meinte, der dämmerhaften Dauerglut der Gemeinsamkeit gewichen war; vielleicht auch nur, weil ihre Zeit gekommen war, weil eben entblätterte Bäume das Licht durchlassen; diese Erkenntnis schuf ihm eine Qual der Unrast, die ihn auf sich selbst zurückwarf, nun, nachdem er Jahre und Jahre die Magnetnadel seines Herzens hatte abweichen und auf andere Menschen weisen sehen, so daß er den Kurs auf das Zentrum der eigenen Bestimmung hatte verlieren müssen – wenn er ihn denn je schon besessen hatte. Was Wunder denn aber, was Wunder! Oh, fürchterlichster Gang des Labyrinths, nun durchwandert, der nach zehn Jahren offenbarte, daß er nicht vorwärts, nicht etwa ins Freie, nein, daß er den unseligen Wanderer nur im Bogen zurückgeführt hatte, an jenen Ort zurück, wo die Wege der hundert Möglichkeiten abzweigten und wo der Nebel der Unschlüssigkeit hing! –

Der Kreis der Freunde an Theresens Teetisch fand den Hausherrn am Abend dieses Tages ungewöhnlich gesprächig. Huber, der den dritten Akt seines «Heimlichen Gerichts» vorgelesen hatte und nun, geduckt dasitzend, in seiner Tasse rührte, bekam alles andere zu hören als die Kritik, die er erwartete. «Gott ist ein schlechter Schauspieldirektor!» rief George aus, sah Fiekchen Dieze erschrocken zusammenzucken, lächelte ihr begütigend zu, fügte ein: «Symbolisch gemeint, liebe Freundin», und fuhr fort: «Wann gibt er denn je eine Rolle dem Richtigen? Mir zum Exempel gab er das Kostüm und die Rolle des Pioniers der Aufklärung, und ich fühle nun einmal den Auftrag, sie unter allen Umständen zu Ende zu spielen. Ich spiele augenblicklich miserabel, ich weiß es, ich fühle mich der Aufgabe keineswegs gewachsen – indessen, ich habe nun einmal vor den Augen der Welt die Gestalt des Mannes zu agieren, in dem die Südsee für Deutschland ein Stück Wirklichkeit geworden ist.»

«Sollten Sie da nicht ein wenig die Importance jener antipodischen Hemisphäre für Deutschland überschätzen?» murmelte der Professor

Dorsch, der im übrigen völlig durch die Betrachtung seines allerdings sehr kleinen und sehr eleganten Schnallenschuhs in Anspruch genommen zu sein schien.

«Lieber Freund, agieren Sie doch getrost den guten Forster und weiter nichts!» warf die kleine Forkel ein und suchte vergebens einen Blick spitzbübischen Einverständnisses mit Therese auszutauschen.

«Es handelt sich hier um den Ausdruck des geistigen Wertes der Weltbefahrenheit!» Dorsch wurde zornig angesehen und die Forkelin bekam einen mitleidigen Blick. «Ich habe also unbegrenzte Horizonte, Weltweite, Gelassenheit und was weiß ich zu verkörpern. Ich soll aus diesem Seeleninhalt heraus entsprechend handeln, wirken, schreiben. Nicht wahr?» fragte er fast flehentlich und sah Therese langsam und nachdenklich nicken. Hastig trank er ein paar Schlucke aus seinem Teeglas, in das er nach polnischer Art einen Löffel Eingemachtes anstatt des Zuckers getan hatte. Dann fuhr er nachdenklich fort: «So hat der Meister es sich gedacht. Aber nicht nur, daß er den guten Forster, wie eine Stimme aus dem Publikum soeben richtig anmerkte, auf den heroischen Kothurn gestellt hat, anstatt ihn etwa für das sentimentale Fach auszustatten – Gott ist auch ein schlechter Theaterdichter!

Aber bitte, meine Teure, so zucken Sie doch nicht immerfort! Dies sind doch nicht Blasphemien, sondern die Resultate einer Auseinandersetzung mit dem Schicksal!»

«Und was ist Schicksal?» sagte Huber leise und eindringlich, «wieviel Quellen springen auf, um im Sande zu versickern! Dürfen wir überall Anläufe zu einem Ziel, Absichten einer höheren Macht vermuten? Hieße das nicht Anmaßung? Ach, und wenn wir einmal meinen, einer eigenen großen und furchtbaren Bestimmung gewürdigt zu sein, wie bald müssen wir erkennen, daß wir – nur in die Räder eines fremden Schicksals geraten sind!» Er blickte düster vor sich nieder.

«Wir monologisieren da recht artig nebeneinander her», bemerkte George trocken und fuhr fort:

«Dieser schlechte Dichter also – ich meine den oben erwähnten Meister – erwartet immer, daß wir selbst die Rolle zu Ende führen. Er schreibt den ersten Akt, vielleicht auch noch den zweiten, ganz selten führt er uns auf die Höhe des dritten, wie es doch unserem Freund hier mit seinen Geschöpfen nunmehr gelungen ist. Uns überlassen auf alle Fälle bleibt der Komödie Schluß, und wird das Stück dann ausgepfiffen, so macht er die Akteurs verantwortlich . . .»

«Warum sagst du Komödie?» fragte Therese mit unbehaglichem Zögern.

«Du meinst, daß aus diesen Anfängen sich nur Tragödie entwickeln kann?» fragte er auflachend zurück.

«Ich meine», sagte sie mit einer aufreizenden, unpersönlichen und undurchdringlichen Gelassenheit, die er nicht zu deuten wußte, «daß die tragische Muse höhere und würdigere Anforderungen stellt. Soll ich wählen zwischen Minna und Emilia, so will ich lieber mit Emilia in der Blüte meiner Jahre den Tod willkommen heißen, als gleich Minna mich mit einem mittleren Glück begnügen.»

«Du vergißt, warum Emilia so sterben darf. Du mißverstehst dich selbst – und die dir zugeteilte Rolle!»

George, gleich nach diesen Worten fühlend, daß er sich von der Bitterkeit der Erinnerung hatte hinreißen lassen, wandte, tödlich betroffen von der Kälte, mit der sie ihn anblickte, die Augen ab und ließ sie zur Seite gleiten mit dem Ausdruck eines, der den Boden unter sich wanken fühlt. Da war Sömmerrings breite Hand, beruhigend warm wie nur je, die ihn auf die Schulter klopfte, und des Freundes Stimme, die die Gesellschaft aufforderte, zuzugeben, daß die Forkelin wahrhaftig recht habe, und daß der Forster nichts zu tun brauche, als sein Herz zu leben, um des allgemeinsten, des innigsten Beifalls gewiß zu sein. Nun, er lächelte auch, er blickte unbefangen im Kreise herum, sah Therese ebenso unbefangen den Pflichten der Wirtin genügen, zog Huber in ein Gespräch über den Fortschritt des Dramas und die Aussichten einer Aufführung unter Iffland in Mannheim; gab Theatererinnerungen aus Berlin, Paris und Wien zum besten, und spürte dabei unaufhörlich, wie eine von neuem blutende verjährte Narbe, dies entsetzte Erstaunen, weil da ein Schleier gelüftet worden war, ein Gorgonenhaupt ihn angestarrt, ein Dolch ihn bedroht hatte. –

Da einmal erkannt worden war, worauf es ankam, war Aufschub nicht mehr Zeitverlust. Denn, nicht wahr, das ganze Leben bis jetzt war Vorbereitung gewesen. Da George Forster denn fünfunddreißig Jahre gebraucht hatte, um einzusehen, daß er letzten Endes von niemand auf der Welt etwas zu erwarten habe als von sich selber, daß kein Vater, kein Freund, keine Geliebte Dank wußten für Demut, Treue, rückhaltlose Hingabe; da er jetzt nach fünfunddreißig Jahren die Kraft in sich fühlte oder den Gleichmut, auf jene Bestätigung des eigenen Gemütes verzichten zu können, wie er sie bisher unablässig bebenden Herzens von der unbegrenzten Zuneigung des menschlichen Wesens gefordert hatte, das ihm jeweilig das nächste gewesen war – da konnte er in diesem Zustand der Erkenntnis wohl ein wenig verweilen und sich sammeln, indem er sich vorsagte, das furchtbar glühende Gestirn, dessen Strahlen die Wüste erst zur Wüste machten, habe den Zenit nun überschritten und würde, mählich abwärts sinkend, bald sich mildern.

Warum also nicht auf vierzehn Tage zu Jakobi nach Düsseldorf fahren und des Freundes wie des rheinischen Frühlings genießen? Warum nicht gegen Ende Juni für zwei Monate seinen Wohnsitz in den Rheingau verlegen, nach dem heitern Eltville, wo der von Bücherdünsten, Stubenluft und Krummsitzen erschöpfte Körper sich in gelinder, durchsonnter Luft und bei regelmäßigen Bädern erholte, wirksam unterstützt durch Morikis privilegierte Blutreinigungspillen, auf deren Verabreichung Therese leidenschaftlich bestand? Warum nicht Zeit verschwenden an lange philosophische Briefe, an Gespräche; warum nicht die glücklichen Stunden wahrnehmen, die sich aus dem Aufenthalt durchreisender Freunde ergaben? Nicht umsonst lag Mainz an der Straße nach Paris, nicht umsonst als Station der *great tour* an dem Wasserwege von England und den Niederlanden nach Süden! Und der Besuch von Männern wie Baggesen und dem Grafen Moltke, von Wilhelm Humboldt und Campe, von Jäger aus Mitau, konnte der nicht dafür entschädigen, daß Hof und Adel von Mainz immer noch keine Anstalten machten, in ihm den zu ehren, der er für die gebildete Welt doch war? Warum nicht genießen, warum nicht lächeln? Mochte der Kurfürst ihm gegenüber denn immer den gnädigen Herrn herauskehren oder gelegentlich den Herrn *de mauvaise grâce*, wie neulich, als er ihn von Düsseldorf zurückbefahl wegen einer Sitzung über die leidige Bibliotheksunterbringung, die dann gar nicht stattfand. Er fühlte sich imstande, mit den Achseln zu zucken. Was unterschied denn die Großen der Erde in seinen Augen noch von anderen Lebensfaktoren? Es galt sie zu behandeln wie blinde Naturmächte, sie zu nutzen, sie einzudämmen, wenn es nottat. Oh, Frankreich hatte das als Volk jetzt eingesehen, was ihm als einzelnem auch viel zu spät ein ganzes Leben voll Enttäuschungen klargemacht hatte! «Freund, Sie sind verändert. Mir ist – vergeben Sie! – als seien Sie gealtert!» hatte Müller bei einem zufälligen Zusammentreffen neulich gesagt, den förmlichen Ton seiner Rede jäh unterbrechend und ihn einen Augenblick mit dem schwermütigen Lächeln von einst prüfend betrachtend. Auch hier gab er nur stummes Achselzucken zur Antwort. Müller, bei dessen gefährlicher Erkrankung im Frühjahr er noch einmal die volle Macht der alten Zuneigung in der ratlosen Erschütterung der Angst um sein Leben gefühlt hatte, auch Müller ward dorthin entrückt, wo sie alle nun für ihn standen, jene Gleichgültigen, von deren Affektion er seine Ruhe, sein Glück, seinen Frieden abhängig gemacht hatte. Nun, er guckte zwar nirgendwo heraus auf die Welt und lachte über sie. Aber er rechnete mit ihr, so wie sie war. Und indem er sich stillschweigend schonungslos mit den Menschen auseinandersetzte, reinliche Scheidungen vornahm, die Nützlichkeit jeder einzelnen Beziehung abwog und das, was dann an reiner Freundschaft und geistigem Gewinn dazukam, hinnahm wie ein unerwartetes Geschenk, das keine Dauer versprach, umging er in seinem Innern doch die eine Frage, als sei sie nicht vorhanden. Ja, er hütete sich so sehr, den Bestand seines häuslichen Glückes anzuzweifeln, daß er sich über Tisch lieber die eingelaufenen Journale und Gazetten reichen ließ und während des Essens las, wenn er nur von ferne annehmen konnte, es lagerte irgendein Schatten auf Theresens Stimmung. Den Zustand der Gewohnheit gegenseitiger Freundlichkeit, der Selbstverständlichkeit ihrer Fürsorge und dessen, was sie sich an Hingabe abgewinnen konnte – oh, diesen Zustand nur um jeden Preis erhalten!

Damit er denn die Ruhe behielt, so zu arbeiten, wie es fürs erste noch nötig war, ehe der Augenblick erschien, geeignet, um endlich mit diesem neuen gehärteten Herzen hervorzutreten und den großen Wurf zu tun. *Damit* er denn in täglichen kleinen Erregungen nicht die Kraft einbüßte, so gebeugten Rückens dazusitzen, wie es einstweilen sein mußte, und die Feder rascheln zu lassen, rascheln, rascheln, rascheln, auf daß nicht der spärliche Zufluß der kleinen Einnahmen versiegte, mit denen der unzureichende Strom des Gehalts ständig gespeist werden mußte, um nicht vor Quartalsschluß kläglich erschöpft zu sein! Auch war der alte Satz noch in Kraft, obschon seine Begründung geändert war: Therese, hieß er, Therese sollte leben wie die Blumen auf dem Felde ... Weil sie jung, süß und heiter war, hatte George früher inbrünstig hinzugedacht; weil es unbequem ist, ihr über die Anwendung jedes einzelnen Guldens Rechenschaft abzulegen, dachte er jetzt im geheimen und vor sich selbst kaum eingestanden. Therese bestellte das Hauswesen mit nahezu derselben Heiterkeit wie einst in Wilna, bestellte es mit Hilfe dreier Dienstboten und war ununterbrochen in Tätigkeit, kein Zweifel. Therese bat um Geld und eilte mit Luise auf den Fruchtmarkt, ein bauchiger Marktkorb begleitete sie und ward heimgebracht, beladen wie ein Kauffahrteischiff von fernen Küsten. Therese, noch in Umhang und Hut, ein wenig ermattet aussehend durch die neue Schwangerschaft, kam zu ihm herein, seufzte: «Oh, diese Hitze, mein Freund!» bat dann aber inständig um noch ein wenig Geld, denn da waren Rosen auf dem Markt gewesen, frühe Rosen, sie hatte nicht widerstehen können, und nun hätten sie kein Brot mehr mitbringen können, und die Milch sei noch zu bezahlen und – so ein paar kleine Schulden beim Kaufmann Winterstein in der Welschnonnengasse. «Ich brauche ja die fünf Gulden natürlich nicht dafür ausschließlich, Georgie», sagte Therese und ließ sich am Fenster nieder, «aber es kommen doch immer wieder Kleinigkeiten ...»

Spezereiwaren, ging es George durch den Sinn, nach dem Text der Anzeigen in der Privilegierten Mainzer Zeitung: Puder, gedörrte Schinken, echtes Mannheimer Wasser in Krügen, veritable englische Schuhwichse in Schopfenbouteillen, vielleicht auch Genueser Sardellen oder Feigen, Krachmandeln und Traubenrosinen, alles zu haben beim Handelsmann Schreck oder bei Sebastian Martin in seinem Gewölbe am Dom ... Eine Stadt wie Mainz bot Gelegenheit, Geld auszugeben! Jedenfalls sagte er höflich etwas wie, «Selbstverständlich, meine Teure», gab das Gewünschte mit der Gebärde, als griffe er in Fortunas Säckel und schrieb sich selbst stillschweigend auch ein paar Gulden zugut für irgendein Buch, ja in letzter Zeit häufig auch für dies oder jenes hübsche Möbel oder einen Gegenstand des Zimmerschmucks. Er hatte sich eine Liebhaberei für englisches Mahagoni und Höchster Porzellan anerzogen und gab sich selbst kaum zu, daß seine Aufmerksamkeit auf die Kunstwerke Meister Melchiors erst durch ein Gespräch mit Müller geweckt worden war, eins jener flüchtigen Gespräche anläßlich eines Zusammentreffens bei dem jungen Coudenhoven, die ihre Stoffe in Hast aus der Anschauung der nächsten Umgebung nahmen. Immerhin gab er für Bücher und Karten aus eigenen Mitteln weniger aus als je, da sein Amt ihm Gelegenheit gab, Werke von Wert und Neuerscheinungen aller Art aus dem dafür bestimmten Fonds für die Bibliothek anzuschaffen – und war es nicht verzeihlich, daß er von dieser Freiheit ausgiebigen Gebrauch machte, mit dem Verdienst, alte Bestände aufzuforsten, zuweilen die heimliche Befriedigung langgehegter Wünsche verbindend? «Im übrigen, lieber Freund», hatte Therese neulich über den Teetisch hinübergesagt – sie hatten nun endgültig diese sonderbare *façon de parler* angenommen, sich lieber Freund und teure Freundin zu nennen – also: «Lieber Freund, der Kurfürst von Mainz hat die Laune, sich einen Bibliothekar von mehr als europäischer Berühmtheit zu halten. Stattet er ihn nicht genügend aus, so wird er voraussetzen, daß der Bibliothekar nicht ausschließlich in seinen Geschäften aufgeht, sondern Zeit auf den eigenen Acker verwendet.» Dies als Antwort auf laut geäußerte Selbstvorwürfe seinerseits, daß er, anstatt seinen letzten Schweißtropfen für die Bücherei zu vergießen, halbe Tage lang eigenen Arbeiten nachhing. Und sie hatte recht, wie meist. Nur daß sie nie mehr ein Wort fand, ihn wirklich zu *eigenen* Arbeiten zu ermuntern, daß sie es unbewegt mit ansah, wie er übersetzte und nur übersetzte – oder vielleicht bisweilen ein Artikelchen schrieb, Aufsätzchen für Kalender, für Almanache, verruchtes kleines Zeug, zu dem er das Saatgut ungeschriebener großer Werke vermahlte.

Jedoch konnte er sich mit Genugtuung sagen, daß er nunmehr endlich die einzig richtige Methode gefunden habe, die Aufgaben zu meistern, die ihm von Herausgebern und Verlegern unerschöpflich gestellt wurden. Er hatte sich einen ganzen Stab von Hilfsarbeitern gebildet, er leitete die Ausführung großer Übersetzungen wie der Meister in der Werkstatt. Huber, als sein erster Adjutant, hatte einen Teil der Briefe Dupatys über Italien unter der Feder, die kleine Forkel saß mit glühendem Eifer über den Abenteuern des Mr. Keates auf den Pelewsinseln, drei oder vier emsige Burschen, Studenten der Universität, machten Auszüge für ihn, trugen ihm Material zu.

«Da du das Honorar mit ihnen teilen mußt, eine etwas sonderbare Ökonomie», bemerkte Therese, als das neue System ihr durch das beständige Kommen und Gehen dieser Gehilfen klargeworden war.

«Es wird sich rentieren, meine Teure», antwortete er kurz. Es war an einem Sonntagabend, und der seltene Fall lag vor, daß keine Gäste anwesend waren. George, der das Röschen auf den Knien hatte und dem Kinde mit kleinen Muscheln Kreise und Figuren auf dem Tisch legte, fühlte in erschrockener Ratlosigkeit eine Unlust, sich auszusprechen, gleichsam das Versagen der Ausdrucksfähigkeit im Zwiegespräch. Er raffte sich auf. Dies sei eine Sache, die Zukunft habe, sagte er. In kurzer Zeit – nun, möge es auch noch ein, zwei Jahre dauern! – würde er alle jene fremdsprachigen Bücher, die er als ein redlich besorgter Volkserzieher in den Händen der Deutschen wünschen müßte, nicht mehr selbst übersetzen, sondern diese Arbeiten denen anweisen, die er der Beschäftigung und der Unterstützung für würdig befunden hätte, würde als Mittelpunkt in diesem Netz der Tätigen sitzen, alle Fäden in der Hand behalten und leiten und nicht nur des Dankes dieser wenigen, sondern vor allem der ewigen Dankbarkeit der Nationen gewiß sein, zwischen denen er Schranken einreißen, Grenzen auflösen würde. «Was ich auf diesem Wege», fügte er mit einem kurzen Auflachen hinzu und fuhr sich mit der Hand über die brennenden Augen, «nun ja, etwa seit fünfundzwanzig Jahren tue, seit meinem elften Lebensjahr. Indessen fehlte mir lange der Blick auf den großen Sinn der Sache. Jawohl, ich ermangelte des Ausblicks.»

Er schwieg still. Nicht, als ob er eine Antwort erwartet hätte. Er war nur müde. Das Röschen schob die Muscheln hin und her, patschte darauf und warf sie zu Boden. Er hob sie geduldig auf. «Tu das nicht, Röschen, die sind von Larry», sagte er und summte ein paar Takte vor sich hin. «Larry, Larry», plauderte das Kind und wirtschaftete mit den runden Händchen weiter. Dann sagte es: «Der Onkel Ferdi kommt heut nicht, der Onkel Ferdi kommt heut nicht . . .»

«Nein – er ist in der Favorite», sagte Therese.

Draußen regnete es. Es war so dämmerig, daß sie kaum ihre Gesichter unterscheiden konnten. Theresens Gestalt, schon ein wenig unförmig in dem weiten weißen Sommerkleid, leuchtete regungslos in dem tiefen Stuhl am Fenster. «Und was wirst du dann tun – wenn du nicht mehr übersetzest?» fragte sie plötzlich leise. –

Er hatte sich wohl gesagt, daß ein wenig frische Luft nach Abschluß dieses heißen Arbeitstages ihm noch gut tun würde, und darum ging er hier im Staube, den die Equipagen und Chaisen der spazierenfahrenden großen Welt auf der Rheinallee aufwirbelten, ging dem fröhlichen Gedränge heimkehrender Bürger mit ihren Weibern und Kindern entgegen und sah mit trockenen, entzündeten Augen auf das Bootgewimmel des abendlich belebten Stromes, in dem die Auen schwammen wie selig umbuschte Eilande, voll Gesang und Tanz. Wohl, hier ging der Hofrat Forster eiligen Schrittes durch das lustige Getümmel eines rheinischen Sommerabends, ließ seinen Schatten in den letzten schrägen Strahlen der Augustsonne seitlich zu seiner Rechten unmäßig lang hinter sich drein schleifen und zuweilen an den dicken Stämmen der alten Linden sich aufrichten, tupfte nach je ein paar Schritten seine Stirn ab, wiederholte es sich: «Ich mache mir Bewegung, dies ist gut!» und dachte uneingestandenermaßen fortwährend Dinge wie: «Jener Mann dort vorn – ach nein, Huber ist größer . . .» oder: «Dieses Paar dort, endlich – wieder nichts – wo bleiben sie nur?» so daß er bei seinem unablässigen Spähen in die von goldenem Staub erfüllte Ferne der Allee fast an Therese und Huber vorbeigelaufen wäre, die, auf dem schmalen Pfad jenseits der Baumreihe schreitend, nun stehenblieben. Das heißt, Therese blieb stehen und rief ihn an, während Huber, verstört um sich blickend, den Eindruck eines jählings erwachten Schlafwandlers machte. Therese, den langen Kaschmirschal, der sie umhüllte, ein wenig raffend, griff nach seinem Arm, sie schien keine Erklärung für sein unerwartetes Erscheinen zu wünschen, und indem sie gemeinsam die ersten Schritte nach der Stadt zurück taten und er mit Beunruhigung das leise Beben ihres Armes empfand und Erregung aus ihrem Körper zu sich herübergeleitet fühlte, sagte sie mit einem leeren kleine Gelächter und einem Seitenblick unter dem weit vorspringenden Rand ihres italienischen Strohhutes hervor zu Huber hin: «Da kommt mein Forster gerade zur rechten Zeit, um teilzuhaben an Ihren überraschenden Neuigkeiten, lieber Freund! Denn dies wurde doch nur zufällig mir allein anvertraut? Höre doch, Georgie . . .»

George, an ihr vorüberblickend, sah Huber mit einer unerklärlich verzweifelten Gebärde die Hand erheben, wollte Schweigen gebieten, unterließ es aber in dem eigenen Erschrecken über Theresens veränderte Stimme, über die ganze befremdende Art, mit der sie weniger sprach als plapperte: «Er will sein Verlöbnis mit Dora lösen. Das arme Mädchen, wie soll sie es ertragen? Deformierte sind so empfindlich. Sie kann daran sterben. Ich denke mir, wenn so ein Brief ankommt, so ein grausamer Brief . . .»

«Aber ich verstehe nicht . . .»

«Oh, mein Freund! Du verstehst es nicht? Dieser junge Mann meint, von einer Leidenschaft zu einer anderen Frau ergriffen zu sein. Er spricht sich nicht deutlich aus. Vielleicht hat er mehr Vertrauen zu dir . . .»

Therese, wieder von diesem nervösen Gelächter befallen, das einem Schluchzen glich, drängte George zu einer Bank, die am Wege stand. Sie ließ sich nieder, preßte die Hand auf ihre Brust und blickte, die Augen voll Tränen, zur Stadt hinüber. George, in ratloser Verlegenheit, wandte sich an den düster dastehenden Huber und sagte sanft: «Wenn es Sie denn entlasten sollte, sich auszusprechen, Freund, so vertrauen Sie sich uns an. Sie haben an diesem Ort, ja vielleicht auf der ganzen Welt nicht Herzen, die es aufrichtiger mit Ihnen meinen, als das meine und das meines guten Weibes.»

«Sie sehen sie übermäßig exaltiert. Ihr Zustand erfordert Schonung.» Er ließ sich neben Therese nieder, nahm ihre Hand, die ihm willenlos überlassen wurde, und blickte vorwurfsvoll zu Huber auf. Ein lebendes Bild, gewiß; hier war zu sehen ein einiges Ehepaar! Indessen – wovor zitterte sein Herz? Und Huber, dessen Züge zum erstenmal nicht beherrscht waren von dem Ausdruck des Heiteren, Höflichen oder auch des Harmlos-Treuherzigen oder des Liebenswürdig-Schwärmenden, des Selig-Traurigen; Huber, die Nasenflügel gebläht, die Lippen und das Kinn vorgeschoben, unkenntlich, er, der Sanfte, in dieser Maske des Zürnenden, dem eine unverzeihliche Schmähung das Recht auf Zorn gab, er stieß hervor: «Lasse man mich doch wenigstens mein Herz allein aus dem Staube aufheben, in den es getreten wurde! Freundschaft – oh, vorzüglich! Aber auf dem schmalen Grat, über den mein Leben jetzt führt, kann ich keine anderen Begleiter mitnehmen als jene, die in der Luft ihren Pfad suchen, also etwa die Geister der Entschlossenheit und der Entsagung zur Rechten und zur Linken!» Mit einer brüsken Bewegung sich abwendend, tat er ein paar Schritte, kam zurück, beugte sich zu George nieder, indem er ihm die Hand auf die Schulter legte, und flüsterte rauh: «Bruder! Die Frau, um derentwillen ich mein gutes Mädchen aufgeben wollte, ist nicht nur eines anderen Weib, sondern auch eine infame Kokette!» Er stürzte davon.

Therese weinte jetzt recht herzlich. George, von den neugierigen Gesichtern der Vorübergehenden gepeinigt, murmelte: «Laß uns gehen!»

Sie nahm das Tuch vom Gesicht, ließ mit überströmenden Augen einen Blick unnahbarer Würde über die Gaffer gleiten, erhob sich, raffte ihren Schal und griff nach seinem Arm.

«Du hast es gesehen», sagte sie, von Schluchzen unterbrochen, «du hast den Zustand seines Herzens gesehen. Weißt du nun, warum ich dich bat, ihn zu entfernen? Aber du wolltest ja nicht . . .»

«Ich wollte nicht? Um Gottes willen, soll ich die Schuld haben an diesem *désastre*? Und warum weinst du dermaßen, wenn ich fragen darf?»

«George! Ich kann nicht so schnell gehen!»

Er mäßigte seinen Schritt, senkte den Kopf und fühlte eine tödliche Ermattung. Nach einer Weile sagte er:

«Wir werden diesen Menschen nicht aufgeben. Kommt er wieder zu uns – und ich denke, er wird wiederkommen – so steht unser Haus ihm offen.»

Therese war stehengeblieben; sie sah mit halbgeöffnetem Munde zu ihm auf, sie drückte die gerungenen Hände gegen ihr Herz:

«Aber begreifst du denn nicht? Aber bist du denn blind?»

George sah zu den Türmen des Domes hin, die im letzten Licht brannten und funkelten. Eine starre Falte stand zwischen seinen Brauen:

«Ich werde nie aufhören, dir zu vertrauen, Therese.»

Müller, an den George im Laufe des Sommers einige ausführliche Schilderungen seiner Lage und seiner Geldschwierigkeiten gerichtet hatte, hatte zwar weder eine Gehaltserhöhung noch eine Zubilligung freien Holzes beim Kurfürsten durchzusetzen vermocht, jedoch war es ohne Zweifel sein Werk, daß der Geheime Hofrat Forster eine neue, geräumigere und schönere Dienstwohnung in den sogenannten Universitätshäusern an der Tiermarktstraße angewiesen bekam. Im Herbst also gab es die erbauliche Arbeit des Räumens und Wiedereinrichtens wie im vergangenen Jahr; erbaulich, weil sie einen Bruch mit überlebten Zuständen vortäuschte und den Beginn eines neuen Lebens. An dem bösesten Tage des Umsturzes, als kein Stuhl mehr zu finden war, um einen Augenblick auszuruhen, und die Blusenmänner geliebte Besitztümer ohne Unterschied mit Eimern und Besen zusammen verfrachteten und davonführten, in diesem Zeitraum der wankenden Bodenständigkeit erschien plötzlich Huber wie ein lautloser Geist und fragte demütig an, ob er denn nicht den Tag über mit Röschen spazierengehen dürfe. Empfangen von einem Hausherrn, der im Begriff stand, hinter einem Handwagen dreinzulaufen, der seine kostbarsten Sammelkästen entführte: die Konchylien, man denke, eine Anhäufung unwägbarer Werte, die in Deutschland vermutlich kein zweites Mal zu finden war, es sei denn bei dem *anderen* Bereiser des australischen Meeres, Forster *senior* in Halle; begrüßt von einer Hausfrau, deren Unbefangenheit unterstützt ward durch die Aufgabe, mit Hilfe der Demoiselle Dieze die jungen Hühner einzufangen und in einem Korb unterzubringen, gelang es ihm ganz ohne Widerstände, das Ziel seines Begehrens zu erreichen und mit einem verschämt strahlenden Röschen an der Hand das Chaos zu verlassen, wobei sein Gesichtsausdruck dem seiner Begleiterin nicht unähnlich war. Am Abend wurde ein guter Onkel Ferdi von der kleinen Hand nicht losgelassen, ehe er sich mit am Tisch in der neuen Küche niederließ und an dem Reisbrei teilnahm, der Herrschaft und Gesinde um einen riesigen Topf vereinigte. Therese war von einer nicht ganz natürlichen Munterkeit: *«A la guerre*, meine Freunde, *tout comme à la guerre*!» rief sie und bedrohte jeden mit dem Schöpflöffel, der nach ihrer Meinung sich zierte, genug zu essen. Forster, das Röschen auf den Knien, plauderte vergnügt von der Weitläufigkeit der Wohnung, von anderen Tapeten, neuen Möbelstücken, die nötig waren. – «Freilich, er hat es ja übrig!» warf Therese ein und nickte Huber hastig zu – und er verstummte erst, als der wiedergewonnene Freund zum erstenmal sein befangen-glückliches Schweigen brach und erklärte, auch er würde wohl bald umziehen müssen aus diesen und jenen Gründen. George wurde nachdenklich. Nach Tisch nahm er den anderen mit hinauf, ihm im letzten Tagesschein die Räume zu zeigen. Er mußte sich seiner freudigen Gespanntheit entladen; gesprächig, als hätte er Wein getrunken, entrollte er den Stoff, der sich seit dem letzten Zusammensein im Sommer angesammelt hatte. Da waren die Besuche von Humboldt und Campe, und der letztere bot Anlaß zu einem Exkurs über die derzeitigen Erziehungskünstler Deutschlands, die allesamt übel wegkamen, mochten sie nun Campe, Salzmann oder Villaumez heißen; da waren die jüngsten Schikanen des katholischen Universitätskuratoriums gegen den protestantischen Herrn Bibliothekar, der doch weiß Gott an Toleranz nichts zu wünschen übrig ließ, wie es sein Aufsatz in der Berliner Monatsschrift bewies, der die Proselytenmacherei entschuldigte, wenn nicht gar in Schutz nahm. Hatte Huber ihn gelesen? Und gehörte er etwa zu den Leuten, die den Standpunkt des Verfassers nicht billigten? Oh, das gab eine endlose Diskussion! Die Kerze war niedergebrannt, und die Mitternacht sang vom Dom, von St. Peter und allen ihren Schwestertürmen, als Huber sich den Weg zwischen dem aufgestapelten Hausrat hindurch zur Straße suchte.

Er ging wieder wie ein Schlafwandler, dachte George, und ich redete wie ein Traumschwätzer, und hier wird Therese liegen, die Augen groß offen, und wacher sein als wir alle . . .

Er öffnete leise die Tür der Schlafkammer, und wie er gedacht, fiel der Schein seines Lichtes auf Theresens Gesicht, das ihm aus den Kissen mit reglosem Lächeln entgegenblickte.

«Er blieb ja so lange», sagte sie, ohne sich zu rühren, als George neben ihr lag.

«Wir hatten höchst angenehme Konversation. Er ist ganz der alte, du kannst versichert sein. Iffland führt nun sein Stück auf, ich fahre mit ihm nach Mannheim.» Da keine Antwort kam: «Du hast recht – ich wollte in diesem Jahr nicht mehr reisen. Jedoch dieser Katzensprung – und es ist Freundespflicht . . .»

Er drückte das Licht mit den Fingern aus, wühlte sich wohlig in die Kissen und stöhnte behaglich. Sei es Reise, sei's Umzug: Veränderung verjüngte sein Herz. Er hustete ein wenig.

«Ich habe ihm – ich habe Huber die beiden Mansardenzimmer oben angeboten, von denen wir nicht wußten, wie sie verwenden . . .»

Dies tat ich, fühlte er unter dem rasenden Klopfen seines Herzens voll Verzweiflung, weil mir nichts anderes übrigbleibt. Weil es besser ist, sich mit der Brust in ein Schicksal zu stürzen, als das Zustoßen des zaudernden Schwertes abzuwarten. Dies tat ich vielleicht, um die Götter durch Demut zu versöhnen . . .

«Er will es noch überlegen», fuhr er fort, die Hände auf die Brust gepreßt, als neben ihm kein Laut Antwort gab. «Ich denke aber, er könnte es gar nicht besser treffen. Er zahlt für Kost und Logis, er rechnet ganz zur Familie, es wird seinen Gewohnheiten gut tun und unseren Mittagstisch beleben . . . Nun, ich würde mich freuen.»

«Du hast ihm die beiden Mansardenzimmer angeboten! Mein Gott – George! – mein Gott . . .»

«Was denn, Therese?»

Lachte sie in der Dunkelheit?

«Laß nur gut sein, George, laß gut sein.»

Sie schwiegen. Sie rührten sich nicht mehr. Die Zeit verging. Nach einer bangen Stunde flüsterte er: «Therese!» und noch einmal: «Therese!» Müde kam ein «Ja, George – was ist?»

«Ach – wenn ich noch ein wenig Baldrian hätte . . .»

Sie machte Licht. Sie reichte ihm die Tropfen. Er sah ängstlich in ihr Gesicht und fand es müde, still und kühl. –

Der Professor Wedekind, sein Glas in der Rechten, die blauen Augen in dem angenehm geröteten viereckigen Gesicht schiefgeneigten Hauptes und schwimmenden Blickes empor zu dem neuen Kronleuchter erhoben, schloß seine Tischrede: «. . . und da denn wir Hannoveraner und anderen Ausländer, Protestanten und anderen Ketzer, Kosmopoliten und Freigeister hier unter uns sind – ich bitte denjenigen um Verzeihung, der sich nicht zu uns zählt . . .» Die alte Frau Wedekind, Madame Mère genannt, wiegte mit vorgeschobenen Lippen den hochtoupierten Kopf, machte tadelnd kleine Schnalztöne und rollte die Augen nach seitwärts zu ihrem Nachbarn, dem Professor Dorsch hin, allein Monsieur l'Abbé schien durchaus nicht anders als angenehm berührt, saß zierlich aufgestützt da, meckerte ein wenig und spielte mit Brotkügelchen – «da wir denn heut zum erstenmal allhier versammelt sind, wo unser großer Freund und Welteneroberer nun hoffentlich die bleibende Statt gefunden, so bitte ich die geneigte Tafelrunde, einzustimmen in meinen Ruf: diese Herberge der Musen, dieser Hort der Aufklärung – das Haus Forster vivat hoch!»

Die Gläser klangen aneinander. Wedekind, der seiner Nachbarin Therese am oberen Ende der kleinen ovalen Tafel die Hand geküßt hatte, kam nun auf halbem Wege George entgegen und ward in heller Rührung umarmt.

«Freunde, ihr wißt, daß ich mit einer schweren Zunge geschlagen bin», redete George, über seinen Teller begeugt und den Fuß seines Glases drehend, als die Bewegung begeisterter Zustimmung sich gelegt hatte, «ihr seht es mir deswegen auch nach, wenn ich nicht in geziemender Ansprache danke. Aber sagen muß ich es, daß ich – ich und mein liebes Weib – daß wir nun nach dem ersten Jahr in Mainz das Gefühl einer Heimat in uns keimen fühlen, und mich dünkt, das liegt weniger an der Gunst des Ortes als an den freundlichen Herzen, die wir uns hier bereitet fanden. Ein stilles Glas der Freundschaft!»

Er suchte Hubers Augen, während er trank, allein Huber, in ein kicherndes Geschwätz der Forkelin verflochten, blickte nicht herüber, und George fand sich alsbald ein wenig beschämt von Sömmerrings treuem Hundeblick, in dem ein stiller Vorwurf zu stehen schien. *«For ever!»* rief er halblaut über den Tisch, lächelte und nickte.

«Man sollte dem Herrn Geheimrat eine schwere Zunge gar nicht glauben!» lispelte die kleine Madame Dieze an seiner Linken und sah demütig zu ihm auf.

George, ihr zugewandt und versichernd, freilich sei es an dem, und auf dem Katheder versagten ihm gar die Worte den Gehorsam, indessen, wenn er das eine oder andere Gläschen Liebfrauenmilch getrunken habe, wie soeben . . .

«Ei, so würd ich mir an des Herrn Geheimrats Stelle des öfteren ein Gläschen Liebfrauenmilch verschreiben! Der selige Dieze nannte das medizinieren . . .»

George unter solchem Geschäker der alten Dame dachte, daß die geblümte Tapete, daß die neuen punktierten Mullgardinen samt den zwei schmalen fassettierten Pfeilerspiegeln und dem kleinen Kristallkronleuchter diesem Zimmer wahrlich einen Anstrich festlicher Vornehmheit verliehen. Dachte: Therese sieht heute abend so bleich . . . Dachte, die englische Mahagonistanduhr will immer noch nicht wieder schlagen, sie muß auf der Reise gelitten haben, sie muß einen anderen Platz bekommen. Dachte in irgendeinem Zusammenhang: Unsinn, Spener wird den Vorschuß schon abgesandt haben . . . Und wieder: Therese sieht heute abend so bleich . . .

«Kann ich dir etwas besorgen, meine Liebe?» rief er, sich halb erhebend, denn er bemerkte plötzlich, daß sie suchend umhersah. Aber da stand schon Huber neben ihr, empfing lächelnd einen geflüsterten Wunsch, glitt hinaus, kehrte wieder, verbeugte sich von seinem Platz aus ein wenig, bekam ein dankbares Lächeln . . . Die Marie erschien, brachte der Frau Rätin das Schnupftuch, das hastig benutzt wurde – oh, darum handelte es sich! – Huber bekam einen zweiten lächelnden Blick und er, George, nun auch ein Nicken, das Tüchlein verschwand im Brustausschnitt . . . George nahm ein paar Schlucke, dachte erschöpft: Sömmerring trinkt zuviel, er ist schon ganz traurig geworden, und fühlte seinen Geist plötzlich belebt wie von einem Sporenstich durch einen Satz über Paris, den Dorsch da unten sprach. Paris – oh, freilich wohl, Paris!

«Geht es Ihnen auch so, Freund, daß Sie meinen, leichter atmen zu können, seit die Spannung dort oben sich entladen hat?»

Dorsch spähte mit seinem kleinen nackten Gesicht um den mächtigen Vorbau von Madame Mère herum.

«Ei, Verehrtester, tragen Sie so ein feines Instrument für den Luftdruck der Zeit in der Brust? Es ließ sich dies alles voraussehen, ja, mit der Uhr in der Hand vorausbestimmen. *Mon Dieu*, nein, ich kann nicht behaupten, daß ich vorher litt und nun leichter atme.»

«Oh, Sie meinen, ich affektiere den Geisterseher und Mesmeristen! Aber bei Gott, dies nicht; ich war nie ein Politikus, mein Allerbester. Ein jeder, der mich kennt, wird es Ihnen bezeugen . . .» Und George warf einen lächelnden Blick hinüber zu Sömmerring, der die Augen zur Decke hob und die Hand abwehrend bewegte – «ich war also auch nie ein bewußter Beobachter der Machtströmungen und fürstlichen Machenschaften.»

«Aber was gibt es denn Interessanteres, als mitzudichten an dem *theatrum mundi*?»

«Ah bah, mich langweilt das, solange ich denken kann. Kein braverer Untertan als ich, solange die Sache meines Fürsten die Sache der Menschheit und der Menschlichkeit ist! Hört sie auf, das zu sein . . .»

«Dann nimmt unser Forster den Stab in die Hand, und sagt: *ubi bene*, da Vaterland, ho ho!» rief Wedekind kräftig, und von seinem Gelächter klirrten die Gläser auf dem Tisch. Therese bot erschrocken die Schale mit Obst noch einmal an und sagte in unterdrücktem Tone zu Sömmerring: «Wie kommen wir nur auf diese leidigen Themata? Der eine gerät ins Schwärmen, der andere verfällt auf Grobheiten.»

«Daß sie jetzt auch immer auf den Fürsten herumhacken müssen!» schmollte die Demoiselle Dieze und gebrauchte den Fächer.

«Ich pflege mich nie politisch zu enragieren, sondern immer nur menschlich», fuhr George mit einem kalten Blick in die Richtung des selbstzufrieden schmunzelnden Wedekind fort, «habe da freilich mehr als mancher andere Anlaß gehabt, Despotismus und Ungerechtigkeit am eigenen Leibe zu erfahren.»

«Mein Gott, Sömmerring, so bringen Sie ihn doch auf etwas anderes! Gleich wird er bei England angelangt sein!» murmelte Therese, und ihre Augen wanderten gleichzeitig hilfesuchend zu Huber hinüber.

«Oh, ein Europa ohne Fürsten – welch eine Szene ohne Saft und Kraft, ohne Farbe und Musik!» rief dieser bereitwillig.

«Nein doch, Huber! Sie sollen doch lieber von Stalaktiten oder Meteoren reden als von Fürsten!» lachte Therese vorgebeugt halblaut, während George, die Stimme erhebend, ohne irgendwelchen Einwurf zu beachten, fortdozierte:

«Der einzelne, meine Freunde, der hervorragende einzelne, der sich seiner symbolischen und stellvertretenden Bedeutung für die Menschheit bewußt ist und an vorgeschobenem Posten heftiger unter dem Druck der Knechtschaft leidet als das arme, dumpfe Volk – nun, dieser einzelne, als der ich mich fühle, wie jeder unter uns im Namen der Menschheit sich fühlen sollte – hat der nicht ein Recht, aufzuatmen, wenn irgendwo der Wille zur Freiheit seine Ketten sprengt und hervorbricht, um sich auszubreiten wie ein fressendes Feuer?»

«Aber was ist Freiheit?»

«Lieber Huber, Sie sind der Mann der skeptischen Seufzer! ‹Was ist Schicksal?› fragten Sie neulich . . .»

«Wir sollten», ließ sich Dorsch, nunmehr ganz verborgen hinter dem Bollwerk von Madame Mère, mit krähender Kathederstimme vernehmen, «wir sollten doch weniger über den Willen zur Freiheit als über die Freiheit des Willens disputieren!»

«Wenn Sie nur Ihren Kant anbringen können! Hier handelt es sich nicht um die Grundelemente der Vernunft . . .»

«Dann freilich . . .»

«Sondern um die Bedingungen, unter denen unsere Vernunft sich ihrer göttlichen Natur erst bewußt werden kann.»

«Ist sie göttlich, so ist sie unbedingt.»

«Mein Gott, Sie wollen mich nicht verstehen. Nehmen Sie einen Menschen von guten Anlagen, man hat ihn von Jugend auf unterdrückt, seine Kraft ausgenutzt, sein Blut gesogen – was sag ich? – hat ihn mit Füßen getreten, ihm alle Bildungsmöglichkeiten unterbunden, ihn nur zu Fertigkeiten abgerichtet, die sich lohnten, um von der Hand in den Mund zu leben, hat Belohnungen unterschlagen, die ihm zukamen . . . Oh, meine Freunde, dies ist ein Gleichnis, und ich spreche von dem französischen Volke, das gewiß nun bald dazu kommen wird, über die Freiheit des Willens nachzudenken, nachdem sein Wille zu dieser Freiheit sich einmal manifestiert hat.»

In das betretene Schweigen hinein, das auf diesen Ausbruch folgte, sagte Madame Mère angstvoll:

«Der Herr Geheimrat glaubt aber doch nicht, daß wir in unserem Deutschland ähnliche *horreurs* erleben könnten wie in Paris?»

«Ach, *chère maman*, dazu sind wir Deutschen doch viel zu geduldig und langweilig!»

«Silence, Dorothée!»

Frau Forkel ließ eine unehrerbietige Zunge sehen, kicherte und knackte weiter Nüsse auf, mit denen sie ihre Nachbarn Huber und Dorsch versorgte.

Therese, mit einem starren Gesichtsausdruck auf diese vergnügte Gruppe am Tischende ihr gegenüber blickend, sagte langsam, als machte das Sprechen ihr Mühe:

«Und wir Deutschen lassen Worte das Handeln ersetzen, und die Schwärmerei ins Große löst den Willen zur Tat ab . . .»

Sie hob die Tafel auf. Im Nebenzimmer, dem Zimmer des grünen Kanapees und des Mahagonibüros, stand die neue gläserne Servante, deren Inhalt bewundert werden mußte. George schloß auf und holte mit zärtlichen Händen die Figur der Chinesin aus der Berliner Porzellanmanufaktur heraus.

«Lassen Sie sehen, Freund!» Dorsch, mit der Stielbrille vor den

Augen, tänzelte angeregt näher. «Ah, diese satten Farben, dieser sanfte Schmelz! Vortrefflich, exzellent! Eine kostspielige Liebhaberei! Aber sehr, sehr schön! Sehr artig! – ‹Sie haben Sauereien geschrieben, Heinse; aber sehr schön, sehr artig!› hat unsere Eminenz neulich zu dem Verfasser des ‹Ardinghello› gesagt – ha ha!» Er blickte beifallsfreudig in die Runde. Huber machte ein hochmütiges Gesicht. Eine dünne kleine Stimme wurde plötzlich hörbar und übertönte klagend die Unterhaltung; die Professorin Dieze erhob lauschend den Zeigefinger, und Madame Mère, neben ihr auf dem grünen Kanapee, nickte gerührt:

«Oh – die jüngste Demoiselle!»

«Ich sehe, was es gibt!»

Huber hatte mit einem beruhigenden Lächeln über die Schulter zurück das Zimmer verlassen, noch ehe Therese sich hatte erheben können.

«Ein brauchbarer Page», bemerkte Frau Forkel irgendwo in die Luft hinein.

«Sie haben wohl einen recht angenehmen Hausgenossen an ihm?»

Madame Mère hatte Blick und Haltung eines Großinquisitors.

«Er liebt die Kinder so. Ich danke Ihnen, mein Lieber – Lise ist in der Kammer, sagen Sie? Ja, ich danke Ihnen – und – wollten Sie nicht mit Fiekchen noch ein wenig musizieren?» –

George, mit Wedekind, Sömmerring und Dorsch am Spieltisch sitzend, hob den Kopf, als Huber begann, auf dem Spinett zu präludieren. Fiekchen hielt den kleinen Göttinger Almanach in der Hand, das herausgetrennte Notenblatt stand vor Huber. Und Fiekchen sang:

«O Jüngling, warum liebst du mich?*
Wie gern, wie willig liebt ich dich –
Doch ach, du kennst mein Los!
Ich fühl, obschon du mir's verhehlst,
Nur allzu oft, wie du dich quälst,
Und wein in meinen Schoß.

Ach, ziehe nicht vor meinem Blick
Den deinen so betrübt zurück
Und schone meiner Ruh!
Oh, wäre dieses Herz noch mein,
Es sollte dein auf ewig sein
Und meine Hand dazu.»

* «Das Mitleiden» von W. G. Becker, Göttinger Musenalmanach 1788.

«Hm – auch ein Seufzer nach Freiheit!» meinte Wedekind und spielte aus.

«Zu dem die Demoiselle meines Wissens keinen Anlaß hat. *Au contraire*, sie scheint mir eher der Freiheit müde zu sein», bemerkte Dorsch mit einem pfiffigen Blick auf den mürrisch-teilnahmslosen Sömmerring.

George dachte zum drittenmal an diesem Abend: Therese sieht so bleich, und dachte: Das Wochenbett hat sie allzusehr angegriffen ... Er brachte Verwirrung in das Spiel und verlor, weil er die Augen und seine Gedanken immer wieder zu der kleinen Gestalt hinüberwandern ließ, die da so hilflos in dem großen Lehnstuhl kauerte. –

Wann habe ich sie denn je genug geliebt? dachte George und ging leise durchs Haus, als läge irgendwo ein Schlafender, der nicht geweckt werden durfte. Seit dem Herbst – ja, seit die kleine Kläre auf der Welt war, versicherte er sich – war Therese verändert, war in ihrem Wesen etwas Neues, das ihn ratlos machte und erschütterte; eine Geduld war da, eine Sanftmut, eine Bereitschaft für ihn, auf die zu hoffen er längst aufgegeben hatte. Und er begriff nicht ganz, aber er war namenlos gerührt; die Tränen kamen ihm zuweilen, wenn er ihr stilles Wirken vernahm und die kleinen Lieder hörte, die sie vor sich hinsummte. Andere singen aus Fröhlichkeit, wußte er; Therese singt wohl aus einer unendlichen Wehmut des Herzens und weil sie nicht weinen will. Aber er dachte nicht weiter, höchstens kam ihm die Erinnerung an die endlosen Lieder der Wolgaschiffer. Er war sehr krank in diesem Winter; das alte skorbutische Übel war wieder da und durchwühlte seinen Körper, ausbrechend in strömenden Katarrhen, schmerzhaften Anschwellungen aller Gelenke, und Migränen, die ihn nahezu erblinden ließen in rasender Pein. Aber war es nicht gut, sich pflegen zu lassen? Anerkennung zu ernten dafür, daß man trotz aller Bresthaftigkeit am Schreibtisch saß, dafür, daß man der Geplagte, der Unermüdliche, der Tapfere war? Sie waren wohl alle drei ein wenig krank, auch Huber, der so lautlos kam und ging und so blaß war und still wie der Mond, gar nicht mehr genialisch hereinstürmte und trüb und wild in den Ecken lehnte wie einst. Es war fast unmöglich zu denken, daß er einmal bei den Mahlzeiten nicht dabeigewesen war, fand George, denn es gab nun doch eine Art des Ideenaustausches, der mit einer Frau nicht zu unterhalten war, so anmutig und unentbehrlich Theresens Einfälle auch waren. Es gab einen aufmerksamen Hörer am Tisch, einen, dessen stumme, unbedingte Bewunderung einstmaliger und gegenwärtiger Leistungen zu einem Bestandteil der häuslichen Atmosphäre wurde, ohne die nicht mehr recht zu leben war. Man hatte einen Berichterstatter vom Hof im Hause, der nun wahrlich das *theatrum mundi* aus erster Hand genoß und mit der Wiedergabe seiner Eindrücke nicht sparsam war; man konnte also den großen Herren ein wenig in die Karten sehen, und das war außerordentlich lehrreich. Im übrigen tauschte man seine schöngeistigen Korrespondenzen aus, und die Briefe Jakobis und Lichtenbergs, Körners und Schillers boten Anlaß zu den erbaulichsten Gesprächen. Der Ablauf des Tages war unerschöpflich an Dingen, der Erörterung wert; es war nicht nötig, von sich selbst zu sprechen. Bisweilen geschah es wohl, daß Huber schon am Teetisch anwesend war, wenn George, vor Müdigkeit taumelnd, aus seinem Kabinett herüberkam. Doch da waren die Herren Thümmel und Hermes, sonderlich aber der Herr Lafontaine mit seinen allerliebsten Erzählungen von der «Gewalt der Liebe», oder die unschätzbare Madame Naubert mit ihren lehrreichen und poesievollen Romanen, zum Exempel dem «Alf von Dulman». Dies waren die Herrschaften, die George immer antraf, wenn er das Zimmer des grünen Kanapees betrat und Huber dort schon am Teetisch mit Therese fand; und hörte er nicht schon vom Saal her – das Zimmer des immer noch neuen und heimlich sehr geliebten Kronleuchters führte den Namen eines Saales – die monotone Stimme des Vorlesers, so vernahm er die Töne des Spinetts, an dem Huber saß und leise spielte. Ja, dieses war gewiß: man hatte sich untereinander wohl vieles zu erzählen, man hatte sich aber wenig zu sagen. Ein langes Schweigen löste sich zuweilen in ein Lächeln auf, es lächelte Therese, die vielleicht lange ins Licht gesehen hatte, und beugte sich wieder über ihre Arbeit; es lächelte Huber und sah aus wie ein ertappter Knabe; es lächelte dann auch George vor sich hin. Dies alles war sehr gut, fand er. Denn was konnten Menschen einander Besseres erweisen, als sich so zu schonen, wie sie es gegenseitig taten, miteinander den Weg zu gehen, den weiten, weiten Weg, und über die Beschwerden des Tages hinweg nach dem verborgenen Ziel zu spähen? –

So war der April gekommen, und sichtbar über den Horizont stieg die Verwirklichung eines Projektes, das seit Monaten in Briefen und Unterhaltungen hin und her gewendet, nach allen Seiten erwogen und vorbereitet worden war: des Planes einer Reise in die Niederlande, nach England und nach Frankreich, auf der George als Mentor den jüngeren Bruder Wilhelm von Humboldts, Alexander, begleiten sollte. Es war unmöglich, die Vorzüge einer solchen Reisemöglichkeit für ihn zu übersehen; indessen ward George nicht müde, sie immer von neuem aufzuzählen, als müßte er sich verteidigen, daß er an solche Unternehmungen dachte, allein und ohne die Absicht, Therese mitzunehmen. Jedoch, die Kinder, nicht wahr? Und die in diesen Zeiten nicht wieder einzubringenden Kosten, die den Luxus einer bloßen Vergnügungsreise verboten! Er hingegen, er flog eben aus, wie die Biene, die Honig sucht, Beobachtungen, die Stoffe zu ganzen Büchern enthielten, würde er einsammeln; an Ort und Stelle Eindrücke der großen französischen Umwälzung einheimsen, in den Londoner naturhistorischen Kabinetten die notwendigsten Studien zu dem großen Werk über Pithekologie machen, das er mit Sömmerring dann alsbald in Angriff nehmen würde, einem epochemachenden Werk über die Verwandtschaft des Menschen mit der Tierwelt . . .

«Und das *Descriptio Plantarum*? Und die Geschichte der Südsee-Inseln?» hatte Therese bei der Erwähnung dieses Reisezweckes einmal ganz beiläufig gefragt.

Dafür würde er Verleger und Unterstützung in London eher finden als in Deutschland, und nur der Aussicht auf eine erfolgreiche Drucklegung bedürfe es noch, um dieses Buch zur Kristallisierung zu bringen, da denn sein Material längst fertig daläge! Ob sie etwa geglaubt hätte, er ließe dies Lieblingskind seines Geistes einfach fallen? Oh, sie hatte gar nichts geglaubt; sie hatte nur so gefragt. «Und warum dieser Seufzer?» Aber sie hätte wirklich nicht geseufzt, ihres Wissens nicht. Sie hätte nur an den alten Herrn, an seinen Vater denken müssen. Und George, weit entfernt davon, den Gedankengängen nachzuspüren, die von seinen Projekten zu dem König Minos geführt hatten, sagte eifrig: «Du hast recht, auch um seinetwillen ist es von Wichtigkeit, daß der Name Forster in London wieder genannt wird und an die Gewissen schlägt!»

«Ja, hoffst du denn immer noch?»

«Mein Kind, der, der sich seines Rechtes bewußt ist, hofft nicht, er weiß!» –

Am Nachmittag des ersten Mai kam der kurfürstliche Leibarzt Geheimer Rat Hofmann dem in Begleitung des Legationssekretärs Huber gemächlich die Tiermarktstraße in der Richtung der Großen Bleiche hinaufschlendernden Hofrat Forster entgegen, grüßte und sagte mit dem Pathos des ironischen Plebejers: «Ich bin gewürdigt worden des Anblicks von *Ihrer* Eminenz, der Baronin von Coudenhoven. Sie saßen mit Erlaucht der Gräfin Ingelheim in einem karmoisinroten Staatswagen, wurden von vier fetten Apfelschimmeln gezogen und geruhten nicht, den Staub zu ihren Füßen zu bemerken, welch selbiger doch eine gewisse Vertrautheit mit jedem Hühnerauge dieser Füße nicht verleugnen kann. Ich bin gewürdigt worden des Anblicks so vieler Schönborns, Bassenheims, Eltzens, Echters, Greiffenklaus, Wolffs, Dünewalds, daß meine geblendeten Augen schmerzen und ich nun wahrlich überzeugt bin: der Frühling ist da – denn ein hoher Adel fährt wieder spazieren!»

«Die erste Piroutchade!» rief Huber mit hochgezogenen Augenbrauen vergnügt und spähte nach der Großen Bleiche hin, wo an der Mündung der Tiermarktstraße vorüber ein ungemein buntes Gedränge von Menschen und Wagen sich schob. Pünktlich mit dem ersten Mai nahm die Hofgesellschaft den angenehmen Zeitvertreib der Korsofahrten wieder auf, und eine schillernde Schlange von Karossen, Piroutchen und englischen Kutschen wand sich die schönste und breiteste Straße der Stadt hinauf und hinunter, während die promenierende Bürgerlichkeit den Vorteil dieser großen Modeschau und der Musik der beiden Kapellen genoß, von denen die eine im Schloßgarten, die andere auf dem Münsterplatz unverdrossen blies und fiedelte. «Die erste Piroutchade!» sagte Forster mürrisch, «also ist die Große Bleiche nicht passierbar!» Er machte auf dem Absatz kehrt.

«Ich meine doch, wir sollten versuchen, hindurchzukommen!» Huber blickte zögernd zurück. «Wir vermeiden den Umweg und – es ist ein so heiteres Bild . . .»

«Ersparen Sie es mir! Nehmen Sie an, das Gedränge sei meinem schmerzenden Kopf zuviel.»

«Nehmen Sie an», fuhr er fort, nachdem er den Stock heftig aufsetzend ein paar Schritte getan hatte, «ich ertrüge diesen Anblick des Müßigganges im großen jetzt nicht. *Vulgus stultum* freilich betrachtet so ein Schauspiel als sein gutes Recht: er ernährt den Adel und will das prächtige Tier, das er sich hält, nun auch einmal in Freiheit dressiert vorgeführt haben.»

«Ihre Hypochondrie, Verehrter, läßt Sie die Sache sehr schwarz sehen oder schwerer nehmen, als sie es verdient. Reisen Sie! Und reisen Sie bald! Das ist mein Rezept für Ihre Grillen.»

Hofmann, den Bambus zwischen den auf dem Rücken gefalteten Händen, schritt breit, aufrecht und schmunzelnd neben dem Gebückten. Sie überquerten den Tiermarkt und schlugen die Richtung zum Dom ein. «Ich kann gleich ein paar notwendige Kommissionen machen», sagte George tonlos zu Huber, und wischte sich die Stirn ab, «wenn man doch einmal unterwegs ist . . .»

«Unsere braven Kurmainzer», dröhnte Hofmann weiter, «fassen die Sache nicht anders als im Untertanenverstand auf und finden es natürlich, daß der Fürst wie ein Fürst lebt und der Bürger als Bürger.»

«Sie haben da eine recht moderierte Anschauung. Sollten Sie bei Ihrer exponierten Stellung noch nie unter dem Undank der Großen gelitten haben? Was sagten Sie soeben von – Ihrer Eminenz, wie Sie so witzig bemerkten? Und Seine Eminenz – *il a le besoin d'être ingrat*, hörte ich raunen. Denken Sie an Müller . . .»

Müller war nach einigen Auftritten mit dem Kurfürsten, die der Öffentlichkeit nicht entgangen waren, drauf und dran gewesen, aus dem Kabinett auszutreten und nur mit Mühe bewogen worden zu bleiben – wie es verlautete, durch den Einfluß seiner schönen Gönnerin von Coudenhoven.

Hofmann, stirnrunzelnd, erwiderte nachlässig die Grüße einer Studentengruppe, um gleich darauf den Hut sehr tief und devot vor einem Offizier in goldüberladener Uniform zu ziehen, der mit einer kurzen Gebärde abwinkte.

«Der Baron Erthal hat, seit er den Kurhut errungen, der Welt nicht nur zwei Gesichter gezeigt, wie der hochselige Janus, sondern mindestens deren sechs. Als er antrat, nannte das Volk ihn nicht unbegründet ‹das fromme Herrchen›; sobald er aber fest im Sattel saß, fing er an, die Masken nach Bedarf zu wechseln, und heut ist er imstande, Ihnen etwas daherzufreigeistern, daß einem Maul und Nase offenstehen bleiben. Der alte Emmerenz Joseph, das war ein anderer Kerl . . .»

Der Geheime Rat Hofmann tat bei diesen Worten einen unerwarteten Schritt zur Seite und war auf einmal nicht mehr vorhanden. Forster, verwirrt um sich blickend, gewahrte einen knienden Mann, einen gebeugten breiten Rücken, darauf der schwarz umwickelte Zopf lag, ein unbedecktes Haupt: hinter vorangetragenem Kruzifix, von weihrauchfaßschwenkenden Chorknaben umgeben, war ein Priester mit dem Allerheiligsten aus einer Seitengasse gebogen. Die Fußgänger wichen zur Seite. Damen, Bauern neben ihren Gemüsekarren, Kinder, Soldaten, Bürgerfrauen sanken am Straßenrand hin wie niedergemäht.

«Schabbesdeckel runter! Verfluchter Jud!» rief ein Schusterjunge hinter Huber und Forster drein.

«Ich muß zum Buchbinder Chulmann, auch zum Sattler Hebensperger», sagte George leise und nervös. «Was meinen Sie, Therese wird ungeduldig werden im Gärtchen? Wollen Sie vorangehen? Ach nein, verlassen Sie mich nicht, allein bin ich den leibärztlichen Opinions nicht gewachsen.»

Er nahm Hubers Arm, fast als wollte er sich stützen.

«Und da kommt sein Namensvetter . . .»

Sie tauschten eine zeremonielle Begrüßung mit dem Professor der Geschichte Hofmann, der, im langen blauen Schoßrock und hohen Schaftstiefeln, kurz, breit und stämmig, von einigen Schülern umgeben, aus der Richtung der Universität her ihnen entgegenkam.

«Erthal, wollte ich nur sagen, ist von einem Kaliber mit dem starken Mann von Lüttich, für den unsere braven Burschen sich nun bald die Köpfe blutig schlagen lassen dürfen», sagte der Leibarzt ein wenig schnaufend, sie wieder einholend und auf einen Trupp Soldaten in feldmarschmäßiger blauer Montur deutend, die, von einer Übung auf den Schanzen kommend, die Beine ungeheuer mutig gen Himmel warfen.

«Haben Sie einmal preußisches Militär gesehen – Infanterie des Alten Fritz? Ich kenne nun doch die Soldateska aus mancher Herren Ländern, aber das Bild, wenn die Wache Unter den Linden in Berlin aufzieht, wird nirgends annähernd erreicht. Fleischgewordene Kantsche Philosophie . . .»

«Und doch schickt Preußen unsere Pfaffensoldaten gegen Lüttich vor!»

«Hach, mein Lieber, das ist Politik! Zudem – es ist nicht mehr das alte

Preußen! Denken Sie daran, wie die Liga Wöllner und Bischofswerder den Berliner Hof unterwühlt und reden Sie nur wieder vom Zauber der Kirche, der erhalten bleiben müßte, wie neulich!»

«Sie haben mich wieder einmal so gründlich mißverstanden!» Huber geriet in sanfte Erregung.

«Sie meinen, das wären keine Pfaffen? Oh, mein Freund! Ihnen fehlen da Einblicke! Das sind die Pfaffen in der Potenz!»

Mitten auf dem Fruchtmarkt blieb Huber stehen und rief mit einer beschwörenden Bewegung: «Hören Sie mich an! Lassen Sie es mich noch einmal auseinandersetzen!»

«Die Herren müssen gestatten, daß ich mich verabschiede! Ich habe Dienst.» Hofmann schwenkte den Hut und steuerte mit großzügiger Eindeutigkeit auf ein kleines Kaffeehaus im Schatten des Domes zu. Huber redete leidenschaftlich: «Ich sprach davon, daß wir in Tagen des gestörten Gleichgewichts leben, des gestörten Gleichgewichts zwischen Macht und Masse. Zwischen diesen beiden Schalen der Waage hat der Geist den Ausschlag zu geben, und wir, wir freien Männer vom Geist sind es, die ebensowohl die Rechte des Volkes gegen die Machthabenden, als jene Macht der Regierenden und der Kirche gegen die unverständigen Anläufe des Pöbels in Schutz nehmen müßten . . .»

«Jawohl – und Sie sprachen vom Zauber der Kirche. Fabelei, mein Lieber!»

«Lassen wir diesen Punkt. Immer, wo Macht und Masse einander glücklich und gleichmäßig durchdrangen, hat der Geist vermittelt. Es gab solche Zeiten. Ihr Niederschlag liegt in den Werken der Künste vor uns und zeugt von dem gesunden Verhältnis der Volksschichten untereinander. Ich wüßte nicht, wo das besser zu observieren wäre als in einer Stadt wie Mainz!»

Er ließ seinen schwärmerischen Blick von dem zierlichen Tempelbau der Domprobstei zärtlich hinüberschweifen zum Dom, der rötlich angestrahlt von der sinkenden Sonne war. Sie gingen weiter. Forster, nachdem er für eine Minute die Universitätsbuchhandlung am Speisemarkt betreten hatte, fand beim Herauskommen den Freund gleichsam mit neugeschwellter Brust und bebend wie ein ungeduldiges Roß vor, seufzte ein wenig und ergab sich in die Rolle des Zuhörers. Vorüber an den Gemüse- und Blumenständen des Marktes gingen sie durch die Schuster- und Quintinsgasse zum Brand, unter den grauen und rötlichen Häusern mit den geschweiften Giebeln hin. Über den geschnitzten, messingbeschlagenen Haustüren flammten durchbohrte Herzen, glühten in Nischen hinter schmiedeeiserner Vergitterung rubinrot die Geheimnisse der Ewigen Lämpchen. Goldene Heilige von aufgeregter Inbrunst rangen an den Eckhäusern in der Höhe des ersten Stockwerks Beterhände unter kleinen Schutzdächern; da war am Brand die Maria, überschattet von der Taube des Heiligen Geistes, hingebend wie eine

Leda, und doch anders, schmerzlicher; Gottvater von oben sah so ruhevoll zu. George dachte fremd: Dies alles ließe sich beschreiben etwa wie die Szenerie einer Südseeinsel! und: Wie, wenn ich nun Bilder aus den Niederlanden, aus England und Frankreich so schriebe, als stellte ich in Europa unerhörte Dinge dar, nie erblickte Wunder? Wir haben das Sehen verlernt, das ist wahr! Und er hörte währenddem Huber begeistert reden:

«Auf diesem Boden haben alle Volksschichten die Denkmäler ihres schönen und gesunden Einvernehmens hinterlassen, in Kürze gesagt: hier hat das Volk als Begriff einer höchsten Einheit sich wundervoll und allseitig manifestiert. Fürsten und Geistlichkeit – oder drücken wir es so aus: fürstliche Geistlichkeit, es mag seine Vorzüge haben, wenn diese beiden zusammenfallen – Adel und Bürgertum haben in ihren Palästen und Wohnhäusern, in Kirchen und Zunfthallen, in den schönen Toren und Brunnen, in der geistvollen Anlage der Festungswerke die auf lange Zeit hinaus redenden Zeugnisse für ein heiteres In- und Miteinanderwirken niedergelegt. Dies alles ist freilich Vergangenheit ...»

«Sie meinen also ungefähr, es sei ein chemischer Prozeß im Gange, der die Elemente von Macht, Masse und Geist voneinander schiede und sie isolierte ...»

«So daß der heutige Zustand das vergebliche Bemühen der drei Faktoren bezeichnet, sich neu zu durchdringen! Und die Irrwege des Geistes, der fortwährend Verbindungen eingeht, die das Gleichgewicht, anstatt es wiederherzustellen, nur noch mehr stören. So meine ich es!»

«Sehr gut! Sehr gut, in der Tat! Denken wir uns diese Bemühungen des Geistes in den Anstrengungen des edlen Mirabeau verkörpert, so ist Ihre Theorie glücklich illustriert. Aber hier sind wir bei Hebensperger. Nun, Meister, was ist mit meinem Mantelsack, ich brauche ihn in wenigen Tagen!»

«Gehorsamer Diener den Herren, ganz gehorsamer Diener!»

Im grünen Schurzfell, umwittert von herbem Ledergeruch und den Gerüchen nach Lack und Wagenschmiere, kam der Eifrige die Stufen vor der Haustür herunter.

«Da steht man nun und sieht nach dem Himmel und freut sich über das Wetterle, Gnaden Herr Hofrat, der Petrus ist halt ein guter Mann und weiß, daß der neue Staatswagen vom Hebensperger in der Piroutchade mitfahren tut. Mit Ihro Gnaden der Frau Gräfin von Ingelheim, Herr Hofrat! Auf englischen Federn, Herr Hofrat! Karmoisinlack und vergoldetes Gestell, goldfarbener Samt auf den Polstern – und karmoisin Blümchen – man tut vor lauter Vergnüge lache, wenn man den Wagen sehen tut! Aber halten zu Gnaden, Herr Hofrat, wenn ich der Herr Hofrat wäre, mit dem Mantelsack tät ich doch keine Reise mehr tun! Da hätt ich Auswahl auf Lager – englisches Leder, Herr Hofrat!

Wenn der Herr Hofrat sich einmal hereinbemühen täten . . .»

George sagte errötend und schnell: «Gleichviel, wie das Ding aussieht, Meister! Ich kann nicht ohne es reisen. Flick er den Schaden aus und schick Er mir auch den Koffer in zwei Tagen!»

«Wenn der Herr Hofrat befehlen . . . Aber da hat der Lehrbub im Futter etwas gefunden, vielleicht ein Souvenir? Sieht freilich aus wie eine geweihte Münze . . .» Er lief ins Haus und kam mit einem kleinen Gegenstand zurück, den er in Georges Hand gleiten ließ – ein rundes Metallplättchen mit verwischtem Gepräge. Huber beugte sich interessiert darüber.

«St. Patrick, *ora pro nobis*!» las er, «wie kommen Sie zu Irlands Heiligen? Ein zeitgemäßer Schutzpatron, allerdings, denn: die Freiheitsliebe der Irländer wird immer lauter – wo stand das doch neulich gleich?»

George, in tiefes Sinnen versunken, reichte Larrys Souvenir an Toghiri dem Meister zurück: «Lasse Er es wieder einnähen, Meister», sagte er langsam, «es gehört wohl dazu . . .»

Der Wackere blickte ihm kopfschüttelnd nach:

«Irgendwo spinnen tun die Ketzer doch alle . . .»

«Aber nun wollen wir eilen!» George straffte seine Gestalt und schlug eine schnellere Gangart an. Die späte Nachmittagsstunde äußerte ihre Wirkung in seinem Befinden, ohne daß er sich klar darüber wurde; er pflegte erst gegen Abend völlig zu erwachen. Vom Rhein her kam ihnen der Wind angenehm fächelnd entgegen, George konnte es auf einmal nicht erwarten, Wasser zu sehen. Sie durchschritten das Tor beim eisernen Turm, und George nahm den Hut ab, als grüßte er die stille Majestät des Stromes, die wimpelfrohe Fahrt der Schaluppen, Lastkähne und Segelschiffe, die ernste Lieblichkeit der Auen und drüben das sehnsüchtige Blauen der Taunusberge. An die Brüstung der Raimondi-Schanze gelehnt, sprach er zaudernd, als suche er die Worte in seinem Gedächtnis zusammen: «So sollte man wohnen – so. Einen Strom vor den Fenstern, der Tanz der Möwen, das Schwanken der Rahen vor Augen – es wäre ein Surrogat der Meeresferne, der Reise . . .»

«Und Träume eine Ablösung des Handelns, würde Therese sagen – nicht ich, mein Teurer!» ergänzte Huber, verlegen lachend.

«Sie ist von ungeheurer Spannkraft, von rätselhafter Energie, Huber, nicht wahr? Es ist nicht immer leicht, ihr zu genügen, aber geben Sie acht! Lassen Sie mich nur erst zurück sein!» Er schob den Arm wieder in den des Freundes; sie gingen dem Gartenfeld zu, wo Therese mit den Kindern sie in dem kleinen Mietgärtchen erwartete. George pfiff den Ruf der Schiffer auf dem Strom nach, inbrünstig und falsch. Reiseunruhe zuckte ihm im ganzen Körper.

Als sie in den Heckenweg einbogen, räusperte Huber sich. «Sie wünschen also nicht, lieber Forster, daß ich mir für die Monate Ihrer Abwesenheit ein anderes Logis suche? Mein Gott, Sie sehen mich erstaunt an – es könnte doch sein, nicht wahr, es wäre doch möglich, daß Ihre Güte es nicht selbst fordern wollte, und dennoch, der Wunsch Ihres Herzens wäre mir Befehl ...»

Er verwirrte sich unter dem stillen Blick des anderen.

«Mein Freund – ich verstehe Sie nicht», sagte Forster langsam.

Das Röschen sprang ihnen jubelnd entgegen, die Magd kniete auf einem Beet und schnitt Spinat, Therese saß in der frisch umgrünten Bohnenlaube, die kleine Kläre an der Brust, und lächelte ihnen zu. Ach, dieser Abend lag im wehmütigen Lichte des Abschieds. Dies enge Gärtchen, sonst von ihm gering geschätzt und vernachlässigt, wie war es traut und heimatlich, eben weil es eng war! Wie blühten die Apfelbäume und wie blaute der klare Himmel so rosig weiß umgittert durch ihr Gezweig! Wie hatten Kirschen und Stachelbeeren so lobenswert angesetzt, und wie die Erbsen keimten, wie die Salatstauden standen – es war doch ein Staat! Der Vater würde nun mit dem Schiff wegfahren, das große Wasser entlang und in ferne, fremde Länder, erzählte George dem aufhorchenden Kinde, die warme kleine Hand in seiner und auf den schmalen Pfaden zwischen den Rabatten spazierend. Bis er wiederkäme, würden die Kirschen rot sein und vielleicht auch schon aufgegessen. («Ich hebe Ihnen welche auf, Papa, die allergrößten!» beruhigte das Röschen.) Das kleine Klärchen würde ein viel dickeres Klärchen geworden sein und Röschen würde den Papa am Ende ganz vergessen haben und nicht wiedererkennen. Das Kind sah ernsthaft zu ihm auf: «Wird denn so schnell alles anders, Papa?»

«Zuweilen doch, Röschen, zuweilen ...» Er wandte an der Gartenpforte um, die Gedanken um all die Möglichkeiten plötzlicher Veränderung kreisend, die bevorstehen könnten, wenn es ihm denn gelingen sollte, Gelegenheiten wahrzunehmen. Der Garten war eng, der Garten war traut – aber die Welt so weit und das Große noch nicht getan. Und da blickte er zu Therese hinüber in die Laube und sah sie dort sitzen, das Kind in den Armen, und sah Huber an ihrer Seite, und wußte nicht, was er sah und was ihn so erschreckte. «Sie sehen so – geborgen aus», dachte er ratlos und kam zögernd näher, als Therese rief: «Kommst du denn gar nicht zu uns, Lieber?» –

Übrigens war es nicht seine Art, einen solchen Augenblick ahnungsvoller Erkenntnis grübelnd im Gedächtnis zu tragen. Er vergaß ihn in der nächsten Stunde, und um so schneller und gründlicher, als die Reisevorbereitungen umfangreich waren und ihn ganz in Anspruch nahmen. Sein erstes Reiseziel war Aachen; dort bei Jakobi würde er den jungen Humboldt treffen. Und nun völlig von seiner nächsten Umgebung abgelenkt im Gedanken an den liebenswürdigen Schüler, der ihn erwartete; schon empfindend, wie der leere Raum im Wissen und in der Erfahrung des anderen die eigene Fülle, den eigenen Überfluß unwiderstehlich ansog; bereits in der nächsten bunten, wechselnden Zukunft lebend, nahm er es kaum wahr, daß Therese, stiller noch und sanfter, als sie es in den letzten Monaten gewesen war, unter dem Abschied unverhältnismäßig litt. Ihr Weinen am letzten Abend erschütterte ihn. Er saß am Schreibtisch, um noch einige amtliche Briefe zu erledigen, und fühlte auf einmal, daß sie, die sich bisher im Hintergrunde des Zimmers mit dem Koffer beschäftigt hatte, neben ihm kniete. Weiter schreibend tastete er mit der Linken nach ihr, legte die Hand auf ihren warmen Nacken, spürte das Beben ihres Körpers und legte erschrocken die Feder hin.

«Was ist dir, Kind?»

Er versuchte, ihren Kopf aufzurichten; sie preßte die Stirn nur noch fester gegen ihn, umschlang ihn mit beiden Armen und ließ unter fortwährendem Weinen minutenlang keine Worte hören als «Georgie! Ach, Georgie! Bleibe doch bei mir, Georgie!» so daß er schließlich ganz ratlos stammelte, es sei doch nun alles vorbereitet und beschlossen, und er käme doch auch wieder, und sie sei doch hier auch gar nicht so allein. Ehe er aber dazu kam, die Freunde aufzuzählen, die ihr in seiner Abwesenheit zur Seite stehen könnten, sagte sie stockend: «Lieber, lieber Georgie! Laß mich doch nach Gotha fahren mit den Kindern, zu den guten Reichardts! Ich weiß ja, nach Göttingen ist es zu weit, und der Vater fand es selber zu teuer. Aber Gotha, weißt du, Gotha, das ginge doch, und Amalie würde sich so freuen . . .»

Da er schwieg, hob sie endlich den Kopf und blickte scheu zu ihm auf. Er sah gequält vor sich nieder. «Das hätte doch alles von langer Hand vorbereitet werden müssen, Therese. Nun kommst du so in elfter Stunde . . . Die weite Reise mit dem kleinen Kind . . . Und hier der Haushalt mit den Dienstboten . . . Nein, ich verstehe es nun doch nicht ganz.»

«Nicht, Georgie?»

«Du sollst dich ja auch hier nicht langweilen. Fahr mit Lise und den Kindern nach Eltville und auf die Auen, so oft ihr wollt; geh einmal in die Komödie, du vernachlässigst das Theater ja ganz. Lade dir öfters Leute ein! Ach, und gute, teure Freundin – ich werde dir ja so viele Briefe schreiben! Nun?»

Er versuchte, sie lächeln zu machen. Tränen in den Wimpern und auf den Wangen, blickte sie ihn tiefernst, zweifelnd an. Dann erhob sie sich seufzend, indem sie sich auf sein Knie stützte, legte den Arm um seinen Nacken und blieb neben ihm stehen.

«Ich soll also bleiben, Georgie – du willst es – ich soll?»

Er schwieg. Er malte langsam an seiner Adresse. Dann sagte er: «Ich weiß dich hier im besten Schutz der Welt.»

«Etwas in Hubers?» fragte sie schnell.

«In deinem eigenen, Therese, in dem unserer Kinder», sagte er leise.

Sie sah ihn mit bebenden Lippen an und hob die Hände mit einer hilflosen, beschwörenden Gebärde. Aber sie blieb stumm. –

Er flog also, wie beabsichtigt, einer Biene gleich durch Brabant und die Niederlande; das heißt, er war der Reisende mit den offenen Augen, dem empfänglichen Herzen, das Notizbuch in der Linken, den Stift in der Rechten. Zuweilen glaubte er wahrzunehmen, daß die Empfänglichkeit des Herzens vollkommen abgelöst sei durch die Routine des Kopfes, Eindrücke abzufangen, einzuordnen und zu verarbeiten. Zuweilen glaubte er zu erkennen, daß nicht eigener, sondern der Enthusiasmus des jungen Humboldt ihn beflügelte und ihm kurze Stunden des Rausches verschaffte. Indessen hütete er sich wohl, der Sache auf den Grund zu gehen. In London, wo man beinahe fünf Wochen verweilte, fühlte er sich auf Schritt und Tritt begleitet von dem Schatten des Verfassers eines gewissen Schriftchens, das den Titel eines *Tableau d'Angleterre* trug, in den letzten Jahren auf dem Kontinent ziemlich viel gelesen worden war und den Anspruch erhob, ein getreues Porträt der könglichen Insel zu sein. Es war nicht eben von Zuneigung, nicht einmal von Anerkennung, kaum von Gerechtigkeitsliebe getragen, das Schriftchen; es war, gerade herausgesagt, eine hämische Karikatur, und es war durchgesickert, sein Verfasser sei ein Herr Forster, ein Deutscher mutmaßlich, und wahrscheinlich einer von den Forsters, die mit auf der *«Resolution»* in der Südsee gewesen waren. Es half einem gar nichts, daß man das böse Schriftchen laut für ein obskures Machwerk, ein elendes Pasquill erklärte. In diesem Schatten also, den der König Minos von Halle aus zu werfen verstanden hatte, war die Atmosphäre in London trotz der Junisonne frostig und kalt. Es war nicht ratsam, bei dieser Witterung den Samen zärtlich gehegter Hoffnungen und Ansprüche neu auszusäen. England schien Forster sen. und Forster jun. gegenüber ein besseres Gewissen zu haben als je, ja, es schien sich ungerechtfertigterweise in dem Bewußtsein zu wiegen, Nattern an seinem Busen genährt zu haben. So glaubte George durchzufühlen. Da er aber die ganze Zeit über kläglich an seinem hinfälligen Körper litt, so ist anzunehmen, daß er überempfindlich war und auch den Einfluß des großen Sir Joe Banks überschätzte, von dem er an Therese schrieb, daß er die Südsee gepachtet habe und keinem Buchhändler erlaube, irgendein Werk über diese Breiten in Verlag zu nehmen, das nicht seinen Namen auf dem Titelblatt trage. Jedenfalls bestand der Ertrag des Londoner Aufenthalts in wenig mehr als in einer Abmachung mit einem großen Bücherjuden, ihm die neuesten Erscheinungen auf allen Gebieten des europäischen Buchmarktes monatlich zuzusenden, ein gewissermaßen negativer Ertrag, der vielleicht in etwas wettgemacht wurde durch die Gewinnung des jungen Mr. Thomas Brand zum Schüler und Pensionär. Dieser blonde Jüngling mit der Aussicht auf den Titel und die Würden eines Lord Dacre würde, solange seine Sehnsucht, Deutsch zu lernen, anhielt, einen lieblichen Strom blanker Guineen durch das Haus Forster leiten. Aber George war entsetzlich niedergeschlagen, als er von Dover abreiste. Er ging auf dem Verdeck des Schiffes auf und nieder, dankte dem Himmel, daß Humboldt in der Kajüte Korrespondenzen erledigte und er nicht zu sprechen brauchte, und brütete ohne Aufhören und ratlos und mit gelähmten Gedanken über dieser unfaßlichen Versteinerung des Herzens.

Italien, dachte er, Griechenland – Indien! Ja, der Süden könnte ihn vielleicht noch einmal verjüngen. Und da war doch ein kleines Glück, eine wunderlich schöne Perle, die er mitnahm aus England: das war die Bekanntschaft mit den *Asiatic Researches* des William Jones, in denen jene seltsamen Spekulationen *«On the Gods of Greece, Italy and India»* standen, verborgene Pforten entriegelnd in den glatten Mauern, die seit Jahrtausenden die Völker voneinander schieden. Uralte Stammbaumgemeinschaft erschloß sich: wer zu den gleichen Göttern fleht, stammt von den gleichen Vätern her. Und diese Offenbarung Deutschland mitteilen zu dürfen, war das nicht ein Ergebnis seiner Reise, besser als Gold? War nicht jenes kleine Buch in seinem Mantelsack, die indische Sakuntala in der englischen Übersetzung von Jones, die er ins Deutsche übertragen wollte, ein Fenster in Weltweiten, das *er* berufen war aufzustoßen und so den Deutschen einen alten Horizont zu sprengen? Ach, für Minuten von Trübsal befreit, vom Aufflammen niedergesunkener Gluten befeuert, dachte er doch gleich verächtlich und bitter: Was fragt Deutschland nach mir? Deutschland lagert träge am Rand seiner Meere, es fährt nur aus, um Schellfisch und Hering zu fangen. Noch nicht zu sich selbst erwacht, ohne Kern und Kristall, will es auch nicht wachsen, sich nicht dehnen, die Erde erobern und ihr seinen Geist aufprägen. Deutschland ist froh, wenn es satt wird und Stoff zu Spekulationen hat. Ob *ich* ihm den Stoff bringe oder ein Chinese, das ist gleich; sie nehmen alles aus Gottes Hand. Ich bin kein Engländer, ich bin kein Franzose. Nicht Volk noch Vaterland braucht mich als Waffe, als Pfeil, als Handhabe einer Sehnsucht. Was ich tue, tue ich auf eigene Verantwortung, ein einzelner unter Vereinzelten. Die Hand am Hut, den flatternden Mantel eng um sich zusammenraffend, sah er zum Horizont. Gut – wer keinen Dank erhält, ist niemand etwas schuldig. Schiffsboden ist mein Vaterland und *the Rakes of Mallow for ever*! Ein Wandermönch der Wissenschaft, ein Zigeuner der Forschung . . . Er ging mit breit gestellten Beinen umher und pfiff, das Herz voll Wehmut und Trotz. Auf einmal sah er, daß Humboldt vorn am Bug stand, die Arme vor der Brust gekreuzt, den Kopf zurückgeworfen, das unbedeckte Haar dem Winde preisgegeben. Der und sein Preußen, fühlte er vergrämt. War das Neid? Und plötzlich war er ganz erweicht, er wandte sich ab, Entsagung gab ein Lächeln. Jüngling, flüsterte er vor sich hin – oh, Jüngling, Bruder, Freund – und Erbe! –

Er nahm aus Paris den Abglanz mit, den das große Feuer der begeisterten Vorbereitungen zum Föderationsfest in sein Herz geworfen hatte; er sah von den Höhen von Chaillot aus auf dem Marsfeld ein Volk vom König herab bis zum Bettler dieses Fest singend zurüsten, auf daß es *schön* gefeiert werden könne, und so nahm er die Überzeugung mit, daß dies Volk würdig sei, die Sache der Menschheit zu vertreten. Er sah es nicht oder er wollte es nicht sehen, daß dies nicht mehr war als eine Verkleidung des alten monarchischen Schäferspiels zu demokratischer Flötenbegleitung. Er labte sich schwärmerisch an dieser ungeheuren Idylle, er überhörte den schneidenden Rhythmus des *«Ça ira»* und schüttelte den Kopf über den schweren Ernst, den er auf den Zügen des vergötterten Mirabeau lagern sah. Im übrigen hatte er seine Geschäfte, Besuche und Studienvorsätze mühselig genug unter namenlosem Widerwillen abgewickelt, gehemmt von Anfällen fürchterlicher Zahnschmerzen und einer Schwermut, die er ratlos halb mit der Sehnsucht nach dem Meer, von dem er sich diesmal mit unerklärlichem Leid losgerissen hatte, teils mit dem Heimweh erklärte, mit dem unstillbaren Bedürfnis nach Therese und den Kindern – mit zwei einander widersprechenden Gefühlen also, durch die ein Dämon seinen Busen zu spalten versuchte. Er hatte unter diesen grauen Schieferdächern gelitten wie ein lebendig Begrabener und segnete jeden Abend, der sich zwischen ihn und jene Stadt legte, In sechs Tagen gelangte man nach Straßburg. Von Speyer an waren sie nur noch zu vieren in der Postkutsche, Humboldt, er, ein Jude, der in Geschäften reiste, und ein Unbekannter im grauen Habit, der zumeist schlief und sein Reiseziel nicht verriet.

«Er gleicht dem Herrn Selten aus ‹Sophiens Reise›», sagte Humboldt halblaut zu George, «er sieht ebenso edel und geheimnisvoll aus. Den Juden hätten wir auch, fehlen nur noch ein paar artige Frauenzimmer, um die Gesellschaft komplett zu machen.»

Die Juliglut wogte glastend über dem Land, die reifen Kornfelder rauschten golden und schwer, die Obstbäume, überladen mit Frucht, ließen die Äste bis zur Erde hängen. Der Jude, mit unermüdlichen Mausaugen alles abschätzend, was irgend Handelswert haben konnte, und zwischendurch seine Reisegefährten beobachtend, begann alsbald, den Kurfürsten von Mainz über die Hutschnur zu loben, ihn einen weisen Herrn, einen gerechten Herrn, einen Herrn, der nicht verachtete die Handlung und das Geschäft, zu nennen und dabei George so listig anzublinzeln, daß dieser keinen Zweifel hatte, einen Mainzer Stadtjuden vor sich zu haben. «Gott Israels! Wie blüht sein Land! Wie mehren sich seine Güter!» Da er nun von den Reichtümern des Domkapitels überging zum Glanz des kurfürstlichen Hofes, sich erstaunlich vertraut mit allerhand innerpolitischen Mainzer Vorgängen zeigte, zum Exempel mit der Entlassung des Geheimen Hofrats Müller, zu der es ja nicht gekommen sei – «Gott sei's getrommelt und gepfiffen! Taugt er sich mehr, der Herr von Müller, als alle Dalberg, Albini und Sickingen zusammen!» – da er sodann anfing, die Universität zu loben, «die grausam grauße Gelehrtenschul», und wieder sagte, der kurfürstliche Herr sei so tolerant, beschützte die Ketzer und Juden, so war George darauf gefaßt, sich in jedem Augenblick bei Namen genannt zu hören, und im Hinblick auf den Reisenden in der Ecke, der soeben einmal erwacht war und ärgerlich den pulverigen Staub von seinem Rock abklopfte, erwartete er die Lüftung seines Inkognitos mit einer gewissen lustvollen Spannung. Denn Journale, ja, Journale las die ganze deutsche Welt, und wer war da noch nicht auf den Namen George Forster gestoßen, wenn er ihn denn sonst nicht kannte? Indes verließ der Jude sie plötzlich in einem größeren Dorf, wo sie kurze Rast machten, nicht ohne beim Abschied auf seinen Packen zu klopfen und George zuzuraunen: «Wenn die Frau Gemahlin einmal hat Bedarf in feine und andere Tücher, einfärbig und meliert, in der Wolle gefärbt – frage der Herr Hofrat nur nach dem Isaak Bär aus Weisenau! Kennt ihn jedes Mainzer Kind und weiß, der Bär kauft ein mit Profit und verkauft zum eigenen Schaden.»

Der Fremde aber erwies sich bald als ein Armeelieferant aus Wien, ein Pole, der in österreichischen Diensten reiste, unzufrieden mit den Zeitläuften war und Krakau für den besten Ort der Welt erklärte. Und warum er nicht am besten Ort der Welt geblieben sei?

«Was will man machen? Wir Polen haben kein Vaterland mehr ...»

Über Wilna und Wien – nein, der Fremde las augenscheinlich keine Journale und hatte keine Beziehungen zur Gelehrtenwelt! – kam man im Bogen zurück auf den Juden, da der junge Humboldt sein liebenswürdiges Gesicht in schwere Falten legte und ernsthaft erwog, warum diese Nation gleichzeitig solche Wunderblumen hervorbringe wie den Mendelssohn der «Morgenstunden» und solche Knorze wie den ausgestiegenen Reisegenossen. Der Fremde wiegte den Kopf und meinte, hier liege der gleiche Unterschied vor, wie zwischen den weisen Chassidim in Galizien und den schmutzigen polnischen Pracherjuden; begann nun ein wenig von den Chassidim zu erzählen, und am Ende kam man in eine ganz lebhafte Diskussion über die Eigenschaften des auserwählten Volkes, die den Weg angenehm verkürzte.

«Und schließlich – was will man ihnen vorwerfen», sagte Alexander von Humboldt feurig, «bleiben sie nicht Menschen wie wir auch? Sind sie nicht die besten Untertanen, wo sie Wurzel schlagen dürfen? Was würde aus uns, wenn man uns das Vaterland nähme, von Ort zu Ort jagte, ausnutzte, verfolgte ...?»

Der Pole lachte auf. «Wes Brot ich ess, des Lied ich sing! Was will man machen, Messieurs? *Jeder Heimatlose wird zum Juden!*»

George Forster starrte in die untergehende Sonne. –

Die ersten kühlen Atemstöße des Abendwindes kamen vom Rhein her über die Felder. Es roch nach reifem Korn, nach Staub, nach Leder und Pferden. Die Kutsche schwankte, das eintönige Geräusch der knirschenden Federn, der ächzenden Räder, der trottenden Hufe war so einschläfernd. Eine Stunde vor Mainz etwa raffte George sich zusammen, machte es sich klar, daß er nun nach Hause kam und sich zu freuen hatte. Rätselhafter Druck auf seinem Herzen, der Freude nicht aufkommen lassen wollte! Er bürstete an sich herum, erfrischte Gesicht und Hände mit *Eau de lavande* und sank schließlich wieder in hoffnungsloser Ermüdung vornübergebeugt auf seinem Sitz zusammen.

Auf einmal fuhr er auf, starrte auf die Straße, blickte verstört um sich, sprang auf, lehnte sich aus dem Wagenschlag, die Strecke zurückblikkend, die sie gekommen, setzte sich wieder, fuhr mit der Hand über das Gesicht und lachte.

«Wie man so lebhaft träumen kann! Schlief ich denn überhaupt?»

«Ich weiß es nicht sicher.» Der junge Humboldt hielt mit Pflaumenessen inne und betrachtete ihn interessiert. «Träumen Sie denn schön?»

George sagte langsam:

«Es kam uns eine Kutsche entgegen. Therese saß darin – und die Kinder. Aber das Klärchen schon groß, wie zweijährig. Und noch eine Frau fuhr mit, die ich nicht erkannte. Ich dachte, wie schön, da sind sie mir entgegengefahren! Aber indem fuhr die Kutsche sehr schnell an uns vorüber, Therese sah geradeaus, und niemand sah mich an . . .»

Er schüttelte den Kopf und blickte tief beunruhigt auf Humboldt. Der murmelte verlegen: «Sonderbar? Nun, es war eben ein Traum, und» . . . er lächelte – «unsere Sehnsucht beflügelt die Imagination.»

«Es war aber ganz anderes Wetter, es war Herbst – oder Winter . . .»

Der Postillion blies, und durch das Neue Tor rasselte der Wagen hinein auf das Pflaster von Mainz.

Gewiß, er wäre auf keinen Fall diesen ersten Abend allein mit Therese und den Kindern gewesen, auch wenn die biedere Gestalt Sömmerrings im braunen Schoßrock und die leichtgeschürzte der Madame Forkel in überblümtem Musseline da nicht seine Haustür flankiert hätten, wie die Penaten der Heiterkeit und des Fleißes. Auf alle Fälle wäre Humboldt zugegen gewesen, da er nun einmal bei ihnen logierte; *einen* Fremden hätte es also unvermeidlich am Tisch gegeben, trotz des Fernbleibens des guten Huber, der aus Delikatesse an der Table d'hote im Hotel National speiste, um das Wiedersehen nicht zu stören. Immerhin hätte sich der guterzogene Reisegenosse vielleicht früh zurückgezogen, und wenn dann eben Sömmerring und die Forkel nicht dagewesen wären ...

Aber warum verdarb er sich die erste Stunde der Heimkehr mit solchen Reflexionen! Hatte Therese diese Gäste zu seiner Begrüßung eingeladen, so war es geschehen aus demselben Grunde, aus dem sie die Türen mit Buchs bekränzt und den Abendtisch im Saal mit Rosen geschmückt hatte, aus dem sie im weißen Kleide mit Blumen in den Haaren ihm entgegengekommen war, aufgeregt fröhlich und das winzige Klärchen ihm hinhaltend wie ein Weihnachtsgeschenk, Therese freute sich, daß er wiederkam, Therese lachte, Therese tanzte, Therese feierte ein Fest – konnte ein Fest von Therese ohne Gäste sein? Er ging durch die Räume, das glückliche Röschen an der Hand, das im gelben, rotpunktierten Kleidchen manierlich einherschritt wie eine junge Dame und zuweilen behutsam zu ihm auflächelte; er lächelte auch, aber warum fühlte er sein Lächeln schmerzlich wie eine Grimasse? Es gab da kleine Veränderungen in den Zimmern, die er mit dem Spürsinn seines überreizten Gehirns auf den ersten Blick wahrnahm, wie die neue Anordnung von Bücherreihen in der Wohnstube und dies, daß sein Porträt, das von Tischbein gemalte, einen anderen Platz bekommen hatte und im Saal hing, nicht mehr dem grünen Kanapee gegenüber. Ja, das mochte ganz gut sein, war es ihm nicht selbst oft ridikül gewesen, daß er da von der Wand herab sich selber zugesehen hatte, wenn er hier mit Therese gesessen hatte, abends, auf dem grünen Kanapee? Freilich, die letzten Monate, da hätte Therese das Bild wohl hängen lassen können, sich zur Gesellschaft, die Monate, die sie hier allein gesessen hatte ... Er ging umher, ruhelos, trotz der Reisemüdigkeit. Waren es diese kleinen Veränderungen, die die Wohnung so fremd erscheinen ließen? War er zu lange weg gewesen? Ach, die große englische Uhr im Saal war stehengeblieben, er öffnete die gläserne Tür, und während er aufziehend die schweren Messinggewichte im Gehäuse emporleierte, fiel sein Blick auf die kleine Scheibe im Zifferblatt, die, von Mond und Sternen umgeben, das Datum anzeigte. Sie stand auf dem 6. Mai, dem Tag nach seiner Abreise. Machte es ihn denn so mutlos, daß die Uhr hier geschwiegen hatte, die ganze lange Zeit über, daß er weg gewesen war?

Lustig, lustig, Therese feierte ein Fest! Hatte er unterwegs etwa gedacht, er wollte sich früh niederlegen, den schmerzenden Kopf auf kühle Kissen betten und dann sollte Therese in der dämmerigen Sommernacht an seinem Bett sitzen, und er wollte ihr erzählen und fühlen, daß er wieder daheim war? Nun, das ging jetzt freilich nicht. Er mußte hier in guter Haltung den liebenswürdigen Hausherrn spielen, der Forkel ein wenig die Cour machen und Sömmerring in die ärztlichen Forscheraugen blicken, ihm Bericht erstatten von den Kollegen in Harlem, in Oxford. Er hielt nicht still Theresens Hand. Jedoch es hielt Therese seine Hand, das war ja wahr. In den Essenspausen und als abgespeist war, suchte ihre fiebrige kleine Rechte seine Linke, die schlaff und müde auf dem Tischtuch lag, und während Therese über den Tisch hinüber lachende Rede und Gegenrede mit Humboldt tauschte und mitten darin die Funken ihrer Heiterkeit in seine Unterhaltung mit Sömmerring sprühen ließ und der Forkel eine Rose an den Kopf warf und der aufwartenden Marianne zurief: «Hurtig, Mädchen, der Herr ist wieder da!» – ja, während der ganzen Zeit fühlte er sich geliebkost, hastig gestreichelt, hörte sich zum Essen, zum Trinken ermuntert.

Bin ich denn auch ein Gast hier? dachte er in schrecklicher Benommenheit; was ist dies nur? Was blickt mich Sömmerring so an?

Er trank hastig hintereinander ein paar Gläser Wein. O ja, nun war er zu Hause! Er legte den Arm um Therese, fühlte das Beben ihrer Schultern, und alle Müdigkeit war dahin. Eine reißende Beredsamkeit entfesseln, die Holländer loben, die Engländer schmähen, die Franzosen in alle Himmel erheben; Ditters Gassenhauer zitieren und von der göttlichen Miß Siddons schwärmen; aufspringen, die kleine Spieluhr aus Paris mit dem eingelegten Rosenkränzchen auf dem polierten Deckel herbeiholen, die dem Röschen mitgebracht worden war, sie aufziehen und das kleine Menuett von Rameau tränenden Auges mitsummen. Dann von den indischen Schals der englischen Damen fabulieren und Therese anblinzeln, auch von einem weißen Kreppflor zum Kleide Andeutungen machen und von einem Teppich, der unter *The Resolution* liegen sollte und kleinen Füßen im Winter zur Erwärmung dienen – kurzum, gesprächig sein, munter, munter, und Humboldt zum Trinken nötigen! Sömmerring, der vertrug das ja nicht ... Aber stand da nicht Huber unter der Tür? «Endlich, endlich, teurer Freund und Bruder!» Redete ihm Huber zu, doch Platz zu behalten, führte er ihn zu seinem Stuhl zurück, weil er ein wenig taumelte? Saß dieser Huber in seinen prall anliegenden Eskarpins und im bordeauxroten Frack nun lächelnd an seiner Rechten und legte die Hand auf seine Schulter, wie Therese es im gleichen Augenblick an seiner Linken tat, und sagte sie da nicht mit überschlagender Stimme: «Huber, Huber, wie ist Ihnen? Da haben wir ihn wieder!» Warum starrte die Forkel so töricht in ihren Schoß, warum saß Sömmerring so düster da und Humboldt so ratlos? Er, George, würde jetzt einen Scherz machen, man gebe acht. Er hob den Zeigefinger: «Huber, Huber, Sie trugen sich doch sonst so dunkel. Ei, ei, sind Sie wie ein Vogelmännchen in der Brunstzeit am schönsten befiedert?»

Es lacht ja niemand sehr, dachte er, mit schweren Augen in die Runde spähend, und gleichzeitig: warum übrigens eigentlich Brunstzeit? «Und singen Sie denn auch?» fügte er zögernd hinzu. Er erwartete durchaus keine Antwort, gab den Kreiselbewegungen seines Gehirns nach und versank in ein leeres Vorsichhinbrüten. Endlich wieder zu sich kommend, erblickte er Humboldt mit Sömmerring in angelegentlicher Unterhaltung, sah die Forkel schläfrig und vereinsamt und hörte über sich weggehen ruhiges Gespräch zwischen Therese und Huber. «Wenn die Ehemänner des Mittelalters auf Reisen gingen, legten sie ihren Frauen einen Keuschheitsgürtel an, zu dem sie allein den Schlüssel besaßen . . .» Oh, mein Gott, hatte er das eben laut ausgesprochen? Nein doch, nein doch, auf welche Gedanken kam er! Er hatte es nicht gesagt, nein doch, sie redeten ja alle ruhig fort, er saß da wie im Theater und hörte zu! Aber – nochmals! – mein Gott, mein Gott! Ich bin doch selber auf der Bühne, und was ist denn hier nun *meine* Rolle?

Es war eine Pantomime von fürchterlicher Lautlosigkeit. Dergleichen erleben wir in Träumen. Vorgänge alltäglichster Art spielen sich um uns her ab; es lachen Menschen, es trauern Menschen, es tanzen Menschen; sie winken sich zu, sie gehen Hand in Hand und trennen sich wieder. Vielleicht pflücken Kinder Blumen und gehen im Ringelreihen, vielleicht steht irgendwo in einer rätselhaft engen Straße ein Haus in Flammen, und aus den Fenstern beugen sich in Todesangst Gestalten, die wir lieben, und wir stehen gelähmt in der Ferne. Holde und doch schreckliche Masken, die wir nicht deuten können, wandeln an uns vorüber. Es hat alles eine Beziehung auf uns, eine geheime, wahnwitzige Bedeutsamkeit, auch die geringste Gebärde, das Fallen einer Apfelblüte vom Baum und das Zerbrechen eines Spielzeugs. Wir stehen und fühlen den Wirbel, der unsere Ebene mit allem, was unser, ach, *unser*, von *unseren* Augen, *unserem* Schicksalskreis allein bedingter Horizont umschließt, ergriffen hat, einen Wirbel, so rasend, daß wir ihn empfinden wie Stillstand, und nur durch den Luftdruck, der uns den Atem benimmt, wissen, es geht abwärts, es – geht unter. Wir stehen und warten auf das Zeichen, warten auf den Fall der Apfelblüte oder ein ruchloses Lächeln oder das Nicken eines gigantischen Hauptes – auf das Zeichen, das wir erkennen, auf das wir hineinschreiten werden in die stumme, schreckliche Handlung, um unsere Sendung zu erfüllen.

Durch die innersten Windungen des Labyrinths führt uns der tödliche Wirbel der Sinnlosigkeit. –

Riesenhaft und drohend in Unberechenbarkeit wankten die Lenker des europäischen Geschicks um den äußeren Umkreis der Szene. Mirabeau versank und mit ihm fiel Bourbon; an ihrer Stelle stieg apokalyptische Ungestalt, die Souveränität des Volkes. Preußen und Österreich ballten ihre Macht zusammen. In der Affäre von Lüttich gab es ein Miniaturvorspiel, eine Ouvertüre, in der alles enthalten war, was die Zukunft bringen sollte. Die Atmosphäre war mit ungeheurer Spannung geladen, Funken zuckten hinüber und herüber, irrten ab, erschlugen in Schweden den König, ließen hier und dort winzige Aufstände aufprasseln und im grünen gespenstischen Schein des Wetterleuchtens uralte

Zustände fremd und verwest daliegen, wie Tote, die man vergaß zu begraben. Die Flüchtlinge von Westen mehrten sich und fanden im Kurfürsten von Mainz einen *cher père et protecteur*, der seine Sonne aufgehen ließ über Condé, Artois und allem, was zu ihnen schwur, und der es völlig überhörte, daß es auch die Bezeichnungen eines *Abbé de Mayence* und eines *Gentilhomme parvenu* für ihn gab. Studenten und Zünfte prügelten sich und altgediente Professoren bekamen blutige Köpfe; die Pfaffensoldaten, die auf das Volk von Lüttich hatten schießen müssen, kamen heim und nahmen ihren alten Dienst wieder auf, bei den Prozessionen und Hoffesten Spalier zu stehen. Die Lesegesellschaft, zusammengesetzt aus Beamten und Gelehrten, Schullehrern und Kaufleuten, näherte sich nicht mehr allein vom *Belleslettres*-Fach und den Naturwissenschaften, sondern von Pariser Flugschriften, und im Universitäts-Kaffeehaus in der Quintinsgasse hob der Kellner Vespery, der sich selbst gern als einen Polyhistor und Tausendsasa bezeichnete, den *Moniteur* neuesten Datums für seine Günstlinge auf.

Sonst aber – noch kein Anlaß, sein Leben zu ändern! –

Es gab für George eine neue, vorteilhafte und vielversprechende Verbindung mit der Vossischen Buchhandlung in Berlin. Es gab neben der Ausarbeitung seiner jüngsten Reiseerinnerungen, die dem Publikum allmählich in drei Bänden unter dem Titel «Ansichten vom Niederrhein» dargeboten werden sollten, endlose Rezensionen, endlose Übersetzungen, endlose, endlose Lohn- und Fronschreibereien. Es gab literarisch-politische Erregungen, etwa über Hohlköpfe und Perückenstöcke, die die Revolution angriffen, wie Herr Girtanner in Göttingen, oder über einen englischen *fat*, der sein Licht gegen ihre Schattenseiten leuchten ließ und gegen sie andeklamierte, wie Burke in London. Es gab zuweilen einmal Grund, sich selbst als den Mäßigen, Klugen, Gerechten zu empfinden, wenn ein Mann wie Schlosser oder ein anderer die Franzosen verdammte; gab Gelegenheit, sich als den Sparsamen, Haushälterischen, Zurückhaltenden zu loben, wenn man wahrnahm, wie ein Liebling des Publikums, der so vergötterte Goethe in Weimar, ein fades Machwerk auf den Markt zu bringen wagte, wie den «Groß-Kophta»! Nun, wenigstens war George Forster so ausgelaugt noch nicht, wennschon noch kein Liebling der Lesewelt. Dies würde bald kommen. Möchten nur die Herren, die für ihre Mädchen, Läufer, Lakaien und Musikanten oder Poeten (siehe den Herzog von Sachsen-Weimar!) täglich Hunderte ausgaben, möchten sie doch nur erst einsehen, daß sie mehr Ruhm davon hätten, wenn sie einen Gelehrten, dessen Werk ihren Namen durch die Jahrhunderte tragen würde, dermaßen unterstützten, daß er vom Joch der Tagesschriftstellerei befreit schreiben könnte, zum ersten: das *Descriptio plantarum* der Südsee, und zum zweiten: die Geschichte der Südseeinseln. Weiteres würde sich einstellen. Auf der Suche nach solcher Fürstengunst schrieb man dann an

Müller, an Dohm, an Voß, unter ausführlicher Darlegung aller Schwierigkeiten, mit denen man zu kämpfen hatte; erntete verlegene Gegenbriefe, Ratschläge und verhüllte Ablehnungen und hatte Anlaß, sich gegenüber einer ausgearteten Hierarchie und Aristokratie als Glied einer edleren und besseren Mittelklasse zu fühlen – keinen Anlaß aber, sein Leben zu ändern.

Wollte der alte Heyne wieder erziehen? Stellte er warnende Beispiele von verschwenderischen Herren aus Göttinger Universitätskreisen auf, mit denen es dann schief gegangen war? Von lauter Herren mit Vorliebe für englische Fassons und englisches Mahagoni!? Rang er von ferne die Hände über Georges politische Ansichten, die doch weiß Gott sich milde genug äußerten, und warnte er, warnte er?! Sprach er von «dem Zentrum des Studierstübchens, von dem aus er ohne zu staunen durch ein kleines Fenster oder einen Ritz das Narrenspiel der Welt mit ansähe»? Oh, wußte denn dieser alte Mann, was seine Frau Tochter bei ihrem Lilienleben auf dem Felde verbrauchte und wer im Hause es eigentlich war, der den Ofen des politischen Enragements nicht ausgehen ließ? Da hatte er Anlaß, vom Geist hannöverischer Teegesellschaften zu reden und von dem Geist Englisch-Hannovers im allgemeinen, von wo aus sich unschwer der Übergang bot, auf den Geist Alt-Englands überhaupt zu kommen und auf alte Geschichten – Anlaß somit, sich gründlich auszusprechen, keinen Anlaß indessen, sein Leben zu ändern.

Gäste kamen und gingen durchs Haus, durchreisende und die alten in Mainz ansässigen Freunde. Zu dem Kreise um den abendlichen Teetisch gesellte sich zuweilen August Lux, ein junger Rousseau-Schwärmer, der draußen in Kostheim sein kleines Landgut bestellte, ein Kind nach dem anderen zeugte und es in seliger Freiheit mit seinen Kälbern und Ferkeln aufwachsen ließ; zuweilen auch der Ingenieur Eikmeyer, der Ausbauer der Festungswerke. Es gab unendliches spekulatives Räsonnement, wozu die Nachrichten und Gerüchte des Tages mehr Stoff als genügend boten.

Und da war seit dem Frühjahr 1792 Karoline Böhmer, die verwitwete Karoline, die mit ihrer kleinen Tochter einen Zufluchtsort gesucht hatte und von Therese mit einer gewissen Leidenschaftlichkeit nach Mainz eingeladen worden war. Therese hatte doch ein so starkes Menschenbedürfnis und besaß in Mainz noch immer keine Freundin, denn Frau Forkel kam nicht in Betracht. Was war also Wunderbares an dem Wunsch, Karoline in der Nähe zu haben, Karoline, die nun täglich ins Haus kam und mit der milden Heiterkeit ihres Geistes an allem teilnahm, was die Freunde betraf?

Jedoch es kam auf alles dieses gar nicht an. Auf dem Hintergrund der Tage voll Arbeit, Krankheit, Mühsal; voller verschlungener Jahreszeiten mit Blumensprießen, Ernte und Blätterfall; auf dem Hintergrund, in den die Gestalten der Freunde hineingewebt waren wie wandelnde Gobelinfiguren und auf den das europäische Geschehen Widerschein und Schatten warf, auf diesem Hintergrund spielte sich das Folgende ab. –

Es waren zwei zeitlich fast durch ein Jahr voneinander getrennte häusliche Ereignisse, aber für George schmolzen sie seltsam in eins zusammen, und er vermochte sie später in der Erinnerung nicht voneinander zu trennen. Sie begannen damit, daß seine Arbeitsruhe gestört war durch eine Beobachtung, die er sich zunächst nicht eingestehen, die er nicht wahrhaben wollte und vor der er sich in die Bibliothek zurückzog, um sich dort wochenlang zu vergraben. Immerhin nutzte es nichts, dann bei den Mahlzeiten und abends bis zum Einschlafen den Gesprächigen zu spielen, ja den reißend Geschwätzigen, der sich Mitteilungen des anderen in den kurzen Stunden des Beisammenseins weislich vom Leibe zu halten wußte; nutzte nichts, wenn man sich leidender gab, als man wirklich war, und in Haltung und Gebärde die verzweifelte Bitte ausdrückte, einen mit folgenschweren Mitteilungen zu verschonen. Dies alles ließ sich höchstens sechs bis acht Wochen durchführen, und dann – dann kam eben der Abend, an dem es Hohn gewesen wäre, sich dem Augenschein länger zu verschließen, an dem er übrigens plötzlich von Gewissensangst, Pflichten versäumt zu haben, tief beunruhigt fragen mußte: «Ist es an dem, Therese? Ist es denn wirklich an dem?»

Das Besondere war, daß Therese, die ihn in der Erwartung des Röschens und der kleinen Kläre immer von ihren Hoffnungen unterrichtet hatte, fast noch ehe sie sich bestimmter Anzeichen erfreuen konnte, ihn bei diesen beiden Kindern ganz seinen eigenen Ahnungen und Wahrnehmungen überließ; daß sie die körperliche Anfälligkeit der ersten Monate in keiner Weise zur Schau trug und ihr möglichstes tat, durch eine passende Kleidung den wachsenden Umfang ihres Leibes zu verbergen, so daß er von beiden Kindern erst erfuhr, als die Mutter ihr Leben schon fühlte, und auch dann erst auf jene Frage hin, die er nicht mehr unterdrücken zu können glaubte. Dies, so stellte er über seine Arbeit gebückt, aber stundenlang ohne fortzuarbeiten, grübelnd fest, dies war Rücksichtnahme von Therese, ohne Zweifel. Er bewegte den Kopf leise hin und her und stöhnte; begegnete seitlich blickend, als wollte er vor irgend etwas ausweichen oder suchte etwas, seinem in der zurückgeschlagenen Scheibe des offenen Fensters gespiegelten Bilde und starrte erschrocken hin. War er denn das, der den Kopf so zwischen die Schultern zog, der so scharfe Falten von der Nase zum Munde hatte, zu diesem in Qual verzerrten und lautlos geöffneten Munde? Hatte er diese Augen mit der zerknitterten Stirn, den gewulsteten Brauen darüber, diese Augen voll Abwehr, Argwohn und Angst? Abgewandt von diesem trüben Spiegelbild richtete er sich hastig auf, ordnete seine Züge durch ein Lächeln von innen heraus, wie er meinte, und sagte sich von neuem: Rücksicht war es und Rücksicht allein. Der Wunsch, ihm Zukunftssorgen solange wie möglich zu ersparen, Liebe also, für die er zu danken hatte, auf den Knien zu danken! Rücksicht jedoch, hatte er seit seiner Heimkehr aus England gelernt, konnte fürchterlich, konnte erstickend, konnte zum Fluch werden. Er begriff es nicht, warum jetzt fortwährend Rücksichten auf ihn genommen wurden, auf seine Appetite, seine Launen, seine Zeiteinteilung, seine Wünsche über Kindererziehung, auf sein Befinden, seinen Geschmack in allen und jeden Dingen; daß er fortwährend gefragt wurde, ob er zufrieden sei, ob er's auch anders haben wollte? Daß das Röschen angehalten wurde, auf den Fußspitzen zu gehen und nicht zu plaudern, wenn er Kopfschmerzen hatte; daß das kleine törichte Klärchen dann, wenn es schrie, in das entlegenste Zimmer verbannt wurde; daß niemand mehr hinging und auf seinem Schreibtisch Ordnung machte, was er sich früher zu hundert Malen umsonst verbeten hatte; daß bei Tisch Gespräche fallengelassen wurden, wenn er merken ließ, daß sie ihn verstimmten; daß er so viel angelächelt wurde; daß die Umschläge, Einreibungen und Medikamente für ihn immer vorhanden waren. Alles, alles dieses, das er früher entbehrt hatte, bis er die Entbehrung gewöhnt gewesen war, er besaß es jetzt im Überfluß, er ging wie auf Watte, seine Wände waren gepolstert; Therese pflegte ihn, und Huber schonte ihn, und beide waren so einig darin, daß er geliebt werden müsse. Sie blickten sich an, und dann kam ein Vorschlag, der ihm Freude machen sollte, etwa, ob er nicht einmal wieder auf den Abend die Kupfer zur Südseereise ausbreiten und ihnen erklären wolle, oder die australischen Muscheln zeigen oder aus den «Ansichten» vorlesen; sie blickten sich an, und dann zog sich Huber zurück, und er blieb mit Therese allein; sie blickten sich an, und dann überredeten sie ihn gemeinsam zu dem oder jenem, wozu er vorher keine Lust gehabt hatte. Und mit der Zeit blickten sie sich auch gar nicht mehr erst an, sondern was der eine meinte, das sprach der andere aus; sie waren aufeinander eingespielt, waren in einem Einverständnis der Liebe zu ihm, wußten ihn zu nehmen . . . Und er, anstatt dankbar zu sein, anstatt auf den Knien zu lobpreisen für das Himmelsgeschenk, das ihm da wurde, er knirschte, er ballte heimlich die Fäuste, er hätte gerne um sich geschlagen und Luft gemacht – und wußte doch, das wäre wie ein Schlag ins Wasser gewesen oder ein Versinken in Federkissen! Denn sie waren so unangreifbar freundlich, die beiden, ihre Gelassenheit so unzerstörbar, so ruhig der Glanz der Heiterkeit auf ihren Stirnen. Und da hatten sie es nun für gut befunden, ihm vorzuenthalten, daß er wieder Vater werden sollte – oder nein doch, Therese hatte es für gut befunden, es ihm und aller Welt und somit auch Huber so lange zu verbergen, als es immer nur anging. Er erklärte es sich ja, er verstand; es waren diese beiden jungen Männer am Tisch, Huber und Mr. Brand mit seiner englischen Prüderie, da durfte selbst er es nicht wissen, ehe es nicht mehr zu umgehen war, nur damit er durch Fürsorge und Aufmerksamkeit die Blicke nicht auf sie zöge. So war es, redete er sich ein, natürlich, so war es! Was sollte es auch sonst ...

Oh, Huber war der beste, treueste Freund, er nahm wie ein Bruder an allem teil, was seine Forsters anging! Er war es, der in den Nächten, wenn die Entbindungen herannahten, kaum schlief, sich höchstens angekleidet niederlegte oder stundenlang auf und nieder ging – man konnte seine leisen, ruhelosen Schritte in der ehelichen Schlafkammer vernehmen. Er war es, der dann zur Hebamme lief, den weiten Weg durch die ganze Stadt zum Cöstrich, den des Nachts keine Magd allein machen wollte, während George am Bette der Leidenden saß, bereit, die erste Hilfe zu leisten, halber Mediziner, der er einmal war.

Dann waren diese Stunden des Wartens, erfüllt vom herben Duft des schnell entfachten Holzfeuers im Ofen, das sausend brannte, vom Geruch nach Fenchel und Baldrian und unruhig gemacht von der aufgeregten Geschäftigkeit der Mägde. Da war das Stimmchen eines der Kinder, das, im Schlaf gestört, klagend weinte und mählich wieder verstummte. Da war Theresens Flüstern: «Daß nur Brand nicht geweckt wird – sie sollten doch leiser gehen ...» Und wenn er dann auf den Fußspitzen auf den Flur gegangen und zur Vorsicht gemahnt hatte, ihr dankbarer Blick und dann wieder ihre Augen geradeaus gerichtet, ohne Ziel oder mit dem Ziel im Unsichtbaren, bis von neuem die ratlose Angst hindurchflackerte, um gleich einem Ausbruch unbedingter Entschlossenheit zu weichen, bei dem die kleinen Hände sich ballten, der Kopf zurückgeworfen ward, der ganze Körper sich straffte und so dem Krampf der Wehe begegnete. Sie griff nicht nach seinen Händen, nein – aber warum wagte er es denn auch nicht, die ihren zu fassen, warum redete er ihr nicht zu, sich festzuhalten, warum stützte er sie nicht, wie er doch so gern getan hätte? Warum saß er hier und starrte aus einer entsetzlichen Ferne des Herzens hinüber zu ihren Kampf? Warum konnte er nicht zu ihr, warum lag diese undurchdringliche Einsamkeit des Stolzes und der Tapferkeit um sie her?

«Therese ...» murmelte er erschüttert, wenn es vorbei war. Und sie lächelte ihn an mit einem vergehenden Lächeln von Güte, als sei er es, der gelitten habe. Er legte die Hand über die Augen.

«Wie lange ist er schon fort?» flüsterte sie.

George sah auf seine Uhr: «Eine Viertelstunde. Noch ein wenig Geduld ...»

Draußen schleuderte der Wind Regenschauer gegen die Fensterscheiben – immer waren dies Frühlingsnächte. Immer murmelte Therese dann etwas wie: «Daß er nun so hinausgelaufen ist mitten in der Nacht», und: «Ist er nicht gut?» Immer meinte George darauf antworten zu müssen wie auf einen unausgesprochenen Vorwurf, daß er ja doch auch gegangen sein würde, aber wer wäre dann bei ihr gewesen?

Immer war dann dies unbegreifliche Lächeln der Güte wieder, die Hand, die seine streichelte und schnell wieder fortging. Dann hastige kleine Worte über häusliche Angelegenheiten: daß man nicht vergessen möge, den Dachdecker kommen zu lassen, es regnete oben an einer Stelle ins Haus, die Lise würde schon wissen. Daß sein, Georges, englischer Kastorhut zum Kürschner müsse, er möge daran denken und keine Visiten mehr damit machen. Daß in der Bodenkammer im Bettkasten obenauf baumwollenes Zeug zu warmen Unterröckchen für die Kinder liege und auch Strickgarn für neue Winterstrümpfchen; die Lise wisse ja Bescheid, an die Lise könne er sich in allen Fällen halten. Während sie, von einer neuen Wehe gepackt, verstummte, dachte er, er wisse wohl sehr gut, was sie damit meinte, mit diesem «in allen Fällen», befand es aber für gut, sich nichts merken zu lassen. Sie, erschöpft vom Schmerz, flüsterte noch: «Huber bat mich gestern abend noch, an seinem roten Frack einen Knopf anzunähen, erinnere doch Lise . . .», drehte den Kopf auf die Seite und gab sich aufatmend einem leichten Schlummer hin, während er nun, die Wange in die Hand gelegt, reglos in die flackernde Kerze sah. Die sonderbare Abgelöstheit dieser Stunde aus dem Alltag gab ihm eine Art von Trunkenheit, ein Gefühl, überwach zu sein, gab ihm die Täuschung, vor Entscheidungen gestellt zu sein, oh, endlich nackt vor Gott zu stehen, vor Gott allein. In solchen Stunden schien das ganze Leben gerechtfertigt und leicht und süß, von heller, weiser Lieblichkeit, wie die Quälereien einer grausamen Geliebten in der Stunde, da sie sich ergibt. In solchen Stunden war die Erinnerung an den König Minos zärtlich und ganz ohne Bitterkeit, obgleich dieser König Minos eben in diesen Jahren wieder begonnen hatte, sich alter Gewohnheiten zu entsinnen und dem Sohn in jedem Briefe seine Einnahmen nachrechnete, um sie mit den eigenen zu vergleichen. In solchen Stunden schaukelte George auf dem Gartenpförtchen zu Nassenhuben und spürte den alten Abendwind der Kindheit vor der dunklen Nacht, und alles, was an dem Wege von jenem Garten bis zu dieser dunklen Frühlingsnacht gewesen war, lag in dem verzauberten Schein der Ahnung mehr noch als im verklärenden der Erinnerung. Er träumte sich da einen fabelhaften Strom, Schiffe, von heldenhaften Männern geführt, Meerwunder, unerhörte Vögel, Pisanghaine, Türme, Paläste, Tore, Säulen, Dome, Minaretts aus edelsteinblauem, von Feuer durchglühtem Eis. Er war ein sonderbarer kleiner Knabe unter anderen sonderbaren kleinen Knaben in Deutschland, sie würden alle ihren Weg machen und im Zauberwald des Lebens große Taten tun; ihre kleinen knospenhaften Namen würden blühen. Sein Name unter den großen des Zeitalters – er lächelte. Über das in seinen Krämpfen schwer atmende Weib hinüber dachte er an den Mann, der sich jetzt aus ihrer Erdverbundenheit zum Lichte rang, dachte an einen Sohn aus seinem Blut und Geist. – Er schrak auf. Therese, längst erwacht, mit bangen, wandernden Augen und in Bedrängnis ächzend, hatte geflüstert: «Da kommt er, gottlob!» Hatte er die Haustür überhören können? Schritte kamen die Treppe hinauf, da waren Stimmen ... «Ja, sie ist es!» sagte er erlöst, und indem er der Wittib Schippel seinen Platz am Bett einräumte, gab er sich selbst in Hubers Freundeshände. Und Huber war der beste sorgende Freund; er ließ Kaffee bereiten, er machte für den Todmüden ein Lager auf dem grünen Kanapee zurecht. George, nun wirklich in Halbschlaf versinkend, erblickte in den Pausen seiner Betäubung immer wieder den langen, gebeugten Schatten des anderen, der lautlos durch das Zimmer wanderte und stehenblieb, wenn das Jammern der Leidenden anschwellend herüberklang – diesen Schatten im Zwielicht der abgeblendeten Kerze, der Seufzer ausstieß, die Hand über die Augen legte, stöhnte. Mein Huber hat ein weiches Herz, dachte George, flüsterte es sich innerlich eifrig und schnell zu, und beobachtete den anderen durch halbgeschlossene Lider unablässig, die Knöchel der ganz verkrampften Hand gegen die Zähne gepreßt. Mein Huber hat ein weiches Herz, das fremde Leiden rührt ihn allzusehr – mein Huber hat ein gar zu weiches Herz ...

«Huber! Es ist eine Tochter!» sprach er, gegen Morgen aus der Wochenstube tretend. Aber süßer klang es ihm selbst im April 1792, als er mit den Worten – nun, Worten, die er im Augenblick des Überschwangs nicht abgewogen hatte! – an die Brust des Freundes sank:

«Mein Huber! Wir haben einen Sohn!»

Und Huber – o ja, er hatte wohl ein weiches Herz! Er hatte mitgelitten, aber nun schluchzte er vor Freude und dann lachte er wie geschüttelt, die Arme um Georges Schultern gelegt, den Kopf abgewandt – lachte und wurde mit einem Schlage wieder tiefernst. Er folgte George an Theresens Bett, sie hatte den Wunsch ausgesprochen, ihm zu danken, der so treu mitgewacht hatte; er stand von ferne, mit hängenden Armen und gesenktem Kopf auf sie hinblickend, die, den Neugeborenen im Arm, zu ihm auflächelte. Und da war kein Wort im Zimmer, aber etwas wie Frage und Antwort, ausgedrückt in einer unhörbaren süßen Musik, die auch George mit einem verborgenen Organ der Seele vernehmen, die er aber nicht deuten konnte, an der er herumrätselte ... Und da war es auch schon vorbei, und Huber schlich auf den Zehenspitzen hinaus, und er folgte ihm, und da war ein neuer grauer Tag und da lag wartend die Arbeit von gestern ... Nein, auch diese Nacht hatte es nicht vermocht, das Leben zu erneuern. –

An Christian Friedrich Voß, den Verleger, der zum Freunde geworden war, schrieb George – und er tat dies, als die kleine Tochter Louise schon seit sechs Monaten den guten Platz am Herzen liebender Eltern und Geschwister wieder verlassen und ihn mit einem Bettchen unter dem Rasen des St.-Christoph-Friedhofes vertauscht hatte – George also schrieb am Morgen des 24. April 1792 an den guten Voß in Berlin:

«Ich bin am Sonnabend von meiner Frau mit einem jungen Sohn beschenkt worden. Sie, mein gütiger Freund, werden Anteil an unseren Empfindungen bei dieser Gelegenheit nehmen. Sie sind Empfindungen von gemischter Art; Freude, daß der kritische Zeitpunkt glücklich überstanden ist, daß alles gutgeht, Mutter und Kinder gesund sind; Freude, daß der Mann, der einmal den häuslichen Kreis einem glänzenden Glück vorgezogen hat, nun auch die Bestimmung näher vor sich sieht, gewisse Ideen und Gedankenreihen, die in einen weiblichen Kopf nie recht passen, dennoch einem seiner Kinder übertragen zu können und zu sollen; aber dies gemischt mit den Besorgnissen aller Schwierigkeiten, welche sich zwischen jenen Zeitpunkt der vollendetsten Erziehung und diese Aussicht aus der Ferne noch häufen und sie vereiteln können, mit dem Gefühl vervielfältigter Pflichten und vermehrter Beschwerde auf dem Pfad des Lebens – vor allem mit dem Gedanken, daß das künftige Glück und die Zufriedenheit noch eines Menschen nun wieder von unserem Handeln abhängen muß. – Ich wollte wirklich so ernsthaft nicht werden, lieber Freund, allein was sich jetzt in Kopf und Herzen regt, drängt sich auch wider Willen hervor. Sie halten mir diese Mitteilung meiner selbst zugute. – Und nun zu unseren Geschäften . . .»

Der Mann, der «einmal den häuslichen Kreis einem glänzenden Glück vorgezogen hatte» – gleichviel, daß man jenes glänzende Glück zu keiner Zeit seines Lebens enger hätte umschreiben können, denn mit dem Begriff einer Fata Morgana – dieser Mann fragte sich in den folgenden Monaten zuweilen, ob es denn nun eingetreten sei, daß Sorge und Mühsal ihn vor der Zeit hätten altern lassen, so daß er Jugend und Frohsinn nicht mehr verstünde. Denn er saß in seinem häuslichen Kreis wie ein Fremder, wie ein tagfremder Uhu, den Singvögel umlärmten, in diesem häuslichen Kreise, den ein unbegreiflicher Taumel beherrschte. Ein Glas Wein nach Tagesschluß, gewiß, er verschmähte es nicht, es erwärmte sein langsames Blut, es belebte für eine Stunde seinen ermüdeten Geist. Mußte jedoch Abend für Abend Wein getrunken werden? Kam er nicht aus seinem eigenen Keller, so hatten Huber oder Brand ein paar Bouteillen mitgebracht. Die Fenster standen alle weit geöffnet, milde, duftschwere Mailuft wogte herein, blühende Obstbaumzweige oder Fliedersträuße schmückten das Zimmer, und auf dem grünen Kanapee thronten Therese und Karoline und hielten Hof. Wie einst fühlte er jene unerklärliche Wärme von Karoline auf sich ausstrahlen, sah sie heiter, gelassen und anmutig, wo Therese sprunghaft, ungeduldig und von einer sonderbaren Bitterkeit des Ausdrucks war; versuchte zu vergleichen und – wußte, daß er Theresen angehörte, Theresen allein und für immer, mochte sie sanft und süß sein, wie sie es in jenem ersten Winter in dieser Wohnung gewesen, oder von der geistig aufgeregten

Heftigkeit, die sie jetzt ununterbrochen schöngeistern und politisieren ließ und in Betrachtung der neuesten Ereignisse in Paris leidenschaftlich Partei ergreifen: für Frankreich natürlich, für Frankreich und die Freiheit und gegen alle Despoten Europas, den unglücklichen Ludwig eingeschlossen. Karoline ließ dann nicht von ihrem spielenden Lächeln, das jeden streifte und es nicht zu begreifen schien, wieso man sich dermaßen echauffieren könne, da denn doch alles aufs menschlichste zu erklären sei. Karoline sprach dann zuweilen ein Wort, das erstaunlich klug und einfach den Gegenstand des Gespräches auf einmal abtat. Karoline wandte sich manchmal ganz ihm zu, wenn er still und müde dasaß, sie lockte ihn aus sich heraus, sie war geduldig lauschend, war freundlich – dennoch, in ihrer Gegenwart spürte er stärker als seit Jahren, daß er Theresens bedurfte und Theresens allein. Es war nicht recht von Therese, daß sie die Eifersüchtige spielte; freilich nur *spielte*, nur mit kleinen Neckereien, mit verstelltem Schmollen, mit Redewendungen, wie: nun, sie wolle das Tête-à-tête nicht stören, wenn er einmal in ein Gespräch mit der Freundin versenkt war. Es war nicht recht von ihr und entzückte ihn doch, und er mußte dann nachher zu ihr kommen und sich mit vielen Worten rechtfertigen, ungeschickten kleinen Worten, die sie ungern anhörte: «Aber ich bitte dich, lieber Freund – es war doch nur Scherz!» und «Ich gönne es dir doch wahrhaftig . . .» Oh, was mißverstand sie nur? Oder wollte sie mißverstehen? Sie ließ ihn mit Karoline allein, tauschte Blicke mit Huber, wenn er im allgemeinen Gespräch sich einmal ereiferte und dann, ohne es zu wollen, in diese aufmerksamsten und stillsten Augen am Tisch hineinsprach, deren Ausdruck ganz allmählich in Lächeln überging. Er sprach von der «Sakuntala»; er träumte redend den Traum von Indien, feurig phantasierend, unerachtet Mr. Brands skeptischen Lächelns über den Rand des Glases hinüber. Ein Deutscher konnte den Wundersamen freilich besser zum Keimen bringen als ein verknöcherter Engländer mit den Voraussetzungen des Warren-Hastings-Prozesses und den gewinnsüchtigen Spekulationen der jungen *East Indian Company*, die sich gierig wie ein Geier auf jene unerhörte Beute gestürzt hatte. *Deutschland* war bestimmt, das tausendjährige Herz des erstgeborenen Bruders wieder zu erlösen! Über seinem Schwärmen wußte er doch immer jede Bewegung Theresens und daß sie sich vom Tisch erhoben hatte und mit ihren Schritten Huber nach sich ans Spinett zog; wußte, daß Huber sich jetzt dort vor den Tasten niederließ und zu ihr aufblickte, die, über den Deckel gelehnt, das Kinn in die Hand gestützt, auf ihn einsprach, und versuchte verzweifelnd den Gegenstand jenes halb flüsternd geführten Gespräches zu erraten. Sprachen sie denn wieder von dem kleinen Jungen, von seinem kleinen Jungen, mit dem so viel vor sich ging, das er nicht erfuhr, oder taten sie es nur, wenn sie sich allein, ohne ihn aus der Bibliothek, aus seinem Kabinett herbeizurufen, über einen neuen

Krampfanfall gesorgt, mit Wedekind, dem Arzt, und mit Huber zur Seite – aber ohne ihn, den Vater? Der Vater bedurfte der Schonung, der Rücksicht, der Arbeitsruhe. Es gab Stunden, die kämpfte ein wackeres Weib allein mit ihrem Gott durch. Nun ja – möchte sie doch nur allein mit ihrem Gott und allenfalls mit Wedekind gewesen sein! Wenn der kleine Junge so elend war und wachsbleich – warum mußte dann abends hier Wein getrunken, gesungen und getanzt werden? Übrigens fühlte er sich gar nicht imstande, seinem dunkeln Widerstreben Ausdruck zu leihen. Wenn sich die Unterhaltung um ihn her in Histörchen und Anekdoten auflöste; wenn Huber anfing, sich zu seinen Arien auf der Laute zu akkompagnieren, wenn die Forkel sich erbitten ließ, den einzigen Tanz zu spielen, den sie beherrschte, dieses ewige Menuett von Gossec, zu dem Karoline dann mit einem unsichtbaren Partner ihre Pas und Komplimente machte – was hatte er also zu schaffen mit dieser tanzenden, lächelnden Dame? – fragte er sich; wenn dann um Mitternacht Wedekind auftrat, um den Lustbarkeiten ein Ende zu machen, die Forkelin nach Hause zu bringen und den einmal angebrochenen Bouteillen auf den Grund zu sehen, wie er sagte – so saß George in einer Ecke des Kanapees bei der Kerze, scheinbar ins *Journal des Débats* oder den *Moniteur* vertieft, im Herzen bitter entrüstet und ratlos, weil sie alle spielen durften und mochten und immer nur spielen – nur er nicht. Merkte es wohl ein Mensch, nahm etwa Therese es wahr, wenn er aufstand, den einen Leuchter ergriff und in die Kammer ging? Dort stand er an der Wiege, das Licht mit der Hand schützend, und starrte auf das winzige Gesicht, dessen bläuliche Lider sich beim Schlafen nie ganz schlossen, so daß die Iris reglos und erschreckend durch den Spalt schimmerte. Ein Zucken lief mitunter über die blassen Bäckchen hin und durch diese mageren Händchen, die da auf dem Deckbett lagen, ausgestreckt und ergeben, wie die Hände eines leidenden Erwachsenen. Was suchte er denn in den alten, faltigen Zügen des Würmchens? Warum ging er nicht wieder, da er doch sah, hier war alles in Ordnung? Der kleine Georg, dachte er langsam mit Erwägung jedes einzelnen Wortes, sieht unter seinen Geschwistern nur der kleinen Louise ähnlich, der kleinen Louise, wie sie dalag und tot war. Warum wurde drüben gesungen, getrunken, gelacht, wenn der kleine Georg dalag und aussah wie tot? Er tastete sich trotz seines Leuchters durch den Saal zurück, als ginge er durch Dunkel. Plötzlich blieb er stehen, reckte den Arm mit dem Licht hoch und starrte böse und grübelnd hinauf zu seinem eigenen Bilde, zu diesem arglos liebenswürdigen Antlitz, das über ihn wegsah, als hätte er nie etwas mit ihm gemein gehabt. –

Woher dies Feuer der Beredsamkeit? dachte er dann zuweilen am Familientisch; nun, saß Therese neuerdings auf kassandrischem Dreifuß? Sie hatte einen Menschen mit der *cocarde tricolore* durch die

Gassen gehen sehen, hatte armes Volk untereinander auf die Reichen und die Pfaffen schimpfen hören, hatte sich auf dem Markt über die steigende Teuerung aufgeregt und sich die Schandtaten irgendwelcher Emigranten erzählen lassen, die sich doch wahrhaftig immer mehr gebärdeten, wie die Herren im Lande. Therese also, durch eine Belanglosigkeit angeregt, Therese dozierte etwa so: Der Krieg, der sich da vorbereitete, der schon im Gange war, er war eine interne Angelegenheit der Franzosen – kein Zweifel bestand für den Einsichtigen! Bruder gegen Bruder kämpfte Frankreich verzweifelt um sein zerrissenes, blutendes, um sein heiliges Herz!

Dies sei sehr richtig bemerkt, mochte Huber hier einfügen. Preußen und Österreich schmeichelten sich zwar in dem Wahn, für die Ruhe Europas und damit für das eigene Interesse zu rüsten, indessen . . .

Indessen, dies lag auf der Hand – Therese reckte lebhaft ihre kleine, feste Hand mit gespreizten Fingern aus und zog sie hastig wieder zurück, als hätte sie ein Geheimnis enthüllt: auf der Hand lag es, daß *l'ancien régime*, daß *Frankreich* in Gestalt seines vertriebenen Adels ein deutsches Heer aufgeboten hatte, um *Frankreich*, um jenes rabiate Paris zu bewältigen! *L'ancien régime*, verachtens- und verabscheuungswürdig. Was hatte Huber dagegen einzuwenden? Die kleine Faust fiel leicht und kräftig auf die Tischplatte nieder, denn Huber hatte die breiten, schön umrissenen Lippen ein wenig verzogen und bewegte schmerzlich den Kopf, wie von einem krassen Forte peinlich berührt. Hatte der sächsische *chargé d'affaires* noch so viel aristokratische Sympathien, daß er kein wahres Wort hören konnte? Huber hob nur abwehrend die Rechte: «Ah, *l'ancien régime*! Es war nicht ohne *charme*!» Therese, sein verzücktes Gesicht aufmerksam, fast neugierig betrachtend, streckte ihm plötzlich die Hand hin, zärtlich ausrufend: «Huber! Ich verstehe auch diesen *point de vue*! Im Grunde aber sind Sie *unserer* Meinung!» Und fuhr dann fort, im Tone der Seherin darzustellen, wie *l'ancien régime* nun in der Pose unwiderstehlicher Bravour dastehe, bereit, mit Strömen fremden Blutes jene ridikulen Menschenrechte hinwegzuschwemmen, während das andere Frankreich in Gestalt eines Heeres schlecht ausgerüsteter und mangelhaft bekleideter Soldaten, deren zuverlässigste Waffe ihr Herz war . . .

Eines Heeres begeisterter Kreuzfahrer, wie Huber nun von dem anderen *point de vue* aus schwärmend einschob, die die heiligen Grabstätten einer großen Vergangenheit zu neuem Leben befreien wollten . . .

Während dies andere Frankreich im roten Westen unbeirrt seine Kolonnen formierte. Fühlte denn nur sie allein den Boden schon zittern unter dem Marschrhythmus der von Osten und Westen einander entgegenziehenden Armeen? War nur sie allein so prickelnd erregt von der Spannung dieser von Erwartung des Kommenden geladenen Luft, die jetzt über dem Rheinland lag? –

Auch George fühlte diese Spannung. Er fühlte sie, als mündeten alle Strahlen des drohenden Sommerhimmels in der Kuppel seines unseligen Schädels, und hineingerissen in das unwiderstehliche Vibrieren des Lebens, das von Paris ausging – mochte der Geist dort auch schon den Mord heilig gesprochen haben – in dieser Stimmung schrieb George an den Schwiegervater, gelassen, als sei er an der Urheberschaft dieser Entwicklung beteiligt: «*Jacta est alea!* Wir wollen nun aufhören, von Prinzipien zu sprechen. Die Appellation an das Recht des Stärkeren ist geschehen. Wir wollen sehen, wer der seyn wird.» –

Der Würfel war gefallen!

Dies war der Grund jener Erregung, die einstweilen zwecklos verlodern mußte. Der Würfel war gefallen, deshalb – nun erkannte er es! – galt es, die Nächte aufzusitzen, zu trinken, zu lachen, zynisch und bizarr zu reden. Wenn die Staaten ins Wanken gerieten, so war nichts zu tun, als die Hände sinken zu lassen. Die Sache der Zukunft war es, der man angehörte, einer noch völlig verschleierten, dunklen, ungewissen Sache. Wieder einmal, wenn man sich prüfte, sah man sich selber als den nackten Menschen, dem Schicksal ausgeliefert, und es würde sich darum handeln, der Bestie gegenüber das Ideal zu verteidigen. Indessen lag die Bestie noch untätig da, den Kopf auf den Pranken, tückisch blinzelnd. In einer solchen entsetzlichen Spannung hatte der kleine George vor dreißig Jahren keinen anderen Ausweg gefunden als den, seine Natur zu vergewaltigen, mit dem Janusch umherzuwildern, Äpfel zu stehlen, Heuschober anzustecken, Hunde und Katzen zu quälen. Oh, er erinnerte sich seltsam deutlich!

Gäste also ins Haus! Und ein Oxhoft Niersteiner im Pfandhaus ersteigert! –

Viele kleine Kinder litten doch an Krämpfen und überstanden es. –

Es lohnte sich nicht, in diesen Wochen viel zu arbeiten, da doch fortwährend Besuch kam und außerdem mehrere Eisen im Feuer lagen, Projekte, die sich auf die Unterstützung des Pflanzenwerkes durch den Wiener Hof, auf eine Anstellung in Preußen, auf eine Reise mit Brand nach dem Süden bezogen. Und es kamen wirklich unaufhörlich Menschen ins Haus, Offiziere, Ärzte, Feldprediger der durchziehenden Truppenteile, die an der Grenze Aufstellung nehmen sollten; alte Bekannte aus den Kasseler Jahren, mit denen man einst den *lapis philosophorum* gesucht hatte und die Sömmerring ungern wiedersah; Reisefreunde aus Berlin, aus Dresden, aus Wien, aus Warschau, alles Leute von Welt und von geschmeidiger politischer Einstellungsfähigkeit, keine bramarbasierenden Preußen, Eisenfresser und Despotenbüttel. Es gab ein ungeheuer lustiges Politisieren um den Teetisch herum.

Hatte nun nicht die große Katharina mit ihren Deklamationen gegen Paris Preußen und Österreich endlich auf die Beine gebracht und so weit fort auf die Hasenjagd geschickt, daß sie selbst jetzt in Polen ungestörtes Spiel hatte? Und was sickerte alles von Preußens und Österreichs Absichten über die Teilung der Beute durch, noch ehe der Braten erlegt war? – Es war besser, nicht zu dem kleinen Jungen hineinzugehen, wenn er einmal eingeschlafen war, hatte Therese gesagt. Es störte den kleinen Jungen – ja, Therese hatte natürlich recht! –

Ein Glas Wein auf den Abend war gut; zwei Gläser machten sogar heiter. Hörte man auf, die Gläser zu zählen, so stellte sich ein Zustand von Zufriedenheit ein, der auf der Fähigkeit, leicht, elegant und interessant zu demonstrieren, basierte, einer ungewohnten Fähigkeit, die glücklich machte. Er tat es den anderen gleich, war feurig in der Verteidigung der Neufranken wie Therese, begründete sein Urteil mühelos mit Belegen aus der Historie, wie Huber, fand kleine Scherzworte, nicht wahr, war ein wenig schalkhaft wie Karoline – spielte mit, kurzum, spielte mit und stand nicht daneben.

Der kleine Junge begann ja auch zu gedeihen. Er hatte ihn heute heimlich aus der Wiege genommen und ihn herumgetragen, als er schrie. Er war in seinem Arm still geworden, er war so warm und süß. Hatte er einmal etwas besessen, was ähnlich gewesen war, ähnlich hilflos, zart, ganz auf ihn angewiesen? Einen kleinen Vogel vielleicht? Sein kleiner Junge war sein Freund, er hatte ihn angelächelt mit diesem bebenden zahnlosen kleinen Munde. Wem glich sein kleiner Sohn doch, wenn er lächelte – wem glich er doch? –

Archenholz kam auf der Durchreise und brachte mit seinen Berichten aus Paris Hoffnungen auf einen gemäßigten und glücklichen Verlauf der inneren Entwirrung, die jedoch bald von den Berichten neuer Greuel vereitelt wurden. Die Teuerung in dem von Emigranten und Truppen übervölkerten Rheingau wuchs von Tag zu Tag und mit ihr allgemeine rat- und ziellose Erbitterung. Nebenher wurden die Zurüstungen zu dem großen *concert des puissances*, das nach der Krönung des neuen Kaisers zu Frankfurt in Mainz stattfinden sollte, heiter und großartig betrieben, als gälte es schon ein Siegesfest. George fuhr in den Krönungstagen mit Huber und Brand nach Frankfurt hinüber, sah den jungen Franz, wie er, so gutartig und unschuldig aussehend, die Hauskrone auf dem Haupt, zu Pferde in die Kirche zog, und ließ sich von diesem Anblick bis zu Tränen rühren, was er seinem Herzen unbeschadet seiner despotenfeindlichen Grundsätze gönnen zu dürfen glaubte. Dem Schauspiel der fürstentrunkenen Mainzer, der Ehrenpforten, Illuminationen, Feuerwerke, der spalierbildenden Rotröcke – dem Lärm der Janitscharenmusiken und feierlichen Hochämter indessen ging er aus dem Wege, indem er die guten Freunde Reichardts aus Gotha nach ihrem Reiseziel Koblenz weiterbegleitete, nachdem sie einige Tage unter seinem Dach geweilt hatten. –

Er machte es sich klar, daß er von einer fürchterlichen Müdigkeit befallen war, als er bei der Heimkehr vom Anlegeplatz des Schiffes vor dem Raimonditor durch die Stadt nach Hause ging; daß die Julihitze ihn krank gemacht habe, daß diese entsetzliche Schwermut folglich nicht böse Ahnung, sondern körperlich und im übrigen gegenstandslos sei. Die Straßen waren wie ausgestorben. In Eltville fand ein Volksfest statt, bekränzte Schaluppen mit türkischer Musik waren ihm den Rhein hinunter entgegengekommen. Die große Welt mochte in den Gärten der Favorite feiern. Die fremden Truppen lagerten im Glacis. Wie er so schlaffen Schrittes dahinschritt, den Hut in der Hand, den Kopf gesenkt und nichts empfindend als eine peinliche Unlust, nach Hause zu kommen, eine Unlust, die ihn trotz aller Ermüdung nicht den nächsten Weg suchen ließ, sondern ihn immer wieder durch fremde Straßen und Gäßchen trieb, stieß er am Karmeliterplatz fast mit einem Leichenzug zusammen, der zum St.-Christophs-Friedhof wollte – mit einem kleinen weißen Kindersarg, der, mit Rosenketten bekränzt, das traurig-prunkvolle Gefolge eines Priesters mit seinen Knaben und einiger Herren der Mainzer Gesellschaft hatte. George erkannte Angehörige der Familie von Echter, deren einziger Sohn, Leutnant in preußischen Diensten, auf dem Weg ins Feld seine Frau und deren Schwester, Töchter eines Generals von Tracht, mit seinem kleinen Sohn für die Dauer der Kampagne zu seiner hier lebenden Mutter gebracht hatte. George hatte von einer Erkrankung des Kindes gehört, der Scharlach grassierte ... Betroffen verweilend und alles an sich vorüberlassend, stand er noch immer von der Ahnung eines Schicksals durchschauert da, als der Zug und die kleine Schar von Frauen und Kindern, die ihm nachlief, längst verschwunden war; raffte sich dann plötzlich zusammen, blickte verstört um sich und preßte die Hand auf die Brust. Dies, sagte er sich, nun hastig in der Richtung auf die Große Bleiche hinstrebend und diese Straße hinauf und nach Hause zu schreitend, dies war Wirklichkeit, kein Spuk und keine Vision. Es hatte keine Ähnlichkeit mit irgend etwas schon Erlebtem, denn – so tröstete er sich sinnlos: als wir das Luischen begruben, war es an einem nebeligen Novembermorgen ... Dies also war nicht die Spiegelung eines mir bevorstehenden Ereignisses. Hier gurren Tauben auf dem Dach, diese Kinder spielen so vergnügt, die Frau dort hängt so friedlich Wäsche auf. Die Leute könnten doch nicht alle so ruhig sein, wenn ... Ich bin außer aller Kontenance, fühlte er und wischte sich den Schweiß von der Stirn. Einem Leichenzug zu begegnen, bedeutet doch außerdem immer Glück. Nun bog er in die Tiermarktstraße ein, rannte fast die letzten Schritte bis zu den Universitätshäusern, ging dann wieder langsamer, drückte zögernd, zögernd die Haustür auf. Wie kühl war doch die Luft im Flur! Ach, natürlich – welche Einbildungen! Er atmete erleichtert auf, wovor hatte er sich eigentlich gefürchtet. Er erinnerte sich, daß Therese und die Kinder nun in der Nachmittagshitze ruhten, daß die

Mägde in der Küche beschäftigt waren, daß es deshalb so still, so seltsam still im Hause sei. Auch schrie kein kleines Stimmchen, wie er doch – er war sich dessen sicher – erwartet hatte. Um so besser, dachte er. Wir werden einen belebten Abendzirkel haben, machte er sich klar, indem er die Treppe hinaufstieg, und besann sich, daß auch der Besuch Herrn von Goethes aus Weimar, der seinen Herzog ins Feld begleitete, in Aussicht stand. Das Gespräch darf nicht auf den «Groß-Kophta» kommen, entschied er und drückte nun mit einem Gefühl der Kälte in Wangen und Lippen, mit einem Krampf in der Brust die Klinke der Wohnstubentür hinunter.

Er sah: da stand der offene kleine Sarg. Da lag sein kleiner Junge tot. Und da saß Therese vorgebeugt, den Ellbogen auf den Knien, den Kopf auf die Hand gestützt, mit einem auf ihrem Antlitz erstarrten Ausdruck irrer Fassungslosigkeit über diesen Sarg ins Leere starrend; und da saß Huber neben ihr, den Arm schlaff um sie gelegt, zusammengesunken, zerschlagen, furchtsam vor sich niederblickend, Tränenspuren auf den Wangen: da saßen zwei Zusammengefesselte, zwei Miteinanderverurteilte ...

Therese hatte sich erhoben. Huber stand auf. Sie schienen beide noch nicht ganz erfaßt zu haben, daß er da war, obgleich sie ihn anblickten. Plötzlich unter diesen Augen, die zwischen ihm und Therese hin und her glitten in stummer, entsetzlicher Frage, legte Huber die Hand über sein Gesicht, machte eine taumelnde Bewegung auf George zu und ging wankenden Schrittes zur Tür.

O nein, o nein, den Abgrund nicht! Den Abgrund zwischen ihnen beiden nicht! War er noch zu füllen mit dem Schutt des Alltags? Reichten die Brücken der großen Ereignisse noch von einem Rand zum anderen?

Wohnten sie denn nicht beieinander, hatten die Mahlzeiten, die Zimmer, die Kinder, die Freunde gemeinsam, gemeinsam die lauten festlichen Abende und die Nächte, Bett an Bett mit dem stundenlangen Belauschen des anderen im Finstern? Oder lauschte Therese nicht so auf ihn, wie er auf ihre Atemzüge, die ihm verrieten, daß auch sie nicht schlief, daß sie ... Wartete sie etwa darauf, daß er – nun endlich einschliefe? Aber ihre Hand war sanft gegen ihn gewesen, er hatte alle Pflege gehabt, deren sein kranker Leib bedurfte, er hatte das Lächeln ihrer Augen über sich gesehen und nichts war ihm verwehrt worden. Nicht wahr, jene Stunde, jene furchtbare, am Sarg des kleinen Jungen, sie hatte im höllischen, falschen Lichte seiner Ermüdung und Überreizung gestanden, und sie war doch vorübergegangen, wesenlos geworden wie das furchtbare Wort, das er gesprochen hatte – oder hatte er es nicht gesprochen? Das er hinter Huber drein gesprochen zu haben meinte, der die Türe so entsetzlich sanft geschlossen hatte: «Ihr werdet wohl nicht ruhen, bis auch ich ...» Nein, nicht in seinem Herzen wohnten Worte mit solchen Widerhaken! Sein Herz war sanft, geduldig, wollte tragen. Es tat sich auf, sobald die Sonne wieder schien; und da war die geliebte Frau, und da war der Freund, und sie beide so voll Milde und Kraft, bereit, ihn, den Schwachen, zu stützen, ihm alles zu verzeihen ...

Er war gefaßt. Er arbeitete wieder. Und was arbeitete er? Er faßte die Erinnerungen des glorreichen Jahres 1790 in Kalenderform zusammen, machte aus jenen unvergeßlichen *événements* und den Silhouetten der großen Männer ein allerliebstes Büchlein im Publikumsgeschmack, das, mit vorzüglichen Kupfern geziert, zur Michaelismesse bei Voß herauskommen sollte. Im übrigen fügte er Bild an Bild zum dritten Bändchen der «Ansichten», ließ sich von Karolines klugem Zureden bewegen, etwas gefälliger und weniger pathetisch zu schreiben, saß mit dieser guten Freundin und Zuhörerin über neuen Übersetzungsplänen und nahm sich täglich in den Morgenstunden sein Röschen mit ihrem Augustchen zusammen vor, um diesem kleinen Gesindel ein paar Anfangsgründe der Wissenschaften beizubringen. Sie waren keine Knaben, allerdings ...

Es war ihm, als müßte er ganz leise und behutsam weitergehen. Als könnte ein hastiger Schritt, eine heischende Gebärde – als könnte schon ein ungeduldiger Gedanke die Schneeflocke lösen und mit ihr die Lawine, die alles begraben würde.

Lächeln also. Waren Therese und Huber nicht Kinder, liebenswürdige Kinder? War es nicht gut, mit ihnen zu leben, zu fühlen, daß sie ihn trugen und dennoch seiner nicht entraten konnten, seiner Arbeit bedurften, seiner Erfahrung, seines Rates? Lächeln, oh, und nicht mißtrauen, wenn sie auf den Spaziergängen zurückblieben, wenn sie dann Hand in Hand wie die Träumenden herankamen; wenn sie in der Abendstunde still zusammen am Fenster saßen. War es nicht Unschuld, wenn sich ihre Hände nicht lösten? Wenn Huber den Blick nicht von Theresens über die Arbeit gesenkten Scheitel ließ, auch jetzt nicht, da George hinzugetreten war? Lächeln also! Lächeln auch über den Klatsch, den der um des Freundes Ehre so redlich besorgte Sömmerring nicht unterließ, ihm zu hinterbringen.

«Ach, guter Sömmerring – wir wollen lieber anderer Dinge gedenken! Die Moral des Mainzer Professorenklüngels in Ehren. Aber ich denke, für uns ist anderes maßgeblich ...»

Lächeln also! Lächeln auch über jenes Gedicht im letzten Göttinger Almanach, der ihm im Oktober in der Universitätsbuchhandlung in die Hand kam, in dem er blätterte, verwundert, ihn nicht wie jedes Jahr gleich bei seinem Erscheinen von Dietrich zugesandt bekommen zu haben. Er stutzte beim Titel eines der Beiträge, die «*Huberulus Murzuphlos* oder Der poetische Kuß» überschrieben war, las weiter, las ein kleines, infames Machwerk voller Anzüglichkeiten, las den Verfassernamen Bajazzo Romano, meinte sich zu erinnern, daß Meyer gelegentlich unter diesem Pseudonym veröffentlichte, legte das Bändchen beiseite – und lächelte. Hatte man ihm zu Hause das Buch unterschlagen, um ihn zu schonen? Er sprach mit Karoline darüber, die er gleich darauf in ihrer Wohnung in der Welschen Nonnengasse aufsuchte, um ihr einige Journale zu bringen. Die gute Freundin errötete heftig; ja, sie sei mit Therese übereingekommen, den Almanach nicht vor ihm zu erwähnen, da er diesmal durch und durch faul und wurmstichig sei, von pöbelhaften, kleinen Gemeinheiten wimmele, zu denen auch Bürgers Epigramme zählten. Der *«Huberulus Murzuphlos»* übrigens, sprach sie nach einer Pause mit verzweifelter Tapferkeit weiter, so wie man eine Wunde berührt, um sie zu heilen, dieser elende Angriff auf den guten Huber sei nun Gott sei Dank durchaus nicht von Meyer, wie sie zuerst mit Entrüstung hätte annehmen müssen – dazu sei Meyer nicht fähig, sagte George sehr ruhig und – lächelte; er selbst wäre nie auf diese Annahme verfallen, sprach er, bückte sich und rückte an der Schnalle seines Schuhs – sondern von Bouterweck, der sich für Hubers herbe Kritik seines «Donamar» in der Jenaischen Literaturzeitung in dieser feinen Weise rächte. Indem sie ihn ängstlich anblickte und – er fühlte es – gern nach seiner Hand gegriffen und sie gestreichelt hätte, sagte sie ganz zaghaft und leise: «Lieber Forster, nicht wahr, es ist nun alles gut?» Und als er ihr darauf mit einem kraftlosen Heben und Senken der leeren Hände sein Antlitz zuwandte, bemerkte er Tränen in ihren Augen, murmelte: «Liebe Karoline . . .» und wußte es nicht, daß es seine Gebärde war und dieses arme Lächeln seines müden, gealterten Gesichtes, die jene Tränen stürzen ließen. –

Was bedeuteten übrigens auch solche im Bereich der *Belles lettres* hin und her sausenden Giftpfeile in diesen Tagen, da Mainz mehr denn je einem aufgestörten Ameisenhaufen glich, nachdem jener General Custine, der, in Landau stehend, seine Soldaten aus purer Langeweile einmal ein wenig in den Rheingau spazierengeführt und so spazierengehenderweise Worms und Speyer eingesteckt hatte, sich mit dem berühmten Appetit, der im Essen wächst, Mainz zu nähern begann und gewillt schien, des Heiligen Römischen Reiches Schlüssel seiner siegreichen Republik zu Füßen zu legen? Es mochte seinen besonderen Reiz haben, die Zurückwerfung der deutschen Armeen, die seit dem für die Koalitionstruppen so unseligen Tage von Valmy eine vollkommene war, mit der Eroberung der Stadt zu krönen, von der das renommistische Manifest des Braunschweigers ausgegangen war. Wer sich für den Geist jenes Manifestes irgendwie auch nur im entferntesten mitverantwortlich fühlte, dem schien das Heranziehen des Bürgergenerals jedenfalls außerordentlich peinlich zu sein, und während wenige Meilen nördlich das Zurückwandern der geschlagenen deutschen Truppen über den Rhein begann, setzte über die Schiffsbrücke von Mainz eine sonderbare Piroutchade sich in Bewegung, und auf einer unabsehbaren Kette von Wagen aller Art schaffte ein hoher Adel sich selbst und sein bewegliches Eigentum so eilfertig aus der Stadt, daß schon vor dem 10. Oktober die Mainzer Bürgerschaft ganz unter sich war. Denn auch die obere Geistlichkeit und die Emigranten waren nicht zurückgeblieben, beileibe, diese am allerwenigsten. Seine Eminenz hatte die Stadt nächtlicherweile und durchaus unauffällig verlassen, wie es hieß, in einem Wagen, an dessen Schlägen die Wappenschilder in aller Eile abgekratzt worden waren, und hatte sich nach dem Eichsfeld begeben, baldigst gefolgt von Ihrer Eminenz, die indessen das Tageslicht nicht gescheut hatte und am frühen Morgen mit allem Pomp und großem Gepäck, gezogen von den vier Apfelschimmeln, abgereist war. –

George stand am Morgen des nächsten Tages an der Brücke und sah dem Schauspiel der abrollenden Berlinen und Kaleschen zu, unter denen endlich das Kabriolett kam, in dem Huber mit dem Archiv seiner Gesandtschaft nach Frankfurt fuhr, nicht aus Furcht, wie er zu versichern kaum nötig gehabt hätte, aber wegen dieser überflüssigen Königlich Sächsischen Staatspapiere, für die er nun einmal verantwortlich war. Da war er hingefahren, in unbegreiflicher Erregung bleicher aussehend, als sich mit dem Anlaß dieses Abschieds vertrug, und hatte fremd und ernst zu George hinübergegrüßt, als er ihn am Brückenkopf stehen sah. George war dann zurückgegangen, als sei der Zweck seines Ausgangs erfüllt: er hatte Huber abfahren sehen. Unerklärliche Befriedigung füllte schwankend sein Herz bis zum Rand. Gewiß, und er gab es sich zu: leichter war es zu lächeln, zu lächeln auch in der Vorstellung, daß nun die deutsche literarische Welt aus jenen Bajazzo-Versen hämisch die Runen seines Schicksals zu deuten suchen würde – leichter war es zu lächeln, wenn Huber einmal für Tage, für Wochen nicht mit am Tisch saß. Es war möglich, mit der Vorstellung zu spielen, daß die Flut politischen Geschehens ihn auf Nimmerwiedersehen entführen könnte. Kamen doch schon wenige Tage nach seiner Abreise kummervolle Briefe von ihm, des Inhaltes, daß er Befehle aus Dresden habe, den gefährdeten Boden von Mainz nicht eher wieder zu betreten, bis die alte Ordnung dort hergestellt, der Kurfürst zurückgekehrt sei.

Therese nahm das so gelassen hin, sie äußerte keine Vermutungen, keine Hoffnungen für die Zukunft; Therese war blaß, aber heiter, von einer Fassung, der er demütig begegnete. Sie folgte der Entwicklung seiner Pläne mit Aufmerksamkeit und nur mit geringen Einwänden. Gewiß, es war kein übles Projekt, baldmöglichst nach Paris überzusiedeln und dort zunächst als freier *homme de lettres*, später im Dienst der freiheitlichen Regierung zu leben. Sie hatte alle Auffassung dafür, daß es nun an der Zeit sei, mit einer langsam gereiften freiheitlichen Anschauung Ernst zu machen, daß es unmöglich sein würde, der alten

Mainzer Regierung, die sich so verächtlich gemacht hatte, weiter zu dienen, falls sie denn wieder ans Ruder kommen sollte. Aber der Hausstand hatte sich so vergrößert in den letzten Jahren; wie dachte er es sich denn mit dieser Menge beweglichen Eigentums? Die Möbel sollten wieder verkauft werden? Nun ja, *ihr* Herz hing nicht an Gegenständen. Immerhin möge er bedenken, daß in irregulären Zeiten die Konjunktur für derartige Verkäufe keine günstige sei. Es war Abend, und sie saßen zusammen auf dem grünen Kanapee, Therese untätig in einer Sofaecke lehnend und ihr Armband am linken Handgelenk unablässig hin und her schiebend. Ihr Blick, nur zuweilen mit scheinbarer Sammlung in seinen Augen ruhend, durchforschte unruhig die Dämmerung der unbeleuchteten Zimmertiefe und hing dann wieder wie plötzlich gebannt in nächster Nähe, an einer Fehlstelle in der Politur des Tisches, die sie spielend berührte, an einem kleinen braunen Fleck ihres Unterarms.

«George», fragte sie dann plötzlich, als er schon seit einer Weile von einer Bibliotheksangelegenheit sprach, «könntest du denn daran denken, zu den Franzosen überzugehen?»

Sie sah ihn von der Seite an, fast lauernd. Er nahm den Anlaß wahr und holte sehr weit aus. Er sei in Polnisch-Preußen geboren, habe diesen Boden verlassen, noch ehe er wieder in preußische Hände übergegangen sei, und hätte alsdann von seinem elften Jahre an nacheinander – er zählte es an den Fingern her – der russischen, englischen, hessen-kasselschen, polnischen und nun endlich der kurfürstlich-mainzischen Regierung gedient. Hätte als Gelehrter das ungeheure russische Reich, fast alle Länder Europas und die halbe Erde bereist . . . Hier flocht Therese ein: «Zwischen deinem elften und zwanzigsten Jahr – ach, Georgie, du Gelehrter!» lachte ein kleines, gurrendes Lachen und streichelte spielend seine Rechte. Jawohl, fuhr er mit ernsthaftem Eifer fort, er habe eben auf diese Weise wenn nicht die ganze Erde, so doch Europa als sein Vaterland betrachten gelernt und die Menschheit als sein Volk, sei zudem nie einer Kirche hörig gewesen, sondern von frühester Jugend an durchdrungen und geleitet von der königlichen Kunst, mit dem Maßstab der Wahrheit, mit dem Winkelmaß des Rechtes und mit dem Zirkel der Pflicht in der erdumfassenden Vereinigung aller Guten zum Guten zu wirken, deren Ziele nie andere gewesen wären als die, die nun auf den Fahnen der glücklichen Neufranken stünden . . .

«Mit dem Maßstab der Wahrheit, mit dem Winkelmaß des Rechtes, mit dem Zirkel der Pflicht . . .» wiederholte er sich lächelnd die alten wohlgefälligen Symbole. Therese, die übrigens keineswegs zugehört hatte, obgleich sie mit dem Ausdruck des Lauschens dagesessen hatte, aber dem eines angestrengten Lauschens über seine Ausführungen hinweg, zuckte plötzlich auf, sagte: «Horch!» und «Also doch!» sank aber gleich wieder in Gleichgültigkeit zurück; denn das war Sömmerrings Stimme, die jetzt nach dem Geräusch der sich schließenden Haustüre unten im Flur hörbar ward, und Sömmerrings schwerer Schritt, der da die Treppe heraufkam.

«Sömmerring», murmelte George, nach der Tür blickend, von einer unerklärlichen Unruhe überschauert, und dachte dabei, diese Tage seien geeignet, einen zum Geisterseher zu machen, immer dächte man, es stünde ein Schicksalsbote draußen oder auch – Huber.

«Da wären wir!» sagte Sömmerring, ein wenig schnaufend, wie er nun im Türrahmen stand, schwarz sich abhebend gegen das Licht des Lämpchens draußen auf dem Flur, «und da bringe ich die wandelnde Hieroglyphe.» Vollends eintretend, ließ er einen hohen, schmalen Schatten hinter sich ins Zimmer gleiten und – ja, ich wußte es! dachte George – dies war Huber! Huber, der zögernd in den Lichtkreis des Armleuchters trat, mit hängenden Schultern, den dunklen Blick aus fast weißem Antlitz auf Therese geheftet, die ihn ansah, ja, die ihn ansah und lächelte, George wußte es – Huber, der nun murmelte: «Ja – hier bin ich wieder. Ich dachte, ihr könntet meiner bedürfen. Es braucht ja keiner zu wissen. Wem sollte es auffallen? Ich will ein paar Tage verweilen, die Ereignisse abwarten . . .»

War es möglich, alle diese Dinge zu sagen, als seien sie Zärtlichkeiten? Sömmerring, in seinen gewohnten Armstuhl niedergelassen, sagte mürrisch, indem er seine großen Hände ineinanderrieb: «Was ist da viel abzuwarten? Morgen oder übermorgen sind sie da.»

Huber war in das Dämmer zurückgewichen und lehnte irgendwo an der Wand. Er lachte nervös.

«Fama geht in vieler Gestalt um. Gestern ein Weisenauer Marktweib, heute ein betrunkener Weilburger Husar. Und der Stephanstürmer stößt ins Horn, die Alarmschüsse knallen, Kriegsrat wird abgehalten, und wer ein schlechtes Gewissen gegen die unterdrückte Majestät des Volkes hat, läuft, was er laufen kann. Und Custine ist längst wieder in Landau.»

«Die Stadt ist entvölkert», sagte Sömmerring düster, «da!» Er hob den Finger. Unaufhörliches Wagenrollen kam fernher durch die Nacht.

«Ah bah – der Adel geht auf Reisen und die Emigranten suchen andere Weideplätze.» George erhob sich und begann auf und ab zu gehen. «Custine ist nicht wieder in Landau! Warum sollte er auch?»

«Hoffst du, daß er nicht wieder in Landau ist?» Therese saß, das Kinn in die Hand gestützt, und zog die Augenbrauen hoch.

«Ich hoffe gar nichts. Ich vertraue der Stoßkraft dieser Idee . . .»

«Welcher Idee?»

«Wie kann man fragen? Der Idee der Freiheit?»

«Esterhazys Armee soll in der Bergstraße stehen», sagte Huber sanft, «dies dürfte die Stoßkraft dämpfen.»

«So? Und wenn die Sansculotten morgen vor unseren Toren stehen? Was nutzen uns da die Esterhazys in der Bergstraße? Sollen uns unsere dreihundert Mainzer und Weilburger Kerls verteidigen? O Gott, o Gott! O Gott, o Gott! Eine Festung wie Mainz, und bei solchen Zeitläuften von Truppen evakuiert! Ist es zu glauben?» Sömmerring rang buchstäblich die Hände.

«Frankfurt schickt Sukkurs.»

«Wie unterrichtet Sie sind! Dann lassen Sie es sich nur sagen und erzählen Sie es den Frankfurtern, daß man hier nicht an Verteidigung denkt! Eikmeyer ist imstande und geht Custine mit den Schlüsseln der Festung nach Weisenau entgegen, und die Intelligenz der Stadt schreit: ‹*Vive la nation!*›»

«Nun, nun, mein Alter! Und du schreist nicht mit?»

«Oh, hier ist nichts zu scherzen! Ich wünsche meinen Hausstand nicht während eines Erdbebens zu begründen. Und du bist von Demagogen verführt und hast das Gefühl für Maß und Bürgerwürde eingebüßt – laß es dir sagen, Freund!»

Sömmerring stand im Begriffe, sich zu verheiraten. George nickte ihm mit schwermütiger Freundlichkeit zu. Seine Hand spielte mit dem kleinen *globus terrae* aus Kristall, den er wie auch Sömmerring an der Uhrkette trugen, einem rosenkreuzerischen Abzeichen aus der Kasseler Zeit. Er zitierte träumerisch die alte Formel: «Wenn die Hauptzahl erfüllt sein wird, so wird der Größte der Kleinste und der Herr der Diener seines Dieners und der Knecht seines Knechtes sein . . . Die Sünden der Profanen werden vor den Augen des Jehova die Waagschale überwerfen und ihr Maß wird voll sein . . Ein Hirt und ein Schafstall, ein Herr und ein Knecht – und die Weisen werden gehen auf Rosen aus Eden –, o Bruder, war das nicht auf diese Zeit gesagt?»

«Willst du nicht auch wieder anfangen, Tote zu beschwören und den Sternen zu gebieten, ihren Ort zu wechseln? Still, ich will nicht erinnert werden. Der Teufel versucht dich, laß dich warnen und weck den Schwärmer Amadeus nicht auf!»

Forster lächelte wehmütig.

«Fürchte nichts!» sagte er. «Amadeus ist tot.»

«Hätte ich wieder einen Sohn», sagte Therese leise, «er sollte Amadeus heißen – oder Aimé – Geliebter!»

Das Wort zog bunte Kreise durch den Raum. Die drei Männer lächelten. Therese blickte unbefangen auf, fand Hubers Augen mit einem leidenschaftlichen Triumphieren auf sich ruhen, lächelte verwirrt und sah auf ihre Hände. –

Den Prophezeiungen eines veritablen *chargé d'affaires* zum Trotz hatte die Idee der Freiheit in der Gestalt des Bürgergenerals Adam Philippe de Custine ihre Macht bewiesen und war am 21. Oktober, ganz ohne besonderer Stoßkraft zu bedürfen, in einem Tressenrock aus Scharlachtuch, einen gewaltigen Federhut auf dem *à la chien* frisierten Haupte mit großem Gefolge in Mainz eingezogen. «So sieht er aus, der Wüterich – *mon Dieu!*» sagte die kleine Forkel ganz enttäuscht, neben Therese und Karoline in einem Fenster der Bibliothek an der Großen Bleiche lehnend, «ein Mann mit Haar am Mund – *fi donc!*» Ein stumpfnasiger, ein undämonischer Mann, fand Therese, der wie im Traum zum Ruf eines Attila gekommen sein müsse; er glich einem gutmütigen Schlächterhund, der allzu reichlich von fettem Abfall lebte.

«Meine Lieben», sagte Karoline erheitert, «ich staune über eure *espérancen!* Seid ihr vielleicht auch enttäuscht über das ausgefallene Bombardement? Lise soll ja gesagt haben: beigewohnt haben möchte ich dem doch einmal; und so mag wohl auch der neugierige Goethe gedacht haben, als er bei Valmy in den Kugelregen ritt!»

«Ich habe gar nichts erwartet», sagte Therese hochmütig und zog sich vom Fenster zurück. «Ein Edelmann, der sich dieser Zeit fügt, taugt nichts; da waren die Emigranten mir lieber!»

«Potztausend!» Dora Forkel war pikiert. «Und Sie weinten doch vor Entzücken beim Anblick der ersten *cocardes tricolores* in der Schustergasse – wenn mich meine Erinnerung nicht täuscht, meine Teure.»

«Und ich werde immer weinen, wo ich sie erblicke als Abzeichen einer großen Gesinnung, einer freiheitsgläubigen Seele ... Wir wollen gehen, George, wir wollen ins Lager gehen und die echten Söhne Frankreichs und der Freiheit begrüßen. Dies ist kein führender – dies ist ein *geschobener* Mann!»

Sie lachte schrill. George bot ihr stumm den Arm.

Das Herz voll aufjubelnder Erinnerung an das Volk, das er vor zwei Jahren auf den *Champs d'Elysées* sein großes Bruderfest hatte zurüsten sehen, ja, möglicherweise in dem Gefühl, hier handle es sich um eine Fortsetzung jenes Festes, in das nun auch er und was um ihn war einbegriffen sei – sie waren in größerer Gesellschaft dem Zuge der vors Tor hinausströmenden Bürger gefolgt – in dieser nicht gewöhnlichen Stimmung also, einem Rausch der Menschenliebe, des Freiheitsfrühlings, konnte sich George nicht enthalten, einem der ersten Söhne der Freiheit, die ihm in den Weg kamen, unter Schwenkung des Hutes ein aufrichtiges: «*Vive la république!*» zuzurufen. Der Soldat, ein langer, brauner Kerl, auf seine Flinte gelehnt und die Vorübertreibenden nicht eben freundlich musternd, spuckte aus, strich sich den Schnurrbart und rief herzlich: «*Sacré! Elle vivra bien sans vous!*» worauf er sich abwandte. In der sonderbaren, ahnungsvollen Bewegtheit seines Gemütes ging das Wort George tagelang nach. *Elle vivra bien sans vous!* Oh, dies war eine Warnung des Schicksals! Nein, er würde nicht dem Klub, der Gesellschaft der Freunde der Freiheit und Gleichheit beitreten, die sich schon am ersten Tage nach dem Einzug der Franzosen um einige allgemein bekannte Revolutionsschwärmer zu kristallisieren begann, um den Doktor Metternich etwa und den Professor Blau, einen der lebenslustigen Priester, denen das Beispiel des Kollegen Dorsch in die Augen stach, der vor einem Jahr in das freiheitliche Straßburg übergesiedelt war und dort die ihm nachfolgende Demoiselle Strohmeier, zu der er allgemein bekannte, anstößige Beziehungen unterhalten hatte, nunmehr ehelichte. Der Kollege Dorsch übrigens kam, noch ehe der Oktober um war, wieder in Mainz an und brachte die geehelichte Strohmeiern mit, desgleichen kam der Professor Böhmer angereist, ebenfalls aus Straßburg und nicht eben zum Entzücken seiner Schwägerin Karoline. Niemand wußte recht, hatte Custine diese Herren wirklich herbeigerufen, wie sie in Umlauf zu setzen nicht unterließen, oder waren sie seinen Spuren gefolgt, kleine Schakale der Fährte des Löwen? Nun, jedenfalls, sie wußten ihr *air* zu behaupten, waren nicht mehr Dilettanten der Sache der Freiheit gegenüber, sondern verstanden es von Grund aus, eine larmoyante und träge deutsche Bürgerschaft, die am Ende gar noch mit ihrem Despoten zufrieden gewesen war, zu elektrisieren. Dergleichen Leute also, wie jener Metternich, wie der dicke Blau mit Dorsch und Böhmer, zu denen sich etwa noch der Historiker Hofmann und Wedekind gesellten, bildeten den Kern der Mainzer Jakobinergesellschaft; und, wie gesagt – George verzichtete. Nicht allein, weil Marianne in Gestalt jenes Getreuen ihm einen Korb gegeben habe, sagte er lachend zu Therese und Karoline. Sei nicht der erste Korb einer Spröden immer mit den Blumen der Hoffnung gefüllt? Nein – er verzog das Gesicht und schob die Schultern hin und her – diese Gesellschaft war nicht sein Geschmack. Sie gebärdete sich allzusehr wie eine Schulklasse, die der Lehrer verlassen hat. Sie war nicht durchpulst von dem ursprünglichen heißen Quell der Empörung. Sie gefiel sich in einer äffischen Nachahmung von Paris, war tollgewordenes Spießbürgertum. Huber, der ihn aufmerksam ansah, meinte zögernd, als taste er im Dunkeln nach der Klinke einer verschlossenen Tür, ob es denn nicht vielleicht gerade aus diesen Gründen die Pflicht eines Mannes von wahrem Weltbürgersinn sei, die große Sache auf deutschem Boden würdig zu vertreten? Dies sagte Huber, indem er nun nicht mehr George, sondern Therese ansah und Therese, den Blick unsicher und fragend erwidernd, nickte plötzlich mit Heftigkeit Beifall: «Freilich, George; hier kommt es auf den Standpunkt an.»

«Ich bin kein führender Mann», sagte George gedankenverloren, tags zuvor gehörte Worte wiederholend, ohne es zu wissen, und nicht wahrnehmend, daß die Blicke Hubers und Theresens sich hastig kreuzten, um einander wieder zu fliehen, während Karoline ihn voll Schwermut ansah.

Es war ein Herbst, so herbstlich wie noch nie. Der Nebel kam durch die Haustüren herein und wallte still über die Treppen; er quoll in die Fenster wie der Odem einer ungeheuren kranken Brust. Es roch nicht nach Nebel allein, es war nicht nur jener fast süße, feuchte Geruch nach frischen modrigen Blättern und überblühten Veilchen, den man an Novemberabenden zwischen den Heckenwegen spürt – dieser Herbst war Krankheit. Es lag Fäulnis und Verwesung in der Luft, die Ausdünstungen des Heeres, seiner Menschen und Tiere; es lag Lähmung, verzweifelte Unentschlossenheit über dem öffentlichen Leben, die den Bürger hinderten, die Stadt für den neuen Herrn im alten Stand der gepflegten Sauberkeit zu halten. Es war zu dem allem der sonderbar aufregende Duft nach Leder, nach Pferden, nach Schnaps, nach holländischem Tabak, nach parfümiertem Puder, waren die Dünste ungewöhnlicher Mahlzeiten, von denen die Atmosphäre durchwittert war. Es war das ständige Signalblasen der Hörner, das durch den Nebel drang, der Marschtritt auf den Gassen, die neuen Lieder und Tänze, die abends aus den Häusern schollen, der Wohlklang und Rhythmus der fremden, aber geliebten Sprache an allen Ecken und Enden. Es war der Zustand des Krieges, den George als quälend herbstlich empfand, als spukhaft, als eine unerträgliche, laue, schlaffe Entspannung der Nerven; diesen Zustand, in dem die Aufhebung allen Rechtes zur Sünde herauszufordern scheint, denn jede Handlung, die der Mensch unternehmen könnte, um den fürchterlichen Stillstand des Lebens zu unterbrechen, hieß noch eben Sünde. Es war das lautlose Abbröckeln der Welt von gestern mit ihren Gesetzen; es war dies furchtbare stille Scheinen der gelben, tropfenden Lindenbäume draußen vor den Fenstern, das George fast rasend machte. –

Wünschte der General seine Dienste oder lag ihm nichts daran? Er hatte sich überreden lassen, als Wortführer einer Deputation von Professoren dem Gewaltigen seine Aufwartung zu machen und hatte die Interessen der Universität erfolgreich vertreten. Custine jedenfalls erließ dem Institut alle Zwangsabgaben und ließ sich durch Böhmer, der sich mit einem Individuum namens Daniel Stumme in die Sekretärsdienste im Schlosse teilte, die Rede des pp. Forster in der Niederschrift ausbitten. «Hier hätten Sie hinterhaken müssen, mein Teurer, hehe! Sie hatten den Fuß im Bügel und sind nicht aufgesessen. Der General hatte ein flüchtiges Interesse für Sie gefaßt, es hätte leicht ein *faible* werden können. Aber Sie nahmen den Augenblick ja nicht wahr. Ich fürchte, der General ist verstimmt.» Böhmer, der George als Abschluß eines kurzen Pflichtbesuches diese Mitteilung machte, sah ihn mit widerlich offenstehendem Munde, hochgezogener Stirne und aufgerissenen Augen an, indem er wichtig mit dem Finger drohte. Da er einem Schweigen begegnete, sammelte er sein Gesicht, sagte: «Es ist noch nichts verloren, da ich Ihr aufrichtiger Freund bin», und verabschiedete sich.

Sein Besuch war einer unter den hunderten in diesen Tagen, die alle mehr oder weniger Georges Eintritt in den Klub forderten. Dies war geeignet, ihn nachdenklich und schwankend zu stimmen. Böhmer war ein Hanswurst, ganz ohne alle Frage, aber dem General beliebte es nun einmal, ihn zu seinem Sprachrohr zu machen, der General stellte die republikanische Regierung dar, und war er, George, einmal auf die Gunst dieser Regierung, deren Grundsätze er als seine eigensten, innersten fühlte, angewiesen, ging sein Herz in *einem* Takt mit dem großen, heiligen Herzen der Republik und dachte er nicht daran, dem im Eichsfeld händeringenden Kurfürsten eine sentimentale Treue zu halten – nun wohl – was hinderte ihn eigentlich, ausgesprochenen und unausgesprochenen Wünschen Rechnung zu tragen? Übrigens war es von eigentümlichem Reiz, zu fühlen, daß erschrockene Bürgeraugen auf einen sahen, als auf den Mann von Weltblick und Kontenance; daß kleine Anregungen, die man unter der Hand gab, wohltätige Folgen zeitigten, so wie etwa auf seine ursprüngliche Veranlassung hin das Theater wieder zu spielen anfing, damit die französischen Offiziere sich amüsieren und das Publikum sich wieder humanisieren möge. Es war von eigentümlichem Reiz, zu wissen, daß Menschen auf einem ungewissen Wege nicht weitergehen wollten ohne ihn – denn drinnen heulte der Minotaurus. Es war fast unwiderstehlich zu denken, daß eine Aufgabe wartete, die seines Kopfes erst in zweiter Linie, vor allem aber seines Herzens, seiner Menschlichkeit bedurfte. «Es ist nicht der Ruhm, den ich suche, sondern die Liebe meiner Brüder», redete er inbrünstig in Brands große blaue Kinderaugen hinein, die, gläubig auf ihn gerichtet, in diesen Tagen fortwährend politische Unterweisung von ihm forderten und mit Monologen privater Natur abgespeist wurden. «Zudem scheint Preußen endgültig auf mich zu verzichten . . .»

Oh, Preußen taumelte mit sehenden Augen in sein Verderben. Der König ließ den Herrn von Bischoffswerder unentwegt weiter Geister zitieren, denen alle staatsmännischen Künste des Grafen Herzberg nicht gewachsen waren. Dem König fehlte, kurz und gut, ein Mann in seiner Umgebung, dessen Grundsätze, Charakter und Wandel bis *dato* für die Rechtschaffenheit seiner Absichten zeugten, dessen Laufbahn Gelegenheit zur Entwicklung eines großen Überblicks, einer gesunden Einschätzung der Zeichen der Zeit geboten hätte. Einen deutschen Fürsten von weitem Machtbereich jetzt leiten, einen wesentlichen Teil des deutschen Volkes jetzt durch vernünftige Reformationen ohne blutige Revolution zu einer gesunden Staatsverfassung führen zu dürfen . . .

«Freilich», unterbrach Therese sein Schwärmen und bat durch einen Blick um Brands Teller, den sie mit Suppe füllte, «da indessen weder dein Freund Voß noch der Minister einen Weg zu finden scheinen, den König auf sein Glück aufmerksam zu machen, so hielte ich es für ratsam, sich an das Gegebene zu halten. Huber meinte noch mit dem Fuß auf dem Wagentritt, du – möchtest dir doch hier durch dein Zaudern keine Chancen entgehen lassen.»

Eine Estafette seiner Regierung mit einem kräftigen Verweis hatte den *chargé d'affaires* vor einigen Tagen wieder nach Frankfurt zu seinen Staatspapieren zurückbeordert.

«Meinte er das?» George nickte grüblerisch. «Ich gebe soviel auf sein Urteil in diesen Dingen. Er hat einen eminenten Scharfblick, trotz seiner Jugend. Er fehlt mir doch unendlich. Was meinst du, Therese – fehlt er uns nicht?» Er aß hastig und in sich gekehrt. Brand starrte vor sich hin. Er hatte verzweifelt viel Takt, obgleich er hier nur halb begriff. Well, – hatte Mrs. Forster Kummer? Wozu jetzt diese Tränen? Therese hatte ihr Gesicht einen Augenblick auf Klärchens Kopf gesenkt, die sie auf dem Schoß hielt und fütterte. Jetzt sagte sie mit etwas rauher Stimme: «Deine eigentlichen Gaben liegen auf dem Gebiet des Menschlichen, Lieber, im Umgang und in der Behandlung der verschiedenen Individuen.» Sie stockte und blickte vor sich hin, als dächte sie selbst erstaunt über ihre Worte nach. Dann fuhr sie tastend, aber mit wachsender Sicherheit fort und unterbrach sich kaum mit einem genickten Gruß, als Karoline während ihres Redens leise eintrat.

«Du hättest dies am Anfang deiner Laufbahn in Deutschland ins Auge fassen sollen, George», sagte sie, das Kinn in die Hand gestützt und die Augen emporgerichtet, als läse sie eine nachträgliche Weissagung von der geblümten Tapete ab. «Du hättest das diplomatische Fach ergreifen sollen, und dein Glück wäre heute gemacht. Du hättest überall Freunde und Gönner, du hättest Konnexionen an allen Höfen Europas; du hast so scharmante Umgangsformen, mein George!»

Sie sah ihn mit spielender Zärtlichkeit an, vermochte es, daß sein blasses Gesicht kindhaft strahlte, überließ ihm ihre Hand und phantasierte weiter:

«Du hättest die Naturwissenschaften immer als Liebhaberei nebenher betreiben können, so wie der Goethe es auch tut, nicht wahr? Der Landgraf in Kassel hatte eine Vorliebe für dich, ich weiß es. Konnte er dich nicht in seinem Kabinett anstellen, ebensogut wie an dem törichten Carolinum? Du hättest dich für die armen hessischen Landeskinder verwenden können, die er nach Amerika verkaufte – sieh, das wäre gleich ein verdienstlicher Anfang gewesen! Hernach wäre die Sache schon weiter gegangen, und wer weiß, welchen Verlauf die europäische Politik genommen hätte, wenn . . .»

«Nun? Wenn was, meine geliebte Sibylle?»

«Ja – wenn George Forster in Wien oder Paris am Steuer gesessen hätte. Nicht wahr? Nun – und für Paris – ist es ja noch nicht zu spät.»

«Ah bah, mein liebes Kind. Worauf willst du eigentlich hinaus? Was meint sie wohl, Karoline?»

«Daß – du deine Chancen nicht wieder versäumen sollst, George.» –

Die Suppe war abgetragen worden, die Kinder hatten gute Nacht gesagt. George ging unruhig auf und nieder, die Hand gegen die schmerzende Stirn gepreßt. Er murmelte: «Ich dachte dieser Krise als Privatmann beizuwohnen.» Therese, ohne vom *Moniteur* aufzublikken, in dem sie las, antwortete:

«Du mußt es selbst wissen, was du deinem Namen schuldig bist.»

«Mr. Forster wird mit mir fahren nach Italien als mein Mentor, wir werden studieren der Urpflanz und führen Mr. Goethe *ad absurdum – is it not, Mr. Forster?*» erinnerte Brand, in eine Sofaecke gerekelt. *«He is not made for politics, Madam, not at all. Not hard enough, you know!»*

«So – und Huber, dieser sensible Mensch mit dem Herzen einer Mimose? Oh, wir gehen alle an unseren wahren Bestimmungen vorüber! Und *das* ist die Erbsünde!»

«Was wäre denn Hubers Bestimmung gewesen? Oh, ich frage nur beiläufig . . .» Karoline war damit beschäftigt, kleine Puppen aus Stoffresten in den französischen Farben zu machen.

Therese sah in ihren *Moniteur*. «Huber ist ein Dichter», sagte sie leise.

«Ich habe gehört, daß Dora Stock schwer kränkeln soll», erzählte Karoline nach einer Weile unbefangen und hielt ein Püppchen gegen das Licht. «Schiller und Körner sind sehr schlecht auf Huber zu sprechen.»

«Daß Dora schwer kränkeln soll – was heißt das?» wiederholte George.

«Er hat ihr einen Scheidebrief geschrieben – Huber.»

«Huber – hat Dora einen Scheidebrief geschrieben? Therese?»

«Oh – was sagst du das so fassungslos? Ja. Hat er es nicht erzählt? Dora würde auch nie einen Menschen an sich binden, der in bezug auf sie *désinteressé* ist.»

«Was meint Scheidebrief?» fragte Brand lernbegierig. *«Does it mean separation?»*

«Freilich, Vortrefflicher», lobte Karoline und fügte hinzu: «Es ist ein Ausdruck aus der deutschen Bibel.»

«Indeed!» –

Er hatte Karoline durch die dampfende Nacht nach Hause begleitet und kam hustend in das Schlafzimmer. Er zog sich hastig und leise aus. Therese lag mit großen, wachen Augen, ohne sich zu rühren. Im Nachtanzug endlich kniete er an ihrem Bette nieder, ergriff ihre Hand und küßte sie inbrünstig. Er flüsterte: «Ach Gott, du bist so traurig-, mein Herzenskind – ach, kannst du es mir nicht sagen?»

Sie flüsterte: «Du weißt es ja, George.»

Ihre Tränen stiegen, fielen, tropften lautlos über ihre Schläfen. Sie rührte sich nicht.

Der Schritt der Ronde klang auf der Straße. Der Ruf erscholl: *«Qui vive?»*

Der Herbstregen klöpfelte rasend ans Fenster.

George weinte heftig, lautlos und gebrochen mit Therese. –

Der Geheime Staatsrat von Müller war während aller dieser Vorgänge abwesend von Mainz und auf einer Reise nach Wien gewesen. Anfang November kam er zurück, aber obgleich Custine sich angelegentlichst um ihn bemühte, gelang es ihm nicht, diesen wertvollen Mann seinerseits vom Wert der neuen Ära zu überzeugen, und nachdem Müller einige harmlose eigene Geschäfte in aller Öffentlichkeit und einige im Sinne der Franzosen vielleicht weniger harmlose in aller Stille erledigt hatte, reiste er wieder ab, nicht ohne dem Mainzer Publikum Mäßigung und eine kluge Fügung in die Absichten der Eroberer nahegelegt zu haben. Es war George nicht gelungen, ihn zu sprechen. Allein die Meinung Müllers, daß die Mainzer gut täten, nicht wider diesen Stachel zu löcken, und seine behutsamen Ratschläge an einige einflußreiche Bürger, dem Klub beizutreten, sich in die provisorische Administration wählen zu lassen, um dort den Leuten zu steuern, die beabsichtigten, im trüben zu fischen und für den Schutz des privaten und öffentlichen Eigentums zu sorgen, diese diplomatischen Äußerungen zur Sachlage kamen George zu Ohren und erschienen ihm bald wie eine Rechtfertigung seiner langsam gereiften Absichten. Dennoch erschien es ihm nicht anders wie eine Überrumpelung seines Geschmacks und seiner Willensfreiheit, als Blau ihm am Abend des 10. November nach einer Klubsitzung im Akademiesaal des Schlosses, der er beigewohnt hatte, das in Blech gestanzte Abzeichen der «Freunde der Freiheit und Gleichheit» auf die Brust heftete, wozu der behäbige Riese einigermaßen schmunzelte.

«Als wir den Freiheitsbaum setzten», erzählte er und hielt George am Rock fest, «hab ich gehört, wie zwei Juden sich unterhielten. ‹Gott der Gerechte!› sagte der eine – es war der Bär Ingelheim aus der Judengasse, der andere war der Isaak Bär aus Weisenau – ‹Was heißt F. G.?›»

Blau stieß vergnügt mit dem Zeigefinger auf diese geschmackvolle Blechmarke mit den Initialen von Freiheit und Gleichheit. George, betroffen von der plötzlichen Erkenntnis, daß dies schicksalsvolle Abzeichen eine Umstellung seiner eigenen Anfangsbuchstaben enthielt, wandte sich unlustig zum Gehen, aber der andere nahm seinen Arm und kam mit.

«Sagt der Isaak Bär, dieser Patriot, hoho! ‹Gott der Gerechte, du fragst? Heißt sich Frau Grausin ...›»

«Maria und Josef! Und Sie verstehen den Witz am Ende gar nicht, Herr Hofrat!» fuhr er fort, nachdem er sich von einem ausgiebigen Heiterkeitsausbruch erholt hatte, «haben nie für ein Hundel eine Marke bei der Grausin, der Wasenmeisterin, um zehn Kreuzer geholt?»

«Und auch sonst nie Beziehungen zu ihr unterhalten?» sagte Dorsch an Georges anderer Seite und hüstelte.

Blau amüsierte sich unverhältnismäßig. «Der Jude ist eine witzige Kreatur!» Die Geschichte ging noch viel weiter. Am Schluß hatte Isaak Bär sich den Freiheitsbaum, der an Stelle des uralten Mainzer Wahrzeichens des eisernen Steins, auf dem Markt gesetzt worden war, schief angesehen und seinen Eindruck von diesem mit der roten Jakobinermütze gekrönten, bekränzten und bewimpelten Mastbaum dahin zusammengefaßt, daß er sich hinter dem Ohr kratzte und sagte: «Eiweih! Ain Baum ohne Worzel – eine Kappe ohne Kopp!»

«Volksstimme!» sagte Dorsch jetzt scharf. «Ich bin auch überzeugt, meine Herren, daß die Sache hier keinen Boden fassen wird. Böhmer zieht uns den Abschaum der Stadt auf den Hals und macht uns mit seinen Listen und Deklamationen vor ganz Deutschland lächerlich.»

Böhmer begann den Schreckensmann en miniature zu spielen. Er hatte neuerdings im Klub das «rote Buch der Freiheit» und das «schwarze Buch der Sklaverei» ausgelegt und forderte die Bürgerschaft täglich unter geheimnisvollen Androhungen oder ekstatischen Hinweisen auf «unsern Heiland, den Bürger Custine» auf, ihren Standpunkt durch Eintragung in eins der Bücher darzutun. Er sprach die Absicht aus, «die Despotenknechte wie Staub vor sich herzujagen» und alsdann die Bürger mit Gewalt zur Annahme der fränkischen Wohltaten zu zwingen. George, von Widerwillen geschüttelt, sagte zu Dorsch: «Freund, jede große Sache hat ihre Affen und Narren. Sie lebt aber durch ihre Priester. Es steht jedem frei, seinen Standpunkt zu wählen.»

Er grüßte hochmütig und bog in die Tiermarktstraße ein. Seine Finger nestelten an dem gelben Medaillon und lösten es ab. Er gehörte nun zu ihnen, jawohl. Aber sie sollten ihn nicht hinunterziehen! Er, dem die Freiheit ins Herz geboren war, bedurfte keinerlei Ausweise für seine Gesinnung, weder der Kokarde noch dieser verfluchten Hundemarke. Er betrat sein Haus leise, er suchte sein Kabinett auf; er mußte allein sein, sich sammeln, seinen Weg in die Zukunft zu erkennen suchen. Und in der reinen Atmosphäre seiner Arbeitswelt, hier unter seinen Büchern, vor seinen Manuskripten, unter all den Zeugen seines dem Geist geweihten mühevollen und gebeugten Lebens, überkam ihn das Bedürfnis, sich vor einem Gleichgestellten, einem Weggenossen zum ewigen Ziel, zu rechtfertigen, sich zu reinigen in der Berührung mit einer brüderlichen Seele, so heftig, daß er den Armleuchter zum Stehpult trug und mit fliegender Feder an Müller zu schreiben begann:

«Da die Umstände mich nötigen, an der provisorischen Organisation des Mainzischen Landes, soweit es gegenwärtig in den Händen der Französischen Republik ist, tätigen Anteil zu nehmen, so halte ich es für unumgänglich nötig, Ihnen, mein vortrefflicher Freund, die Gründe, die mich bewogen haben, und die Grundsätze, nach denen ich mein Verhalten einzurichten willens bin, vorzulegen.

Sie wissen, daß in meinen Augen die Freiheit immer das größte, schätzbarste von allen Gütern gewesen ist und es immer sein wird. Ohne sie gibt es nach meiner Meinung kein wahres Glück, kein öffentliches Wohl.

Aber der Philosoph kennt eine moralische und innere Freiheit, die von der politischen äußeren sehr verschieden ist, die Freiheit, welche man selbst unter der Regierung von Tyrannen behält, wenn man nur Kraft hat, es zu wollen. Nun, *diese* Freiheit muß der wahre Gegenstand unserer Verehrung sein! Denn sie bleibt uns übrig, wenn Klugheit uns zeigt, wie ohnmächtig die in unserer Gewalt stehenden Mittel sind, um uns den Besitz der politischen und bürgerlichen Freiheit zu verschaffen.

Wer aber kann den Zeitpunkt bestimmen, wo es dem gerechten und bedenkenden Mann zur Pflicht wird, die Erwerbung dieser politischen und bürgerlichen Freiheit zu versuchen, ohne welche der große Haufe des Menschengeschlechtes nie zur Vollkommenheit des intellektuellen und moralischen Wesens, zu der *inneren Freiheit*, dem wahren Endzweck seines Daseins, gelangen kann? Mich dünkt, man muß die Augenblicke erwarten, wo der allgemeine Wille sich erklärt, erwarten und sogar ergreifen, um hervorzubrechen und zu dem großen Werke des öffentlichen Wohles mit beizutragen ...»

Dieser Zeitpunkt war nunmehr eingetreten, kein Zweifel. George hob den Blick und sann, fühlte sich feurig durchströmt von Kräften, die einem neuen großen Gefühl der Verantwortung entsprangen – einem ebenso edlen als von ihm mißverstandenen Verantwortungsgefühl, lächelte, bestürzt vor Glück, setzte die Feder wieder an, zauderte einen Augenblick und schrieb dann unaufhaltsam fort. Sein Gesicht brannte, als er fertig war; wunderliche, nie gekannte Schwingen hielten ihn schwebend über dem Alltag. Er überlas das Geschriebene.

Der Weg, den er sich vorgezeichnet hatte, lag zum erstenmal in voller Klarheit vor ihm, die Absichten und Ziele, deren er sich während des Schreibens erst ganz bewußt geworden zu sein glaubte, schienen ihm groß und schön und aller Opfer wert. Er setzte seinen Namen unter den Brief und verharrte in Versenkung, das Haupt geneigt. Diese Worte, an Müller gerichtet, waren mehr als eine Auseinandersetzung seiner Ansichten, als eine Rechtfertigung seines Eintritts in den Klub. Sie entschieden über das Leben, das ihm noch blieb. Sie trennten ihn auf ewig von Deutschland und der Vergangenheit. Er dachte es nicht aus, was alles sich ihm in Müller verkörperte, den scheue, leidenschaftliche Freundschaft tortz allen heimlichen Werbens nie ganz zu gewinnen vermocht hatte. Er hatte einen Scheidebrief geschrieben, er wußte es – und wußte es doch nicht. –

Frauen brauchten immer längere Zeit, um sich mit dem Neuen abzufinden; er meinte sich dieser zögernden Haltung einer fertigen Entscheidung gegenüber von seiten Theresens als etwas ganz Gewohntem zu erinnern, selbst wenn sie vorher zu dieser Entscheidung gedrängt hatte. War es nicht immer so gewesen, daß sie ein gedehntes «Ach!» sagte und dann lange Zeit gar nichts, und dann Einwände hören ließ und Zweifel vorbrachte. Er suchte ängstlich in seinem Gedächtnis nach ähnlichen Fällen und versicherte sich dann, ja, es sei immer so gewesen! Jedoch war es diesmal nicht recht von ihr, seine Verantwortung mit ihrem halb erschrockenen, halb nachdenklichen Hinnehmen seiner Entschlüsse dermaßen zu belasten, und die betretene Stimmung, die auch Karoline und der gute Brand, der ja nun freilich ganz und gar nicht maßgeblich war, an diesem Abend zur Schau trugen, veranlaßten ihn zu einer zornigen Gesprächigkeit. Was der Vater in Göttingen sagen würde? Wie, war dies auf einmal ihre erste Sorge? Nun, der gute Alte habe ihm neulich, wie sie sich wohl erinnern werde, geschrieben, daß man diesseits und jenseits der Leine in Frieden lebte, äße, tränke und schliefe; daran würde auch der Übertritt seines Schwiegersohnes auf ein ihm fremdes Gebiet nichts ändern, obschon es gewiß einige Lamentationen kosten würde. Sie möge nur entschuldigen, sie kenne seine Verehrung, seine Liebe für den alten Herrn; seit wann aber fordere sie, daß er ihm zuliebe seine Lebenswege in der hannöverschen Tiefebene halte? Viel peinlicher sei es ihm zumute in Erwartung eines Ausbruchs des väterlichen Vulkans in Halle, und – nun ja, er sei eben nicht in der Lage, das Praktische ganz über dem Ideal hintanzusetzen, da er sie und die Kinder nicht hungern lassen dürfe: würde der wackere Voß in Berlin sich jetzt noch zur Gewährleistung jenes Darlehns der fünfzehnhundert Dukaten, deren er zur Deckung von allerlei Schulden – «du entsinnst dich wohl, meine Teure!» – so dringend bedurfte, verstehen können? Karoline wagte es, mit sanfter Stimme einzuflechten, daß es derlei Bedenken ja auch sein möchten, die den Hofrat Heyne möglicherweise zu Lamentationen veranlassen würden und mit einigem Recht. Sie wurde jedoch gar nicht beachtet, denn mit einer Bewegung, als striche sie etwas Unsichtbares von der blanken Tischplatte, hob Therese kummervolle Augen zu George empor und sagte mit schwerer Betonung: «Und dies hast du nicht bedacht, mein Freund, daß du nicht nur die Ehre deines Weibes, sondern auch ihr und deiner Kinder Leben durch deinen Schritt gefährdest? Oh, wir werden alle vogelfrei sein, eines Tages . . .» Sie nickte aufschluchzend vor sich hin. George blickte starr auf sie nieder.

«Willst du mir nicht bitte sagen, woher dir dieser Pessimismus kommt? Vor drei Tagen redetest du anders.»

«Oh, warum gehst du nicht mit Brand nach Italien?»

«Willst du mir bitte nicht erklären . . .»

George hielt inne. Er blickte zu Karoline hinüber, die seinen Augen auswich und sagte von einer Erkenntnis überkommen, fast ohne es zu wissen:

«Huber ist hier gewesen!»

Nach einer Weile, als niemand widersprach, wiederholte er diese Mitteilung, die ihm seine eigene Stimme da eben gemacht hatte, und setzte hinzu:

«Und – ich sollte es nicht wissen.»

«Ich weiß nicht, warum ich es dir nicht erzählt habe.» Therese sprach abgebrochen, in hastigen, kleinen Sätzen. «Er war vorgestern ein paar Stunden hier. Du hattest die Sitzung wegen der kurfürstlichen Privatbibliothek . . .»

«Was du drei Tage wenigstens vorher gewußt hast . . .»

«Bitte, mein Freund?»

«Oh – nichts!» –

«Er sprach so überzeugt davon, daß die Preußen Mainz wieder nehmen würden. Er ist doch immer aus erster Hand instruiert. Er hat mich ganz kleinmütig gemacht. Er meinte, du dürftest dich nicht kompromittieren.»

«Ich sollte meine Überzeugung opfern?!»

«Lache nicht so schrecklich! Er sagte, du könntest auch in Deutschland als Republikaner leben, in Altona oder Hamburg zum Exempel . . .»

Sie sah ihm scheu nach, der nun nach alter Gewohnheit im Zimmer auf und ab zu gehen begann. Sie verfolgte sein mühseliges Wandern mit den Blicken einer befremdlichen, fast haßvollen Gespanntheit. Karoline beugte den Kopf über ihre Stickerei. Der harmlose Brand gähnte über dem «Bürgerfreund», der neuen Zeitung des revolutionären Mainz. Therese wartete. Aber George sagte nur:

«Ich habe noch Schreibarbeit. Ich bitte, mich zu entschuldigen. Willst du dafür sorgen, daß ich warme Mehlsäckchen zum Umschlag vorfinde – mein Knie ist wieder sehr schlecht.»

Er nickte gute Nacht und ging hinaus. –

Der rasende Ablauf der Tage vor einem großen Aufbruch ist bekannt. Es sind Geschäfte zu erledigen, unabsehbare Geschäfte, deren Wichtigkeit uns fast erdrückt und von denen wir nie zugeben würden, wir wüßten, daß wir sie überschätzten. Sich mit ihnen abzugeben scheint Aufschub zu bedeuten, nicht wahr? Einer, der bisher gelebt hat wie der Mönch in seiner Zelle, auf seine Pergamente gebückt, die Füße dem Löwen des Geschicks fest auf den Nacken gestellt und nicht duldend, daß er sich erhebe – er rast auf einmal, da die Uhr ihm zu Häupten zum Schlage schon ausholt, hinaus vor die Welt, reißt sich das Gewand vor der Brust auseinander und schreit: Hier bin ich, nehmt mich hin!

Während das befreite Ungeheuer hinter ihm sich erhebt und ihm die Pranken auf die Schultern legt. –

Beiseite also mit dem stillen Handwerkszeug der Wissenschaft! Und Waffen zur Hand, bisher noch nicht geübt, deren Schärfe unerprobt, deren Tragkraft unberechnet war. Erfahrungen, die bis dahin ungenutzt geruht, hervorgeholt und formuliert, bis sie zum Wurfgeschoß brauchbar schienen; eine Zeitung gegründet, Artikel ohne Zahl geschrieben, Reden ausgearbeitet und frei vom Blatt vorgetragen! Der Freiheit, der Gleichheit, der Brüderlichkeit, der Menschlichkeit Hymnen gesungen, der Tyrannei das Urteil gesprochen; alle noch in der Nacht der Despotie schmachtenden Völker weidlich bedauert und einmal offen deklariert, daß der Rheinstrom die gegebene Grenze zwischen Frankreich und Deutschland sei! Sich dem erhabenen Beruf des Menschenlehrers inbrünstig hingegeben und die unglücklichen verblendeten Bürger und Bauern nach Kräften über ihren Zustand der Ausgesogenheit und Zertretenheit aufgeklärt, da sie denn dermaßen durch jahrhundertelangen Mißbrauch abgestumpft waren, daß sie nur blöde in die Sonne der Freiheit starrten und gar die alte Nacht zurückverlangten.

Die Emissäre des Kurfürsten schlichen im Dunkeln umher und köderten das törichte Volk mit unverantwortlichen Versprechungen, da war kein Zweifel! Aber die Wahrheit war auf dem Marsch, und man sollte nur erst die Wahlen kommen, sollte den freien Mann sich frei zu seiner Gesinnung bekennen sehen!

George, in den Wirbel einer fremden Tätigkeit hineingerissen, vor die Aufgabe gestellt, sich in Gebiete einzuleben, die er bisher kaum vom Hörensagen kannte, in Fragen der städtischen und ländlichen Verwaltung; von früh bis spät von Klubgenossen, Offizieren, Bürgern und Landbewohnern überlaufen; durch seine Anstellung in der am 19. November errichteten Administration zum Leitstern für alle verzagten Seelen seines Kreises geworden – George verlor völlig die Besinnung auf sein eigenes Leben und wußte es nicht mehr, daß er hier auf der Bühne des Weltgeschehens agierte, die Faust zum Himmel schüttelte, Arme ausbreitete und zum Besten des Mainzer Volkes weinte, lachte und deklamierte, daß er dies alles tat, um sich des Menschen nicht bewußt zu werden, jenes Menschen, der mit seinem Schicksal bekleidet wie mit seiner Haut jetzt schreiend und keuchend durch die innersten kreiselnden Gänge des Labyrinthes jagte . . .

Von Huber kamen aufgeregte Briefe. Huber durfte nicht nach Mainz, und nächstens würde er nach Dresden zurückmüssen. Warum sollte Huber nicht ein letztes Wiedersehen gewährt bekommen? Warum ihm den Wunsch nach einer Zusammenkunft in Höchst abschlagen, nach der er – und auch Therese, und auch Brand, und schließlich auch er selbst, ja, auch George! – verlangten?

Es war gar nicht nötig, daß Brand ihm dermaßen zuredete und seine Berline zum Zweck dieser kleinen Reise zur Verfügung stellte. Er würde gewiß selbst auf den Gedanken dieses Ausfluges gekommen sein, hätte er nur mehr Zeit gehabt. Als Vizepräsident der Administration hatte er selbstverständlich einen Passepartout durch alle Vorposten hindurch, und nun war es nach all den Tagen der Unrast und der ununterbrochenen Arbeit fast eine Erholung, auf der kriegerisch belebten Landstraße mainaufwärts zu rollen, die stille Heiterkeit einer milden Sonne nach dem frostigen Nebel der Frühe zu spüren, nicht reden, nicht denken zu müssen. Da war Therese an seiner Seite und Brands festes, rosiges Knabengesicht ihm gegenüber, das mit einem seltsamen Gemisch von Verachtung und Neugier auf die marschierenden Nationalgarden sah, die die Straße immer wieder sperrten, Lieder sangen und ihre gutlaunigen Scherzworte zu den Reisenden hinüberriefen. «Sie halten uns für Mainzer, die ‹kränkelnder Umstände halber› für eine Weile verreisen», wiederholte Therese erheitert die Wendung aus der Privilegierten Zeitung, mit der jetzt dort täglich Personen ihrer bevorstehenden Abreise den Anschein einer Flucht zu nehmen suchten. Dies waren, setzte sie ihre Betrachtungen fort, zumeist Frauen mit ihren Kindern, die von ihren Ehemännern aus der gefährdeten Stadt geschickt wurden. Billigte übrigens George ein solches Vorgehen von Ehemännern? Ein nervöses kleines Gelächter folgte dieser Frage. Da George schwieg oder über dem Geräusch der Räder gar nicht verstanden hatte, fühlte sich der höfliche Brand bewogen, zu bemerken, es sei die Pflicht jedes Gentlemans, seiner Lady den Anblick der Szenen des Krieges zu ersparen, geschweige denn, sie vor Schlimmerem zu beschützen! George, wie aus einem Schlaf erwachend, fragte: «Ja, befürchten Sie denn noch Kriegsszenen in unserem guten Mainz?» Und als der Engländer stumm mit den Augen auf einen Trupp Soldaten wies, der in einem Dorf, das soeben passiert wurde, am Brunnen mit einer alten Bäuerin um ein paar Gänse handelte, und zwar in einer Weise, die auch dem flüchtigen Beobachter keinen Zweifel über Form und Ausgang dieses Handels ließ, zuckte er die Achseln und rief: «Das Volk hat es selbst in der Hand, ob diese Soldaten mit der Pike oder mit dem Palmenzweige in den Händen zu ihm kommen. Es gibt eben Religionen, die müssen mit Feuer und Schwert gesät werden!» Indem rasselte der Wagen schon durch die Gassen von Höchst, und unter der Tür des «Roten Ochsen» auf dem Marktplatz stand Huber und trat nun, einen Ausdruck leidender Spannung auf dem blassen Gesicht, heran, um die Freunde zu begrüßen. Das gemeinsame Mahl verlief ziemlich schweigsam. Therese erzählte von Haushalt und Kindern; hatte Huber noch die neuen roten Winterkleidchen an den Mädchen gesehen? Sie sahen so allerliebst darin aus, besonders das Klärchen. Und Röschen sei in die Mansardenstube gegangen, habe sich dort auf einen Schemel gesetzt und gesagt: «Ich will an den Onkel Ferdi denken.» Im Wagen übrigens sei ein Paket mit Hemden und Strümpfen von ihm, die noch aus der Wäsche gekommen seien, sie seien auch schon geflickt ... «Ja, lieber Brand, das müssen Sie nun schon in Kauf nehmen, daß eine deutsche Hausfrau selbst bei Tisch von Hemden und Strümpfen spricht!» Und da sei außerdem ein Pack aus Jena mit Druckschriften, zum Rezensieren wahrscheinlich. Die Einquartierung im Hause würde immer lästiger. Sie hätten nun bald eine halbe Kompagnie Soldaten in den Räumen im Erdgeschoß, die allerlei Unfug trieben und neulich versucht hätten, ihre Suppe auf dem Kaminfeuer zu kochen; ein Balken hinter dem Kamin sei in Brand geraten, man hätte Maurer ins Haus holen und mit Müh und Not löschen müssen. Die Offiziere seien chevalereske Leute, aber recht anspruchsvoll; ja, die wohnten nun in der Mansardenstube ... Ihr Geplauder versiegte allmählich unter dem drückenden Schweigen der Männer. Das Essen war abgetragen. In dem engen, schlecht gereinigten Zimmer, das der Wirt ihnen auf ihren Wunsch, allein sein zu können, eingeräumt hatte, dunstete das Kohlenbecken, ohne Wärme zu verbreiten; von dem hochaufgetürmten Bett und den bekritzelten Wänden ging die Vorstellung schlafloser Nächte aus, der unbehaglichen Nächte Durchreisender und Heimatloser. Auf einmal preßte Huber die Stirn in beide Hände, stöhnte unwillig, sah dann auf und sagte entschlossen: «Ich war in so entsetzlicher Sorge um Euch, mein bester Freund, und dies ist's, warum ich Euch hergerufen habe ...

George machte «Ach!» und: «Hätten Sie sich doch in Ihren Briefen deutlicher ausgesprochen! Ich wäre geflogen, Sie aus Ihrer Unruhe zu reißen!»

Indessen wußte er wohl, Worte bedeuteten jetzt keinen Aufschub mehr. Da Huber verstummte und grübelnd vor sich hinstarrte, nahm er den unsichtbaren Ball auf und warf ihn zurück: «Ihre Sorge um uns kann kaum größer gewesen sein als die unsere um Sie. Oder sprechen wir von Mann zu Mann und aufrichtig: es schmerzt mich, daß Sie nicht imstande sind, mit den politischen Überzeugungen Ihres Kopfes und Herzens Ernst zu machen. Wenn wir unseren Freund in einer unklaren Stellung sehen, wenn er – vergeben Sie mir das Wort – Ideale äußeren Verhältnissen opfert, so weinen wir mit seinem Genius um ihn.» Er stemmte die Knöchel der rechten Hand auf den Tisch und blickte Huber sanft strafend an. Der wandte sich gequält ab. Therese, die ihren Hut gar nicht abgebunden hatte, zog nun auch den weiten Mantel wieder fröstelnd um ihre Schultern zusammen und sah tief erblaßt von einem zum anderen.

«Es handelt sich hier augenblicklich nicht um Politik», sagte Huber endlich leise und nach Worten suchend. «Ich bin als Jüngling in eine politische Laufbahn eingetreten, ohne zu wissen, was ich tat. Dieser äußere Beruf wird in Kürze von mir abfallen wie die Hülle, wenn die reifende Frucht sie sprengt. Da ich kein *enragé* bin . . .»

«Welcher Vernünftige wäre es?»

«Da ich kein *enragé* bin, so mache ich aus der Tatsache meiner inneren Entwicklung nicht den Auftakt zu einer Tragödie . . .»

«Wer – tut – denn das?»

Huber starrte düster vor sich hin. Dann raffte er sich auf:

«Als ich Ihnen neulich zuredete, sich frei zu Ihrer Überzeugung zu bekennen . . .»

«Oh, es bedurfte keines Zuredens! Wahrlich!»

«Um so besser! Oder um so schlimmer! Kurzum: nie war es meine Meinung, Sie sollten sich in eine Rolle begeben, wie Ihre heutige in Mainz es ist, sich dermaßen bloßstellen, sich vor ganz Deutschland kompromittieren. Wozu denn diese Reden auch noch drucken lassen? Wozu denn nach Frankfurt hinüberdrohen? Wissen Sie, wie man in Frankfurt über Sie spricht? Und daß wir die Preußen vor unseren Toren haben?»

«Welche Sprache! Aber ich halte es Ihrer Erregung zugute!»

«Oh, ich bin außer mir! Ich sehe mein Teuerstes in Gefahr . . .» Er besann sich, atmete tief und verbesserte:

«Meine teuersten Freunde am Rande eines Abgrundes. O Gott, mein Freund! Noch können Sie zurück!»

Er streckte beschwörend beide Hände aus und blickte George flehend an. George sagte mit einem Gefühl, als rauchte der Eishauch seines jählings erstarrten Herzens aus seinem Munde: «Wohin bin ich geraten? Dies ist eine Verschwörung! *Was wollt ihr denn von mir?*»

Er hatte sich erhoben, und einen Schritt vom Tisch zurückweichend, starrte er mit erbitterter Befremdung in diese drei ihm zugewandten Gesichter.

«George!» sprach Therese schmerzlich, «du darfst ihn nicht so mißverstehen!»

«Ihr seid alle drei im Bunde gegen mich!»

«Nonsense, Sir! It's your own best we intend!» murmelte Brand unbehaglich vor sich hin. Er drehte sich samt seinem Stuhl zum Fenster um. Der frühe Abend begann den Westen trübe-blutig zu färben. Dämmerung schlich in die Kammer.

«Wir wollten Sie, teuerster und edelster Mann, nicht bestürmen, von Ihrer Überzeugung zu lassen», sprach Huber nun sanft und nahezu demütig, indem er auf George zutrat und ihn umfaßte. «Wie dürften wir das unternehmen, die, von Ihnen geleitet, den Weg dieser Überzeugung selbst betreten haben und gewillt sind, ihn niemals wieder zu verlassen!»

«Aber Georgie! Als ob wir nicht alle eines Sinnes wären!»

«Was ich Sie nur bitten möchte – wozu mich mein Gewissen

drängt . . . O Forster, war es denn nötig, gleich diesen vorgeschobenen Posten zu wählen . . .»

«Nicht ich wählte. Die Wahl fiel auf mich.»

«Gleichviel. Oder ihn anzunehmen? Sehen Sie, auch ich – auch ich . . . Ich werde mein Amt niederlegen, sobald gewisse, einmal angefangene Geschäfte abgewickelt sind, sobald der schickliche Augenblick sich findet. Ich werde dann als Privatmann leben, mich als freier *homme des lettres* durchschlagen.»

«Sie haben nicht für eine Familie zu sorgen – in der Tat!»

«O Forster! Als ob mein Wohl und Wehe noch jemals von eurem zu trennen wäre! Wenn wir uns einen Platz in der Welt gesucht hätten, wo wir zusammen hätten weiterleben können wie in Mainz . . .»

George war ans Fenster getreten. Er stützte den Kopf in die Hand und blickte in den traurigen Abendhimmel, als sei er allein.

«Zusammen weiterleben wie in Mainz . . .» wiederholte er langsam und nickte vor sich hin. Dann wandte er sich ins Zimmer zurück. «Und warum sollte das jetzt unmöglich sein?»

«Weil – um Himmels willen, Freund, sind Sie denn mit Blindheit geschlagen? – Weil Frankfurt morgen oder übermorgen oder meinetwegen in drei Tagen in preußischen Händen sein wird, und dann ist Mainz doch auch in wenigen Tagen wieder frei!»

«Frei! Hahaha! Lieber Huber, Sie haben das Wesen der Freiheit begriffen! Sie haben es begriffen!»

«Daß Sie doch bei der Sache bleiben wollten! Man wird Ihnen mit hundert anderen den Prozeß machen, Sie einkerkern, füsilieren, was weiß ich. Sie meinen, Sie werden dann mit der französischen Armee ins Innere von Frankreich fliehen – gut . . .

«Sie gehen ja von ganz falschen Voraussetzungen aus. Welche Meinung haben Sie denn von Custine und diesen herrlichen Truppen! Frankfurt wird nicht preußisch werden und Mainz erst recht nicht. Wir haben Kastel befestigt. Wir halten eine zweijährige Belagerung aus.»

Huber ging auf ihn zu, als wollte er ihn bei der Gurgel packen. Nahe vor ihm blieb er mit geballten Fäusten stehen, blickte von unten herauf böse in sein Gesicht, was er zuwege brachte, obgleich er größer war als George, und schrie:

«Und dem allem wollen Sie Ihre Frau aussetzen?»

Gleich darauf faßte er sich, kehrte sich ab und fügte mit schwacher Stimme hinzu: «Und Ihre Kinder . . .»

George sagte dumpf und blickte niemand an:

«Therese kann ja fliehen.»

«Oh, was beschließt ihr über mich!»

George murmelte: «Wer hat denn schon beschlossen?»

Nun erhob sich Brand. Seine große, etwas ungeschlachte Gestalt verdunkelte das eine Fenster völlig, niemand konnte mehr die Gesichter der anderen erkennen. Brand redete mit vielen Handbewegungen, redete in seinem ungeschickten Deutsch voll gutmütiger Heftigkeit. Er wollte Mr. Forster in seine Berline packen und nach Italien entführen, kurz und gut. Er habe es auch satt, in Mainz der *gentilhomme anglois* zu sein, der Spionage verdächtig und unter steter geheimer Überwachung. Er würde aber nicht nach Göttingen gehen, wie sein Oheim es wünschte, sondern auf eigene Faust nach Italien, über Mailand und Florenz nach Rom, wenn nur Mr. Forster Vernunft annehmen und mit ihm gehen und die Franzosen *to their own damned affairs* überlassen wollte! Ehe noch George ein Wort sagen konnte, rief Huber emphatisch: «Dies ist ein Wink der Götter!»

«Und Therese? Und meine Kinder?» murmelte George, die Hand an der Stirn.

«Oh, lassen Sie Ihre Freunde sorgen! Vertrauen Sie Ihnen doch! Bis Sie ungefährdet zurückkehren können, tragen andere Ihre Pflichten!»

«Nur die Pflichten?» sagte George tonlos, und niemand vernahm ihn.

«Und außerdem ist dir der Vorschuß von Voß doch sicher», hörte er Therese seltsam gelassen sagen. «Als Brands Bedienter kämest du ohne Gefahr aus Mainz heraus bis Basel.»

«Als Brands Bedienter, sagst du.»

Es war dunkel geworden. Huber ging an die Tür und rief nach Licht. Niemand sprach ein Wort. Als der Aufwärter mit der dürftig scheinenden Unschlittkerze eintrat, hob George ihm das Gesicht entgegen, ein graubleiches, verfallenes Gesicht, und befahl, er möge anspannen lassen. Dann, sich Haltung gebend, in gefaßtem Plauderton, mit einem Lächeln zu Therese hinüber, und dann, als er Theresens Augen ratlos ins Leere gerichtet fand, Huber fest und freundlich ansehend, sagte er: «Vielleicht werden die nächsten Tage unsere Entschlüsse reifen. Glauben Sie nicht, lieber Freund, daß ich von irgend jemand auf der Welt das Opfer fordern werde, mit mir zu leben – und zu sterben.»

Therese schluchzte auf.

«O George! Welch große Worte wieder!»

«Mein gutes Kind! Ich glaube, jetzt habe ich ein Recht auf sie.» –

Der Pfeil war auf die Sehne gelegt. Der Schütze in den Sternen zielte.

Der Adventsreiter von Frankfurt war unterwegs. Sein grüner Dolman fegte hinter ihm drein, unter den Hufen seines Rappens stob der neue Schnee. Kam er durch die Dörfer, so ritt er langsamer und stieß in die Trompete: *«Trahission! Massacre! Vengeance!* Die Preußen haben Frankfurt genommen! Verrat!»

In den sonnigen Nachmittagsstunden des 2. Dezember, eines Montags, stand George mit Therese und Brand auf den Schanzen von Kastel.

Diese kleine Promenade hatte ihm gut tun, hatte die entsetzliche Unrast in ihm ein wenig dämpfen sollen. Der bei ihnen einquartierte Artillerieoffizier an seiner Seite machte aufs artigste den Führer durch die Verschanzungen und erklärte die Arbeiten, mit denen Bauern aus der Umgegend und Soldaten Schulter an Schulter beschäftigt waren. Hier herrschte brüderliche Tätigkeit; ach, es war ein Bild, dessen sich das bebende Herz getrösten konnte. George hörte Therese plaudern, hörte sie ernsthafte kleine Fragen tun; er fühlte ihre Hand seinen Arm umspannen, wie sie es zu tun pflegte, wenn sie in Eifer geriet – da lächelte er und drückte diese kleine Hand an seine Brust. Brand kletterte mit Röschen auf den überfrorenen Lehmhaufen herum, das Kind jauchzte und rief den grabenden Soldaten sein witziges: *«Bon jour, citoyen!»* immer wieder zu, vergnügt über die Heiterkeit, die ihm antwortete. Schneegewölk quoll rings um den Horizont auf und erstickte die ohnehin schon tiefstehende Sonne. Ihre letzten Strahlen lagen mit seltsam aufregendem Licht auf den hohen Türmen der Stadt dort drüben, während hier der kalte graue Schatten schon stand und der Strom matt und bleiern durch wallenden Nebel glänzte.

In schwermütigem Gedankenspiel sagte sich George, daß sein Haus jenseits des Stromes im Land der untergehenden Sonne läge, und daß er nicht über die Brücke zurück, sondern ostwärts gehen sollte, dem Lichte entgegen. Er sagte sich dies, und in einem mechanischen Zwang die Allegorie weiterführend, redete er sich ein, daß der sinkenden Sonne folgen auch heißen könne, *wieder* mit ihr *auf*zugehen, als er mit einem Male durch das grelle Schmettern einer Trompete und eine durch die Kolonnen der Arbeitenden zur Straße hinwogende Bewegung zum jähen Aufblicken vermocht, den grünen Reiter, den Adventsreiter von Frankfurt erblickte, wie er soeben nach kurzem Anhalten inmitten einer Gruppe von Offizieren und Mannschaften weiterjagte, der Rheinbrücke zu, deren Bohlen alsbald unter den Hufen dröhnten, während die Worte: *«Francfort! Trahisson! Les Prussiens! Massacre!»* durch die Reihen liefen wie fressendes Feuer, Flüche laut wurden, Fäuste sich ballten und Bruchstücke einer blutigen Geschichte, Raben eines fürchterlichen Gerüchtes durch die Luft flatterten, schreiend und Rache heischend. Und plötzlich fand sich George allein unter den fremden, wild redenden und gestikulierenden Soldaten, sah Therese hinüberlaufen zu Brand, der ihr entgegeneilte, sah sie die Hände auf seinen Arm legen und hörte sie rufen: «O Brand, da sehen Sie – da sehen Sie! Er hatte recht! Er hatte wirklich recht!» –

In der folgenden Nacht – einer furchtbaren, endlosen Nacht – machte George es sich klar, daß es nun nur noch ein Vorwärts für ihn gäbe, und daß er, traumwandelnd, wie er zu seinem öffentlichen Bekenntnis zur Sache der Freiheit gekommen war, nunmehr erwacht für sie einstehen müsse. Und da die Freiheit keines Volkes Sache zu sein schien, als die Sache Frankreichs, so mußte er eben für Frankreich eintreten, war sein Blut und sein Geist keiner irdischen Macht mehr schuldig, außer der Souveränität des freien Frankenvolkes und seinen Mitbürgern, insoweit sie Frankreichs Sache zu der ihren gemacht hatten. Den letzten Funken und den letzten Tropfen für Mainz, wenn es feurig und heldenhaft für die Menschenrechte zu streiten und zu sterben begehrte! Den Staub dieser Stadt von seinen Schuhen, wenn sie, gleichen Geistes wie Frankfurt, in dem friedlichen Eroberer nichts sehen wollte als den alten Erbfeind im Schafskleid, und die erste Gelegenheit wahrnahm, um die arglosen Freiheitssöhne zu überrumpeln, dem deutschen Heer die Tore zu öffnen und sich mit Freudengewinsel unter den Fuß der heimkehrenden Despotie zu ducken! Und darum wohl von vornherein: den Staub von seinen Füßen! Denn daß dieser Geist in Mainz umging, wer wollte daran zweifeln? Darüber konnte auch der tobende Klub nicht hinwegtäuschen, der in seiner Zusammensetzung immer mehr an ein Narrenhaus erinnerte und eine Zufluchtsstätte für alle geworden war, die bis dahin im Leben zu kurz gekommen waren und ihre unausgelebten Begierden nun zum Himmel schrien, von wenigen Ausnahmen abgesehen. Nein, der deutsche Bürger war nicht reif für die Freiheit der Selbstbestimmung! Fünfzig, ja hundert Jahre der Entwicklung fehlten ihm noch! Welche Gnadenfrist für Deutschlands Fürsten, dachte George, von längst begrabenen Wünschen noch einmal spukhaft berührt. Einem jener Fürsten, denen Ludwigs Schicksal jetzt wie der böse Traum einer bangen Nacht scheinen mochte, der Joseph sein dürfen, der diesen Traum ausdeutete, der seine Warnungen in klaren Lettern an die Wand schrieb ... Da denn sein Leben doch unaufhaltsam der öffentlichen, der politischen Rolle zugetrieben war, dem heißen Drang nach weiter Wirksamkeit folgend, diesem uneingestandenen Drang nach sichtbarer, nach hörbarer, nach *ruhmvoller* Wirkung – oh, warum dann nicht jenen Weg, der doch vielleicht auch offen gestanden hätte, den Weg der aufgehenden Sonne entgegen? Indessen, sagte er sich in seinen heißen Kissen verzweifelnd und immer wieder auf das Marschieren draußen lauschend, denn die von Frankfurt zurückgenommenen Truppen durchzogen nächtlich die Stadt, alle diese Betrachtungen waren Versuchungen des Dämons der Wankelmütigkeit, und es galt nichts mehr als das *«Allons, enfants de la patrie»* und den Rhythmus des *«Ça ira»* in seiner wahnsinnigen Unbekümmertheit. In einer bangen Rührung hatte er längst wahrgenommen, daß auch Therese nicht schlief. Ihr Herz hält sie wach, dachte er, nun ganz an sich selber hingegeben und fühlend, daß all das unermüdliche Räsonnement seines Verstandes nichts war als eine Übung, um dieser innersten, schrecklichsten Sorge zu entgehen. Ihr Herz hält sie wach, sagte er sich, ihr verzagtes Herz, das Herz eines Weibes und das einer Mutter! Schreckensvoll abgewandt von der fratzenhaften Einbildung, die ihm anderes einflüstern wollte, die da wußte, Therese will gehen und – Therese hat nun einen Anlaß gefunden; die Hand über die Augen legend, als könnte er sich so dem Aufflammen entsetzlicher Einsicht verschließen, sprach er sich die Grundsätze vor, denen jetzt zu folgen war, nämlich, daß er handeln müsse, als sei er der einzige unbedingt verläßliche Mensch auf der Welt, der Opfernde, der für sich kein Opfer fordert. Und da kam der Schlummer über ihn, der Schlummer mit der kühlen Schale des Vergessens.

Er hatte sie gefragt – und er hatte ein Lächeln dabei gehabt und eine Liebkosung –: «Wie ist es denn nun, liebes Kind, wärest du bereit, abzureisen, wenn die Preußen . . .» Er vollendete den Satz nicht, er lächelte wieder. Nach den neuesten Berichten schien es so ausgeschlossen, daß die Preußen kämen. Custine hatte Frankfurt aus den Händen gelassen, das war Strategie. Er hatte die Truppen auf Mainz zurückgezogen, Kastel war befestigt, die Stadt nach Eikmeyers Ansicht auf eine zweijährige Belagerung vorbereitet. Jedoch, so hatte wiederum Eikmeyer, das militärische Orakel des Klubs, geäußert, woher wollte der General Kalckreuth jetzt die Armee aufbringen, die Festung einzuschließen? Es lag mithin kein Grund vor, Mainz als gefährdeten Boden zu verlassen, und wenn der Vizepräsident der Administration seine Familie wegschickte, gab er damit nicht zu, daß er, ein Vertreter der Stadtverteidigung, anderer Ansicht war? Würde das nicht heißen, die Bürgerschaft beunruhigen, den Vorsätzen also, mit denen er sein neues Amt übernommen, untreu werden?

«Nun – *diese* Bürgerschaft . . .» Therese wandt ihre Schultern.

«Sie ist keine Opfer wert in ihrer Lauigkeit. Freilich, da hast du recht. Aber vielleicht verlangt meine Ehre es doch, daß ich öffentlich erkläre, daß ich . . .»

«Daß du was erklärst, Georgie?»

«Nun, daß ich mich von ihnen lossage, *weil* sie nicht für die Freiheit sind und also wider sie, daß ich mich nur noch als fränkischer Beamter fühle und mithin handele, wie es mich gut dünkt, und nicht, wie die Rücksicht auf ein verstocktes Publikum es erfordert.»

Therese blickte nachdenklich von ihm zu Karoline.

«Und wenn dies – wenn diese Lossagung gerade den Erfolg hat, daß die Bürgerschaft sich besinnt, um dich nicht zu verlieren? Nun, nimm an – es wäre alles möglich . . .»

George zögerte. Dann lächelte er und sagte auch seinerseits dem Anschein nach zu Karoline:

«Dann freilich wärest du wohl meiner Ehre das Opfer schuldig, noch ein wenig zu verweilen. Vielleicht würdest du dann auch erleben, daß die Preußen gar nicht . . .»

Therese sagte hastig: «Sie kommen. Wir gehen greuelvollen Szenen entgegen. Was willst du? Brand ist bereit, mich nach Straßburg zu bringen. Er hat die Unbeirrtheit des Unbeteiligten, er sieht klarer als wir alle. Er dringt auf Abreise!»

«Brand ist ein Knabe und glaubt alles, was Huber ihm vorspricht.» Karoline, die Schweigsame, war auf einmal so heftig. «Mainz jetzt zu verlassen – oh, meine Liebe, es fehlt mir an Ausdrücken! Ich habe auch ein Kind ...»

Therese sah sie blaß und hochmütig an: «Und spielst *va banque* mit seinem Leben!»

Die beiden Frauen blickten sich in die Augen:

«Und du – womit spielst du, Therese?» –

Am Montag hatte er die Rede im Klub halten wollen, in der er dem Publikum seinen Standpunkt deklarierte. Es war am Samstagabend, daß Therese, als die Kinder schliefen, zu ihm kam und bebend sagte: «Laß mich doch morgen mit den Kindern fahren, George. Weil doch auch Brand nicht länger warten kann ...»

Allerdings hatte Brand fast täglich Mahnungen von dem aufgeregten Lord Dacre, die unterminierte Stadt schleunigst zu verlassen. George argwöhnte nicht ohne Grund, daß es nicht nur das vulkanische Mainz, sondern ebenso das verfemte Haus des Jakobiners Forster war, das Sr. Lordschaft nicht mehr als Aufenthalt für den Neffen behagte. Er sagte langsam: «Weil Brand nicht länger warten kann, gewiß.»

«George – ach, warum lächelst du jetzt nur?»

«Weil ich dich so gut verstehe, Therese. Nun – sieh mich nicht so an, mein Liebling. Ist es nicht seltsam, Kind, daß unsere eigensten Verhältnisse so mit den großen Angelegenheiten der Zeit und der Menschheit zusammenfallen?»

«George, ich verstehe dich nicht. Du schickst uns mit Brand nach Straßburg ...»

George blickte still in sein Licht.

«Ich schicke euch nach Straßburg. Nun gut, Therese – und ...»

«Oh, George, warum sprichst du jetzt so?»

Sie ging weinend hinaus. –

Der Tag war frostig, nebelgrau und feucht. George hatte das Klärchen auf dem Arm und das Röschen an der Hand. Sie standen auf den Stufen des Hauses und sahen zu, wie der große, eilig vollgepackte Koffer hinten auf die Berline aufgeschnallt wurde.

Brand hatte sich schon verabschiedet und war gegangen. Er fuhr mit der Postchaise nach Straßburg, es vertrug sich nicht mit seinen Anstandsbegriffen, im gleichen Wagen mit der Frau seines deutschen Freundes abzureisen. Oh, Mr. Forster hatte keinen Grund, ihm zu danken. Er erfüllte nur seine Pflicht als *gentleman.* Da denn Mr. Forster seine Frau nicht selbst zu begleiten wünschte ...

Dies war Old England, das ihn da mit den Augen einer kühlen Selbstgerechtigkeit noch einmal musterte, wußte George. Er wußte es mit Gelassenheit, wenn er es überhaupt empfand. Er fühlte die warmen kleinen Hände seiner Kinder und sonst nichts. Im Hintergrunde hörte er Theresens Stimme, die der Magd Marianne Anweisungen gab; Lise fuhr mit nach Straßburg. Oh, beschwörende Anweisungen ohne Zahl. Und daß Marianne am Abend nur nie die warmen Umschläge für den Herrn vergessen möge, die warmen Mehlsäckchen für sein Knie! Die warmen Mehlsäckchen, jawohl, dachte George. Er hörte ihre Schritte hinter sich. Er ging die Stufen hinunter und gab das Klärchen der Magd zu halten.

«Warum weint Sie denn, Lise, warum denn?» murmelte er und beugte sich zu Röschen hinunter.

«Warum kommen Sie denn nicht mit, guter Papa?» Das Kind umklammerte seine Hand. In das ängstliche kleine Gesicht hinein sagte George lächelnd, daß er noch ein wenig hierbleiben wolle bei den guten Soldaten, und daß er sich dann auch in eine Kutsche setzen und dem Röschen nachfahren würde, zum Christfest, freilich doch, zum Christfest schon! Einen Augenblick versucht, selbst zu glauben, was seine überredende Stimme da sagte, so jammerte doch gleichzeitig sein Herz zu Gott, daß er ihm doch auch einen Trost geben möge, ein Versprechen – ach, und wennschon ein unmögliches Versprechen! Aber da stand Therese mit den großen perlmutternen Knöpfen – dies war der Mantel der Abreise am Hochzeitsabend in Göttingen gewesen! Torheit der Erinnerung! – den blauen Schleier fest um den hohen englischen Hut, um das weiße Gesicht geschlungen. Wie in einer wunderlichen Abwesenheit des Geistes tasteten ihre Hände am Gepäck, befahl ihre Stimme Lise, mit den Kindern einzusteigen, fragte nun tonlos: «George – du fährst doch noch mit uns bis zum Tor?» und da er zauderte: «Nein, nein, du darfst auch nicht den Anschein erwecken – ich weiß!» Der Kutscher möge langsam durch die Stadt fahren und am Neuen Tor auf sie warten, rief sie. «Dein Hut!» rief sie, «dein Stock!», eilte die Stufen hinauf, der verstörten Marianne beides abzunehmen, kehrte noch einmal um, lief ins Haus und kam mit dem wollenen Halstuch zurück. Er hörte indessen den Wagen anrucken, sah die kleinen Gesichter der Kinder, ratlos, wie ihn dünkte, auf sich, auf das Haus ihrer Heimat gerichtet, bis sie entschwanden, fühlte Theresens Hände, die ihm den Schal umknüpften, bebende, kleine Hände, gewiß, er kannte dies Beben, jawohl; und nun ging er, ging mit Therese am Arm die Tiermarktstraße hinauf. Der Hofrat Forster, der Vizepräsident der Administration, hier ging er durch Mainz, seine Gattin am Arm. Kein Grund sich aufzuregen für das Publikum, nicht wahr?

«Du hast so eisige Hände, Georgie – ich vergaß deine Handschuhe – ach verzeih!»

«Aber ich bitte dich, Liebe, das schadet doch nichts. Hast du auch deinen Muff im Wagen – die Kaninchenkatze, Therese?»

«O Georgie – oh! Ich habe alles, auch Fußsäcke und den großen Pelz für die Kinder.»

«Das Klärchen hat den Schnupfen ...»

«Du hast so schrecklich gehustet vergangene Nacht, Georgie. Vergiß nie den Eibischtee abends. Marianne stellt ihn dir hin, aber du mußt ihn auch trinken. Heiß, Georgie, ganz heiß!»

«Liebe, du mußt dich nun gar nicht mehr sorgen um mich. Du wirst genug mit euch selbst ... Wirst du mit dem Gelde auch reichen?»

«Ach, George!»

«Warum weinst du denn, Liebling? Sei mein tapferes Herz. Alles wird gut. Wenn du dich je in bedrängter Lage siehst, wende dich an Schweighäuser, nicht an Zaukell. Zaukell ist ein guter Geschäftsmann, aber ein zu guter Geschäftsmann.»

«Ach George, warum an Fremde? Du bist so nah. Denk doch, zwei Tagreisen ...»

«Freilich doch, Therese. Ich bin ganz nah.»

«Und du schreibst mir täglich?»

«Ich schreibe dir täglich.»

Sie bogen in die stille Weißliliengasse ein und gingen unter der Zitadelle hin. Sie gingen ganz langsam. Die Domglocken läuteten, und den Nebel schwellend zu ungeheurer Klage, fielen allmählich alle Kirchen ein. Trommeln rasselten auf den Schanzen.

Sie blieben stehen.

«O Georgie – du lächelst?»

«Warum soll ich – nicht lächeln, Therese?»

Er drückte sie still an die Brust. Nach einer Weile zog er sein Tuch und trocknete ihr sanft das Gesicht. «Komm nun, Therese. Die Pferde ...»

Sie schritten weiter. Therese sagte stockend:

«George, ach, sei nicht so allein, jetzt, bist du nachkommst.»

«Ach, Therese – bei so viel Geschäften – und so viel guten Bekannten ...»

«Ich denke nur – Sömmerring ist fort ...»

«Ja, Sömmerring ist fort.»

«Und Müller ...»

«Ach – Müller – aber freilich, ihn hier zu wissen wäre ganz gut.»

«Aber der gute Lux, George. Wedekind kann dir nichts sein, aber Lux ist so lauter gesinnt. Und George, Karoline – du sollst Karoline oft sehen.»

«Soll ich das, kleine Therese?»

«Ach, George – ist sie dir denn gar nichts?»

Er blickte in ihr Gesicht, in dem eine fordernde Frage stand. Brauchte sie auch diesen Trost? Er sagte mitleidig: «Karoline ist mir wohl sehr viel, du Kind.»

Da stand der Wagen unförmig im Nebel. George sagte:

«Therese . . .»

«George?»

«Ich – möchte dich noch einmal küssen – hier – allein . . .»

Ihr weißes kühles Gesicht. Ihre geschlossenen Augen. Ihr süßer, süßer, duldender Mund.

«Hab ich dich oft – ach oft – gequält, mein Herz?»

«O George . . .»

Der Kutscher über seinen sieben Kragen fluchte schon. Der englische Bereiter sprang vom Bock und riß den Schlag auf. Im Wagen war ein warmes zwitscherndes Nest voller Kissen, Decken und Pelze, die Kinder schmausten mitgenommenen Kuchen, die biedere Lise strickte. Da stieg Therese nun hinein. George wagte es nicht mehr, nach den Kindern zu greifen.

Er stand. Er lächelte.

Therese drängte den Schlag, der zufallen wollte, noch einmal zurück, Therese sprang heraus, sie warf sich an Georges Brust.

«Vergib mir – o vergib!»

Die Peitsche knallte, die Pferde zogen an. Mr. Brands Berline setzte sich schwankend in Bewegung und schaukelte zum Neuen Tor hinaus, auf der Straße nach Speyer, die George vor zwei Jahren heimkehrend von Paris gekommen war. –

Wirbelnd hatte die Spindel getanzt; rasend rollte der Schicksalsfaden ab.

Der Deputierte des Mainzer Konvents im Nationalkonvent zu Paris, George Forster, wohnhaft in der *Rue des Moulins, Maison des Patriotes hollandais*, war ein Freund der einsamen Spaziergänge. Dieser gewesene Deputierte eines gewesenen Konvents, nach Paris gesandt vom Vertrauen seiner Mitbürger, die ihren aufgezwungenen Freiheitstaumel seit dem Juli in den Trümmern ihrer von den Preußen zusammengeschossenen Stadt büßten, George Forster, durchwanderte unablässig die Straßen von Paris und machte es mit sich aus, was es heißen wolle, ein Sansculotte des Herzens zu sein.

Der Sansculotte des Herzens fragt nicht nach Haus und Herd. Er hat sein Zelt, sein Arbeitsgerät, seine Waffe. Sein Lager und seine Feuerstelle sind da, wo der Abend den Wandernden findet. Er ist nicht Patriot, sondern Kosmopolit; er ist Weltbürger. Weiter:

Der Sansculotte des Herzens fragt nicht nach Freund und Gevatter; er vergißt, daß er Eltern und Geschwister besaß. Darum gleichviel, wer hinter ihm drein flucht, gleichviel, ob es Lippen sind, die seinen Namen einst in der Ergriffenheit von Zärtlichkeit und Zuneigung nannten! Er gehört zum heimlichen Orden der Brüder vom reinen Willen. Letztlich:

Der Sansculotte des Herzens fragt nicht nach Weib und Kind. Er fragt nur nach der Idee und dankt dem göttlichen Wesen, wenn es von irdischen Banden ihn löste. –

Er hatte sich mit zwei Gefährten, Lux und Patocki, Ende März nach Paris schicken lassen, um in Mainz nicht am Ekel vor dieser Pseudorevolution zu ersticken, sich nicht den Tod zu holen bei dieser Orgie geilgewordener Spießbürgertriebe. Er hatte sein entseeltes Haus verlassen, den Schauplatz der fürchterlichen Monate des Einsamseins, und Aug in Auge mit einer Wirklichkeit, der nun nicht mehr auszuweichen gewesen war, die nun endlich genommen werden wollte als das, was sie war.

Ach, es war durchaus keine Überraschung für ihn gewesen, dies, daß Therese, kaum eine Woche in Straßburg, in ihren Briefen von Feuillants und Rolandisten zu schwärmen begann, scharmanten Leuten, deren Überzeugungen ihr wohltaten und ihrem weiblichen Herzen entsprachen; keine Überraschung, daß sie nach weiteren vier Wochen, den Ratschlägen dieser neuen einsichtigen Freunde nachgebend, wie sie versicherte – den brieflichen Lamentationen des alten Heyne, den Beschwörungen des Freundes in Dresden folgend, wie George ohne alles Fragen wußte – mit den Kindern Straßburg verlassen und sich nach dem preußischen Neufchâtel, in die Schweiz, begeben hatte, in ihrer weiblichen Verwirrung scheinbar ganz außer acht lassend, daß sie nun unerreichbar für einen französischen Staatsbeamten und Bürger geworden, dem das Überschreiten republikanischer Grenzen bei Todesstrafe verboten war! Es war keine Überraschung endlich, auch dies nicht, daß sie – nicht unerreichbar für einen deutschen Untertan und sächsischen *chargé d'affaires* außer Diensten – seit dem Mai unter Hubers Schutz in Neufchàtel lebte. Oh, in allen Ehren und nicht unter einem Dach, aber immerhin: Huber war bei Therese in Neufchâtel, Huber sah sie täglich, Huber unterrichtete das Röschen, Huber sorgte für Theresens Unterhalt, denn wie hätte George bei seinen achtzehn Livres Diäten, die er einstweilen noch bezog, das jetzt vermocht?

Endlich, noch nicht genug – und seltsam, wie gewappnet sein Herz diese letzten Schläge erwartet hatte – keine Überraschung war es, daß sie ihn baten, nur noch Theresens Freund zu sein – und Hubers Bruder, ja, freilich! – auch vor der Welt. Keine Überraschung die grausamen Enthüllungen über die letzten Jahre, die man nun aus der Ferne ihm zu machen den Mut endlich fand! Diese Kinder – oh, sie waren ja tot! Auch der kleine Junge – war tot. Konnten Tote denn zweimal sterben?

Keine Überraschung, nicht wahr, im letzten Grunde keine Überraschung, kein Schreck, keine Erschütterung! Er hatte dies alles gewußt.

Er hatte wissend daran vorübergelebt, wehrlos, in inbrünstiger Hoffnung vertrauend, denn er war nicht geboren als ein Sansculotte des Herzens. Indessen, er hatte gelernt. Und was sich da jetzt noch an Widerstand in ihm regte, was sich das lange Jahr über – denn wieder war es Dezember – an unüberwindlicher Sehnsucht, an unerfüllbarer Hoffnung aufgebäumt und sich Luft gemacht hatte in endlosen Briefen voller Fürsorge und Zärtlichkeit, voller Projekte und Vorschläge für ein gemeinsames Leben, ein Leben zu dreien – schließlich voller Demut, voller Werbung, die an Bettelei grenzte – dies alles, er täuschte sich nicht, sein eigener Zuschauer, der er geworden war, dies alles waren die Todeszuckungen einer sehr teuren Gewohnheit. Er wußte: dies alles würde noch eine kleine Weile so fortgehen. Es würde noch eine kleine Weile dauern und dann würde das Unverletzliche in ihm triumphieren. Und dann würde nichts sein als der reine Kristall, der voll entfaltete Lotos: die Seele nicht des kämpfenden, aber des im Martyrium lächelnden Helden. –

Die Todeszuckungen jedoch einer geliebten Selbsttäuschung sind gefährlich für den Organismus, in dem sie wüten. Sie hatten einen Sanften und Liebenswürdigen zeitweilig reizbar, ausfallend und bösartig gemacht. Sie hatten für Monate vielleicht einen politischen *enragé* gezeitigt, wo ein Friedensapostel gewesen war. George vermied es, sich seiner politischen Tätigkeit bei den Wahlen in Mainz zu erinnern, die in den Januar und Februar gefallen war. Dies war vorüber. Seine Züge waren nicht mehr verzerrt. Dieses letzte halbe Jahr über starrend in das enthüllte Antlitz des unbedingt Bösen, schwer atmend im Blutdunst der Guillotine, mühte sich George verzweifelt um sein Menschheitsideal, um die hundertmal verstoßene und hundertmal weinend wieder aufgesuchte Göttin.

Er war fortwährend krank gewesen; niemand pflegte ihn, und er schonte sich nicht. Im Zustande einer sonderbaren Gleichgültigkeit gegen seinen leidenden Körper, seine verschleimten pfeifenden Lungen, sein versagendes Herz, seine geschwollenen, schmerzenden Glieder, seinen gebeugten Rücken, als gegen ein Kleidungsstück, das man bald abzulegen gedenkt, und so lohnt es sich nicht mehr, daran herumzuflicken – in dieser Gleichgültigkeit ging er auch heute am Abend vor Weihnachten durch die Stadt, nach einem Besuch bei dem Buchhändler Onfroi den Heimweg durch die nebeligen Straßen suchend, ohne Überrock und in jener leisen, süßen Trunkenheit des Fiebers, die ihn nun seit einigen Wochen Abend für Abend befiel. Übrigens war ihm dabei durchaus nicht heiter zumute. Wenn er in diesen Stunden in seinem einsamen Zimmer war, pflegte er, von Hemmungen befreit, zu weinen. Wenn er in einer unerklärlichen Angst vor solchen Ausbrüchen einer sonst gebändigten Traurigkeit entfloh und durch die Gassen streifte, standen zuweilen Gestalten an seinem Wege und schlossen sich ihm an, die er kaum zu betrachten wagte, aus Furcht, sie möchten allzu schnell wieder in Nebel zerrinnen.

Es war zwischen vier und fünf Uhr nachmittags. Als George den Pont Neuf überschritt, stutzte er einen Augenblick, sah zur Seite, nickte vor sich hin, murmelte ein Wort und ging weiter. Der Fremdling aber, den er dort am Brückengeländer hatte lehnen sehen, ging mit und blieb ihm zur Seite.

Er trug weite pludrige Hosen aus Englischleder, die unter den Knien zusammengebunden waren; seine bloßen Füße steckten in derben Schnallenschuhen. Der Wind griff ihm in den Nacken, blähte den weiten, rotgestreiften Kittel und machte, daß der Mann beständig nach seiner Mütze griff, einer runden, abgeschabten Pelzmütze, die er tief in die Stirn drückte. Übrigens war an diesem Abend kein Wind, der Nebel stand unbewegt. George aber war nicht imstande, sich darüber zu wundern, daß er seinen Begleiter ständig wie vom Wind getrieben sah. Dies war Larry. Kein Zweifel! Oh, er war es! Ein rosiges, gebräuntes Knabengesicht, wassergraue Augen, die seltsam blicklos schienen, als sei alles durchsichtig und dahinter unabsehbare Ferne, die kurze Tonpfeife im Mund und die Hände in den Hosentaschen – es war Larry, wie er gewesen war, ehe George ihn zum letztenmal sah, in der Hängematte liegend, gelb und ausgemergelt, zahnlos, mit verschwollenem Munde und mit vorquellenden, angstvollen Augen.

Larry, der den Tod im Skorbut gefunden hatte, Larry nun hier an seiner Seite im Nebel von Paris, getrieben oder getragen von seinem eigenen sanften Segelwind, Larry, begleitet von dem alten kecken Rhythmus:

Beaning, belling, dancing, drinking,
Creaking windows, damning, sinking,
Ever raking, never thinking . . .

Ein Lächeln trat auf Georges Lippen, und er versuchte zu pfeifen –

«Live the rakes of Mallow!»

Larry an seiner Seite tat ihm gut. Er würde ihn nicht anrufen, o nein. Hinter seiner Stirn war das süße Gesumm vollständiger Gedankenauflösung, aber dies wußte er, daß es umsonst war, mit Boten von Larrys Art anzubinden. Er wußte wohl, daß Larry als ein Bote kam. Es war gut, ihn gesehen zu haben; aber er vergaß ihn auch wieder und vermißte ihn nicht, als er wieder verschwand. Er hatte Larry in den letzten Monaten manchmal gesehen – oder war es nur, daß er seiner gedacht hatte? George blickte über die gelbe Flut der Seine hinüber zur Notre-Dame, die dort drüben in einer Gloriole trüben Abendgoldes, entheiligt, finster und trauervoll ragte, und ging weiter, den Stock hart auf das Pflaster setzend und in der dumpfen Erinnerung, daß er jetzt wohl etwas essen müsse, denn Therese hatte ja geschrieben, er solle sich gut pflegen; er ging, vor sich hinsehend mit dem Blick jenes Kummers, der von sich selbst nichts mehr weiß, von Menschen gestoßen, ohne daß er es bemerkte – ein Herr im tabakfarbenen Rock, der die linke Hand gegen die Brust preßte und dem der Hut sehr traurig über den Augen saß. Die Laternen wurden herabgelassen, angezündet und schaukelten nun droben im Nebel, trübe herabglühend, wie blutige Augen eines Himmels, der keine Sterne mehr hat. Willenlos emporblickend, sah George jetzt einen Reigen um die schwankenden Feuertulpen, lautlos geschwenkt, wie einen Tanz riesenhafter Motten um das Licht: Leiber, so lang gerenkt, Wangen, bläulich gedunsen, Augen, vortretend, furchtbar, ins Nichts gerichtet. Dem einen quoll die Zunge dick aus dem Munde, dem anderen klaffte die Stirn – alle aber waren hinschwindend, aus Dunst geboren, schattenhaft und von dem armen Licht vollgeflossen, durchsichtige Gebilde, die in der Finsternis zergehen würden. Georges Nacken sank mit einem Ruck vornüber, wie unter einer plötzlich aufgelegten Last, und doch wußte er: das da hatte über ihm gehangen Abend für Abend, wenn er hier gegangen war, dieser stumme, zuckende Tanz der Toten an den Laternen. Er hatte ihn geahnt, gefühlt, und daß er ihn bis heute noch nicht mit Augen gesehen hatte, was machte das für einen Unterschied? Vielleicht sollte er sie heute alle sehen in dieser ersten Nacht der heiligen Zwölf, sie, von denen er wußte, daß sie in diesen Straßen umgingen, die Füße rot vom eigenen Blut, mit der gräßlichen Wunde im Nacken? Er hob den Kopf nicht wieder und dennoch, er *sah* sie, schleppenden Schrittes, aneinandergelehnt oder einsam, Männer und Frauen, wie er ihren Gang zum Schafott mitangesehen hatte, getrieben von einer unentrinnbaren peinlichen Begierde, zu erleben, wie denn das sei, wenn Menschen von Menschenhand stürben ... Er hatte an Agamemnon denken müssen, wie er im Blut sich badete – sein Weib übrigens war es, das ihn verriet, mit ihrem Liebhaber, das Weib! – an Polyphem, dem der glühende Pfahl im Auge zischte, an die Schlachtung der Freier – Antinous, dem der Pfeil in die gespannte Gurgel fuhr und der den trompetenden Todesschrei einer Schlachtgans hören ließ ... Er erinnerte sich, er kannte sie, diese wahnsinnige, prickelnde, jagende Angst, in die zu versinken uneingestandene Wollust war. Er kannte sie aus den Phantasien seiner frühesten Kindertage und war jetzt leibhaftig von ihr gepackt worden beim Anblick der Königin im zerfetzten weißen Mantel, angesichts des Leichenzugs von Marat, dessen bläulich fahle Brust mit der schwarzroten Wunde entblößt war, beim Vorüberfahren der Charlotte Corday und der unzähligen anderen, die in seinem Gedächtnis namenlos geworden waren und nichts als Masken des Todes. Er sah sie alle, ob er aufblickte oder nicht, und erst als er nun schwindelnd nach der Mauer eines Hauses tastete und, mit verödetem Blick in die Wirklichkeit zurückfindend, auf die vorüberdrängende Menge starrte, kam er wieder zu sich; mein Gott, waren sie das, die er als eine geifernde, heulende Meute gesehen hatte – diese hier, lachend, singend, schwatzend und pfeifend? Gezähmt, gutartig, satt vom Blute für heute und begierig nach den unschuldigen Freuden des Daseins? Und gehörte er selbst zu ihnen, konnte auch er morden und weiterleben im Dampf des Blutes wie im Atem junger Frühlingswiesen?

Wieder völlig bei sich, hatte er also Larry gänzlich vergessen, und Larry war denn auch verschwunden. George stieg die Stufen des Speisehauses hinauf, wo er zu essen pflegte, ging zwischen den unsauber gedeckten runden Tischen hindurch bis in die hinterste Ecke des schlecht beleuchteten Raumes, legte Hut und Stock ab, betastete mit unruhigen Fingern sein zerknittertes Jabot und ließ einen gehetzten Blick über die anwesenden Gäste gleiten, ein- oder zweimal mit einem mühsamen Lächeln den Kopf zum Gruß senkend. Obenhin wurde ihm gedankt, nur ein hageres Männchen, ein verwilderter kleiner Abbé von lumpiger Eleganz mit einer Frisur *à la* Titus, die ihm den Stempel eines welken Knaben gab, hob sein Glas und trank George mit übertriebener Höflichkeit zu: *«Ah, M. le Député de Mayence!»* Sein Gefährte, ein dicker, kurzhalsiger Mann in Carmagnole und gestreiften Pantalons, ließ nur einen verächtlichen Blick hinüberwandern, ohne seine gedämpfte Rede zu unterbrechen. *«Monsieur le Député de Mayence»*, das war keine Empfehlung für den Herrn im tabakfarbenen Rock, welcher Rock, wie sein Besitzer es wohl wußte, nicht eben neu aussah, fadenscheinig und blankgescheuert, und der unter der Achsel eine Wunde hatte, eine geplatzte Naht, die nicht mehr zu heilen war, denn der Stoff war mürbe und faserte aus. «Monsieur le Député de mayence» war in der ersten Auflage bereits zur Guillotine emporgeklettert und hatte seine unzeitgemäße Begeisterung für Charlotte Corday mit dem Tode gebüßt; wer aber im Volk war, war sich wohl klar darüber geworden, für welches Vergehen jener arme Lux seinen runden Schädel hatte lassen müssen, für was er so «mit Freuden» starb? Er war ein *«Député de Mayence»* gewesen, einer Stadt, die Frankreich wieder entrissen worden war, und wer konnte es wissen, vielleicht durch Verrat, wie Francfort. Mancher Pariser Mutter Sohn lag auf den Wällen von Mainz verscharrt; war das nicht Grund genug, einen *«Député de Mayence» feindlich zu mustern?* George argwöhnte diese Feindseligkeit auf Schritt und Tritt; indessen focht sie ihn kaum noch an, er war ihrer – oder seiner Einbildung davon – so müde wie aller anderen Umstände des äußeren Lebens. Er bestellte ein wenig zu essen, er bestellte heißes Wasser und Rum, und während Bürger Max, der Aufwärter, ein fetter Gascogner, die Speisen majestätisch vor ihn hinstellte, starrte er sonderbar betroffen auf eine Gruppe neuer Gäste, die mit einigem Nachdruck eingetreten war, die beflissen gegrüßt, der neugierig und flüsternd nachgeschaut wurde. Nun, daß der Bürger Robespierre hier zuweilen soupierte, war auch George nichts Neues mehr, er sah auch nicht auf den langen Mann, dessen kleines Haupt auf der hohen Halsbinde ruhte wie der Kopf eines Reptils, sah nicht auf seine Umgebung von bekannten Journalisten und Montagnards – er sah auf die Dame im trikoloren Taftkleid, die an seinem Arm ging, sah in dies Gesicht mit dem krankhaft roten Mund, mit den Augen, deren Farbe wie ausgelaugt schien – und wußte. Es bedurfte nicht der getuschelten Erklärung des BürgersMax, der, mit hochgezogenen Brauen den namenlos betroffenen Blicken des Gastes folgend, ihm zuflüsterte, dies sei die Prophetin, Madame Théos, die geistige Mutter des großen Robespierre. Eine Ahnung hatte ihm gleich gesagt, dies könne niemand anders sein als die Seherin, von der es hieß, daß ihre Inspirationen es seien, die über Tod oder Leben entschieden – ein müßiges Gerücht übrigens, dem Glauben schenken mochte wer da Lust hatte! Jedoch George hatte diese trikolore Kassandra schon einmal gesehen, und während er nun aufstand, um sich mit sonderbarer Feierlichkeit sehr tief zu verneigen, ging es ihm durch den Sinn, was jener mohnrote Mund damals in Kassel zu ihm gesagt hatte:

«Ah, mon pauvre ami,
Au revoir à Paris . . .»

Er erinnerte sich, damals gelacht zu haben, und er lächelte jetzt. Das Schicksal war eigentümlich scherzhaft, wenn es einmal eine Erfüllung für ihn hatte. Das Schicksal war scherzhaft, darum mußte man heiter sein, besonders da der große Robespierre so süßlich verwundert auf ihn herabsah, Madame Théos völlig an ihm vorüberblickte und nur ein krummbeiniges Individuum aus dem Gefolge, das sich einer roten Mütze und einer schwarzsamtenen Carmagnole rühmen konnte, vor ihm stehenblieb und seine Courtoisie erwiderte, einmal, zweimal, dreimal, die Hand auf dem Herzen, als sei es verantwortlich für die Unhöflichkeit der Dame, die am Arme ihres Begleiters bereits in einem der Nebenräume verschwunden war. «Damals», dachte George, sich einigermaßen erschöpft niederlassend, «spekulierte dieser auf die Gunst deutscher Fürsten und trug Tressenrock und Staatsperücke. Wir sind mit der Zeit mitgegangen, Konfrater!» Er blickte dem Geschöpf nach und fuhr sich hohnvoll über sein geschorenes Haar, befühlte den bereits recht stattlichen *moustache.* Von den Leuten, die mit der Gesellschaft Robespierres hereingekommen waren, blieben nur zwei an seinem Tische stehen. Kerner, der Berichterstatter einer Hamburger Zeitung, und Couvé, der Redakteur des *Moniteur.* Der junge Kerner, von diesen beiden George am nächsten verbunden durch die Reinheit seiner Gesinnung und seinem Beruf nach eigentlich Arzt, blickte George prüfend an und erklärte dann, an seinem Tisch essen zu wollen, falls er nichts einzuwenden habe, welchem Vorhaben Monsieur Couvé nach einem gelangweilten Blick über die anderen Anschlußmöglichkeiten des Lokals auch seinerseits zustimmte.

«Unser Freund», erklärte Kerner liebenswürdig, als sie saßen, «scheint mir heute abend ein wenig der ärztlichen Gesellschaft bedürftig! Mein guter Forschter», fuhr er fort, aus dem Französischen in sein heimatliches Schwäbsich verfallend und mit den Fingern nach Georges Puls tastend, «Sie habe hohes Fieber und gehöre heim ins Bett, samt Ihrem garschtige Huste!»

George sah ihn freundlich an, aber wie aus einer fernen Fremdnis. «Heim», sagte er, «ich gehöre also heim? Jawohl. Ich will es Ihnen erklären . . .»

Er wandte sich auf seinem Stuhl und saß nun halb dem Raume zugekehrt, die linke Hand auf dem Tisch ruhend, die Rechte schwer und umständlich bewegend, während er weitersprach. Um ihn her wurde es plötzlich still; er achtete nicht darauf. Er schien keinen der Menschen zu sehen, die sich mit lachenden, höhnischen und verächtlichen Gesichtern ihm zuneigten, verstummten, anderen Schweigen zuwinkten, aus entfernten Ecken vorsichtig näher schlichen in der Erwartung eines ausgesucht komischen Theaters. Dieser Deutsche da – oder war es ein verfluchter Engländer, verstehen konnte man dies barbarische Idiom ja nicht! – er hatte sich übernommen und klagte nun Gott und die Welt an, wie es die Art dieser traurigen Teufel war, die Öl anstatt Blut in den Adern hatten, das sich nicht mit dem Wein zu einem neuen beseligenden Element vermischen mochte! Denn daß er klagte, nun, das war klar, man brauchte nur dem Tonfall seiner Worte zu lauschen, die in sich zusammengesunkene Gestalt zu sehen, eines alten Mannes ausgehöhlte Gestalt, auf deren hagerem Hals der Kopf mit den blatternarbigen Zügen vornüber hing wie eine unzeitig verwelkte Frucht. Ja, er klagte – klagte, weil er betrunken war, das war der Grund, nicht wahr, und darum konnte man darüber lachen, sich anstoßen und diese Szene eines Lustspiels genießen wie etwa eine aus dem göttlichen «Eingebildeten Kranken!» Jedoch, war es denn wirklich amüsant? Die Heiterkeit erstarrte, das Lachen erschrak vor sich selbst, das Lächeln gefror auf unbehaglichen Mienen. Denn irgend etwas – irgendein tödlicher Hauch ging von der Stimme dieses Mannes aus, die eintönig auf- und abschwoll wie Herbstwind. Ja, er klagte – und er klagte nicht, weil er betrunken war, alle fühlten es. Versuchten sie noch Blicke auszutauschen und sich im Spott zu bestärken? Sie versuchten es, aber da war eine Fremdheit zwischen ihnen ausgebrochen, als sei jeder überronnen von durchsichtigem Eis; sie konnten nicht mehr zueinander, verlegen und ratlos wichen ihre Augen sich aus und sahen wieder auf den redenden Mann. Augen sich aus und sahen wieder auf den redenden Mann. Was erzählte er nur, was meinten diese schweren, unverständlichen Worte, an niemand gerichtet als vielleicht an den gerechten Gott allein, diesen Betrüger, mit dem sie abzurechnen schienen – leidenschaftslos, nur klagend, klagend!? Er hatte Hunger gelitten, wußte auf einmal der Gast, der ihm zunächst in der Ecke saß und sich mit schweigsamer Gier seinen Bohnen gewidmet hatte, bis Georges Stimme ihn aufstörte und er erst ingrimmig wie ein beim Fraß geneckter Hund, allmählich dann dumpf betroffen hinüberstarrte. Seine Kinder haben ihn mit Füßen getreten – oh, er weiß, wie es ist – fühlte ein alter Mann. Man hat ihn auf die Straße gesetzt, weil er kein Geld für die Miete hatte. Er ist todkrank, und sein Weib hat ihn verlassen. Er hatte Haus und Hof, und man hat ihn ausgesogen, Beere für Beere, nun ist nichts von ihm übrig als der kahle Stengel, von der Rebe losgerissen . . . Und wieder. Er hat Hunger gelitten! Er schläft des Nachts nicht; es hat ihn einmal ein Mädchen schlecht behandelt; oder sein Bruder hat ihn betrogen; oder sein Freund hat ihn ins Gesicht geschlagen. Er hätte einmal König werden können, aber er war zu feige dazu oder zu schwach. Seine Eltern haben ihn betteln geschickt, als er klein war. Er ist einer von denen aus der Bastille, das ist er! Sie haben ihn dort begraben, als er jung war, er hat es verlernt, zu leben. Und wieder: Er hat Hunger gelitten! Und abermals: Hunger gelitten! Der Fremde wußte jedermanns Leid und sagte es mit seiner eintönigen Stimme, und jedermann hörte sich selbst reden in der Sprache seines verborgenen Herzens, die auch nie ein anderer verstanden hatte. Entsetzliche Einsamkeit drang aus jeder Brust wie ein Schwert aus der Scheide und bedrohte den Nächsten: Hebe dich weg, das ist *mein* Schmerz! –

Und George redete. Er hatte Kerner vergessen, er wußte nichts von seiner Umgebung. Ach, er redete! Alles, alles löste sich auf einmal, was hart wie Ureis in seiner Seele vergletschert gelegen hatte. Er redete noch, als Kerner ihn unter den Arm gefaßt, ihm den Hut auf den Kopf gesetzt, den eigenen Überrock um die Schultern gelegt hatte und ihn nun hinausführte, durch neugierige und mitleidige Blicke und Flüsterworte hindurch, hinaus auf die Straße. Er verstummte unter einem schrecklichen Hustenanfall, als die naßkalte Luft ihm in die Kehle drang, und als das überstanden war, lehnte er sich auf den brüderlichen Freund und äußerte nun weiter nichts mehr als: *«Well – there he is again!»* Dies konnte nun der Mann aus Schwaben freilich nicht verstehen. Es sollte aber heißen, daß Larry wieder da sei, Larry, der doch den Tod im Skorbut gefunden hatte. Da ging er vor ihnen her, ohne sich umzusehen, die Hände in den Taschen der pludrigen Hosen, vom eigenen sanften Segelwind getrieben, schwebend und lautlos, wie ein Schiff über Wasser gleitet. Er glitt durch die Haustür der *Maison des*

Patriotes hollandais, noch ehe sie aufgeschlossen war, und im Schein des dürftigen Öllämpchens konnte George ihn voran die Treppe hinaufeilen sehen, als klömme er im Takelwerk empor. Er stand auch wartend am Bett, solange Kerner sich um George bemühte und ihm beim Auskleiden half; er verschwand erst, als George sich niedergelegt hatte. Kerner schien ihn gar nicht zu bemerken; nun, und daß der Freund versprach, für Krankenwärter zu sorgen. –

Von dem äußeren Verlauf der nächsten Tage wußte er später nichts. Als er am Abend des 27. Dezember ohne Fieber war und man ihm auf sein Bitten dazu verhalf, ein wenig aufrecht im Lehnstuhl zu sitzen, da er meinte, durch diese Veränderung etwas Erleichterung seiner in allen Gliedern wühlenden Schmerzen zu gewinnen, erzählte man dem gebückt Dasitzenden, der mit den schrecklich zitternden Händen die Knäufe der Armlehnen umklammerte, wer alles an seinem Lager gestanden habe: Onfroi und der gute schottische Freund Christie, Mr. Wollstonecraft, der auf dem Stuhl neben dem Bett sitzend augenscheinlich gebetet habe, der große Merlin de Thionville, dieser mürrisch und unzufrieden, daß jemand, mit dem er hatte disputieren wollen, unzurechnungsfähig vor ihm lag und ganz sinnlos flüsterte; Monsieur le Professeur Dorsch endlich, der freilich die Kammer schnell wieder verlassen habe; und dann, das Vorzimmer füllend, die vielen, die immer kamen, die nichts brachten, nicht nach ihm fragen wollten, sondern seinen Rat, seine Hilfe suchten, armes Volk von Literaten, emigrierte Mainzer, die ihn für ihr Schicksal zur Rechenschaft zogen, und dergleichen Leute.

George lächelte. Nein, er hatte von diesen allen nichts bemerkt. Er hatte andere Besucher gehabt, er meinte in den letzten Tagen an die tausend Gesichter gesehen zu haben, sie hatten ihn angelächelt und angefratzt, sie waren aus Nassenhuben in Polnisch-Preußen, aus Petersburg, von der Wolga, aus England, aus Afrika und aus der Südsee, schließlich aus allen Städten eines geistigen Europa gekommen, ein summender Schwarm. Er hatte sie verzweifelt gebeten, nacheinander zu kommen, sich in Gruppen zu teilen nach Jahren und Arten – umsonst! Was je auf den Spiegel des Gedächtnisses gefallen war, jedes Bild quoll hemmungslos hervor und der Wahnsinnsreigen der Erinnerung hatte um sein armes Haupt getobt. Nach zwei Gestalten hatte er zuweilen mit den Händen geschlagen, er wußte es; es waren Therese und der Vater gewesen. Sie sollten sich trennen, nicht fortwährend miteinander flüstern, auf ihn deuten, über ihn lachen . . .

Es war also viel Besuch dagewesen, o ja! Er blickte auf kleine Geschenke, die Kerner ihm zeigte, Wein und Pastetchen, ein allerliebster runder Schinken und eine gestickte Weste, die Christie als ein Geschenk seiner Schwester auf das Tischchen am Bett gelegt hatte. Er sagte unbeteiligt: «Womit habe ich alles das verdient?» Und dann fragte er nach Briefen. Es waren aber keine gekommen. –

In den letzten Tagen besserten sich die unerträglichen Schmerzen der Gelenke und des Rückens ein wenig, dafür aber stellte sich die peinlichste Form seines Leidens in Gestalt des skorbutischen Speichelflusses mit seinen widerlichen Begleiterscheinungen ein, wie er sie aus früheren Jahren kannte, und er war betrübt. Er sagte zu Herrn Haupt, einem geflohenen Mainzer, dem er aus Mitleid mit seinem Alter und seiner Ratlosigkeit den Schrecken von Paris gegenüber, durch Übertragung von Schreibarbeiten über schlimme Monate hinweggeholfen hatte und der sich nun mit Kerner und einem jungen Polen in den Krankendienst bei ihm teilte – zu Haupt also sagte er: «Mußte auch dies noch kommen? Oh, es ist nicht meinetwegen . . . Ich wollte ja gern . . . Oder jedenfalls: ich kenne Schlimmeres. Aber es ist wegen meiner Umgebung. Meine arme Frau litt hierunter mehr als ich selbst.» Er hielt das Tuch vor den Mund und stützte seinen wankenden Kopf. Haupt erwiderte aufmunternd, er möge die Sache doch nicht schwer nehmen, man sei ja hier unter Männern und die Frau Hofrätin nicht anwesend. George starrte trübe nach der Tür und murmelte geistesabwesend: «Nun immerhin – es könnte doch sein . . .»

Er ließ sich Papier und Tinte geben und mit Mirabeaus *«Correspondance secrète»* als Unterlage auf den Knien schrieb er in häufigen Absätzen einen mühsamen Brief. Sie mußte doch wissen, wie es ihm ging, dachte er, und fügte der enthaltsamen Schilderung seiner Leiden ängstlich die Worte hinzu, daß dies alles auf Tatsachen und nicht auf Einbildung beruhe. Denn er wußte wohl – sie nannten ihn einen Hypochonder.

Übrigens kamen schon am nächsten Tag mehrere Briefe von Therese auf einmal, sie hatten sich durch irgendeine Poststörung verzögert und enthielten, wie immer, heitere und gefaßte Berichte über ihr Leben und das Treiben der Kinder. Therese hatte begonnen, einen Roman zu schreiben, und Huber, der herzlich grüßen ließ, versprach sich allerlei Erfolg von dieser neuen Beschäftigung. Nach dem Lesen dieser Briefe legte George eine gewisse törichte Hoffnung beiseite – dorthin, wo schon viel anderes Unbrauchbares lag – und erkannte auch sie als einen der letzten Krämpfe jener teuren Gewohnheit des Herzens, von der er doch eigentlich schon losgekommen war. Er hatte nämlich, da die Briefe ausgeblieben waren, im stillen angenommen, Therese sei mit den Kindern unterwegs nach Paris.

Der alte Haupt erklärte ihm, diese Krankheit beruhe hauptsächlich auf *Arthritis vaga*, der fliegenden Gicht, und predigte mit Behagen über die vielerlei Mittel, die dagegen anzuwenden seien, nämlich Kampfer, Salmiak, Opium und Balsam von Mekka. Der alte Haupt war ein unerträglicher Firlefanz. War er einmal ausgegangen, so war es wundervoll still in der Kammer. George lag auf dem Rücken, gerade ausgestreckt, die Hände auf dem Deckbett, gleichmütig hingegeben an die Schmerzen, dankbar empfindend, daß sein Kopf wenigstens frei war. Indessen dachte er nicht viel. Er baute nicht mehr Projekte aus. Es war ihm gleichgültig, ob er in Zukunft weiter in Paris leben würde oder in England oder in Zürich oder am Ende doch in Altona; ob der Plan, nach Indien zu gehen, zur Ausführung gelangen würde. Er grämte sich nicht mehr um seine Bücher und Sammlungen in Mainz, von denen ihm bisher kein Mensch hatte sagen können, was nach der Beschießung aus ihnen geworden sei. Er dachte sonderbarerweise manchmal an das kleine Mahagonibüro, das Therese *The Resolution* getauft hatte, weil es mit in der Südsee gewesen war. Ja, *The Resolution* hätte hier in der Kammer bei ihm stehen sollen! *The Resolution* wäre wohl voll Trost gewesen. Er versuchte auch zuweilen an seine Arbeiten zu denken – nicht an zukünftige, nur an vergangene. Aber dann wollte ihm immer nichts einfallen als dies, daß er die «Sakuntala» übersetzt und den Deutschen den Weg nach Indien gezeigt habe. Und wenn er so dachte, dann lächelte er.

Er dachte an die Mutter, die nun alt war. Er dachte an seine Kinder. Er wußte, daß er nicht an Therese und an den Vater zu denken brauchte, weil Larry das nicht duldete. Larry war stets im Zimmer. Manchmal in der Dämmerung ließ er sich sehen, er arbeitete in unsichtbarem Takelwerk und Wind war in seinen Haaren:

Living short but merry lives;
Going, where the wind them drives;
Having sweethearts but no wives;
Live the rakes of Mallow . . .

Das Leben ebbte Tag für Tag mehr von ihm zurück. Es kam nicht mehr darauf an, was Paris da draußen tat, ob die Gegenrevolution Fortschritte machte, was mit den Rebellen in der Vendée geschah und ob Camille Desmoulins oder sonst jemand neue Journale gründete. Es kam nicht darauf an, daß die Besucher ausblieben, je länger sein Krankenlager dauerte, daß er in den ersten zehn Tagen des Jahres 1794 niemand mehr um sich sah als Kerner, Haupt und den braven kleinen Nagorsky. Alles war von ihm abgefallen, alles war sehr vereinfacht. Er war beim Minotauros in der Kammer; er war nackt und ganz allein.

George Forster lächelte. Er wußte nun:

Durch die äußeren Gänge des Labyrinths begleiten uns Jugend und Hoffnung. Wir füllen unser Herz mit Welt, und wenn wir leiden müssen, geschieht es ungläubig, als hielten wir es für einen Irrtum der Vorsehung.

Vor den inneren Windungen des Labyrinths erwartet uns der Schmerz. Er nimmt uns in Empfang und bleibt bei uns; er heilt uns von der Anschauung, daß er ein Irrtum der Vorsehung sei und wir etwa gar nicht gemeint. Er entkleidet uns aller unserer Hoffnungen und jagt uns nackt durch die entsetzlichen Irrgänge dem furchtbaren Rätsel zu, das da im Herzen der Finsternis die großen Baalsgesänge heult, und dem er uns vorwerfen wird – wenn wir es nicht vorziehen, selbst bis in die letzte Kammer zu gehen, freiwillig und ohne nach des Opfers Zweck zu fragen.

Wenn wir Geopferten werden zu Opfernden, so haben wir heimgefunden ins Herz der Dinge und Gottes.

Das Labyrinth versinkt, und wir sind frei.

Am 12. Januar gegen vier Uhr nachmittags verließ Haupt den schlummernden Kranken, um einigen eigenen Geschäften nachzugehen. George erwachte eine halbe Stunde später unter einem furchtbaren Brustkrampf, dem er sich ächzend ergab. Mit dem Abklingen des Schmerzes kam eine wunderbare Erleichterung und ein Frieden über ihn, und plötzlich sah er Larry am Fußende des Bettes stehen, von geheimnisvollem Licht umflossen und die Hand winkend erhoben. Und Larry sagte:

«Georgie, komm nun mit!»

George hob den Kopf – vielleicht glaubte er auch nur, es zu tun – er streckte die Hand aus und flüsterte: «Ich komme, Larry – aber wohin?»

Und Larry, der Leichtmatrose von *«The Resolution»*, wies nach Osten und sang:

«Nach Indien, George – nach Indien . . .»

Als Haupt nach Hause kam, war des Kranken Schlummer ein anderer.

860/2